O livro do sabe-tudo

CIP-BRASIL. CATALOGAÇÃO NA FONTE
SINDICATO NACIONAL DOS EDITORES DE LIVROS, RJ

K57L

Kidder, David S.
O livrc do sabe-tudo : 365 leituras diárias para estimular sua mente / David S. Kidder & Noah D. Oppenheim ; tradução Antonio de Padua Danesi. - Campinas, SP : Verus, 2008.

Tradução de: The Intellectual Devotional : Revive Your Mind, Complete Your Education, and Roam Confidently with the Cultured Class
ISBN 978-85-7686-044-0

1. Civilização - Miscelânea. 2. Vida intelectual - Miscelânea. 3. Erudição - Miscelânea. 4. Devoções diárias. I. Oppenheim, Noah D. II. Título.

08-4771

CDD: 909
CDU: 008

DAVID S. KIDDER
NOAH D. OPPENHEIM

O livro do sabe-tudo

365 leituras diárias para estimular sua mente

Tradução
Antonio de Padua Danesi

VERUS
editora

Título original
The Intellectual Devotional
Revive Your Mind, Complete Your Education, and Roam Confidently with the Cultured Class

Copidesque
Ana Paula Gomes
Anna Carolina G. de Souza
Carlos Eduardo Sigrist

Revisão
Ana Paula Gomes
Anna Carolina G. de Souza

Editoração
André S. Tavares da Silva
Rossana Cristina Barbosa

Capa & Projeto gráfico
André S. Tavares da Silva

Verus Editora Ltda.
Av. Brasil, 1999, Jd. Chapadão
13070-178 - Campinas/SP - Brasil
Fone/Fax: (19) 4009-6868
verus@veruseditora.com.br
www.veruseditora.com.br

Para José e Jack – David

Para Allison – Noah

Agradecimentos

Este livro foi escrito em colaboração. Nossos agradecimentos se estendem a Leigh Haber, da Rodale, que levou este projeto a bom termo. Joy Tutela, da David Black Literary Agency, foi um amigo e defensor apaixonado. Andy Carpenter e Tony Serge concretizaram nossa visão. Nelson Kunkel e Vernon Steward ofereceram contribuições críticas no início.

Cada verbete foi pesquisado e composto por um autor especializado no campo de conhecimento pertinente. Para maior exatidão, todos os verbetes foram revisados por estudiosos versados nos respectivos assuntos.

AUTORES COLABORADORES

História – Alan Wirzbicki
Literatura – Matt Blanchard
Artes visuais – Eric von Dorster
Ciência – Jennifer Drapkin
Música – Robbie Whelan
Filosofia – Frederick Stazz
Religião – Andrew Silver

EDITORES COLABORADORES

História – James Downs
Literatura – Georgette Fleischer
Artes visuais – Irina Oryshkevich
Ciência – David Boyajian
Música – Melissa Cox
Filosofia – Thomas Kelly

Para ver uma lista com as fontes de pesquisa utilizadas pelos autores, visite o site *<www.theintellectualdevotional.com>.*

Introdução

Coletâneas diárias de oração e meditação têm sido um dos instrumentos prediletos daqueles que procuram ingerir uma dose regular de crescimento espiritual. Volumes de cabeceira lidos de manhã, ao despertar, ou à noite, antes de adormecer, essas obras consistem em 365 exercícios de aprendizagem e reflexão. Um verbete facilmente digerível é lido diariamente.

O livro do sabe-tudo é um compêndio secular na mesma tradição. Consiste em uma leitura diária durante um ano para renovar o espírito, estimular a mente e ajudar a completar nossa educação. Cada verbete se refere a um campo diferente de conhecimento: história, literatura, artes visuais, ciência, música, filosofia e religião. Leia uma passagem por dia, assim você vai explorar cada tema uma vez por semana.

Estas leituras oferecem uma espécie de exercício regular requerido pelo cérebro para se manter ativo, especialmente à medida que envelhecemos. Representam uma fuga da correria da vida diária para o reino sofisticado da sabedoria humana. E abrirão novos horizontes de descobrimento intelectual.

Eis um breve resumo da jornada:

SEGUNDA-FEIRA – HISTÓRIA

Um exame das pessoas e acontecimentos que moldaram o desenvolvimento da civilização moderna.

TERÇA-FEIRA – LITERATURA

Uma análise de grandes escritores com a sinopse de suas obras mais importantes – poemas e romances que continuam a inspirar os leitores de hoje.

QUARTA-FEIRA – ARTES VISUAIS

Uma introdução aos artistas e movimentos artísticos que produziram as pinturas, esculturas e obras de arquitetura mais influentes do mundo.

QUINTA-FEIRA – CIÊNCIA

Das origens dos buracos negros a uma descrição do modo como funcionam as pilhas, as maravilhas da ciência são simplificadas e reveladas.

SEXTA-FEIRA – MÚSICA

O que inspirou nossos maiores compositores, como ler uma partitura e por que Mozart é tão reverenciado – uma revisão abrangente de nossa herança musical.

SÁBADO – FILOSOFIA

Da Grécia Antiga ao século XX, os esforços dos grandes pensadores da humanidade para explicar o significado da vida e do universo.

DOMINGO – RELIGIÃO

Uma visão geral das maiores religiões do mundo e suas crenças.

Esperamos que a leitura desta coletânea de conhecimentos inspire sua curiosidade e abra novas áreas de exploração em sua vida.

– David S. Kidder e Noah D. Oppenheim

Alfabeto

Por volta de 2000 a.C., os faraós egípcios perceberam que tinham um problema. A cada vitória militar sobre seus vizinhos, eles capturavam e escravizavam mais prisioneiros de guerra. Os egípcios, porém, não podiam dar ordens escritas a esses escravos, porque estes não sabiam ler hieróglifos.

Os sistemas de escrita antigos, como os hieróglifos egípcios, eram extremamente complexos e difíceis de aprender. Tinham milhares de caracteres, com cada símbolo representando uma idéia ou palavra. A tarefa de memorizá-los requeria anos. Somente uma minoria de egípcios sabia realmente ler e escrever sua complicada escrita.

Os lingüistas acreditam que a maioria dos alfabetos modernos resultou da versão simplificada dos hieróglifos criada pelos egípcios há quatro mil anos para se comunicar com os escravos. O desenvolvimento do alfabeto, sistema de escrita usado em todo o mundo ocidental, mudou a maneira como os antigos se comunicavam.

Na versão simplificada, cada caractere representava apenas um som. Essa inovação reduziu o número de caracteres de alguns milhares para algumas dezenas, tornando muito mais fácil aprendê-los e usá-los. A complicada linguagem hieroglífica acabou caindo no esquecimento, e os estudiosos só conseguiram traduzir os caracteres com o descobrimento da Pedra de Roseta, em 1799.

O alfabeto foi extremamente bem-sucedido. Quando, enfim, os escravos dos egípcios voltaram para suas pátrias, levaram consigo o sistema de escrita. O alfabeto espalhou-se pelo Oriente Próximo e tornou-se a base de muitos sistemas de escrita da região, incluindo o hebraico e o árabe. Os fenícios, antiga civilização de mercadores marítimos, levaram o alfabeto às tribos que encontravam ao longo da costa mediterrânea. Os alfabetos grego e romano, por sua vez, basearam-se na antiga escrita fenícia. Hoje a maioria das línguas ocidentais, incluindo o português, usa o alfabeto romano.

FATO ADICIONAL

1. *Várias letras do português atual descendem diretamente dos antigos caracteres egípcios. Por exemplo, a letra B deriva do caractere egípcio usado para designar a palavra "casa".*

Ulisses

Ulisses (1922), de James Joyce, é largamente considerado o maior romance de língua inglesa do século XX. Reconta a *Odisséia*, de Homero, no contexto de um único dia – 16 de junho de 1904 – em Dublin, na Irlanda, refundindo o grande herói de Homero, Odisseu, na inverossímil figura de Leopold Bloom, um vendedor envelhecido e traído pela mulher que passa o dia fazendo pequenas tarefas e marcando compromissos com clientes antes de finalmente voltar para casa.

Embora Bloom pareça um homem simples e comum, ele emerge como uma figura heróica, demonstrando compaixão, perdão e generosidade em relação a praticamente todas as pessoas do estranho rol de personagens com que depara. Em seus feitos mundanos, que não raro passam despercebidos, ele pratica um heroísmo cotidiano que talvez seja o único heroísmo possível no mundo moderno. E, apesar de sempre se sentir como um forasteiro – é um judeu numa Irlanda esmagadoramente católica –, Bloom permanece otimista e supera suas inseguranças.

Ulisses é celebrado por seus extraordinariamente ricos retratos de personagens, sua espantosa lista de alusões a outras obras literárias e culturais e suas numerosas inovações no campo da linguagem. No decorrer do romance, Joyce flerta com gêneros e formas literárias que vão do drama às peças publicitárias e ao inglês antigo. O livro talvez seja mais famoso pelo amplo uso narrativo do fluxo de consciência – a tentativa de Joyce de expressar os pensamentos mais íntimos de seus personagens exatamente como eles ocorrem, sem nenhum esforço para impor ordem ou organização. Essa técnica se tornou marca registrada da literatura modernista e influenciou diversos outros escritores, como Virginia Woolf e William Faulkner, que também fizeram experiências com ela em suas obras.

Não surpreende que *Ulisses* imponha uma difícil jornada ao leitor, especialmente seu célebre último capítulo, que reconta os pensamentos da esposa de Bloom, Molly. O devaneio dela se desenvolve ao longo de mais de 24 mil palavras, embora seja dividido em apenas oito frases quilométricas. Apesar do desafio que coloca, o capítulo mostra Joyce no que ele tem de mais lírico, particularmente nas linhas finais, que reafirmam o amor de Molly pelo marido, a despeito da infidelidade dela: "e então ele me pediu quereria eu sim dizer sim minha flor da montanha e primeiro eu pus os meus braços em torno dele sim e eu puxei ele pra baixo pra mim para ele poder sentir meus peitos todo perfume sim o coração dele batia como louco e sim eu disse sim eu quero Sims".

FATO ADICIONAL

1. Ulisses *ficou censurado por obscenidade nos Estados Unidos durante quase doze anos, por causa de suas imagens sexuais (na maioria indiretas).*

Pinturas Rupestres de Lascaux

As pinturas rupestres de Lascaux figuram entre as mais antigas obras de arte conhecidas. Foram descobertas em 1940 perto do vilarejo de Montignac, na França central, quando quatro meninos se depararam com uma gruta. Dentro dela, encontraram uma série de salões com quase 1.500 pinturas de animais, cuja idade varia entre quinze mil e dezessete mil anos.

Existem várias teorias referentes à função das pinturas. Um traço natural da gruta pode ter sugerido a forma de um animal a um observador pré-histórico, que depois o realçou para transmitir sua visão a outras pessoas. Como muitas das pinturas estão localizadas em partes inacessíveis da gruta, podem ter sido usadas para práticas mágicas. Possivelmente, as pessoas pré-históricas acreditavam que o ato de desenhar animais, especialmente com alto grau de precisão, colocaria os bichos sob seu controle ou aumentaria o número deles em épocas de escassez.

Os animais são esboçados ou retratados em silhueta. Muitas vezes são reproduzidos no que se denomina perspectiva torcida, ou seja, com a cabeça de perfil e os chifres de frente. Muitas das imagens incluem pontos, padrões lineares e outros desenhos que podem encerrar um significado simbólico.

O compartimento mais magnífico da gruta, conhecido como Grande Salão dos Touros, contém uma narrativa pintada. Da esquerda para a direita, as pinturas retratam a caça e a captura de um rebanho de bisões.

Assim que as pinturas foram examinadas e identificadas como paleolíticas, a caverna foi aberta ao público, em 1948. Em 1955, porém, tornou-se cada vez mais evidente que a exposição a 1.200 visitantes por dia estava danificando as pinturas. Apesar das medidas protetoras tomadas, o sítio foi fechado em 1963. Para atender à demanda pública, uma réplica da gruta em tamanho natural foi concluída em 1983, a apenas duzentos metros da original.

FATOS ADICIONAIS

1. *Os pintores rupestres tinham consciência da perspectiva visual. Eles pintavam figuras altas na parede, estilizadas de modo a não parecer distorcidas para o espectador que as olhasse de baixo.*
2. *A única figura humana retratada na caverna aparece na* Lança do morto. *O fato de ter sido pintada mais cruamente que os animais sugere que não a julgavam dotada de propriedades mágicas.*

Clonagem

Em 1997, uma ovelhinha chamada Dolly apresentou ao mundo a clonagem reprodutiva. Ela era um clone porque compartilhava com sua mãe o mesmo DNA nuclear – em outras palavras, as células de ambas continham o mesmo material genético. Eram como gêmeos idênticos criados em gerações diferentes.

Cientistas do Instituto Roslin, na Escócia, criaram Dolly por um processo denominado *transferência nuclear*. Retirando o material genético da célula de um doador adulto, eles o transferiram para um óvulo não fertilizado, cujo material genético fora removido. No caso de Dolly, a célula do doador veio da glândula mamária de uma ovelha da raça finn dorset de 6 anos de idade. Os pesquisadores aplicaram então um choque elétrico no óvulo, que começou a se dividir para formar um embrião.

Uma das razões pelas quais a criação de Dolly se revelou tão espantosa é que provou à comunidade científica que uma célula retirada de uma parte especializada do corpo pode ser usada para criar um novo organismo completo. Antes de Dolly, quase todos os cientistas acreditavam que uma célula, quando se tornava especializada, só poderia produzir outras do mesmo tipo: uma célula do coração só poderia produzir células do coração, uma célula do fígado só poderia produzir células do fígado. Mas Dolly foi feita inteiramente a partir de uma célula extraída da glândula mamária de sua mãe, provando que as células especializadas podem ser completamente reprogramadas.

Em vários aspectos, Dolly não era igual à sua mãe. Por exemplo, seus telômeros eram muito curtos. Telômeros são fios delgados de proteína que formam as extremidades dos cromossomos, as estruturas que contêm genes. Embora ninguém saiba exatamente o que os telômeros fazem, eles parecem ajudar a proteger e a reparar as células. À medida que envelhecemos, vão ficando cada vez mais curtos. Dolly recebeu telômeros de sua mãe de 6 anos, por isso, desde seu nascimento, eles eram mais curtos que os de uma ovelha de sua idade. Embora parecesse perfeitamente normal, Dolly foi submetida à eutanásia em 2004, com 6 anos, depois de contrair câncer de pulmão e artrite degenerativa. As ovelhas finn dorset vivem em média de onze a doze anos.

FATOS ADICIONAIS

1. *Desde 1997, bovinos, camundongos, cabras e porcos vêm sendo clonados com sucesso pela técnica da transferência nuclear.*
2. *A taxa de sucesso na clonagem é muito baixa em todas as espécies. Estudos afirmam que cerca de 1% dos embriões reconstruídos sobrevive após o nascimento. Mas, como as tentativas malsucedidas permanecem largamente desconhecidas, o número real pode ser muito menor.*
3. *Dolly foi mãe de seis ovelhas, todas concebidas à maneira tradicional.*
4. *Um grupo de pesquisadores coreanos afirmou ter clonado um embrião humano em 1998, mas a experiência foi terminada na fase de quatro células, não havendo, portanto, nenhuma evidência de seu sucesso.*

Fundamentos da Música

Música é um som organizado que se pode reproduzir por meio da imitação ou da notação. A música difere do ruído pelo fato de os sons de uma porta rangendo ao ser aberta ou de unhas raspando uma lousa serem irregulares e desorganizados. As ondas sonoras que delineiam esses ruídos são complexas e não podem ser ouvidas como tonalidades identificáveis.

Alguns dos modos básicos pelos quais analisamos os sons musicais são:

ALTURA: É quanto um som é alto ou baixo para o ouvido. A altura é medida tecnicamente pela freqüência de uma onda sonora, ou pela freqüência com que as ondas se repetem. Na música ocidental, existem doze notas únicas referentes às alturas (dó; dó sustenido ou ré bemol; ré; ré sustenido ou mi bemol; mi; fá; fá sustenido ou sol bemol; sol; sol sustenido ou lá bemol; lá; lá sustenido ou si bemol e si). As alturas seguidas por sustenidos ou bemóis denominam-se acidentais e são mais facilmente descritas como as teclas pretas do piano. Localizam-se musicalmente, a meio intervalo entre as duas tonalidades que os ladeiam. Por exemplo, o ré sustenido e o mi bemol têm a mesma altura. Quando nos referimos às alturas no contexto da notação musical, ou música escrita, elas se denominam notas.

ESCALA: É um arranjo gradual de alturas (por exemplo, dó, ré, mi, fá, sol, lá, si, dó) que serve freqüentemente de base para uma melodia. Uma peça, ou uma parte de uma peça, muitas vezes usará apenas notas encontradas numa escala particular. A música ocidental utiliza basicamente a escala maior ou a escala menor, numa ou noutra forma. Para a maioria das pessoas, a escala maior, graças a seu arranjo particular de alturas, tem a qualidade de soar "luminosa", "alegre" ou "positiva". A escala menor, de modo análogo, costuma ser descrita como "escura", "triste" ou "negativa".

TOM: É um arranjo ou sistema de alturas, baseado geralmente em uma escala maior ou menor, que se destina a servir como ponto de referência e força condutora de uma melodia. A tonalidade da escala costuma ser o ponto inicial e o ponto final de uma peça escrita numa tonalidade particular – assim, se a peça é em mi maior, então a altura mi servirá como o centro tonal dela.

FATOS ADICIONAIS

1. *Todos esses elementos básicos podem ser anotados na pauta, que é um conjunto repetido de cinco linhas horizontais paralelas. Com freqüência, a pauta é dividida em compassos para indicar as divisões métricas da peça. Costuma-se marcar o início de cada pauta da página com uma clave, a fim de indicar pontos de referência para identificar as alturas.*

2. *Quando uma peça se desvia de sua tonalidade básica, isso é chamado de modulação. As tonalidades são indicadas na notação musical por um sinal no começo de cada pauta.*

3. *Existem centenas de escalas usadas nas diferentes culturas musicais do mundo. Na Índia, a música tocada na cítara e em outros instrumentos utiliza alturas de um conjunto de 22 possibilidades, com as distâncias entre os intervalos da escala às vezes maiores e às vezes menores do que as usadas na música ocidental. Isso pode estabelecer diferenças entre alturas extremamente sutis e exige grande virtuosismo por parte dos músicos clássicos indianos.*

Aparência e Realidade

Ao longo de toda a história da filosofia, um de seus grandes temas tem sido a distinção entre aparência e realidade. Essa distinção foi crucial para o pensamento dos primeiros filósofos, chamados pré-socráticos, porque viveram numa época anterior à do filósofo grego Sócrates (c. 469-399 a.C.).

Os pré-socráticos acreditavam que a natureza fundamental da realidade era muito diferente da maneira usual como ela lhes aparecia. Por exemplo, um filósofo chamado Tales sustentava que, apesar das aparências, toda a realidade se compõe essencialmente de água. Heráclito achava que o mundo havia sido construído a partir do fogo. Além disso, ele afirmava que *tudo* está em constante movimento. Outro pensador, Parmênides, sustentava que *nada* se move realmente e que todo movimento aparente não passa de ilusão.

Os pré-socráticos levavam a sério a possibilidade de que toda a realidade se compõe essencialmente de alguma substância mais fundamental. E suspeitavam que a observação acrítica, cotidiana tende a nos apresentar uma visão enganosa do mundo. Por essas razões, seu pensamento costuma ser considerado precursor da ciência e da filosofia modernas.

Muitos filósofos posteriores – incluindo Platão, Spinoza e Leibniz – deram seguimento a essa tradição e apresentaram modelos de realidade alternativos que, segundo eles, estavam mais próximos da verdade do que as visões corriqueiras do mundo, baseadas no senso comum.

FATOS ADICIONAIS

1. *A distinção entre aparência e realidade é igualmente central para a tradição filosófica conhecida como ceticismo.*
2. *Immanuel Kant também tratou da diferença entre aparência e realidade. Ele distinguia as coisas que experimentamos do que chamava de "coisa-em-si".*

Torá

Torá é o nome dado aos cinco primeiros livros da Bíblia hebraica, que são os cinco livros de Moisés, ou Pentateuco. Os cristãos se referem a esses livros, juntamente com outros textos judaicos, como Velho Testamento. A palavra "Torá" também pode se referir à totalidade da lei judaica, abrangendo vários textos e tradições orais.

Os cinco livros de Moisés constituem a base das 613 leis que governam a fé judaica e são o fundamento dos três grandes credos monoteístas – judaísmo, cristianismo e islamismo. São os seguintes:

GÊNESIS: Conta a história da criação e também dos israelitas, Abraão, Isaac, Jacó e suas famílias.

ÊXODO: Narra o êxodo do Egito para Canaã, incluindo a passagem em que Moisés recebe os Dez Mandamentos.

LEVÍTICO: Contém as leis e as práticas de adoração.

NÚMEROS: Relata a jornada dos israelitas através do deserto.

DEUTERONÔMIO: Consiste nos discursos feitos por Moisés no fim da vida e que recontam a história e os ensinamentos éticos israelitas.

Acredita-se tradicionalmente que Moisés recebeu os cinco livros no monte Sinai. Teorias alternativas sustentam que o início da Torá foi dado no monte Sinai, mas que a revelação continuou ao longo de toda a vida de Moisés.

Historicamente, arqueólogos afirmam que a Torá foi escrita entre os séculos X e VI a.C. Os proponentes da hipótese documentária, que de acordo com os judeus ortodoxos é herética, afirmam que os cinco livros originais provieram de quatro fontes e acabaram por ser compilados num único livro por um quinto autor ou redator. Os argumentos a favor dessa teoria são os múltiplos nomes usados para designar Deus, os variados estilos de escrita e a repetição de histórias.

Desde o começo, a Torá foi acompanhada por uma tradição oral que se fazia necessária para sua inteira compreensão. Embora se julgasse blasfemo relatar por escrito as tradições orais, a necessidade de fazê-lo acabou por se tornar evidente, levando à criação da Mishná. Mais tarde, enquanto os rabinos discutiam e debatiam esses dois textos, escreveu-se o Talmude, com o fim de compilar os argumentos deles.

A tradição judaica usa o texto da Torá para dele extrair inúmeras leis e costumes. Estudiosos rabínicos passaram a vida analisando o significado de cada palavra.

FATO ADICIONAL

1. *Os pergaminhos da Torá, escritos à mão em hebraico, contêm 304.805 letras e podem levar mais de um ano para ser produzidos. Se houver um único erro, todo o pergaminho se torna inválido.*

Código de Hamurabi

Hamurabi foi rei da Babilônia, antiga civilização que se desenvolveu no atual Iraque. Governou de 1792 a 1750 a.C. e conquistou várias nações rivais, porém é mais conhecido como o primeiro jurisconsulto da história. Perto do fim de seu reinado, Hamurabi promulgou um dos primeiros códigos de leis escritas da história registrada, que estipulava as regras para os cidadãos e as punições para os transgressores. O próprio conceito de leis que se aplicavam a todos era uma novidade na época, quando a maioria das sociedades era governada de acordo com os caprichos de seus despóticos soberanos.

O código, entretanto, era extremamente cruel pelos padrões modernos. Hamurabi prescrevia a pena de morte mesmo para infrações menores. Mulheres que entrassem numa taverna, homens que abrigassem escravos foragidos e esposas que abandonassem o marido sem "justa causa" estavam todos sujeitos à pena capital. Em sua crueza, o código refletia as superstições de sua antiga sociedade. Nas disputas entre cidadãos babilônicos, o Código de Hamurabi estabelecia que o acusado devia saltar num rio. Se fosse culpado se afogaria. Mas, se fosse inocente, "escaparia ileso", e o acusador seria morto por ter feito uma falsa acusação.

Os escribas do rei entalharam as leis num pilar de pedra negra, dedicado ao deus da justiça e exibido em público. Na inscrição, Hamurabi conclamava "todas as gerações vindouras" a observar as leis e a não "alterar a lei da terra que eu dei". Os reis futuros, disse Hamurabi, deveriam preservar a regra da lei em vez de governar segundo seus próprios impulsos. A noção de que os governantes não podiam mudar arbitrariamente as leis que regiam seus cidadãos era um conceito revolucionário. O respeito pela regra da lei permanece como uma das características fundamentais de muitos governos bem-sucedidos.

FATOS ADICIONAIS

1. *O pilar que exibe as leis de Hamurabi foi desenterrado em 1901 por um arqueólogo francês e hoje se encontra no Museu do Louvre, em Paris.*
2. *O Código de Hamurabi está inscrito em caracteres cuneiformes, complexo sistema de escrita usado pela maioria das civilizações antigas do Oriente Próximo. Os estudiosos modernos só conseguiram decodificar os caracteres cuneiformes em 1835.*
3. *Os cientistas babilônicos usavam um sistema de cálculo baseado no número 60, razão pela qual os minutos têm sessenta segundos.*

Ernest Hemingway

Entre os grandes escritores norte-mericanos do século XX, poucos foram tão influentes ou imitados quanto Ernest Hemingway (1899-1961) – e poucos tiveram tantos detratores. Renomado por seus romances e contos, Hemingway tornou-se uma figura tão pública durante sua vida – e construiu uma mitologia tão extensa em torno de si – que às vezes é difícil separar a lenda da realidade.

Nascido em Oak Park, no estado de Illinois, Hemingway não tardou a nutrir aspirações literárias – aos 18 anos já trabalhava como repórter para o jornal *Kansas City Star*. Meses depois, conseguiu um cargo de motorista de ambulância da Cruz Vermelha no *front* italiano, durante a Primeira Guerra Mundial, onde foi ferido. Após a guerra, passou vários anos em Paris, na companhia de Gertrude Stein e outros escritores norte-americanos expatriados da chamada "geração perdida", que estavam desiludidos com a brutalidade da guerra. Em Paris, Hemingway refinou o estilo que seria sua marca registrada – uma prosa repetitiva, despojada, conscientemente masculina e enganosa em sua aparente simplicidade.

Depois de escrever alguns contos inspirados nos verões de sua infância no alto Michigan e em suas últimas viagens pela Europa, Hemingway publicou seu primeiro grande romance, *O sol também se levanta* (1926). Esse livro, a respeito de um jovem e insatisfeito americano que passa seu tempo entre a Espanha e a França, valeu a Hemingway aclamação instantânea. Seguiram-se *Adeus às armas* (1929), que conta o trágico romance entre um motorista de ambulância americano e uma enfermeira inglesa durante a Primeira Guerra Mundial, e *Por quem os sinos dobram* (1940), história sobre guerrilheiros durante a Guerra Civil Espanhola inspirada pelo trabalho de Hemingway como jornalista no conflito. O protagonista desse último romance resume o que muitos chamaram de "herói cifrado de Hemingway" – um homem estóico e desiludido que exibe dignidade e nobreza em face da violência e da adversidade.

À medida que sua fama crescia, Hemingway adquiriu – e cultivou – a reputação de escrever apenas sobre guerra, touradas, caçadas, pesca e outros tópicos francamente masculinos. Embora alguns críticos desprezassem sua obra pela postura machista, a narrativa inegavelmente magistral de seu romance *O velho e o mar* (1952) lhe valeu o Prêmio Nobel de Literatura de 1954. Mesmo com esse coroamento de sua obra, Hemingway passou seus últimos anos mergulhado em depressão e com a saúde em declínio, acabando por suicidar-se com um tiro de espingarda em 1961. Sua influência sobre o estilo do romance moderno, contudo, permanece monumental.

FATO ADICIONAL

1. *O Torneio Anual de Imitação de Hemingway recebe centenas de colaborações que fazem uma homenagem jocosa ao estilo inconfundível do autor. As edições passadas incluíram peças intituladas* The Old Man and the Flea *(O velho e a pulga) e* For Whom the Cash Flows *(Por quem o caixa flui).*

Busto de Nefertiti

Uma das obras mais famosas da arte egípcia, o busto em pedra calcária de Nefertiti foi descoberto em 1912 pelo arqueólogo alemão Ludwig Borchardt, perto da moderna cidade egípcia de Tell el-Amarna. Foi encontrado no ateliê do antigo escultor Tutmés e contrabandeado para fora do país, disfarçado como fragmentos de cerâmica quebrada.

Nefertiti foi a mais importante rainha do faraó Amenófis IV, que governou o Egito de 1353 a 1335 a.C. Durante o reinado, o faraó mudou o próprio nome para Akhenaton – "o que serve a Aton, o Deus-Sol" – e adotou uma nova religião, monoteísta, que enfatizava a ética. Nefertiti recebeu um elevado *status*, quase igual ao de seu marido. Alguns estudiosos acreditam que ela era a força por trás da nova religião e que governou como co-regente durante algum tempo. Após a morte de Akhenaton, quase todos os traços dele e de sua poderosa esposa foram apagados, talvez pelos sacerdotes cuja religião os dois rejeitaram.

O busto de Nefertiti, que tem quase 3.400 anos e mede cerca de cinqüenta centímetros de altura, foi encontrado em estado quase perfeito. Somente os lóbulos das orelhas estavam lascados. A obra ficou inacabada, contudo, já que a cavidade do olho esquerdo parece nunca ter sido preenchida. É possível que Tutmés usasse o busto como modelo para seus pupilos. Se ele capta a aparência da rainha ou retrata uma beleza ideal é uma questão em aberto.

Uma controvérsia eclodiu em 2003, quando a arqueóloga inglesa Joann Fletcher, patrocinada pelo Discovery Channel, identificou como Nefertiti uma múmia descoberta anteriormente. Apesar das substanciais provas oferecidas por ela, as autoridades egípcias rejeitaram suas afirmações.

O busto pode ser visto atualmente no Museu Altes, em Berlim. Permanece não só uma das obras mais conhecidas da arte egípcia, mas também um modelo de beleza feminina, conferindo novo significado ao nome Nefertiti, que significa "a bela chegou".

FATOS ADICIONAIS

1. *Nos últimos dias da Segunda Guerra Mundial, o busto de Nefertiti foi levado para o setor soviético de Berlim, criando uma disputa em torno de sua propriedade. Foi devolvido em 2005.*

2. *Uma busca por Nefertiti no Google apresenta quase três milhões de resultados, testemunhando o poder duradouro de sua imagem no século XXI.*

3. *Dois artistas húngaros que se autodenominam Pequena Varsóvia suscitaram recentemente uma controvérsia ao colocar o busto de Nefertiti em cima da escultura sem cabeça de uma mulher com roupa transparente.*

Eratóstenes

Muitos cientistas da Grécia Antiga acreditavam que o mundo era redondo. Mas nenhum deles sabia o tamanho da Terra até o século III a.C., quando Eratóstenes (c. 276-194 a.C.), principal bibliotecário de Alexandria, inventou um modo engenhoso de medir o tamanho do planeta.

Eratóstenes soube da existência de um poço especial perto de Syene (atual Assuã), no Egito. Ao meio-dia de 21 de junho, o dia mais longo do ano no hemisfério norte, os raios do sol alcançaram o fundo do poço. Isso significava que ele estava completamente a pino. Eratóstenes percebeu que, se o sol estava a pino em Syene, os raios deviam estar chegando obliquamente a Alexandria, mais ao norte. Se ele conseguisse medir o ângulo pelo qual o sol estava fora do centro nessa última cidade, teria a chave de que precisava para calcular o tamanho da Terra. Assim, ao meio-dia de 21 de junho em Alexandria, ele pegou uma régua métrica e registrou o ângulo formado pela sombra do sol.

Eratóstenes sabia que o ângulo da sombra era equivalente ao ângulo formado entre as duas cidades e o centro da Terra. Dividiu, então, a medida desse ângulo por 360, o número de graus de um círculo, para determinar que fração da Terra separava as duas cidades. A resposta era 1/50. Em outras palavras, se você caminhasse entre Syene e Alexandria cinqüenta vezes, teria andado o equivalente à circunferência da Terra.

Restava apenas medir a distância exata entre as duas cidades. Eratóstenes contratou um marchador, um caminhante profissional treinado para dar passos perfeitamente iguais. Das medidas efetuadas pelo marchador, Eratóstenes deduziu que a circunferência da Terra era de 39.750 quilômetros. Hoje, usando os mesmos princípios desenvolvidos por Eratóstenes há mais de dois mil anos, os instrumentos modernos estimam a distância ao redor do equador em 40.075 quilômetros.

No tempo de Eratóstenes, o mundo conhecido ia da Espanha à Índia. Ele acreditava que um vasto oceano cobria o resto do planeta. Se não fosse a enormidade do oceano, ele achava que seria possível viajar da Espanha à Índia navegando para oeste. Foi essa idéia que inspirou Cristóvão Colombo a empreender sua famosa viagem em 1492.

FATOS ADICIONAIS

1. *Eratóstenes foi o primeiro historiador que tentou seriamente dispor os acontecimentos históricos em ordem cronológica. Usamos suas datas para tratar da maior parte da história antiga.*
2. *Também devemos a ele muitos conceitos modernos, como longitude, latitude, escalas musicais e números primos.*
3. *Outros cientistas do tempo de Eratóstenes o chamavam de Beta. Ele tinha tantos interesses que seus contemporâneos o consideravam um diletante. Para eles, ele era um homem de segunda classe, um beta.*

Melodia

A melodia talvez seja o elemento mais prontamente reconhecível da música. Uma melodia pode ser tocada em um único instrumento ou em muitos e, juntamente com a harmonia e o ritmo, é considerada um dos três elementos básicos de qualquer música.

Uma melodia é uma sucessão de notas arranjadas numa seqüência melódica. As notas fazem certo tipo de sentido coerente ou parecem funcionar juntas. A melodia difere da harmonia pelo fato de se referir a várias notas tocadas uma após a outra, sem soar em uníssono.

Ao longo do tempo, a definição de melodia se ampliou para incluir seqüências de notas que teriam parecido ousadas ou mesmo desagradáveis aos ouvidos de compositores anteriores. Mozart, Schubert e Sibelius são tidos como gênios da arte de fazer melodias. Por outro lado, modernistas como Stravinski escreveram melodias – por exemplo, a que dá início a seu balé *A sagração da primavera* – que muitos compositores do século XVIII ou XIX, e até alguns ouvintes de hoje, considerariam um ruído não-melódico.

Em geral, as melodias se dividem em unidades musicais mais curtas chamadas frases, as quais costumam terminar em pontos de descanso denominados cadências. Muitas vezes, as frases que usualmente abrangem a estrutura global de uma melodia dão a impressão de perguntas e respostas. Uma parte da melodia coloca uma idéia musical, outra a completa. Se uma frase termina em uma nota que indica uma cadência de sonoridade incompleta ou não resolvida, o conjunto da frase é chamado de antecedente. Da mesma forma, a frase seguinte, com sua cadência de sonoridade completa, é denominada conseqüente.

FATOS ADICIONAIS

1. *Na Idade Média, muitos compositores partilhavam com freqüência melodias simples de uso corrente, como a melodia francesa do século XV "L'homme armé", como tema central de suas peças.*
2. *Melodias mais recentes, como "Brilha, brilha, estrelinha", têm sido compartilhadas da mesma forma, mas nos tempos modernos uma importância muito maior tem sido atribuída ao talento que escreve uma melodia original.*
3. *A prática de arranjar uma melodia ou uma peça inteira para um grande conjunto de diferentes instrumentos é chamada de orquestração. Existem cursos de conservatório dedicados a essa disciplina, e alguns compositores são respeitados particularmente pela capacidade de orquestrar.*

Sócrates

Largamente considerado o fundador da filosofia ocidental, Sócrates (470-399 a.C.) nunca escreveu um único livro. O que sabemos dele se deve ao que outras pessoas escreveram a seu respeito.

Nascido em Atenas no século V a.C., Sócrates se distinguiu como soldado em uma das muitas guerras travadas por essa cidade e depois se tornou uma figura curiosa na sociedade ateniense. Conversava com qualquer pessoa que encontrasse no caminho, especialmente os jovens da cidade. Diferentemente dos sofistas – professores pagos que viajavam pelo país ensinando retórica e outras habilidades políticas aos jovens –, Sócrates não recebia pagamento e, mais importante, *dizia que nada tinha a ensinar*! Ele afirmava que não possuía nenhum verdadeiro conhecimento e que, se era mais sábio que os outros, era apenas porque estava consciente de sua ignorância.

A maior parte do que sabemos sobre Sócrates nos veio de seu maior discípulo, Platão. Muitos estudiosos acreditam que os primeiros diálogos de Platão constituem a representação mais exata do Sócrates histórico e da maneira como ele tratava a filosofia. Nesses diálogos, Sócrates geralmente se confronta com um colega ateniense que afirma conhecer algo – por exemplo, a natureza da justiça. O filósofo passa então a provar ao seu colega que este não sabe o que está dizendo.

Em 399 a.C., Sócrates foi levado a julgamento sob a acusação de corromper a juventude de Atenas com seus ensinamentos. Durante o julgamento – lembrado por Platão no diálogo *Apologia de Sócrates* –, fez a famosa asserção de que a vida não examinada não é digna de ser vivida. Defendeu sua inocência, mas foi declarado culpado e condenado a beber cicuta, um forte veneno. Suas derradeiras horas, passadas discutindo filosofia com os amigos e admiradores, estão documentadas de forma emocionante no diálogo de Platão *Fédon*.

FATOS ADICIONAIS

1. *O método socrático, ainda usado por professores em muitas faculdades de direito, baseia-se no estilo de Sócrates de questionar agressivamente seus discípulos.*

2. *Muitos dos contemporâneos de Sócrates costumavam se referir à sua extrema feiúra.*

3. *O poeta cômico Aristófanes ridicularizou Sócrates na peça* As nuvens.

Noé

Noé é a notável figura da história do dilúvio, contada no livro bíblico do Gênesis. De acordo com essa história, Deus examinou a criação e se irritou com os pecados da humanidade. Arrependido de ter criado os seres humanos, resolveu destruí-los. Antes disso, porém, Deus observou Noé.

Noé era irrepreensível, e Deus decidiu salvá-lo da destruição certa. Disse a ele que dali a sete dias faria chover durante quarenta dias e quarenta noites, causando uma terrível inundação. Noé foi instruído a construir uma grande arca, capaz de abrigar a ele, sua mulher, seus três filhos e as esposas destes, além de um casal (um macho e uma fêmea) de todas as espécies de animais que existiam. Desse modo, ele poderia repovoar a terra.

Noé seguiu as instruções de Deus, levando os animais e sua família para dentro da arca. Passados quarenta dias, a chuva cessou, porém o solo ainda estava submerso. Para determinar o momento em que as águas baixassem, ele abriu uma janela e soltou uma pomba.

Finalmente, depois de 150 dias no mar e outros cem encalhado no monte Ararat, a terra secou o suficiente para Noé começar o processo de repovoamento. Ele esvaziou a arca, permitindo que os animais se acasalassem. Deus então disse a Noé que ele também devia "frutificar e multiplicar-se" (Gn 8:17). Prometeu-lhe ainda que nunca mais voltaria a destruir a humanidade e simbolizou esse pacto com o aparecimento de um arco-íris.

Historiadores e teólogos cristãos e judeus dão interpretações ligeiramente distintas à história de Noé. Para os cristãos, ele representa a fé ideal em Deus – marcada pela confiança e pela obediência, em virtude das quais Noé e sua família foram salvos. Para os intérpretes judeus, ele representa uma fé relutante, indicada pelo fato de ter sido o último a entrar na arca, em sinal de relutância. Isso sugere que sua fé pode não ter sido muito intensa. Apesar das diferenças, ambas as tradições vêem Noé e o dilúvio como expressões fundamentais das narrativas religiosas.

FATOS ADICIONAIS

1. *A história de Noé inclui o primeiro aparecimento do vinho na Bíblia. Após o dilúvio, ele se embriagou, e seus filhos o encontraram nu.*

2. *A ordem de Deus a Noé, de frutificar e multiplicar-se, também é dada a Adão e Eva (Gn 1:28) e a Jacó (Gn 35:11).*

Esparta *vs.* Atenas: A Batalha pelo Mundo Antigo

Esparta, uma cidadezinha situada nas escarpadas montanhas da Grécia meridional, criou a mais temida força militar do mundo antigo. Os soldados espartanos, endurecidos por um exaustivo treinamento que começava no nascimento, nunca perderam uma batalha nos sangrentos conflitos que eclodiam quase constantemente entre as pequenas cidades-Estado da Grécia Antiga. Para construir esse notável exército, os anciãos de Esparta testavam cada recém-nascido para verificar suas fraquezas e deformidades. Os bebês considerados incapazes de se converter em soldados robustos eram arremessados do alto de um desfiladeiro. Para os que passavam no teste, o treinamento era cruel e implacável. O historiador e ensaísta grego Plutarco escreveu que, para muitos dos soldados espartanos, marchar para o combate era um alívio: "Para os espartanos, a guerra propriamente dita era um feriado comparada a seu árduo treinamento".

A rivalidade entre a militarista Esparta e a vizinha Atenas dominou a história da Grécia Antiga. Atenas, o berço da democracia, era uma sociedade muito menos rígida. Ao contrário de Esparta, onde havia pouco tempo para a cultura, Atenas foi a pátria de algumas das mais extraordinárias realizações da filosofia, da arte e da ciência na história humana. Os dramaturgos Ésquilo, Aristófanes, Eurípides e Sófocles, assim como os filósofos Aristóteles, Platão e Sócrates, nasceram em Atenas durante a idade de ouro da cidade, por volta do século V a.C.

Embora tenham juntado forças temporariamente para derrotar duas tentativas de invasão persa, Atenas e Esparta passaram a maior parte do período clássico competindo pela liderança no mundo grego. Quando as cidades guerreavam, como o fizeram reiteradamente entre cerca de 550 e 350 a.C., era um choque de civilizações no sentido mais pleno do termo. Enquanto os famosos soldados de Esparta levavam vantagem em terra, Atenas fazia a diferença com seu poder marítimo. A rivalidade chegou a um final abrupto quando Filipe da Macedônia invadiu o país pelo norte. As cidades-Estado gregas foram engolidas pelo império que Filipe e seu filho, Alexandre, o Grande, estenderam sobre grande parte da Grécia e da Ásia.

FATOS ADICIONAIS

1. *Esparta era a capital da região grega da Lacônia. O termo "lacônico" deriva da atitude taciturna dos endurecidos soldados espartanos.*

2. *A fim de provar sua resistência, os meninos espartanos competiam para ver quantas chicotadas conseguiam suportar.*

3. *Muitos dos edifícios da Acrópole ateniense, incluindo o célebre Partenon, foram construídos durante a idade de ouro da cidade, no século V a.C.*

Renascimento do Harlem

O Renascimento do Harlem, ou Novo Movimento Negro, como foi originalmente batizado, foi o florescimento da literatura e da arte afro-americanas nas vizinhanças do Harlem, em Nova York, nos anos 20 e começo dos 30. O palco desse renascimento foi montado quando milhões de negros sulistas recém-libertados, depois de suportar os sofrimentos da escravidão e da Reconstrução no século XIX, se mudaram para Nova York e outras cidades do norte, num êxodo conhecido como Grande Migração. No final da Primeira Guerra Mundial, uma comunidade negra pobre, mas culturalmente vibrante, havia criado raízes no Harlem.

Boa parte do advento do Renascimento do Harlem se deve ao historiador e sociólogo afro-americano W. E. B. Du Bois, famoso pelo tratado *As almas da gente negra* (1903) e por seu papel na fundação da Associação Nacional para o Progresso das Pessoas de Cor, em 1909. Du Bois estabeleceu um novo senso de consciência cultural e orgulho negro, inspirando uma geração de jovens escritores e artistas a criar uma voz afro-americana característica.

Um dos principais autores do Renascimento do Harlem foi James Weldon Johnson, que escreveu o romance *Autobiography of an Ex-Colored Man* (1912) e a célebre coleção de sermões em versos intitulada *God's Trombones* (1927). Johnson foi seguido por Nella Larsen e Zora Neale Hurston, cujos respectivos romances *Passing* (1929) e *Seus olhos viam Deus* (1937) figuram entre as primeiras grandes obras literárias de mulheres negras aclamadas pela crítica.

O Renascimento do Harlem produziu um corpo especialmente rico de poesia. Enquanto alguns dos poetas do movimento, como Countee Cullen, se valiam de formas tradicionais, outros, como Langston Hughes, incorporavam a seu trabalho os ritmos oriundos do então florescente gênero da música jazzística. Esses vínculos entre a música e a literatura do Renascimento do Harlem eram inextricáveis, e grandes figuras dos dois campos inspiraram-se mutuamente por intermédio do movimento.

Na década de 30, o Renascimento do Harlem foi declinando, à medida que a Grande Depressão atingia a comunidade negra de Nova York de maneira particularmente dura. No entanto, os novos estilos e temas que se impuseram durante a época resistiram, abrindo caminho para Ralph Ellison, Richard Wright, Lorraine Hansberry, Toni Morrison, Alice Walker e outros, entre as novas gerações de romancistas, poetas e dramaturgos afro-americanos.

FATO ADICIONAL

1. *A era do Renascimento do Harlem assistiu também ao surgimento de notáveis pintores negros, incluindo Palmer Hayden, Lois Mailou Jones e William H. Johnson.*

Partenon

Por determinação do famoso estadista Péricles, o Partenon foi construído entre 447 e 432 a.C. para comemorar a vitória dos gregos sobre os persas. Situado no terreno de um antigo templo da Acrópole de Atenas, é dedicado a Atena Partenos, divindade tutelar da cidade. O edifício é um dos templos mais bem preservados da Grécia.

Segundo o antigo autor grego Plutarco, o Partenon foi obra dos arquitetos Ictinos e Calícrates. A estátua de cerca de doze metros de altura em seu interior, devia-se ao escultor clássico Fídias, que também supervisionou os trabalhos de decoração da vasta estrutura externa.

Os antigos templos gregos eram geralmente retangulares e acessíveis por todos os lados mediante escadarias. Muitos, como o Partenon, tinham colunas alinhadas à sua volta. Na construção de templos, os gregos costumavam seguir as regras de uma das três ordens arquitetônicas: dórica, jônica ou coríntia. Essas ordens são facilmente reconhecíveis pelas proporções diferentes dos capitéis – a parte superior esculpida de suas colunas. Mas, ao contrário da maioria dos templos gregos, edificados segundo as regras de uma única ordem, o Partenon combina elementos de duas, a dórica e a jônica. Seus arquitetos também fizeram uso de efeitos ópticos, ligeiras distorções que realçam a aparência do edifício. Por exemplo, a base e a linha do teto inclinam-se levemente para dentro, pois, se fossem perfeitamente retas, o olho nu as perceberia como arqueadas. Da mesma forma, as colunas são mais grossas perto da base, recurso que as faz parecer mais altas ao observador postado embaixo.

Originalmente, o Partenon tinha teto de madeira, era coberto de telhas e pintado em cores vibrantes. Altos-relevos quadrados, ou métopas, corriam ao redor do templo, acima das colunas, descrevendo batalhas mitológicas que serviam de metáforas para a vitória grega sobre os persas. Um friso contínuo, que ilustrava o festival anual de Atena Partenos, destacava-se embaixo e por trás das colunas, nas quatro paredes do edifício.

O Partenon continuou a ser usado como local de culto durante vários séculos após a queda de Atenas. Foi convertido em igreja no século VI d.C., depois em mesquita pelos turcos que conquistaram a Grécia em 1458. Por ocasião de uma batalha em 1687, uma granada veneziana caiu sobre um depósito de pólvora dos turcos, dentro do templo, e destruiu grande parte do edifício.

Em 1801, o lorde Elgin, embaixador britânico na corte otomana em Istambul, obteve permissão para despachar as esculturas mais bem preservadas do Partenon para a Inglaterra, onde as vendeu ao governo. Hoje elas podem ser vistas no Museu Britânico, a despeito dos esforços gregos para recuperá-las. O templo tem sido visitado por incontáveis turistas desde que os gregos retomaram Atenas, em 1832.

Sistema Solar

Na escola primária, aprendemos que o sistema solar compreende o Sol, nove planetas e suas luas. Não é tão simples assim.

Ninguém sabe realmente quantos planetas existem, porque não há uma definição cientificamente estabelecida de planeta. Os astrônomos concordam quanto aos quatro planetas sólidos – Mercúrio, Vênus, Terra e Marte – e aos quatro gigantes gasosos – Júpiter, Saturno, Urano e Netuno –, mas o gelado Plutão continua sendo motivo de discussão. Em 2006, foi reclassificado de "planeta anão".

Plutão tem dois terços do tamanho de nossa Lua e leva 248 anos para descrever sua órbita em volta do Sol. Esse pequenino fragmento de gelo percorre um trajeto estranhamente elíptico, num plano diferente daquele dos oito planetas. Seu clima extremamente frio, sua distância dos outros planetas e sua órbita excêntrica induziram muitos cientistas a tomá-lo por um simples cometa no Cinturão de Kuiper, uma região semeada de fragmentos de gelo nos arredores do sistema solar.

Descobriu-se há pouco um rival de Plutão no Cinturão de Kuiper, um grande estilhaço de rocha congelada designado oficialmente como 2003 UB313, mas chamado popularmente de Xena. Esse objeto está três vezes mais distante do Sol que Plutão e tem uma órbita ainda mais esdrúxula, de 560 anos, inclinada 45 graus em relação ao plano dos planetas. Entretanto, o 2003 UB313 é maior que Plutão, e muitos cientistas acham que, se este merece ser chamado de planeta, aquele também merece.

FATOS ADICIONAIS

1. *Dois outros grandes objetos congelados no Cinturão de Kuiper – Quaoar e Sedna – são quase do tamanho de Plutão.*
2. *O astrônomo Michael E. Brown, que descobriu o 2003 UB313, chamou-o de Xena em homenagem a Lucy Lawless, estrela de uma série de televisão em que fazia o papel de uma princesa guerreira grega. Ele quer que esse seja o nome oficial.*
3. *Nosso sistema solar possui 153 luas conhecidas, mas esse número é muito contestado.*
4. *Sete luas no sistema solar são maiores que Plutão. Por exemplo, Io, de Júpiter, que tem atmosfera e vulcões ativos.*

Harmonia

A música pode conter melodia, mas o que lhe dá colorido é a harmonia. A harmonia refere-se à emissão em uníssono de duas ou mais notas. Sua mecânica, todavia, é vasta e complicada, e muitos teóricos empregaram grande parte da carreira na tentativa de analisá-la.

A distância entre duas notas chama-se intervalo, que é expresso numericamente. Por exemplo, a distância de cinco intervalos entre lá e mi recebe o nome de quinta. A mais antiga música polifônica foi escrita na Idade Média, época em que os compositores preferiam os intervalos de quarta (por exemplo, de dó a fá ou de ré a sol) e de quinta, com seu som profundo. Assim, as melodias eram acompanhadas por uma linha harmônica com uma quarta ou uma quinta abaixo.

No Renascimento, porém, a tríade se tornou a unidade harmônica básica, permaneceu como tal durante séculos e ainda é usada em vários tipos de música. As tríades são acordes, combinações de três ou mais notas ouvidas simultaneamente ou em rápida sucessão e com intervalos de terça (por exemplo, de mi a sol ou de si a ré). Os intervalos precisos que constituem os acordes são o que lhes dão a qualidade de maior (brilhante, alegre) ou menor (escura, triste). As notas que perfazem uma tríade também podem ser dispostas de modo a criar uma inversão, outra ferramenta usada para variar a harmonia.

São várias as funções da harmonia: "vestir" uma peça musical, dar-lhe maior profundidade, ecoar ou complementar uma linha melódica ou apenas apoiar a melodia. A harmonia que agrada aos ouvidos, que parece estável ou em repouso chama-se consonância; a que emite um som duro, estranho ou instável chama-se dissonância. Sem a instabilidade da dissonância temporária, a música tonal seria tediosa; sem a estabilidade da consonância, não satisfaria. A idéia do que é consonante, ou aceitável aos ouvidos, foi-se ampliando no curso da história da música. Até mesmo a questão de saber se a consonância é essencial tornou-se tema de debate.

FATOS ADICIONAIS

1. *Johann Sebastian Bach é famoso por ter elaborado harmonias sublimes em suas obras corais. No século XX, as obras de Claude Debussy eram guiadas mais por harmonias ricas e cambiantes do que por melodias.*

2. *O filósofo Pitágoras (século VI a.C.) acreditava que as harmonias mais "puras" se baseavam em razões matemáticas, como 2:1, 3:2 e 4:3. Ele formulou essa teoria ao ouvir os sons produzidos por ferreiros que martelavam bigornas de diferentes tamanhos ao mesmo tempo.*

3. *A palavra "harmonia" vem do grego* harmonía, *que significa "apertar" ou "juntar".*

Platão

Platão (427-347 a.C.) nasceu em Atenas numa família rica. De um rapaz de sua posição, esperava-se que entrasse para a política, mas Platão preferiu seguir os passos de seu mestre, Sócrates, e tornou-se filósofo.

Os escritos filosóficos de Platão são diálogos nos quais dois ou mais personagens discutem um problema de filosofia. O personagem principal dos diálogos platônicos é quase sempre Sócrates. Uma vez que o próprio Platão jamais tem voz em seus escritos, os estudiosos se vêem às voltas com a seguinte questão: Quanto do que ele coloca na boca de Sócrates é filosofia sua e quanto não passa de reprodução da filosofia socrática? Muitos estudiosos acreditam que os primeiros diálogos de Platão são reproduções historicamente exatas dos ensinamentos de Sócrates. Ainda segundo eles, mais tarde este se tornou um personagem literário que servia aos propósitos platônicos.

Platão é mais conhecido por sua teoria das formas, ou teoria das idéias – coisas abstratas, imateriais, que os objetos físicos do mundo apenas imitam.

Segundo outro célebre conceito platônico, todo conhecimento é lembrança. Para Platão, a alma é imaterial e existe antes de habitar o corpo. Antes de encarnar, ela conhece as formas, sem ser distraída ou limitada pela percepção sensorial. Os seres humanos chegam a conhecer algo porque sua alma guarda o que sabia antes de entrar no corpo.

Além disso, Platão dividia a alma em três partes: a apetitiva ou concupiscente (que deseja prazeres como a comida, a bebida e o sexo), a irascível (que anseia por glória e honrarias) e a racional (que se empenha em conhecer as formas). No diálogo *A República*, ele explica como a alma pode ser justa, tecendo uma vasta analogia entre uma alma justa e uma cidade justa. No entender de Platão, uma cidade perfeitamente justa possui grupos de cidadãos que correspondem às três partes da alma. Ele acredita que esses grupos devem interagir harmoniosamente, do mesmo modo como as três partes da alma interagiriam. Em ambos os casos, alma e cidade, o racional deve prevalecer.

FATOS ADICIONAIS

1. *Platão aparece em apenas um de seus diálogos,* Apologia de Sócrates, *que relata o julgamento de seu mestre, condenado à morte. Ele não diz uma palavra nesse texto, mas sua inclusão esclarece que esteve presente ao acontecimento.*

2. *Platão foi o mestre de Aristóteles.*

Caim e Abel

Caim e Abel eram os filhos mais velhos de Adão e Eva, nascidos depois que Deus expulsou o casal do Paraíso. Caim, o primogênito, foi o primeiro ser humano a nascer – em vez de ter sido criado –, segundo a Torá. Caim lavrava a terra, enquanto Abel pastoreava ovelhas.

Um dia, Deus pediu que Caim e Abel lhe oferecessem cada qual um sacrifício. Pelo que se diz, Abel refletiu muito sobre que tipo de oferenda agradaria mais ao Senhor e decidiu sacrificar-lhe uma de suas ovelhas. Caim, por outro lado, pensou apenas naquilo de que ele próprio menos necessitava, por isso ofertou um pouco de frutas e cereais. Deus não hesitou em preferir a oferenda de Abel.

Caim, tomado de inveja, matou o irmão mais novo. Quando Deus saiu em busca de Abel, não o encontrou. Perguntou então a Caim onde estava o jovem, e este respondeu: "Não sei. Sou eu o guarda do meu irmão?" (Gn 4:9).

Depois de descobrir o que Caim havia feito, Deus o puniu com uma maldição: não poderia mais lavrar a terra e vagaria pelo mundo sem descanso. Caim temia ser molestado pelas pessoas que encontrasse, mas Deus colocou nele uma marca de proteção.

Além da lição moral e religiosa, a história de Caim e Abel ilustra o conflito histórico entre as pessoas que usavam a pouca terra fértil para plantar e as que a usavam para criar gado. Há na cultura suméria um conto parecido, em que uma bela deusa se vê forçada a escolher entre dois pretendentes: um deus agricultor e um deus pastor.

FATOS ADICIONAIS

1. *Não se sabe qual foi o sinal posto por Deus em Caim. Uns dizem que foi uma marca no rosto; outros, cabelos ruivos. E há quem afirme tratar-se da pele negra, teoria aproveitada mais tarde para justificar a escravidão.*

2. *Em algumas versões muçulmanas da história, Abel não teria oferecido resistência aos golpes de Caim e é visto como símbolo de pacifismo.*

Alexandre, o Grande

Alexandre, o Grande (356-323 a.C.), nasceu na Macedônia, um reino montanhoso ao norte da Grécia, e foi educado pelo famoso mestre ateniense Aristóteles. Seu pai, o rei Filipe II, expandira o território do império, incluindo nele a maioria das antigas cidades-Estado gregas, inclusive Atenas. Alexandre herdou a coroa paterna aos 20 anos, depois que Filipe foi assassinado num teatro.

Como rei, Alexandre superou o pai, realizando uma série impressionante de conquistas e criando um império que englobava boa parte do mundo mediterrâneo da época. Nenhum outro monarca havia dominado tamanha extensão de terras até então. De sua base na Macedônia, os exércitos de Alexandre conquistaram a Grécia, a Síria, o Egito, a Mesopotâmia e o Império Persa. Em 330 a.C., seis anos depois de subir ao trono, Alexandre derrotou Dario, rei da Pérsia. Seu reino alcançou até a Índia. Mas tudo terminou abruptamente, quando ele morreu, com apenas 33 anos, na antiga cidade da Babilônia.

O império que Alexandre criou foi dividido entre seus generais, mas sustentou-se por séculos até cair nas mãos dos romanos. Nos territórios anexados, Alexandre e suas tropas se depararam com novas civilizações, de diferentes costumes. Longe de destruir as culturas das nações vencidas, os gregos as absorveram. Uma cultura nova e híbrida, conhecida como helenismo, surgiu então. Pela primeira vez na história, grande parte da Europa sul-oriental e do Oriente Próximo falou a mesma língua e partilhou os mesmos valores culturais. O grego continuou sendo a língua franca do mundo antigo por séculos, e mesmo os livros do Novo Testamento foram escritos originalmente nesse idioma. A efervescência cultural provocada pela chegada dos exércitos de Alexandre continua a ser, talvez, seu legado mais importante ao mundo moderno.

Alexandre ainda suscita enorme interesse hoje em dia. Historiadores contemporâneos continuam analisando seus métodos rigorosos de comando, seu amor aos cavalos, sua dedicação à filosofia. Mais recentemente, questionaram sua orientação sexual.

FATOS ADICIONAIS

1. *Quando Alexandre era criança, sentia-se triste com as conquistas do pai. Segundo Plutarco, o jovem temia que pouco lhe restasse a conquistar quando subisse ao trono.*

2. *Após conquistar o Egito, Alexandre fundou na costa mediterrânea a cidade de Alexandria, uma das muitas que receberam seu nome. Ali, os gregos construíram uma gigantesca biblioteca para alojar milhares de pergaminhos. O edifício foi destruído pelo fogo séculos depois, perdendo-se com isso um vasto acervo de conhecimentos sobre o mundo antigo.*

3. *Alexandre era um caçador ávido e teria abatido cerca de quatro mil animais, incluindo leões, durante uma única caçada no território do atual Uzbequistão. Para caçar, os gregos antigos usavam lança, rede e mais alguns poucos apetrechos.*

Paraíso Perdido

O poema épico de John Milton *Paraíso perdido* (1667) é um relato vasto e minucioso da perda da inocência humana de acordo com o livro bíblico do Gênesis. Considerada a mais perfeita epopéia já escrita em inglês, a obra-prima de Milton é importante não apenas como marco na literatura ocidental, mas também como obra influente da Reforma Protestante.

Paraíso perdido é composto em versos brancos – pentâmetros iâmbicos sem rima, uma estrutura com cinco pés de duas sílabas por verso. Shakespeare usou versos brancos em muitas das peças que escreveu, mas Milton expandiu ainda mais suas possibilidades e aplicações. Também recorreu abundantemente ao símile épico, espécie de comparação longa e complexa comum a Homero e a outros poetas clássicos.

No início de *Paraíso perdido*, Satã e os outros anjos caídos acabam de se rebelar contra Deus e de perder a grande guerra nos céus. Como castigo, o Senhor os lança ao inferno. Sedentos de vingança, Satã e seus seguidores tentam corromper a humanidade, a mais estimada criação de Deus. Satã se esgueira para fora do inferno e entra no Éden. Enquanto Adão e Eva dormem, ele se disfarça de sapo, sussurra ao ouvido de Eva e lança as sementes da insatisfação. Ciente da trama satânica, Deus manda o anjo Rafael advertir Adão. Voltando ao Éden, Satã descobre que Eva persuadira Adão a deixá-la trabalhar sozinha. Sob a forma de serpente, ele a convence, com palavras de lisonja e argúcia, a desobedecer a Deus e comer o fruto da Árvore do Conhecimento. Adão se desespera ao saber o que Eva fizera, mas toma a decisão consciente de também comer o fruto, pois prefere acompanhar a mulher na queda a viver sem ela no Paraíso. Após uma visita do arcanjo Miguel, que propicia a Adão uma visão das tribulações que aguardam a humanidade, o casal abandona o Éden "de mãos dadas", chorando e em passos "lentos e hesitantes".

Os vilões costumam ser os personagens mais interessantes das obras literárias, e *Paraíso perdido* não é exceção. Satã é a figura mais complexa, perfeitamente acabada e fascinante do poema. É um anti-herói dotado de visão, liderança e eloqüência, mas usa essas qualidades para fins ambiciosos e egoístas. Entretanto, não é cegamente mau – tem consciência de tudo e atormenta-se por ter sido banido do Éden. Acaba por tornar-se uma figura trágica, inversão teológica que levou alguns detratores de Milton a acusá-lo de tolerância excessiva ao mal.

FATOS ADICIONAIS

1. *Milton ficou cego (provavelmente em conseqüência de glaucoma) e, a partir de 1654, teve que ditar suas obras.*
2. *Depois de* Paraíso perdido, *Milton publicou* Paraíso reconquistado *(1671), que reconta a história evangélica do confronto de Jesus com Satã, durante seus quarenta dias no deserto.*

Vênus de Milo

Uma das mais famosas esculturas de todos os tempos, a *Vênus de Milo* deve esse nome ao fato de ter sido descoberta por um camponês na ilha grega de Milos, em 1820. A peça, requisitada pelas autoridades turcas, acabou vendida a um oficial naval francês. Em 1821, foi oferecida ao rei Luís XVIII, que mais tarde a doou ao Museu do Louvre, em Paris, onde pode ser vista atualmente.

A estátua, de cerca de dois metros de altura, foi esculpida em mármore da ilha grega de Paros. Representa Afrodite, a deusa helênica do amor e da beleza, conhecida pelos romanos como Vênus. Um braço esculpido, segurando uma maçã, foi encontrado nas imediações. Muitos estudiosos acham que pertencia à estátua. Segundo o mito, Páris, de Tróia, premiara Vênus com uma maçã de ouro, identificando-a como a mulher mais bela do mundo.

Muito já se debateu sobre o nome do artista e a data da escultura. Inicialmente, as autoridades do Louvre afirmaram se tratar de uma obra clássica (séculos V ou IV a.C.), talvez executada por Fídias ou Praxíteles. Todavia, na base sobre a qual a estátua foi encontrada, constava que o escultor seria Alexandros de Antióquia, de Meandro, colônia que seria descoberta mais tarde. Embora as autoridades do museu tenham acabado por concordar que a peça é mesmo helenística, ela continua sendo exibida como obra de artista anônimo.

A *Vênus de Milo* tem sido admirada pelo mundo todo desde sua descoberta. O escritor irlandês Oscar Wilde conta a história de um homem que encomendou uma cópia em gesso da estátua e depois processou a companhia responsável pela estrada de ferro pelo fato de a obra ter chegado de Paris sem os braços. O que mais surpreendeu Oscar Wilde foi que o homem ganhou a causa.

FATOS ADICIONAIS

1. *O rei Luís I da Baviera reivindicou a estátua, alegando que fora encontrada em território adquirido por ele na ilha de Milos, em 1817.*
2. *Em 1964, a estátua foi exibida no Japão, onde mais de 1,5 milhão de pessoas puderam admirá-la de uma plataforma móvel.*

Efeito Estufa

A expressão "efeito estufa" costuma ser usada para descrever dois fenômenos científicos diferentes. O primeiro é um processo inteiramente natural em que a atmosfera evita que o calor volte para o espaço. Graças a esse mecanismo, a média de temperatura na superfície da Terra fica em agradáveis 16 °C.

Quando a energia vinda do Sol atinge a superfície do planeta, parte dela é absorvida e aquece o solo, e parte se reflete no espaço. Vapor de água, dióxido de carbono, metano e outros gases da atmosfera – conhecidos coletivamente como gases do efeito estufa – capturam certa quantidade de energia em dispersão, como os painéis de vidro de uma estufa de flores. Sem esse efeito, a Terra seria tão fria que a vida aqui se tornaria impossível.

A expressão "efeito estufa" refere-se também ao aumento dos gases atmosféricos no decorrer do último século, que pode estar contribuindo para o aquecimento global. A temperatura da superfície terrestre subiu um grau nos últimos cem anos, com um abrupto crescimento desde os anos 80, segundo a Academia Nacional de Ciências dos Estados Unidos. O ano de 1998 foi o mais quente já registrado. Ao mesmo tempo, os gases do efeito estufa, que comprovadamente retêm calor, aumentaram de forma assustadora. O nível de dióxido de carbono contido na atmosfera está 30% acima do que era antes da Revolução Industrial, e os níveis de metano mais que dobraram.

Talvez ainda mais importante seja o fato de que existe hoje uma quantidade maior de água na atmosfera. Como parte da calota de gelo polar derreteu, o nível do mar subiu de dez a vinte centímetros, aumentando o índice pluviométrico no mundo inteiro em 1%. Isso pode dar início a um círculo vicioso. Mais água na atmosfera significa mais calor retido na superfície. Com a superfície mais quente, as calotas polares derretem mais depressa, lançando mais água nos oceanos e ainda mais vapor na atmosfera, fazendo com que a superfície fique mais aquecida e as calotas derretam mais rapidamente, e assim por diante.

FATOS ADICIONAIS

1. *Cientistas da Agência Americana de Proteção Ambiental estimam que a temperatura da superfície global aumentará um grau nos próximos cinqüenta anos, e o nível do mar subirá sessenta centímetros ao longo da costa americana.*

2. *Relatórios recentes da Nasa calculam que, às taxas atuais de derretimento da calota polar durante o verão, o oceano Ártico pode ficar inteiramente desprovido de gelo até o final deste século.*

3. *A atmosfera de Vênus, saturada de dióxido de carbono, provoca um efeito estufa descontrolado, um ciclo de retroalimentação positiva de reaquecimento que deixa a superfície desse planeta quente o bastante para derreter chumbo. Marte quase não tem atmosfera, portanto carece de efeito estufa, motivo pelo qual é tão frio.*

4. *O efeito estufa foi descoberto em 1824 por Joseph Fourier.*

Música Medieval/Música da Igreja Primitiva

A primeira música escrita conhecida data da Idade Média (do século V ao XV). Tem a forma de cantochão – também conhecido como canto gregoriano –, melodias cantadas pelos monges durante a missa católica. A missa é uma reprodução ritual da Última Ceia de Cristo e procura estabelecer um vínculo espiritual entre o homem e Deus. Parte desse vínculo é constituída pela música.

A missa se divide em duas séries de rituais: a ordinária e a própria. A ordinária consiste em seis preces latinas (*Kyrie eleison*, *Gloria in excelsis*, *Credo*, *Sanctus*, *Agnus Dei* e *Ite, missa est*), que contêm sempre o mesmo texto e ocorrem em todas as missas. As preces da série própria, que incluem intróito, gradual, ofertório e comunhão, compõem-se de textos que variam de acordo com a liturgia sazonal e as tradições locais. Os músicos medievais transmitiam as melodias gregorianas oralmente, criando outras pela combinação de fórmulas melódicas.

Boa parte da música medieval é monofônica, ou seja, constituída de uma única linha melódica. Mas, por volta do século X, alguns músicos começaram a escrever no estilo polifônico chamado *organum* – duas linhas melódicas paralelas, separadas usualmente por uma quarta ou uma quinta. Dois séculos mais tarde, Léonin e Pérotin (diretores musicais da Catedral de Notre-Dame de Paris) compuseram *organa* com até quatro linhas melódicas independentes, não-paralelas.

No século XIII, surgiu uma complexa forma polifônica conhecida como moteto. Era constituída sobre *cantus firmus* de inspiração latina, linha melódica fixa com várias partes complementares cantadas em latim, francês ou ambos. Guillaume de Machaut foi um dos mestres precursores do moteto e, no século XIV, compôs a primeira série polifônica completa da missa ordinária.

FATOS ADICIONAIS

1. *Durante esse período, no sul da França, poetas aristocráticos que ficaram conhecidos como trovadores compuseram canções seculares sobre o amor e a guerra. Músicos errantes chamados de jograis iam de corte em corte apresentando composições próprias e também as dos trovadores. Ainda hoje, o músico que viaja de cidade em cidade costuma ser chamado de trovador.*
2. *Em meados dos anos 90, os monges beneditinos de Santo Domingo de Silos lançaram uma série de dois CDs intitulada* Chant, *que popularizou o canto gregoriano (sobretudo entre o público* new age*) pela primeira vez desde a Idade Média.*
3. *Hildegard von Bingen (1098-1179) é a primeira compositora que se conhece. Essa abadessa e mística escreveu inúmeras obras monofônicas para a Igreja Católica, quase todas para vozes femininas. Escreveu também um mistério católico,* Ordo virtutum. *Foi beatificada, mas ainda não canonizada.*

Formas

Considere as coisas belas do mundo. Terão algo em comum? Como explicar o fato de serem todas belas? Segundo Platão (427-347 a.C.), a resposta a ambas as perguntas é que existe uma forma ou idéia chamada "beleza", e cada coisa bela é assim por ter alguma relação com essa forma. Platão acreditava que muitas formas funcionam assim, não apenas a da beleza. Há uma forma do vermelho, que explica todos os objetos vermelhos do mundo; uma forma do bem, que explica todas as coisas boas do mundo, e assim por diante.

As formas platônicas, como a da beleza, são atemporais e imutáveis. Além disso, a forma da beleza é, ela própria, bela. Não tem outros traços a não ser a beleza, e é bela de modo irrestrito, ilimitado. Outras coisas belas possuem traços adicionais, como tamanho e contorno, sendo belas em grau limitado. As coisas belas individuais são assim em virtude de participar da beleza. Segundo o filósofo, a participação não passa de imitação precária. Assim, as coisas belas individuais imitam a beleza, mas apenas até certo ponto.

Para Platão, as formas são mais reais que os objetos físicos particulares que as imitam. Elas são atemporais e imutáveis, ao passo que os objetos físicos estão em constante fluxo, sempre vindo a ser e depois deixando de existir. As formas são a perfeição sem limites, enquanto as coisas físicas são limitadas e condicionadas.

Platão supunha que, muito antes de nosso corpo existir, existiam as almas no céu, onde tinham contato direto com as próprias formas. O verdadeiro conhecimento é o conhecimento das formas. Mas não se pode obtê-lo por intermédio da experiência sensorial, porque as formas, afinal de contas, não se acham no mundo físico. Portanto, o conhecimento das formas, o conhecimento *real*, é a lembrança de nosso contato anterior com elas no céu. Assim, o que nos parece *aprendizado* é mera *reminiscência*.

FATOS ADICIONAIS

1. *Platão apresentou sua teoria das formas pela primeira vez no diálogo* Fédon, *que narra as últimas horas de seu mestre, Sócrates. A teoria é comentada por este, mas diversos estudiosos acham que na verdade ela exprime a visão do próprio Platão, não a de Sócrates.*

2. *No diálogo* Mênon, *Sócrates defende a teoria do conhecimento como reminiscência mostrando que um jovem escravo analfabeto pode compreender uma demonstração geométrica de Euclides.*

Abraão, Isaac e Jacó

Abraão é considerado o patriarca do monoteísmo. Seus filhos Isaac (com Sara) e Ismael (com Agar), mais os descendentes deles, teriam fundado o judaísmo e o islamismo, respectivamente.

Conforme o livro bíblico do Gênesis, quando Abraão era jovem – e ainda se chamava Abrão –, Deus lhe apareceu na cidade de Ur, onde morava, e mandou-o viajar para a terra de Canaã. Mais tarde, Abrão começou a ficar preocupado com o fato de não ter filhos. Sua esposa, Sarai – depois chamada Sara –, parecia ser estéril e permitiu que ele se deitasse com a criada, Agar. Esta, então, deu à luz o primeiro filho de Abrão, Ismael. Furiosa e enciumada, Sarai forçou Abrão a banir mãe e filho.

Deus fez então um pacto com Abrão. Em troca do serviço e da devoção deste, Deus lhe daria, com Sarai, um filho que seria a origem de um grande e numeroso povo, ao qual pertenceria a terra de Canaã. Como sinal do pacto, na idade de 99 anos, Abrão trocou seu nome para Abraão e o de Sarai para Sara. Ele foi circuncidado e prometeu que seus futuros filhos também o seriam.

Sara deu à luz Isaac, que cumpriu o prometido pelo pai a Deus. Quando Isaac era jovem, o Senhor ordenou que Abraão o sacrificasse. Este, sempre obediente e devoto, concordou com a oferenda. Mas, quando estava prestes a matar o filho, um anjo o deteve. Na Torá, isso é visto como um grande exemplo de fé.

Isaac se casou com Rebeca e teve gêmeos. O segundo a vir à luz, que Rebeca favorecia, era Jacó, depois chamado Israel. Jacó teve doze filhos homens, que mais tarde fundaram as doze tribos de Israel e, portanto, o povo conhecido como israelita. Com a primeira esposa, Lia, Jacó teve Rúben, Simeão, Levi, Judá, Issacar e Zebulom. Com uma criada de Lia, teve Gade e Aser. Com a esposa predileta, Raquel, teve José (que era seu favorito) e Benjamim. Além disso, com uma criada de Raquel, teve Dã e Naftali.

FATOS ADICIONAIS

1. *Segundo o Islã, os muçulmanos descendem de Ismael. E, como este era de fato o primogênito de Abraão, eles afirmam ser os legítimos herdeiros do pacto com Deus. Acreditam que Abraão tenha sido um profeta importante e que foi Ismael o filho a quem quase sacrificou.*
2. *Segundo a crença cristã, há paralelos entre a presteza com que Abraão se dispôs a matar Isaac e o sacrifício do próprio filho de Deus, Jesus Cristo.*

Júlio César

Júlio César (100-44 a.C.) foi um general romano que ganhou fama no primeiro século antes de Cristo por conquistar o que hoje é a França, a Bélgica e o oeste da Alemanha. O Senado romano, sob a liderança de Pompeu, sentia-se ameaçado pela crescente popularidade de César e ordenou-lhe que desmobilizasse seu exército. César se recusou. Decidido a rumar para o monte Capitólio, atravessou o rio Rubicão – o ponto decisivo, depois do qual não havia mais possibilidade de voltar – e iniciou uma guerra civil. Perseguiu seus inimigos por toda a Europa até o Egito, onde soube que Pompeu havia sido assassinado. Antes de deixar o Egito, César se apaixonou por Cleópatra e a nomeou rainha. De volta a Roma, passou a governar como ditador. César foi assassinado nos idos (nome do 15º dia do mês) de março de 44 a.C. por conspiradores, entre os quais estava seu melhor amigo, Bruto.

Lendas incontáveis cercam a figura de César. Aos 20 e poucos anos, foi capturado por piratas no Mediterrâneo oriental. Depois de ser resgatado por seus homens, recrutou um pequeno exército entre os chefes locais, prendeu os piratas e mandou crucificar todos eles.

Anos depois, em 62 a.C., estando César em plena carreira política em Roma, estourou um escândalo. Um patrício chamado Públio Clódio foi surpreendido numa cerimônia religiosa em que era proibida a entrada de homens. A cerimônia ocorria na casa de César, e logo se espalhou o boato de que Clódio estava lá por estar tendo um caso com a esposa dele, Pompéia. César sabia que esses rumores não tinham fundamento e negou tudo. Mas ainda assim se divorciou de Pompéia, dizendo que sua mulher e sua família deviam estar acima de qualquer suspeita.

César foi declarado ditador pelo Senado, em meio à guerra civil contra Pompeu. Era um período de crise, e o líder podia exigir poderes absolutos, emergenciais. Mas a emergência nunca passou, e a República não foi restaurada.

César governou como ditador, mas insistia em manter a aparência de que consultava o Senado – com o apoio de seus partidários – e de que respeitava as tradições republicanas. Nos derradeiros anos de vida, porém, tornou-se um tanto imprudente, permitindo que os súditos asiáticos o cultuassem como a um deus e cunhando moedas com sua imagem. Era a primeira vez que um romano gozava de tamanhas honrarias ainda em vida. As moedas traziam a inscrição: "Ditador Perpétuo". Acredita-se que essas honrarias gratuitas tenham alimentado o ressentimento contra César, que culminaria em sua queda e morte.

FATO ADICIONAL

1. *Após uma bem-sucedida campanha militar na Ásia, César proferiu o dito famoso: "Veni, vidi, vici" (Vim, vi, venci).*

Homero

As histórias contadas por Homero na *Ilíada* e na *Odisséia* estão definitivamente enraizadas na cultura ocidental. Do cavalo de Tróia aos ciclopes, do calcanhar de Aquiles ao canto das sereias, elementos de ambas as epopéias permanecem como pilares de nossa literatura e linguagem cotidiana há quase três mil anos.

A *Ilíada* e a *Odisséia* são poemas épicos gregos – extensas obras em verso que, ao longo de gerações, antes de ser registradas por escrito, eram provavelmente recitadas ou cantadas e transmitidas oralmente. O papel exato de Homero nesse processo permanece um mistério, discutindo-se mesmo se ele realmente existiu. Seja como for, os estudiosos acreditam que ambas as obras foram compostas por volta do século VIII a.C. na Jônia, região da Grécia Antiga que hoje faz parte da costa mediterrânea da Turquia.

A *Ilíada* narra as proezas de Aquiles, Agamemnon, Heitor e outros heróis durante a guerra entre Acaia (Grécia) e Tróia. Segundo o mito, o conflito começou quando o príncipe troiano Páris raptou Helena, de Esparta, a mulher mais bela do mundo, e a levou para Tróia para ser sua esposa. O poema se inicia no nono ano da guerra, destacando a cólera do guerreiro grego Aquiles e explorando a combinação de grandeza e falhas fatais que ele exibe. O tempo todo Homero lança mão de imagens evocativas – "a Aurora de dedos de rosa", "o mar cor de vinho" –, pelas quais a obra é merecidamente famosa.

A *Odisséia*, seqüência da *Ilíada*, relata as tribulações do herói grego Odisseu (ou Ulisses) na tentativa de regressar de Tróia à sua pátria, onde sua esposa, Penélope, o espera. A jornada leva dez anos, sobretudo porque Odisseu provoca a ira do deus do mar, Poseidon, que tudo faz para prejudicá-lo. Valendo-se da própria astúcia e com a ajuda da deusa Atena, Odisseu por fim regressa ao lar, em Ítaca, onde elimina os numerosos pretendentes que cortejavam sua fiel esposa.

Independentemente das questões de autoria, a *Ilíada* e a *Odisséia* exerceram enorme impacto cultural e prático no cotidiano da Grécia Antiga. Muitos sabiam os poemas inteiros de cor. Embora a idade de ouro da Grécia tenha terminado no século I a.C., as obras de Homero sobreviveram, inspirando épicos da antiga Roma, como a *Eneida*, de Virgílio.

FATOS ADICIONAIS

1. *Embora se acreditasse que a Guerra de Tróia era pura lenda, descobertas arqueológicas na Turquia, ao final do século XIX, sugeriram que talvez haja uma base histórica para ela.*
2. *A famosa frase sobre Helena de Tróia, "o rosto que lançou ao mar mil navios", não está na* Ilíada, *e sim na peça de Christopher Marlowe* A história trágica do doutor Fausto *(1604).*

Hagia Sophia

A Hagia Sophia, também conhecida como Basílica de Santa Sofia, foi construída em Constantinopla (atual Istambul) como catedral cristã, sob a supervisão direta do imperador Justiniano. Durante a consagração da igreja, o governante bizantino declarou, muito a propósito, que superara Salomão, o rei do Velho Testamento responsável pelo famoso templo judaico em Jerusalém.

Afirma-se muitas vezes que a Hagia Sophia une o misticismo do Oriente à escala grandiosa da arquitetura imperial romana, exemplificada pelo Panteão. Isidoro de Mileto e Antêmio de Trales, mais matemáticos que arquitetos, projetaram a obra-prima, construída entre 532 e 537. A abóbada da igreja tem quase 55 metros de altura e é sustentada por quatro pendentes, ou seções triangulares, que distribuem por igual o peso do hemisfério sobre quatro pilares. Quarenta janelas, na base da abóbada, permitem a entrada de luz, dando à estrutura uma aparência leve, como que a flutuar sobre os fiéis. A princípio, a igreja era decorada com mosaicos de ouro e arabescos. Imperadores subseqüentes acrescentaram diversas imagens de figuras sagradas.

Com o passar do tempo, a Hagia Sophia, que significa "sagrada sabedoria" em grego, sofreu inúmeros danos por causa de terremotos. Originalmente capela particular dos imperadores bizantinos, foi convertida em mesquita depois da tomada de Constantinopla pelos turcos otomanos, em 1453. Como o Islã proíbe imagens da forma humana, os mosaicos figurativos tiveram de ser recobertos com argamassa. Quatro minaretes (torres de onde os fiéis são chamados ao culto) foram adicionados, juntamente com a caligrafia arábica que ainda se pode ver no edifício. Em 1936, o governante turco Mustafa Kemal Atatürk secularizou o prédio e o transformou no Museu Hagia Sophia, uma das principais atrações da moderna Istambul.

Em 1993, a Unesco colocou a Hagia Sophia na lista dos sítios históricos mais ameaçados. Desde então, os alicerces do edifício foram reforçados e muitos dos antigos mosaicos vieram à luz.

FATOS ADICIONAIS

1. *Em meados do século VI, a Hagia Sophia foi meticulosamente descrita por Procópio de Cesaréia num tratado bizantino intitulado* Da arquitetura.

2. *Colunas de pórfiro, retiradas pelos romanos de um templo egípcio em Heliópolis, foram levadas para Constantinopla e empregadas na construção da Hagia Sophia.*

3. *A igreja foi saqueada durante a Quarta Cruzada, em 1204.*

Buracos Negros

Um buraco negro surge quando uma estrela maciça morre. Ela reflui para dentro de si mesma, tornando-se cada vez menor e mais densa, até se comprimir em um único ponto destituído de raio e com densidade incalculável. Esse ponto, chamado singularidade, é tão denso que a luz, passando pelas imediações, não consegue escapar à sua atração gravitacional. Tudo que esteja próximo da estrela é sugado pela escuridão.

Quando um foguete é lançado ao espaço, precisa viajar com velocidade suficiente para fugir à atração gravitacional da Terra. Caso não tenha a necessária velocidade de fuga, ele simplesmente cai. A atração gravitacional de um buraco negro exigiria uma velocidade de fuga maior que a da luz. Como não existe nada mais rápido que a luz, nada pode escapar a essa atração. Os arredores da singularidade, onde a velocidade de fuga equivale à da luz, tem o nome de horizonte de eventos. Qualquer coisa que entre no horizonte de eventos é sugada pela singularidade.

Tudo isso é, evidentemente, teórico. Não podemos ver buracos negros, porque eles não emitem nenhuma luz. Sabemos de sua existência somente porque outros objetos no espaço interagem com sua massa. Um grande número de estrelas orbitando em torno de um centro invisível sugere que ali pode estar um buraco negro. Os buracos negros são tão densos que chegam a curvar a luz. Em conseqüência, cientistas na Terra podem avistar imagens múltiplas da mesma estrela. Nesse caso, eles inferem que em algum lugar entre nós e a estrela existe um buraco negro.

Os buracos negros são um quebra-cabeça para os físicos. Parecem desafiar a lei da mecânica quântica segundo a qual a energia não pode ser criada nem destruída. Mas, ao que tudo indica, a luz sugada pelo buraco negro, comprimida num espaço infinitamente pequeno, é destruída. No entanto, se ela de algum modo se conservar, conseguirá fugir dali algum dia? Pode um buraco negro se reverter? Eis algumas perguntas ainda não respondidas pela astrofísica.

FATOS ADICIONAIS

1. *Não há razão para crer que os buracos negros acabarão por sugar toda a energia do universo. Eles atraem apenas objetos que cruzam seu horizonte de eventos.*
2. *Albert Einstein, rejeitando os princípios da mecânica quântica, disse: "Deus não joga dados com o universo". O físico teórico contemporâneo Stephen Hawking, referindo-se aos buracos negros, rebateu: "Deus não só joga dados como às vezes os lança onde não possam ser vistos".*
3. *Se você atravessasse o horizonte de eventos de um buraco negro, um observador externo julgaria que você estava indo cada vez mais devagar, sem nunca atingir o horizonte. A ilusão é causada pela gigantesca gravidade do buraco negro. Ele suga a luz que você emite, e ela vai levando cada vez mais tempo para chegar ao observador. Entretanto, de seu ponto de vista, você cruza o horizonte de eventos e nada de especial acontece, até você ser aniquilado de encontro à singularidade.*

Instrumentos e Conjuntos

O som combinado de um grupo de instrumentos musicais é, mais do que qualquer outro aspecto técnico da composição, o que caracteriza a música erudita do Ocidente, também chamada clássica. O timbre de um quarteto de cordas ou de uma orquestra constitui um dos elementos que distinguem esse tipo de música do *rock* ou do *pop* contemporâneos.

Sem considerar a voz humana, há cinco categorias de instrumentos musicais: de cordas (dedilhados ou tangidos com um arco), de sopro (tocados assoprando-se um bocal, um orifício ou uma palheta), de percussão (usualmente percutidos com baquetas ou martelos), de teclado e, no século XX, eletrônicos.

Por volta de 1750 já se consolidara a orquestra barroca: uma seção de instrumentos de sopro, incluindo flautas, oboés, fagotes, trompas e trompetes; tímpanos (ou timbales); contínuo (que geralmente consistia em um instrumento de teclado para acordes, com a linha do baixo reforçada por um violoncelo); e uma seção de cordas. O violino era a voz dominante das complicadas linhas melódicas do período barroco. Remontando à rabeca medieval, ele surgiu em sua forma moderna durante a primeira metade do século XVI, no norte da Itália.

Com o advento do período clássico, os instrumentos de sopro passaram a ser usados cada vez mais para arredondar as texturas harmônicas da orquestra. As grandes sinfonias de Franz Joseph Haydn e Wolfgang Amadeus Mozart eram escritas geralmente para dois instrumentos de cada tipo entre os de madeira e os de metal, reforçados por tímpanos e cordas.

Em meados do século XIX, compositores como Hector Berlioz compuseram para orquestras maiores, que incluíam harpas e instrumentos novos, como o corne-inglês, o clarinete alto e vários de percussão.

No final do século XIX e começo do XX, Richard Wagner, Gustav Mahler e Arnold Schoenberg escreveram peças para orquestras ainda maiores, com até cem executantes. Compositores posteriores introduziram instrumentos da música popular e do *jazz*, como o saxofone, os sintetizadores e outros recursos eletrônicos.

FATOS ADICIONAIS

1. *Na música antiga, os compositores escreviam peças inteiras sem especificar que instrumentos as tocariam. Somente com a ópera* Orfeu *(1607), de Claudio Monteverdi, a partitura passa a trazer sugestões sobre os instrumentos a ser usados em cada trecho.*

2. *A palavra "piano" vem de* pianoforte, *pois emite tanto o som* piano *(suave) quanto o som* forte *(alto). O piano foi desenvolvido pelo fabricante de cravos Bartolomeo Cristofori por volta de 1700, no norte da Itália.*

Alegoria da Caverna de Platão

"Imaginai seres humanos vivendo numa caverna subterrânea, com uma vasta entrada por onde a luz inunda todo o interior. Lá estão desde a infância, de pernas e pescoços atados para que não se movam, olhando apenas para a frente e incapazes de girar a cabeça em qualquer outra direção [...]."

– Platão, *A República*

Em seus escritos, Platão faz com que o personagem Sócrates, seu mestre na vida real, defenda os princípios filosóficos platônicos. *A República* tem a forma de diálogo entre Sócrates e seus discípulos.

Nessa famosa passagem da obra, Sócrates descreve um cenário em que homens presos numa caverna só conseguem ver as sombras de objetos projetadas na parede. São forçados a olhar para a frente, enquanto uma fogueira arde às suas costas. Os objetos, colocados diante do fogo, projetam imagens que eles reconhecem. Os homens pensam, por exemplo, estar vendo um livro, mas o que vêem realmente é apenas a sombra do livro.

Quando um homem escapa da caverna para descobrir a verdadeira natureza das coisas, fica a princípio ofuscado pela luz do sol e confuso diante dos objetos físicos. Mas, depois de perceber o que é de fato o mundo, compadece-se da massa que só conhece as sombras. Quando ele tenta descrever isso para os homens da caverna, estes resistem à verdade. Para eles, o homem que escapou está louco.

Na alegoria, os homens presos na caverna representam as massas ignorantes do mundo. Vêem meras representações de objetos, contornos e sons que podem ser captados pelos sentidos físicos. O fugitivo da caverna, que procurou averiguar a verdadeira natureza das coisas, é o filósofo. Utilizando o intelecto, os filósofos conseguem discernir as formas – verdades abstratas e imutáveis que constituem o fundamento real do universo. O filósofo que escapou da caverna conhece a natureza autêntica das coisas.

A República ocupa-se, sobretudo, da questão da justiça. Platão acreditava que, para estabelecê-la, temos que saber o que é o bem. Portanto, só os filósofos, que conhecem a forma do bem, deveriam governar. O resto da sociedade seria organizado para atender às exigências dos governantes.

FATOS ADICIONAIS

1. Platão nasceu em Atenas, por volta de 427 a.C.

2. Ele chama seus reis-filósofos de "guardiães".

Sara

Sara, esposa de Abraão, é a matriarca do povo judeu.

Sara era tão bela que, quando foi com Abraão para o Egito, durante um período de fome, o marido temeu pela segurança de ambos. Receando que o faraó o matasse para ficar com Sara, declarou que ela era sua irmã. O faraó realmente tomou Sara, mas poupou Abraão e deu a ele inúmeros presentes. Deus então puniu o soberano, permitindo que o casal fugisse do Egito.

Embora fosse bonita, Sara foi estéril durante boa parte da vida, não podendo dar filhos a Abraão. Assim, conforme o costume, entregou sua criada Agar ao marido, para que este tivesse descendentes. Agar deu à luz o primeiro filho de Abraão, Ismael.

Após o nascimento do menino, o relacionamento entre Sara e Agar se deteriorou. A serva já não respeitava sua senhora, que agora se sentia tomada de ciúmes. Por fim, Sara pediu a Abraão que banisse Agar e o filho. Segundo a tradição judaica, Sara tinha mais espírito profético que o marido, o qual, por isso mesmo, atendeu seu desejo.

Quando Sara estava com 90 anos, Deus disse a Abraão que ela finalmente conceberia um filho. Ele se limitou a rir. Mas Deus insistiu, e Sara, quando o soube, riu também. Todavia, logo ficou envergonhada por ter duvidado do Senhor e se declarou convencida. Um ano depois, deu à luz Isaac, de quem se originariam as doze tribos de Israel.

Cerca de quarenta anos depois, Sara morreu em Hebron, com 127 anos. Conforme alguns escritos, sua morte estava relacionada ao fato de Abraão quase ter sacrificado Isaac. Em uma dessas histórias, Satã comunica a Sara que o marido realmente matou o filho. Ao descobrir que este estava vivo, ela morre de alegria.

FATOS ADICIONAIS

1. *Sara está enterrada com o marido na Caverna dos Patriarcas, em Hebron. Seu filho Isaac e a esposa, seu neto Jacó e a primeira esposa, Lia, também repousam lá.*
2. *A única matriarca do judaísmo que não está sepultada em Hebron é a segunda esposa de Jacó, Raquel, cujo corpo foi depositado em Belém.*

Pedra de Roseta

Em 1799, soldados franceses do exército de Napoleão descobriram uma misteriosa pedra negra sob as areias do deserto, perto da cidade de Alexandria, no Egito. Nela havia inscrições em três línguas antigas. A primeira era em grego. Os estudiosos determinaram que ela datava de cerca de 196 a.C., quando o Egito era província do império helenístico criado por Alexandre, o Grande. As outras duas inscrições na pedra negra pareciam versões diferentes dos hieróglifos, a tradicional escrita dos egípcios.

Por milhares de anos, o Egito foi um dos grandes impérios do mundo antigo. Governados por reis conhecidos como faraós, os egípcios construíram monumentos gigantescos, como as Grandes Pirâmides e a Esfinge. Os exércitos egípcios controlavam um território que ia do atual Sudão à Síria. Os faraós edificaram vastas cidades e esplêndidos túmulos para si mesmos.

Mas durante séculos, antes da descoberta da Pedra de Roseta, os historiadores e arqueólogos não conseguiam ler o rico acervo de registros escritos deixado pelos escribas. Estes grafavam segundo um sistema complicado, incompreensível até para o mais erudito lingüista moderno.

A Pedra de Roseta, que divulgava um decreto das autoridades gregas para a população egípcia, revelou os segredos do Egito Antigo. Comparando o texto grego com os hieróglifos, um estudioso francês chamado Jean-François Champollion conseguiu decifrar a complexa escrita egípcia após anos de estudos. A decifração dos hieróglifos permitiu aos historiadores e arqueólogos do século XIX acumular um conhecimento muito mais completo sobre o Egito Antigo.

Traduzir a Pedra de Roseta foi uma verdadeira proeza intelectual. Champollion era um lingüista prodigioso, fluente em dezenas de idiomas. Um erudito inglês, Thomas Young, também ajudou a decodificar as inscrições. A Pedra de Roseta foi requisitada pelos ingleses em 1801 e hoje está no Museu Britânico, em Londres.

FATOS ADICIONAIS

1. *Durante a Segunda Guerra Mundial, a Pedra de Roseta e outras peças importantes foram removidas do Museu Britânico para uma estação de metrô, onde ficaram protegidas dos bombardeios em Londres.*
2. *O texto da Pedra de Roseta enfatizava os grandes feitos do faraó grego Ptolomeu V, de 13 anos de idade, na tentativa de convencer os súditos egípcios de sua natureza divina.*
3. *Os egípcios antigos achavam que o corpo deve ser preservado após a morte e embalsamavam cuidadosamente seus reis, mediante o processo conhecido como mumificação. Ainda no século XIX, charlatões vendiam pó de múmias na Europa, atribuindo-lhe valor medicinal.*

O Coração das Trevas

O romance de Joseph Conrad *O coração das trevas* (1899) foi uma obra bem à frente de seu tempo e, em vários aspectos, o primeiro romance autêntico do século XX. Embora tenha sido escrito no estilo realista do final do século XIX, aborda numerosos temas que tipificariam a nascente era moderna. É considerado também um dos primeiros trabalhos literários a analisar de maneira crítica os crescentes abusos cometidos pelo imperialismo europeu na África e na Ásia durante o século XIX.

O coração das trevas é conciso, com cerca de oitenta páginas. A narrativa se desenvolve em *flashback* e é contada por um homem chamado Marlow, funcionário de uma empresa colonial belga referida apenas como "a Companhia". Marlow vai para o Congo Belga a fim de comandar um vapor que subirá o rio Congo até a longínqua Estação Interior da Companhia, administrada por um comerciante de marfim chamado Kurtz. Logo ao chegar à África, Marlow se espanta com as instalações decadentes da Companhia e com a vil exploração racista dos nativos pelos europeus.

O Congo de Joseph Conrad é um mundo de atmosfera sombria, no qual praticamente todos os personagens são sinistramente anônimos – o Administrador, o Contador etc. – e a selva jaz, densa e impenetrável, ao redor de cada estabelecimento belga isolado. Enquanto Marlow sobe o rio, adentrando terras cada vez mais remotas, sua jornada se torna tanto psicológica quanto física. O verniz da civilização se rompe a cada posto avançado, e ele começa a imaginar que está viajando para os limites primitivos, desconhecidos, da própria mente humana. À medida que vai sabendo mais a respeito do enigmático Kurtz, fica claro que a intenção desse homem de civilizar os nativos africanos tomou rumos equivocados. Kurtz sucumbiu ao próprio fascínio pelas trevas e pela selvageria da África.

O coração das trevas tornou-se muito conhecido nos dias atuais graças a sua espetacular adaptação cinematográfica livre, chamada *Apocalypse Now* (1979). O filme ambienta a história no Vietnã dos anos 70, com Marlon Brando no papel de Kurtz, como um coronel americano que se tornou perigosamente louco num lugar quase inacessível do Camboja. O roteiro preserva muitos elementos da narrativa de Conrad, atualizando-a com uma música alucinatória e efeitos visuais influenciados pela contracultura dos anos 60.

FATOS ADICIONAIS

1. *Todas as grandes obras de Conrad foram escritas em inglês, embora ele fosse polonês (seu nome de batismo era Józef Teodor Konrad Korzeniowski). O inglês era sua terceira língua, depois do polonês e do francês.*

2. *O mergulho no inconsciente humano em* O coração das trevas *reflete algumas das idéias apresentadas por Sigmund Freud, contemporâneo de Conrad. Até hoje, os críticos costumam analisar o romance numa óptica freudiana.*

3. *T. S. Eliot usou uma das frases famosas do livro, "Sr. Kurtz – ele morreu", na epígrafe de seu poema "Os homens ocos" (1925).*

Arte Bizantina

O Império Bizantino deve seu nome à cidade de Bizâncio, redenominada Constantinopla no século IV pelo imperador Constantino, que transferiu sua corte de Roma para lá. Hoje a cidade é conhecida como Istambul. Após o declínio do Império Romano do Ocidente, a metade oriental continuou a ser governada pelo imperador bizantino em Constantinopla.

O reinado de Justiniano (527-565) é conhecido na história da arte como a Primeira Idade de Ouro de Bizâncio. Ele testemunhou a criação de obras como a Hagia Sofia, em Constantinopla, e a Basílica de San Vitale, em Ravenna, na Itália. A Segunda Idade de Ouro, do final do século IX ao XI, produziu a Catedral de São Marcos, em Veneza. Juntamente com a fé ortodoxa, o estilo bizantino alcançou a Rússia e a Europa oriental, acabando por inspirar a espetacular Catedral de São Basílio, em Moscou.

O tema da maior parte da arte bizantina é religioso. Predominam as narrativas bíblicas e as representações idealizadas, ou ícones, de figuras santas. O objetivo era menos representar o aspecto real de Cristo, da Virgem Maria ou de algum santo do que captar sua essência espiritual. Figuras nuas e esculturas em tamanho natural, tão dominantes na cultura greco-romana, eram geralmente evitadas.

A arquitetura bizantina é tipificada pelo uso de cúpulas que repousam sobre pendentes. As paredes interiores das igrejas são quase sempre ricamente decoradas com painéis de mármore, padrões esculpidos em baixo-relevo e mosaicos de vidro.

Traços da arte clássica aparecem ocasionalmente. Embora as esculturas sejam raras na arte bizantina, existem algumas pequenas, feitas de marfim, que representam cenas mitológicas, como o famoso gabinete de Veroli, com seu painel do sacrifício de Ifigênia, baseado na peça de Eurípides *Ifigênia em Áulis*.

Em Bizâncio, as imagens religiosas eram adoradas com tamanha paixão que em 726 o imperador proibiu os ícones, afirmando que levavam à idolatria. Durante quase um século, todas as imagens de Cristo e Maria em forma humana foram proibidas. Os chamados iconoclastas (destruidores de imagens) aniquilavam tais imagens onde quer que as encontrassem. Assistido pelo apoio do papa em Roma, o partido de oposição, dos chamados iconófilos, conseguiu revogar a proibição em 843.

FATOS ADICIONAIS

1. *O termo "bizantino" não raro encerra conotações negativas, referindo-se a algo calculista ou tortuoso (como foram muitos dos governantes bizantinos), ou excessivamente complexo e intricado (como era sua arte).*

2. *O estilo bizantino chegou ao fim com a queda de Constantinopla, em 1453. No entanto, sua influência continua a se manifestar na Igreja Ortodoxa, em que os tradicionais ícones são produzidos ainda hoje.*

Supernova

A maioria das estrelas morre calmamente, consumindo todo seu combustível por intermédio da fusão nuclear. Então 99% delas se desvanecem, convertendo-se em objetos celestiais opacos chamados anãs brancas. Mas, se uma estrela for grande e quente o bastante, ela pode, sob condições adequadas, explodir. Essa explosão é denominada supernova.

Antes de explodir, a estrela funde elementos, produzindo energia. Sua gravidade maciça leva à formação de oxigênio, silício, fósforo e cálcio, produzindo todos os elementos pesados até chegar ao ferro, um ponto final cósmico. Fundir o ferro e convertê-lo em elementos mais pesados não produz energia, mas requer energia. A estrela nada tem para queimar, de modo que seu núcleo de ferro continua a colapsar sob a força de sua própria gravidade. As estrelas mais maciças colapsam até formar buracos negros. Mas aquelas ligeiramente menores, com massa de cinco a oito vezes maior que a do Sol, simplesmente explodem.

Uma supernova leva menos de quinze segundos para se formar. A explosão é tão luminosa que a supernova, de estrela isolada que era, pode emitir a claridade de toda uma galáxia durante meses, gerando calor suficiente para criar elementos ainda mais pesados: mercúrio, ouro e prata.

Segundo a teoria do *big bang*, a vida na Terra existe por causa de uma supernova. Essa teoria sustenta que todos os elementos mais pesados do que o oxigênio foram criados em explosões passadas de estrelas gigantes. O potássio da banana não teve início numa ilha do Caribe. Pode ter sido criado muito tempo atrás, em uma supernova.

FATOS ADICIONAIS

1. *Em 1006, uma supernova extremamente brilhante pôde ser observada do Egito, do Iraque, da Itália, da Suíça, da China, do Japão e possivelmente da França e da Síria.*
2. *O astrônomo italiano Galileu Galilei (1564-1642) usou uma supernova em 1604 para refutar a teoria de Aristóteles segundo a qual o universo nunca muda.*
3. *Até mesmo elementos radioativos, como o urânio, se formam nas supernovas.*

Música Renascentista

A música renascentista foi produzida desde meados do século XV até aproximadamente o final do XVI – período que assistiu à ascensão de Martinho Lutero, da Reforma Protestante e da Contra-Reforma Católica. Caracteriza-se por várias partes vocais ou instrumentais floreadas e entremescladas, todas de importância relativamente igual.

A música renascentista compartilhava a estética da arte e da literatura do período. Os artistas, músicos e escritores do Renascimento viam a si mesmos como pessoas incumbidas de tirar o mundo da era sombria, clerical e mística da Idade Média. Enfatizavam a volta aos ideais da Grécia e da Roma clássicas: amor, prazer, intelecto e a beleza do corpo e da emoção humana.

A região franco-flamenga em particular assistiu ao surgimento de muitos compositores. Guillaume Dufay (c. 1400-1474) e Gilles Binchois (c. 1400-1460) escreveram algumas das primeiras missas polifônicas e canções seculares no novo estilo. Discípulo de Binchois, Johannes Ockeghem, compositor da corte do duque de Bourbon, escreveu motetos que exibem alguns dos mais antigos exemplos de canto canônico, que é uma imitação escalonada.

Josquin des Prez (c. 1440-1521) foi considerado o maior compositor da época, renomado por suas composições sacras altamente emocionais e suas sofisticadas canções seculares, de amor. Na Itália, Giovanni Pierluigi da Palestrina (1525-1594) foi um compositor itinerante da corte que imitou e elaborou peças musicais com base nas composições sacras de seus predecessores e estabeleceu a ponte estilística entre os períodos renascentista e barroco.

FATOS ADICIONAIS

1. *A idéia de um hino sacro surgiu no Renascimento, e muitos hinos foram compostos por Martinho Lutero.*
2. *A maior parte da música renascentista foi composta nas cortes, e algumas peças só são identificáveis pelo selo do aristocrata que as solicitou, e não pela assinatura do compositor.*
3. *O madrigal inglês foi o primeiro tipo de canção a usar refrões "fá-lá-lá" escritos efetivamente na música.*

Aristóteles

"Todos os homens, por natureza, desejam saber."

– Aristóteles, *Metafísica*

De maneira geral, dificilmente se poderia exagerar a influência de Aristóteles (384-322 a.C.) sobre a filosofia e a cultura ocidental. Nascido na Macedônia, ao norte da Grécia, viajou para Atenas, onde estudou na escola de Platão, a Academia. Após a morte do mestre, Aristóteles fundou sua própria escola, o Liceu.

Na Atenas do século IV a.C., o estudo da filosofia incluía retórica, ciência natural, biologia e outros campos do conhecimento. Por isso, Aristóteles deu contribuições importantes a quase todos os ramos do saber.

Aristóteles acreditava que a filosofia deve ser estudada numa ordem precisa. Primeiro, deve-se aprender lógica, porque ela explica a maneira como os fatos referentes ao mundo se relacionam entre si. Ele desenvolveu a teoria dos silogismos – argumentos logicamente válidos. Criou uma lista de silogismos e regras básicas para reduzir argumentos mais complicados a uma dessas formas. O mais famoso silogismo aristotélico é:

Todos os homens são mortais.
Sócrates é homem.
Logo, Sócrates é mortal.

Depois da lógica, Aristóteles achava que os estudantes deviam investigar fenômenos naturais concretos. Escreveu muitas obras sobre o assunto – *Física*, *Das partes dos animais*, *Da geração dos animais*, *Do movimento dos animais*, *Sobre a geração e a corrupção* – e deduziu vários princípios gerais para explicar o mundo físico.

O último objeto de estudo, de acordo com Aristóteles, é a filosofia prática, que inclui a ética e a política. Ele tratou desses tópicos, respectivamente, em *Ética a Nicômaco* e *Política*. Na concepção de Aristóteles, a ética é antes de tudo uma questão de boa educação. Ele acreditava que as pessoas geralmente conhecem a maneira adequada de se comportar e que devem simplesmente ter força moral suficiente para agir de acordo com esse conhecimento. Ser uma pessoa boa equivale a ter a inclinação para fazer o que é certo, e essa inclinação pode ser desenvolvida em nós. Politicamente, Aristóteles acreditava que o objetivo do Estado é proporcionar o contexto para a vida feliz e auto-suficiente de seus cidadãos. Era a favor do governo democrático, porém achava que ocasionalmente a monarquia é mais apropriada.

FATOS ADICIONAIS

1. *Aristóteles costuma ser chamado de "o Estagirita", por ter nascido na cidade macedônia de Estagira.*
2. *Entre o período que passou na Academia de Platão e a fundação de sua própria escola, Aristóteles foi tutor de Alexandre, o Grande, também macedônio, que governou grande parte do mundo mediterrâneo.*

Sodoma e Gomorra

A história bíblica de Sodoma e Gomorra aparece nos capítulos 18 e 19 do livro do Gênesis. Sodoma e Gomorra eram duas cidades no vale do rio Jordão. Os habitantes dessas cidades haviam pecado, e Deus queria destruí-los. Abraão protestou, dizendo que os inocentes não deviam ser mortos com os maus, e Deus concordou em poupar as cidades se Abraão conseguisse encontrar dez homens justos. E enviou um grupo de anjos para investigar.

Quando os anjos chegaram, dirigiram-se a Ló, sobrinho de Abraão. Ló os convidou a entrar em sua casa e preparou-lhes uma refeição. Mais tarde, os cidadãos de Sodoma apareceram diante da casa de Ló e perguntaram: "Onde estão os homens que vieram aqui ontem à noite? Traga-os à nossa presença, queremos conhecê-los" (Gn 19:5). Em vez disso, Ló ofereceu suas filhas virgens aos homens, mas eles não ficaram satisfeitos. Nesse ponto, vendo que a situação se agravava, os anjos ordenaram a Ló que se retirasse de Sodoma juntamente com sua família e os instruíram a não olhar para trás durante a fuga. Ló conseguiu fugir para uma cidade vizinha, mas, enquanto Sodoma e Gomorra eram destruídas, sua mulher olhou para trás e foi transformada numa estátua de sal.

Não se sabe ao certo *quais* pecados eram cometidos pelos cidadãos de Sodoma e Gomorra. Tradicionalmente, os judeus acreditam que eles cometiam o pecado da falta de hospitalidade. A história se passa logo depois que a Torá conta como Deus apreciava a hospitalidade de Abraão. O bom comportamento deste pode ser plenamente contrastado com a maneira como os cidadãos de Sodoma reagiram aos visitantes. Tomadas em conjunto, essas duas histórias parecem enfatizar a importância de ser um bom anfitrião.

Os cristãos conservadores, por outro lado, vêem os pecados de Sodoma de modo muito diferente. Alguns acreditam que, quando os cidadãos de Sodoma pediram para "conhecer" os anjos, isso era um eufemismo para fazer sexo. De acordo com esse ponto de vista, os homens de Sodoma eram homossexuais, e Deus os puniu por isso.

FATOS ADICIONAIS

1. *O termo contemporâneo "sodomia" deriva da cidade bíblica de Sodoma.*
2. *A existência real de Sodoma e Gomorra é controversa, mas alguns acreditam que elas estejam sob o mar Morto. Há historiadores que acham que as duas cidades se localizavam perto de uma falha geológica e que a ira de Deus foi, na verdade, um terrível terremoto que as destruiu.*

Imperador Constantino

Nos primeiros anos do cristianismo, essa pequena seita enfrentou uma implacável perseguição em todo o gigantesco Império Romano. Em 64 d.C., somente algumas décadas após a morte de Jesus Cristo em Jerusalém, o imperador Nero ordenou a primeira perseguição oficial aos cristãos em Roma. O historiador romano Tácito relatou a crueldade das execuções ordenadas pelo demente tirano, algumas das quais consistiam em entregar os crentes a cães famintos para lhes servir de alimento. "Na própria morte, eles se transformavam em objetos de esporte", escreveu Tácito.

As autoridades romanas consideravam o cristianismo uma ameaça à segurança do Império. Segundo elas, os cristãos adoravam um criminoso crucificado por Roma e rejeitavam a divindade do imperador e dos deuses pagãos. À medida que a religião se espalhava, as perseguições se intensificaram, ao longo de duzentos anos. Todavia, enquanto os primeiros cristãos eram quase sempre pobres, a religião começou a atrair adeptos da classe alta de Roma.

Depois de ter uma visão e se converter ao cristianismo, o imperador Constantino (c. 272-337) promulgou o Édito de Milão em 313, legalizando a religião em todo o Império. Por essa época, a adoração cristã estava muito difundida. De fato, algumas gerações depois do édito, o cristianismo substituiu o paganismo como religião oficial do Império Romano. No intervalo de quatro séculos, o cristianismo passara de religião ilegal, abraçada por uns poucos descontentes judeus, ao estatuto de religião imperial. O Império Romano caiu no século V, porém o cristianismo continuou a se propagar pela Europa e tornou-se a religião unificadora do continente.

A Igreja Católica Romana permanece centralizada na cidade do Vaticano, em Roma, a algumas quadras das ruínas do Coliseu, onde outrora as autoridades romanas entregavam os cristãos à voracidade dos leões.

FATOS ADICIONAIS

1. *A conversão de Constantino ao cristianismo não o impediu de liquidar muitos de seus inimigos políticos, incluindo vários membros de sua família. Durante seu reinado de 31 anos, Constantino mandou executar o cunhado, a segunda esposa e o filho primogênito.*

2. *Cansado de Roma, que considerava uma capital inadequada para seu império, Constantino fundou uma cidade no Helesponto, onde a Europa se encontra com a Ásia. A princípio, ela recebeu o nome de Nova Roma, mas logo ficou conhecida como Constantinopla, em homenagem ao imperador. Hoje a cidade se chama Istambul, a maior da atual Turquia.*

3. *Como imperador, Constantino aboliu os jogos gladiatórios, que divertiram as massas romanas durante séculos, embora eles tenham continuado a ser praticados ilegalmente por décadas.*

Modernismo

No movimento literário modernista, que floresceu por volta de 1900 até 1940, os autores exploraram novas maneiras de contar histórias e repensaram a questão sobre o melhor modo de abordar a realidade objetiva e a verdade. As principais figuras do modernismo literário incluem os romancistas Marcel Proust, Gertrude Stein, James Joyce, Virginia Woolf e William Faulkner, além dos poetas T. S. Eliot e Ezra Pound.

No final do século XIX, a literatura ocidental era dominada pelo realismo. Gustave Flaubert, Theodore Dreiser, Émile Zola e outros romancistas desse período tentaram retratar personagens, situações e condições sociais de maneira precisa e com atenção meticulosa aos pormenores.

Na virada do século, entretanto, idéias revolucionárias em vários domínios passaram a questionar nossa capacidade de identificar e descrever a realidade – e até a existência de uma realidade objetiva. Na psicologia, Sigmund Freud explorou a idéia do inconsciente, asseverando que a mente humana e o eu só podem ser conhecidos por meio da psicanálise. Na lingüística, Ferdinand de Saussure sustentou que a linguagem era um constructo cultural arbitrário e não-confiável. Na antropologia, Sir James Frazer trouxe novo requinte ao estudo das culturas e religiões não-ocidentais, propondo alternativas à visão de mundo ocidental. Na física, a teoria da relatividade de Albert Einstein minou até mesmo os princípios aparentemente incontestáveis do espaço e do tempo.

Coletivamente, essas idéias díspares exerceram enorme influência sobre o mundo literário e artístico. Enquanto os realistas do século XIX eram obcecados com a descrição exata do mundo, novos autores e artistas do século XX – logo chamados de modernistas – passaram a se preocupar com a questão de como a realidade poderia ser descrita com exatidão no caso de a verdade objetiva não existir.

Os escritores modernistas tentaram resolver esse problema por meio da experimentação. Uma de suas maiores inovações foi a técnica narrativa do fluxo de consciência, a tentativa de expressar os pensamentos íntimos do personagem literalmente, sem interferência do autor. Essa técnica aparece em *Ulisses*, de Joyce (1922), em *Mrs. Dalloway*, de Virginia Woolf (1925), e em *O som e a fúria*, de Faulkner (1929). Alguns autores tentaram descrever o mesmo acontecimento ou imagem de perspectivas múltiplas, dispondo relatos subjetivos uns sobre os outros – ou opondo-os entre si–, na tentativa de se aproximar da verdade objetiva. *Ao farol*, de Virginia Woolf (1927), é um exemplo notável dessa abordagem. Outros autores, como Gertrude Stein, fizeram experiências radicais com a linguagem, usando repetições extensivas, que ela denominou "insistência", e outras técnicas para explorar os matizes do significado das palavras. E praticamente todos os modernistas jogaram com o fluxo do tempo em suas obras, descartando a cronologia linear e saltando abruptamente entre o passado, o presente e o futuro – característica que dá à ficção e à poesia modernista a reputação, quase sempre merecida, de difícil.

Arte Gótica

A era gótica começa no século XII, com o desenvolvimento de um novo tipo de arquitetura na Île-de-France, área que inclui Paris e a zona rural circundante. Por volta de 1250, o estilo já havia se espalhado por muitas partes da Europa, afetando tanto a escultura quanto a pintura.

O termo "gótico" foi cunhado na Itália e originalmente encerrava uma conotação negativa, associando o estilo arquitetônico aos godos, que haviam assolado o Império Romano. Os artistas góticos, por outro lado, referiam-se a suas obras como *opus modernum* ou *opus francigenum*, obras modernas ou francesas.

A reconstruída Abadia de Saint-Denis, ao norte de Paris, costuma ser considerada o exemplo mais antigo de arquitetura gótica. Entre 1137 e 1144, o abade Suger encomendou um novo coro para a igreja, que foi construído com janelas mais amplas e arcos mais altos, parecendo assim mais imponente e mais leve, em forte contraste com a sombria solidez do estilo românico anterior.

A arquitetura gótica foi mais plenamente desenvolvida nas catedrais de Notre-Dame de Paris (iniciada em 1163) e de Chartres (reconstruída de 1194 a 1220). Botaréus e arcos externos foram erigidos para sustentar o peso dos edifícios no lado de fora. Essas estruturas maciças permitiram um número maior de janelas com vitrais nas paredes, tornando assim o interior mais luminoso e colorido.

A influência da arquitetura gótica fora da França é visível na Catedral de Salisbury (iniciada em 1220), na Inglaterra, e no Domo (catedral) de Orvieto (começado por volta de 1310), na Itália.

Na Europa setentrional, a pintura gótica é vista com mais freqüência nos vitrais e nas ilustrações de livros, como o famoso manuscrito ornado com iluminuras *Les très riches heures du Duc de Berry*, pintado pelos três irmãos Limbourg entre 1413 e 1416. Na Itália, o estilo gótico se manifesta nas pinturas de Giotto e Simone Martini.

A escultura foi usada amplamente para decorar o interior e o exterior das catedrais góticas, como se pode ver nos magníficos portais das catedrais de Chartres e de Naumburg, Alemanha.

O estilo gótico floresceu na França e em boa parte da Europa setentrional até o começo do século XVI. Na Itália, declinou mais cedo, com o advento do Renascimento.

FATO ADICIONAL

1. *No século XVIII, a palavra "gótico" passou a ser associada à ficção que enfatizava o grotesco e o misterioso. Hoje, o termo se refere freqüentemente a um movimento na música, na moda e na cultura que principiou na década de 80, com a obra de bandas como Siouxsie and the Banshees.*

Nocicepção: A Percepção da Dor

A percepção da dor, denominada nocicepção, é essencial para a sobrevivência humana. A dor é um modo simples e eficaz de aprender sobre os perigos do mundo. Ela nos incita a reagir: recuar diante da água fervente, nos afastar de cacos de vidro, diminuir a pressão sobre um tornozelo torcido.

Todas as espécies superiores, em particular as que estão mais estreitamente relacionadas conosco, têm um sistema nervoso que parece processar a dor. Embora não possamos perguntar a eles se estão feridos, as aves e os mamíferos se contorcem, gemem e ganem de maneira muito parecida com a dos seres humanos. Como nós, eles apresentam aumento da pressão arterial, pupilas dilatadas, transpiração e aumento da pulsação em resposta a um estímulo doloroso.

A nocicepção é um instrumento de sobrevivência crucial para os organismos complexos. Crianças nascidas com uma condição rara – insensibilidade congênita à dor com anidrose (Cipa) – raramente vivem mais de vinte anos. Embora pareçam normais ao nascer, o problema começa com a dentição: elas podem morder até machucar os próprios dedos sem sentir nada. Quebram ossos, queimam as mãos e arranham os joelhos, mas não sabem que estão feridas enquanto não vêem sangue ou contusões. Muitas vezes, morrem em conseqüência de infecções maciças causadas por múltiplos ferimentos.

Por mais óbvio que possa parecer, a dor está em nossa cabeça. Diferentes partes do cérebro funcionam juntas, em rede, para formar o que às vezes se denomina a matriz da dor. Algumas áreas da matriz nos informam sobre a intensidade da dor, enquanto outras nos falam sobre sua localização, duração e tipo – queimadura, contusão ou corte. A sensação de dor desencadeia o sentimento de aflição, graças a uma parte do cérebro chamada córtex cingulado anterior. Curiosamente, ela não distingue entre dor física e emocional. Responde igualmente a um braço quebrado e a um coração partido.

FATOS ADICIONAIS

1. *Pessoas com grande capacidade de sentir empatia por outras têm o córtex cingulado anterior mais ativo. Elas sentem efetivamente a dor alheia.*
2. *O feto humano desenvolve o circuito nervoso para sentir dor com 29 semanas, ao entrar no terceiro trimestre.*
3. *Recém-nascidos que são circuncidados sem anestesia exibem maior resposta à dor nas vacinações dos 4 e dos 6 meses.*
4. *Os amputados se queixam com freqüência de dor do membro fantasma. Sentem uma dor aguda que parece vir do membro que já não está ali. Esses casos estão entre as primeiras evidências de que a dor provém, em parte, do cérebro.*

Período Barroco

O termo "barroco" significa originalmente "pérola disforme". Esse símbolo é uma metáfora apropriada para a arte, a arquitetura e a música do período, que durou aproximadamente de 1600 a 1750. Foi uma época de contrastes – na arte, entre cores brilhantes e escuras, superfícies lisas e crespas; na música, entre alto e suave, rápido e lento. Caracterizou-se, a princípio, pela simplificação dos complexos estilos musicais renascentistas e, finalmente, por novas estruturas estéticas ornamentadas, que pareciam um enorme desafio a todas as correntes de pensamento anteriores.

Claudio Monteverdi (1567-1643) foi o mais influente compositor da primeira fase do barroco, e seu *Orfeu* (1607) costuma ser visto como a primeira ópera bem-sucedida dramática e musicalmente. A maior parte da música barroca se baseia no diálogo entre um acompanhamento musical de sustentação chamado baixo contínuo – tocado geralmente pela combinação entre um instrumento para acordes (como o órgão, o violão ou o cravo) e um instrumento para a linha do baixo (como o violoncelo, a viola de gamba ou o fagote) – e uma extravagante linha de concerto solo – geralmente tocada pelo violino ou por um instrumento de sopro (como a flauta doce, o oboé ou a flauta transversal).

As cadências, ou pontos de interrupção harmônicos, eram enfatizadas, e muitas obras se dividiam em seções que se alternavam entre tempos lentos e rápidos ou, mais ainda, em frases musicais simétricas. Incorporaram-se ritmos de danças regionais, como o minueto e a giga, e o violino ganhou proeminência em função de sua versatilidade, volume e capacidade para realçar ritmos fortes. Mais tarde, a música barroca passou a se caracterizar por ritmos uniformes, emoção intensa, linhas melódicas elaboradas e exigência de virtuosismo dos executantes.

No barroco, os papéis principais masculinos nas óperas costumavam ser desempenhados pelos *castrati*, cantores que eram castrados antes da puberdade para conservar grandes extensões vocais. Os *castrati* se notabilizaram pela extensão, força e flexibilidade vocal, e também pelo controle da respiração.

O primeiro barroco emergiu com a escrita dos compositores italianos (Monteverdi, Francesco Cavalli), mas o estilo acabou por se estender a Inglaterra (Henry Purcell), França (François Couperin, Jean-Philippe Rameau) e Alemanha (Heinrich Schütz, Dietrich Buxtehude). No alto barroco italiano, Arcangelo Corelli (1653-1713) e Antonio Vivaldi (1678-1741) escreveram concertos belos e complexos, enquanto, na Alemanha, Georg Philipp Telemann (1681-1767) e Johann Sebastian Bach (1685-1750) competiram para ser o *Meister* da música sacra nas paróquias e cortes de toda a Europa setentrional.

FATO ADICIONAL

1. *Muitas vezes os meninos cantores da Catedral de São Paulo, em Londres, a maior catedral barroca da Europa, eram raptados por maestros de outros coros e obrigados a cantar para o concorrente.*

Metafísica

A metafísica é o estudo mais geral da realidade – o que existe e como.

A primeira questão – O que existe? – é investigada pela ontologia, um subcampo da metafísica. A ontologia pergunta: Tudo que existe é material ou há coisas imateriais, como almas? Existem objetos matemáticos abstratos, como números e conjuntos? Ela também indaga: O que significa, para uma coisa qualquer, existir? A existência é uma propriedade, como ser vermelho, que algumas coisas têm e outras não? Ou é apenas uma coleção de tudo que é, de modo que não pode haver algo que não exista? Se a existência é uma propriedade como o vermelho, que tipo de propriedade ela é? Quando digo que os cavalos existem, mas os unicórnios não, o que estou dizendo sobre os cavalos que estou negando nos unicórnios?

A metafísica faz também um segundo tipo de pergunta, sobre as características e as relações das coisas. Por exemplo, se existem números, eles existem no espaço e no tempo? Existem contingencialmente, ou seja, podem cessar de existir?

Muitos filósofos compartilham um princípio da metafísica que acredita haver dois tipos muito gerais de coisas: substâncias e propriedades. As substâncias são objetos no sentido comum, enquanto as propriedades são modos como essas substâncias são. Por exemplo, uma camisa é uma substância, ao passo que a cor de uma camisa é uma propriedade dela. Muitas questões metafísicas decorrem das noções de substância e propriedade.

Uma pergunta que os filósofos vêm fazendo há muito tempo é se as propriedades são individuais ou gerais. Dizer que as propriedades são gerais significa que, para cada uma de duas coisas vermelhas – digamos, uma camisa e uma rosa –, existe literalmente uma propriedade única chamada vermelho, possuída, ou instanciada, por ambas as coisas. "Instanciação" é um termo filosófico que descreve a relação entre uma substância e uma propriedade. Dizer que as propriedades são individuais significa que existem literalmente duas propriedades diferentes – o vermelho instanciado pela camisa e aquele instanciado pela rosa. E essas propriedades se assemelham perfeitamente.

FATOS ADICIONAIS

1. *A metafísica deve seu nome aos primeiros editores dos escritos aristotélicos. Esse assunto é tratado no livro que veio depois da* Física, *de Aristóteles. Como o livro não tinha título, os editores o chamaram de* Metafísica *– em grego, "depois da física".*
2. *O que hoje chamamos de metafísica, Aristóteles denominava filosofia primeira.*

José

Segundo a Bíblia, José foi o 11º filho de Jacó e o primeiro que ele teve com sua esposa favorita, Raquel. No âmbito da fé judaica, José é largamente reconhecido por sua confiança em Deus e pela cautelosa capacidade de viver como judeu entre os gentios.

O livro do Gênesis conta que José era o filho favorito de Jacó – fato provado pelo presente que ganhou do pai, um casaco multicor – e que sua estranha capacidade de interpretar sonhos só aumentava os ciúmes dos irmãos. É famoso o sonho que ele contou no qual seu pai, sua mãe e seus irmãos se ajoelhavam diante dele como criados. Irritados com o sonho de José, seus irmãos fizeram um complô para matá-lo. Ele tinha apenas 17 anos. Só pararam quando o irmão mais velho, Rúben, interveio. Em vez de matá-lo, jogaram-no num poço.

José acabou sendo descoberto e vendido como escravo a Potifar, capitão egípcio da guarda do faraó. Serviu zelosamente a Potifar, até que a esposa deste tentou seduzi-lo. Quando ele recusou suas investidas, ela o acusou de assediá-la e Potifar mandou prendê-lo.

José foi então mandado para a prisão, onde conheceu um criado do faraó e interpretou o sonho dele. Mais tarde o criado foi solto, e, quando o faraó teve um sonho perturbador, buscou o conselho de José. Este interpretou o sonho, dizendo que o Egito teria sete anos de abundantes colheitas, seguidos por sete anos de extrema penúria e fome. O faraó acreditou nele e estocou o alimento excedente por sete anos. Quando a profecia de José se cumpriu, o faraó, agradecido, concedeu-lhe um poder sem precedente.

Como José previra que a fome se alastraria por toda a região, seus irmãos fugiram para o Egito em busca de alimento. Para puni-los pelos pecados que haviam cometido contra ele, José se disfarçou e tomou seu irmão Benjamim como escravo, mandando os outros embora. Outro irmão, Judá, implorou para ficar no lugar de Benjamim. José viu nisso um sinal de que os irmãos haviam mudado.

Assim, permitiu que sua família se mudasse para o Egito, onde ele e seus onze irmãos fundaram as doze tribos de Israel.

FATOS ADICIONAIS

1. *Especula-se que uma das razões pelas quais o faraó aceitou José é que o governante pode ter sido um hicso, etnia que guardava alguns vínculos com os hebreus.*
2. *A história de José foi adaptada por Andrew Lloyd Webber e Tim Rice no musical* José e o deslumbrante manto de mil cores, *que estreou na Broadway em 1982.*

Propagação do Islamismo

Após a morte do profeta Maomé, em 632 d.C., a religião por ele fundada em Meca se propagou com espantosa velocidade pelo Oriente Médio. Os exércitos muçulmanos que conduziam sua bandeira conquistaram a Península Arábica, a Pérsia, a Síria, a Armênia, o Egito, o norte da África e o Afeganistão. Em 711, menos de um século após a morte do profeta, seus adeptos conquistaram a atual Espanha, levando o islamismo para a Europa.

Espalhado por três continentes, o império muçulmano, ou califado, lutava para manter sua frágil unidade. A capital foi transferida da remota Meca para Damasco, a cidade mais antiga do mundo, e os califas ergueram mesquitas deslumbrantes para consolidar seu governo.

Mas, em meados do século VIII, o califado começou a se fragmentar. O maior dos califados rivais, o dos abássidas, transferiu sua capital para Bagdá, enquanto as províncias ibéricas estabeleciam seu próprio califado. Apesar disso, durante o período medieval o mundo islâmico floresceu. Cientistas, poetas e matemáticos converteram Bagdá numa fabulosa cidade de romance e saber.

Para a Europa cristã, ainda em plena Idade das Trevas, o sucesso do islamismo foi aterrador. Os exércitos muçulmanos chegaram à França antes de ser finalmente repelidos pelos francos, liderados por Carlos Martel, em 732. Alguns historiadores vêem essa batalha como um momento decisivo na história, que impediu a propagação ainda maior do islamismo na Europa. Mais tarde, o papa enviou exércitos europeus ao Oriente Médio para travar uma guerra santa contra os muçulmanos.

A destruição do califado, porém, veio do leste. Em 1258, Bagdá foi tomada por um exército mongol invasor. Os mongóis incendiaram as grandes bibliotecas da cidade e mataram um milhão de habitantes. O chefe mongol, neto de Gengis Khan, executou o último califa, enrolando-o num tapete e fazendo seus cavalos pisoteá-lo até a morte.

FATOS ADICIONAIS

1. *Durante a Idade das Trevas européia, os sábios islâmicos eram mais avançados cientificamente que seus colegas europeus, e muitas palavras relacionadas a ciência e matemática, como "álgebra" e "química", são derivadas do árabe.*
2. *Durante uma guerra na Ásia Central no século VIII, o exército do califa descobriu, por um prisioneiro de guerra, o segredo chinês da fabricação do papel.*
3. *Um dos livros mais famosos do califado é* As mil e uma noites*, coletânea de contos e fábulas que goza de imensa popularidade no Ocidente desde sua primeira tradução, no século XVIII.*

Ardil 22

O livro *Ardil 22* (*Catch-22*), de Joseph Heller, deu à língua inglesa um de seus melhores romances de guerra e humor negro. Ao ser publicado, em 1961, esse livro inusitado teve uma acolhida polêmica: alguns o consideraram brilhante; outros, chocante e ofensivo. Seja como for, *Ardil 22* foi um marco no romance de protesto e introduziu o absurdo e o surrealismo na literatura norte-americana.

O protagonista de *Ardil 22*, Yossarian, é um aviador da Força Aérea Americana estabelecido na pequena ilha italiana de Pianosa durante a Segunda Guerra Mundial. Seu esquadrão é comandado por generais comicamente ineptos, que prometem que os aviadores serão mandados de volta para casa depois de terem completado um número determinado de missões – mas depois vão aumentando esse número para que ninguém possa partir. O absurdo burocrático da guerra é incorporado no simples mas insidioso regulamento da Força Aérea que dá título ao romance. O "ardil 22" declara que um soldado pode ser isentado de missões de combate se for considerado louco, mas, se fizer uma solicitação expressa para conseguir essa isenção, será considerado suficientemente são para voar.

O romance é povoado por um elenco inesquecível de personagens extravagantes. O comandante do esquadrão, Major Major Major Major (assim chamado porque seu pai achou o nome engraçado), é promovido ao posto de major por causa de um defeito no computador, logo no primeiro dia de sua carreira. O oficial Milo Minderbinder dirige uma implacável agência de mercado negro e fará qualquer coisa por um bom lucro, chegando a assinar um contrato com os alemães para bombardear seu próprio esquadrão. E o médico Doc Daneeka, depois de ser "morto" por um erro na documentação, é incapaz de convencer os outros de que está vivo – e menos ainda sua esposa, que aprecia os pagamentos mensais que lhe rende o seguro de vida de Doc.

A narrativa de *Ardil 22* dá saltos para frente e para trás no tempo, sem nenhum aviso e com poucas pistas contextuais, imitando o caos da guerra e deixando o leitor completamente desorientado. Enquanto isso, as trapalhadas cometidas no esquadrão tornam o romance estrepitosamente divertido – até as coisas começarem a ficar sinistras. Mestre do humor negro, Heller vai revelando pormenores do enredo de maneira gradual e inesperada, até ficar claro que o que parecia hilariante no começo é na realidade extremamente sério, assim que a verdade é conhecida.

Heller disse que *Ardil 22* não trata da Segunda Guerra Mundial em particular, e sim do absurdo da burocracia e da autoridade no mundo moderno em geral. De fato, essa mensagem fez do romance objeto de culto entre os movimentos contraculturais e contra o sistema nos anos 60.

FATOS ADICIONAIS

1. *O livro intitulava-se originalmente* Ardil 18, *mas, após a publicação do romance* Mila 18, *de Leon Uris, no começo de 1961, Heller decidiu mudar o nome na última hora.*

2. *Heller participou de dezenas de missões de bombardeio nas campanhas americanas na Itália e no norte da África durante a Segunda Guerra Mundial.*

Catedral de Notre-Dame de Paris

A catedral gótica de Notre-Dame está localizada no lado leste da Île de la Cité, uma ilha do rio Sena, no centro de Paris.

A catedral foi construída no lugar de um antigo templo romano dedicado a Júpiter, que em 528 foi substituído por uma igreja cristã. Inspirado pela magnificência da recém-restaurada Abadia de Saint-Denis, o bispo Maurice de Sully decidiu demolir a velha igreja parisiense e construir outra maior. A construção da nova catedral principiou em 1163 e continuou até o começo do século XIV.

Como a maioria das catedrais góticas, a fachada da Catedral de Notre-Dame apresenta três níveis. Acima deles, erguem-se duas torres, ligadas pela galeria de gárgulas – esculturas de animais monstruosos que, como se acreditava, mantinham os maus espíritos afastados da igreja. Embaixo da galeria, abre-se a rosácea, que se compõe de centenas de vitrais e mede mais de nove metros de diâmetro.

Abaixo dela fica a Galeria dos Reis, que originalmente continha estátuas dos 28 reis de Judá e Israel. Durante a Revolução Francesa, as figuras foram decapitadas pela multidão enfurecida, que julgou tratar-se dos reis franceses. As esculturas foram restauradas em 1845 pelo notável arquiteto francês Viollet-le-Duc.

Na fachada, há três entradas para a igreja. O portal central, o maior deles, é dedicado a Cristo no Juízo Final. À sua esquerda fica o portal da Virgem, e à sua direita o portal de santa Ana, a mãe da Virgem.

A catedral tem uma rica história. Em 1185, foi o lugar do qual Heráclio de Cesaréia anunciou a Terceira Cruzada. Em 1431, foi o palco da coroação de Henrique VI e, em 1804, da de Napoleão Bonaparte. Durante a Revolução Francesa, a igreja foi rebatizada, primeiro de Templo da Razão, depois de Templo do Ser Supremo. Em 1970, foi usada para o funeral de Charles de Gaulle.

FATOS ADICIONAIS

1. *Victor Hugo escreveu* O corcunda de Notre-Dame *(1831) para despertar a consciência pública sobre a história da Catedral de Notre-Dame, numa época em que o edifício corria o risco de ser demolido.*
2. *O ponto zero, que marca o ponto de partida de todas as distâncias medidas nas rodovias francesas, está localizado na praça em frente à catedral.*

Efeito Placebo

O efeito placebo é a influência benéfica de um tratamento que não tem nenhum valor medicinal. Aplicar uma injeção de água salgada ou dar uma pílula de açúcar a uma pessoa doente muitas vezes a faz se sentir melhor. Esse resultado é especialmente verdadeiro para as enfermidades determinadas subjetivamente, como enxaqueca, dor na coluna e depressão. O efeito placebo pode explicar boa parte do valor terapêutico que atribuímos às medicações.

O efeito placebo para medicamentos contra a dor é explicado, ao menos parcialmente, pela química do cérebro. Quando o cérebro experimenta a dor, libera endorfinas – substâncias químicas que atuam naturalmente como a morfina para aliviar a dor. Estudos sobre a formação de imagens pelo cérebro mostraram que, quando uma pessoa toma um placebo na crença de que é um remédio, isso desencadeia a liberação de endorfinas. Neurologicamente, é como se a pessoa tivesse realmente ingerido a droga.

Existe também o efeito nocebo, menos conhecido, mas igualmente poderoso. Muitas vezes, quando se diz às pessoas que elas vão sofrer os efeitos adversos de uma droga, elas sofrem, ainda que não haja uma razão médica para isso. Em um estudo, foi oferecida às pessoas uma pílula de açúcar, dizendo que ela induzia o vômito. Mais tarde, 80% delas começaram a vomitar. De modo análogo, em outro estudo, descobriu-se que as mulheres que acreditavam que iam morrer de ataque cardíaco tinham quatro vezes mais chances de morrer dessa forma do que aquelas com o mesmo perfil médico que não julgavam correr esse risco. Pensar que estamos doentes pode nos tornar doentes.

Em alguns domínios do tratamento médico, o efeito placebo parece ser efetivamente maior. Em estudos sobre antidepressivos, a taxa de resposta aos placebos tem aumentado 7% a cada dez anos. Em 1980, 30% das pessoas deprimidas que receberam placebo melhoraram sem nenhum outro tratamento. Em 2000, essa taxa subiu para 44%. Essa mudança pode ser devida à crescente propaganda e a maiores expectativas em relação aos remédios. Em geral, o público hoje tem mais fé no medicamento psiquiátrico do que há vinte anos, o que confere mais poder ao placebo.

FATOS ADICIONAIS

1. *A cor das pílulas também pode fazer efeito em certos pacientes. Em um estudo italiano, os placebos azuis se revelaram excelentes soníferos para as mulheres, mas tiveram o efeito oposto nos homens.*
2. *As injeções dolorosas podem ter mais valor terapêutico do que as que doem menos.*

Forma

O termo "forma", quando usado na música clássica, refere-se às estruturas que guiam a composição de uma peça – um conjunto de elementos comuns a um número substancial de obras. Existem várias formas importantes, que determinam o modo como as composições se dividem em movimentos e seções temáticas. Elas servem como planos detalhados para cada peça.

Forma binária (A-B): A primeira seção da peça (A) principia na escala tônica e depois modula (muda de tom) para o que se chama de escala dominante ou escala maior relativa. A segunda seção (B) começa na escala dominante ou escala maior relativa e depois modula de volta para a escala tônica. Assim, se a peça for em lá maior, a seção A começa em lá maior e depois modula para a escala de mi. A seção B começa em mi e depois modula de volta para lá maior. Se a peça for em lá menor, a seção A principia nessa escala e modula para dó maior, e a seção B inverte esse processo.

Forma ternária (A-B-A): A seção A é na escala tônica, e a seção B, na escala dominante ou maior relativa; depois a primeira seção é repetida, assegurando que a peça termine onde começou, na tônica.

Forma binária composta: Também chamada forma sonata, é uma estrutura tripartida. A primeira parte, denominada exposição, estabelece a escala inicial, apresenta um tema principal e um tema adicional, não raro contrastantes, e cria tensão, modulando a partir da escala inicial. Na segunda parte, chamada desenvolvimento, o compositor apresenta material temático numa variedade de combinações e maneiras, muitas vezes modulando amplamente. A terceira parte, a recapitulação, retorna aos temas iniciais e termina a peça na mesma escala em que começou.

Forma rondó: É uma variante da forma ternária e toma a forma A-B-A-C-A-D-A, com cada letra representando uma seção temática. Cada uma das partes B-C-D é denominada episódio e atua como complemento harmônico e melódico ao tema A inicial.

Tema e variação: O compositor apresenta uma melodia e em seguida a varia por meio de ornamentações, mudanças na harmonia, mudanças na textura, mudanças de maior para menor e outras técnicas. Essa forma pode ser representada pelas letras A-A'-A"-A'" e assim por diante.

FATOS ADICIONAIS

1. *Aspectos da forma sonata apareceram nas peças do barroco tardio de Johann Sebastian Bach (1685-1750), mas a adoção da forma é uma das maiores mudanças estilísticas para marcar a transição entre a era barroca e a era clássica. Wolfgang Amadeus Mozart (1756-1791) foi um mestre da forma sonata.*

2. *Tanto Bach (*Variações Goldberg*) como Mozart (*Variações sobre "Brilha, brilha, estrelinha"*) estavam interessados na forma tema e variação.*

Teoria da Matéria e da Forma

A teoria da matéria e da forma de Aristóteles é um dos aspectos mais importantes e influentes de sua filosofia. No entanto, é uma doutrina sutil, cuja compreensão não é muito freqüente. Em seu cerne, estava uma tentativa de explicar o mundo natural antes dos avanços da ciência moderna.

Aristóteles observou que o mundo era povoado por substâncias – coisas individuais concretas, como plantas e animais. Pode-se pensar uma substância como aquilo que funciona tipicamente como sujeito de orações, quando falamos sobre ela. Por exemplo, Sócrates é uma substância porque dizemos "Sócrates é pálido". Aristóteles chamou de acidentes certas qualidades das substâncias, como a qualidade de ser pálido. Acidentes são o que se diz das substâncias: quando falamos dos acidentes, eles em geral funcionam como adjetivos nas orações.

Outra maneira de perceber essa diferença é pela distinção que Aristóteles estabelece entre mudança acidental e mudança substancial. Um exemplo de mudança acidental é quando Sócrates passa de pálido a bronzeado, depois de se expor algum tempo ao sol. Sócrates, a substância, persiste, e o que muda são meros acidentes de Sócrates, sua palidez e seu bronzeamento. Um exemplo de mudança substancial é a morte de Sócrates. Nesse caso, uma substância genuína, Sócrates, cessa de existir.

Essa idéia de mudança substancial leva à teoria da matéria e da forma de Aristóteles. Mesmo quando Sócrates morre, seu cadáver continua a existir. Alguma coisa persiste. Aristóteles identifica a matéria como aquilo que persiste além da mudança substancial. Todavia, a matéria de Sócrates, que antes continha vários processos biológicos intricados, cessou esses processos. Agora que ele está morto, a matéria permanece, mas sua forma mudou. A forma se define como o princípio de organização e atividade que determinava a maneira como as diversas partes de Sócrates interagiam.

Aristóteles concluiu que as substâncias individuais são combinações de matéria e forma. Em suas obras sobre filosofia natural, ele usou a teoria da matéria e da forma para explicar uma ampla variedade de fenômenos naturais.

FATOS ADICIONAIS

1. *A teoria da matéria e da forma de Aristóteles é chamada de hilemorfismo ou hilomorfismo.*
2. *O hilemorfismo teve enorme impacto sobre o cristianismo ocidental, por meio de são Tomás de Aquino, que fez dele um dos pilares de sua própria metafísica.*
3. *René Descartes criticou severamente o uso das formas substanciais aristotélicas na física do século XVII.*

Moisés

Moisés costuma ser reconhecido como uma das figuras bíblicas mais importantes da história judaica. A principal parte da história de Moisés é contada no livro do Êxodo.

O povo hebreu, descendente de Abraão, partiu de Israel durante uma seca e se estabeleceu no Egito, onde um dos filhos de Jacó, José, era muito estimado pelo faraó. Com o passar do tempo, a amizade do faraó foi esquecida, e os hebreus se tornaram escravos dos egípcios.

Filho de Anrão e Joquebede, Moisés nasceu no Egito durante o reinado de um faraó particularmente cruel, Ramsés II, que decretou a morte dos filhos de escravos hebreus. A princípio, Joquebede conseguiu esconder Moisés, mas isso acabou por se revelar muito difícil. Quando ele tinha 3 meses, sua mãe o colocou em um cesto e o soltou Nilo abaixo, na esperança de que uma pessoa bondosa o encontrasse. A filha do faraó encontrou Moisés e o criou como se fosse seu filho.

Moisés cresceu e finalmente soube de sua verdadeira origem. Pouco depois, viu um egípcio açoitando um israelita e, em resposta, matou o egípcio. Tendo cometido esse crime abominável, Moisés foi obrigado a fugir do Egito e a viver na península do Sinai durante quarenta anos. Um dia, viu um arbusto em chamas, mas que não queimava. Quando foi observar o arbusto mais de perto, Deus lhe ordenou que retornasse ao Egito e tirasse os israelitas de lá.

Moisés regressou ao Egito e tentou persuadir o faraó a libertar os hebreus. O faraó se recusou, o que fez com que Deus enviasse dez pragas contra os egípcios. A décima praga – a matança do primogênito de todas as famílias egípcias – acabou sendo o ponto de ruptura, e o faraó libertou os israelitas. Entretanto, depois de permitir a partida deles, o faraó os perseguiu. Quando os israelitas chegavam ao mar de Junco (mar Vermelho), os exércitos do faraó os alcançaram e cercaram. Para salvar os israelitas, Deus abriu o mar Vermelho, permitindo que o atravessassem, e em seguida o fechou, afogando os egípcios. Tendo atravessado o mar, Moisés conduziu os hebreus pelo deserto até o monte Sinai, escalou-o sozinho e ali recebeu os Dez Mandamentos diretamente de Deus.

Embora a verdade histórica acerca da existência de Moisés seja discutível, como líder e legislador ele é o maior ícone da história judaica.

FATOS ADICIONAIS

1. *Algumas teorias sustentam que Moisés não era hebreu, e sim um sacerdote egípcio renegado e simpatizante dos judeus.*

2. *O estereótipo anti-semita segundo o qual os judeus têm chifres deriva provavelmente da má tradução de uma descrição de Moisés depois que ele desceu do monte Sinai. Supõe-se que o fato de ter chegado tão perto de Deus mudou sua aparência física, mas diz-se que "raios de luz saíam de sua face", e não, como alguns acreditaram erroneamente, que "chifres saíam de sua cabeça".*

Carlos Magno

Após a queda do Império Romano, em 476 d.C., a Europa ingressou em um período de guerra e anarquia que os historiadores chamaram de Idade das Trevas. Tribos rivais disputavam o que restou do império. Interrompeu-se o progresso nas artes e nas ciências. Sem a unidade proporcionada por Roma, o continente se fragmentou.

No século VIII, Carlos Magno (742-814), líder de um reino localizado na atual Alemanha, criou um grande império europeu que pela primeira vez logrou reunir muitos dos territórios que haviam pertencido ao Império Romano do Ocidente. No dia de Natal de 800, o papa o coroou primeiro sacro imperador romano, líder da ressurgente cristandade.

Na época de sua coroação, o império de Carlos Magno incluía a França, a Bélgica, os Países Baixos, a Suíça e a maior parte da Alemanha. Carlos Magno era rei dos francos, tribo germânica que anexara vários de seus vizinhos.

O Sacro Império Romano, proclamado em 800, nunca uniu efetivamente a Europa. Como Voltaire afirmou jocosamente no século XVIII, ele não era nem sacro, nem império, nem romano. Segundo se calcula, o império compreendia mais de trezentos principados semi-independentes, alguns dos quais não tinham mais que uns poucos quilômetros quadrados. Ainda assim, foi uma força importante na Europa central durante os séculos que se seguiram. As tropas de Carlos Magno disseminaram o cristianismo e tentaram (sem sucesso) recuperar o território dominado pelo califado muçulmano na Espanha.

O legado de Carlos Magno ainda pode ser visto em toda a Europa – literalmente. Estudos genéticos recentes mostraram que boa parte dos europeus descende do rei franco. Ele é considerado um dos fundadores da França e da Alemanha. Seu império resistiu, em forma reduzida, até o último sacro imperador romano abdicar, em 1806.

FATOS ADICIONAIS

1. *A espada que Carlos Magno usava em batalha era denominada Joyeuse (alegre). O que se acredita ser a célebre espada encontra-se hoje no Museu do Louvre, em Paris.*
2. *Na lenda popular medieval, Carlos Magno foi um dos "nove varões ilustres", os maiores cavaleiros da história. Outros varões ilustres foram o rei Artur e Alexandre, o Grande.*
3. *Durante uma batalha na Espanha em 778, um dos nobres de Carlos Magno, Rolando, foi morto pelos bascos. A história de sua corajosa morte tornou-se a base para* A canção de Rolando, *uma das obras mais famosas da literatura medieval.*

Gabriel García Márquez

O escritor colombiano Gabriel García Márquez, provavelmente mais que qualquer outra figura, é responsável por ter chamado a atenção do mundo para a literatura latino-americana durante o século XX. Em seus romances e contos, ele explorou a história e o povo de seu continente natal por meio de uma lente que combina acontecimentos reais com correntes difusas de fantasia e mito.

Nascido na cidade de Aracataca, no norte da Colômbia, em 1927, García Márquez cresceu em meio às histórias da família contadas e recontadas por seus parentes mais velhos, particularmente os avós. Depois de se formar na faculdade, trabalhou como jornalista para várias agências de notícias estrangeiras, tendo vivido na França, Venezuela, Estados Unidos e México. Começou a escrever obras de ficção em meados da década de 50 e publicou seu primeiro trabalho importante, o conto *Ninguém escreve ao coronel*, em 1961.

A obra-prima de García Márquez é indiscutivelmente o romance *Cem anos de solidão* (1967), uma vasta história sobre sete gerações na cidade fictícia de Macondo. A história da cidade e de seus fundadores – a família Buendía – espelha as tendências históricas da América Latina como um todo. À medida que vai entrando em contato com o mundo exterior, Macondo perde seu isolamento pastoril por força da guerra civil, da ditadura, da agitação trabalhista e de outras vicissitudes que acompanham a transição para a modernidade. No romance, a história se move ciclicamente, à medida que os indivíduos e os grupos vão repetindo os mesmos erros de sempre – fato que García Márquez enfatiza dando o mesmo nome a personagens de diferentes gerações da família Buendía.

Muitas das obras de García Márquez exemplificam o gênero que veio a ser designado como realismo mágico – uma mistura de descrição altamente realista com elementos significativos do fantástico e do sobrenatural. Em *Cem anos de solidão*, entre outras ocorrências, Macondo vê uma tempestade torrencial que dura cinco anos, uma cascata de flores amarelas caídas do céu após a notícia da morte de um personagem e o nascimento de um menino com rabo de porco. No contexto do realismo mágico, quase todos esses acontecimentos são aceitos como trivialidades, e os personagens os presenciam sem comentários ou assombro.

Depois de duas outras obras importantes – o romance *O outono do patriarca* (1975) e a novela *Crônica de uma morte anunciada* (1981) –, García Márquez ganhou o Prêmio Nobel de Literatura de 1982. Suas obras venderam milhões de exemplares no original espanhol e em traduções, colocando-o entre os poucos romancistas contemporâneos que são sucesso de crítica e de público.

FATO ADICIONAL

1. *Muitas das obras de García Márquez têm lugar no mesmo universo ficcional, com alguns personagens e localidades aparecendo em diferentes contos e romances.*

Arte Renascentista

O período conhecido como Renascimento seguiu-se à Idade Média e levou à era moderna. A palavra deriva do latim *renascere* (tornar a nascer) e se refere ao ressurgimento da cultura greco-romana. Os artistas e as figuras intelectuais do Renascimento rejeitavam conscientemente as idéias da Idade Média e buscavam inspiração nos modelos clássicos.

As raízes do Renascimento remontam ao início do século XIV, quando o poeta italiano Francesco Petrarca desenvolveu uma filosofia que valorizava o individualismo e a realização humana. Isso marcou uma mudança em relação à total preocupação da sociedade medieval com o poder de Deus.

No que se refere às artes visuais, o Renascimento principiou em Florença no início do século XV. Foi então que os escultores e arquitetos começaram a procurar modelos antigos para trabalhar a partir deles. Ao mesmo tempo, os pintores inventaram a perspectiva com ponto de fuga, sistema que representa profundidade e volume numa superfície bidimensional.

Artistas florentinos renomados do começo do Renascimento incluem o escultor Donatello, cujo *Davi* foi o primeiro nu representado desde a Antiguidade; Brunelleschi, o arquiteto que projetou o Duomo, a famosa cúpula da catedral de Florença; e Masaccio, o primeiro pintor a usar a perspectiva com ponto de fuga.

O Alto Renascimento, que se costuma situar entre 1495 e 1527, produziu alguns dos maiores mestres da civilização européia, como Leonardo da Vinci, Michelangelo, Rafael e Ticiano. Foi também nesse período que começaram os trabalhos de reconstrução da Basílica de São Pedro. O arquiteto Bramante iniciou o processo e projetou a primeira versão da nova igreja. Após sua morte, os trabalhos continuaram sob a supervisão de vários artistas, incluindo Michelangelo. A nova basílica só veio a ser concluída em meados do século XVII.

FATOS ADICIONAIS

1. *O Renascimento demorou a chegar à Europa setentrional, porque ali o estilo gótico prevaleceu até o século XVI.*

2. *O Renascimento Tardio abrange geralmente o período compreendido entre 1527 e 1600. Costuma-se chamar de maneiristas as obras produzidas nesse período, já que são altamente complexas na forma e ricas em conceitos intelectuais esotéricos.*

Genética Mendeliana

Quando o monge tcheco Gregor Mendel (1822-1884) começou seus experimentos com ervilhas, em meados do século XIX, havia duas teorias principais sobre a hereditariedade. A primeira afirmava que os traços dos pais se misturavam em proporções iguais para gerar uma criança. A segunda propunha que o ambiente no qual a criança foi concebida moldava suas características. Mendel discordava de ambas.

Nas freqüentes caminhadas pelos jardins do mosteiro, Mendel observou os traços simples das ervilhas (*Pisum sativum*). Notou que as flores de cada pé eram de cor púrpura ou branca – nenhuma cor intermediária –, e as vagens eram amarelas ou verdes. O caule era comprido ou curto, e as sementes, lisas ou enrugadas. Ao todo, ele descobriu sete traços que nunca pareciam se misturar, e a partir daí começou a fazer experiências.

Quando Mendel cruzou ervilhas de vagens verdes com ervilhas de vagens amarelas, todos os descendentes foram de vagens verdes. Mas, quando cruzou essa primeira geração com ela própria, um quarto da geração seguinte era de vagens amarelas. Isso também sucedeu com a altura. Quando ele cruzou ervilhas de caule comprido com ervilhas de caule curto, a geração seguinte foi toda alta, mas um quarto da terceira geração tinha o caule curto.

Esse padrão levou Mendel a conceber o que mais tarde se denominaria alelos, genes e herança recessiva ou dominante. Essencialmente, ele concluiu que cada planta recebia uma unidade hereditária, ou alelo, de cada um dos pais para cada traço, ou gene. Embora apenas um dos alelos se expressasse visualmente – o alelo dominante –, ambos tinham a mesma chance de passar à geração seguinte. Assim, depois que as ervilhas de caule comprido eram cruzadas com as de caule curto, todos os descendentes tinham um alelo dominante para o caule alto e um alelo recessivo para o caule curto. Todos eram altos, mas continham um alelo não expresso para a altura baixa. Assim, quando essa geração foi cruzada consigo mesma, um quarto de seus descendentes tinha dois alelos para altura elevada, metade tinha um alelo alto e um alelo curto (todos esses eram altos) e um quarto tinha dois alelos para altura baixa. Esse último grupo era baixo. Essa observação fundamental é a base da genética moderna e explica por que alguns traços parecem saltar gerações.

FATOS ADICIONAIS

1. *Entre 1856 e 1863, Mendel cultivou e testou cerca de 28 mil pés de ervilha.*
2. *Embora Mendel tenha mantido excelentes registros, os cientistas posteriores consideraram seus resultados exatos demais. Em geral, suspeitavam que ele havia cedido à tentação de manipular os dados.*
3. *O trabalho de Mendel foi largamente ignorado durante sua vida, e ele morreu na obscuridade. Botânicos redescobriram sua obra em 1900, o que mudou o estudo da genética para sempre.*

Antonio Vivaldi

Filho doente de um violinista veneziano, Antonio Vivaldi (1678-1741) entrou para o sacerdócio em 1703. Logo se tornou professor de violino, regente e compositor-residente do Ospedale della Pietà, conservatório para meninas órfãs em Veneza. As jovens eram treinadas rigorosamente em música, e seus concertos, que muitas vezes consistiam em obras originais de Vivaldi, eram bastante populares entre o público da cidade, apaixonado por música.

Vivaldi foi espantosamente prolífico, tendo produzido mais de quinhentos concertos, superando assim qualquer outro compositor conhecido. Embora Vivaldi compusesse obras vocais, a maior parte de suas peças é instrumental, e ele é mais famoso nessa área. Seus concertos são lindamente expressivos, cobrindo um leque de emoções que vai da tristeza delicada à ostentação majestosa.

Muitas das obras de Vivaldi são programáticas – concebidas para contar uma história, evocar uma emoção ou dar a impressão de acontecimentos da vida real, ligados geralmente ao ciclo da natureza. Os concertos assumem muitas vezes a forma de três movimentos: um alegro (tempo rápido), um adágio (tempo lento) em tonalidade igual ou correlata e um alegro final, mais vivo que o primeiro.

As composições de Vivaldi têm títulos como *A noite*, *A tempestade no mar* e *O pintassilgo*, porém sua obra mais famosa é *As quatro estações*, cativante conjunto de quatro concertos que permanece uma das peças mais populares da música clássica ocidental. Com essa e outras peças, ele revolucionou o papel do solista, atribuindo-lhe uma importância sem precedente, com seu extraordinário senso do drama e do floreio. Vivaldi teve influência enorme sobre Johann Sebastian Bach e sobre os compositores da época clássica, graças aos temas memoráveis, aos motivos rítmicos ousados e à clareza total de suas composições.

FATOS ADICIONAIS

1. *Uma abreviatura das palavras* Laus Deo Beataeque Mariae Deiparae Amen *aparecia no alto da maioria dos manuscritos de Vivaldi. Significa: "Louvor a Deus e à bem-aventurada Maria, mãe de Deus".*

2. *Acredita-se que, a certa altura da vida, Vivaldi ganhava cinqüenta mil ducados por ano, um dos salários mais altos pagos a um músico na época.*

Lógica

Lógica é o estudo dos argumentos formalmente válidos. Um argumento consiste em várias sentenças chamadas premissas ou suposições e uma sentença que declara uma conclusão. Eis um exemplo:

> Se Sócrates é homem, então ele é mortal.
> Sócrates é homem.
> Logo, Sócrates é mortal.

Esse é um exemplo de argumento válido, aquele no qual a verdade da conclusão resulta da verdade de suas premissas. Note-se, porém, que a validade desse argumento não depende de nada que diga respeito a Sócrates, masculinidade ou mortalidade. Ele é válido porque seu esquema, ou construção, é válido. Eis uma representação esquemática do mesmo argumento:

1. Se p, então q
2. p
3. Logo, q

Sejam quais forem as sentenças que fornecermos para *p* e *q*, esse será um argumento válido. O argumento que fala de Sócrates é o mesmo que este, mas com sentenças particulares fornecidas para *p* e *q*. Palavras como "e", "ou", "algum" e "qualquer" denominam-se termos lógicos. O estudo da lógica examina que esquemas são válidos para os argumentos. Ele examina a relação entre diferentes termos lógicos, como *se-então* e *e*, e os papéis que eles desempenham na construção de argumentos válidos.

FATOS ADICIONAIS

1. *Desde que Aristóteles desenvolveu o primeiro sistema lógico, a lógica tem sido considerada a primeira disciplina que deve ser aprendida na filosofia.*
2. *Gottlob Frege (1848-1925) inventou a lógica moderna em sua obra de 1879* Begriffsschrift. *Apesar de ter revolucionado a lógica, ele é praticamente desconhecido fora desse domínio.*
3. *O princípio segundo o qual toda verdade é ou verdadeira ou falsa é negado por alguns filósofos. Outros negam até mesmo que toda contradição seja falsa.*

Rei Davi

O rei Davi, que governou depois do rei Saul, foi o segundo e maior rei de Israel. Era filho de Jessé e foi criado como pastor. Sua história é contada na Bíblia, no livro de Samuel, e ele talvez seja mais conhecido por seu combate contra Golias.

Golias era um gigante filisteu que, segundo alguns, teria quase três metros de altura. Na época de seu combate com Davi, os filisteus estavam em guerra com os israelitas. Antes de marchar para a batalha, porém, Golias desafiou os israelitas a enviar um guerreiro capaz de derrotá-lo. Ele fez esse desafio diariamente, durante quarenta dias, mas nenhum israelita o aceitou. Por fim, Davi, que ainda era adolescente e só estava presente no campo de batalha porque fora levar alimento aos irmãos mais velhos, mostrou-se à altura da situação.

O rei Saul admirou a bravura do rapaz e ofereceu-lhe uma arma e uma couraça, mas Davi as recusou. Marchou ao encontro de Golias munido apenas de uma funda e de algumas pedras. Antes que Golias pudesse atacá-lo, Davi arremessou uma pedra que o atingiu na cabeça, derrubando-o. Davi então se apoderou da espada de Golias e o decapitou, completando sua impressionante vitória.

Desse momento em diante, a popularidade de Davi se espalhou por Israel. O rei Saul começou a vê-lo como uma ameaça e mandou matá-lo. O próprio filho e herdeiro do rei, Jônatas, tomou o partido de Davi e o ajudou a sobreviver. Finalmente, Davi foi escolhido para suceder Saul no comando de Israel.

Como rei, Davi unificou as tribos de Israel e mudou a capital para Jerusalém. Governou durante cerca de quarenta anos, a partir de aproximadamente 1000 a.C., mas não sem dificuldade. Apaixonou-se por uma mulher casada chamada Bate-Seba e a engravidou. Para ocultar seu pecado, ordenou que o marido dela, um soldado de seu exército, fosse enviado para a linha de frente, onde foi morto. Em resposta, Deus enviou um profeta, Natã, para repreender Davi pelo crime.

Apesar da imperfeição de Davi, a crença judaica diz que Deus prometeu a ele que sua linhagem governaria Israel para sempre. A tradição messiânica judaica afirma, assim, que, quando o Messias chegar, ele será um descendente de Davi.

FATO ADICIONAL

1. *Especula-se que o tamanho de Golias pode ter sido o resultado de uma deficiência da glândula pituitária, que causou crescimento anormal. Outro sintoma hipotético desse defeito seria a cegueira, o que explicaria como Davi conseguiu se aproximar de Golias sem ser notado.*

Magna Carta

Em 1214, o rei João da Inglaterra foi derrotado em uma guerra com o rei Filipe II da França. João regressou à sua pátria e tentou reconstruir o tesouro régio cobrando pesados impostos dos barões que não haviam apoiado sua campanha ultramarina. Os barões se rebelaram e tomaram Londres no verão de 1215.

Com a queda de Londres, o rei João negociou um acordo em Runnymede, uma campina nas proximidades do rio Tâmisa. O acordo consistia na garantia de liberdades básicas e em uma série de limites ao poder absoluto do rei, sintetizados em uma proclamação chamada Magna Carta. Em 19 de junho, a Magna Carta foi timbrada com o selo real e lida em todo o país. Ela limitava para sempre o poder do rei João e de seus herdeiros.

A primeira versão do acordo aplicava-se a qualquer barão, mas na versão final o texto foi alterado de modo a se aplicar a qualquer homem livre. Naquela época, os homens livres eram a minoria da população inglesa, porém, com o passar dos séculos, o termo incluiria todos os cidadãos.

A primeira parte da Magna Carta promete que a Igreja na Inglaterra "será livre e terá seus direitos não diminuídos e suas liberdades intactas".

Cláusulas subseqüentes modificaram o relacionamento feudal entre o rei e seus nobres. Havia também garantias de que nenhum homem poderia ser preso sem o devido processo, e uma disposição do documento estipulava que não se poderiam cobrar impostos feudais sem o "consentimento geral" do reino. A última cláusula estabelecia um conselho de barões e clérigos que estava autorizado a usar de força contra a Coroa para garantir o cumprimento do acordo.

A Magna Carta é considerada a base da liberdade e do estado de direito na Inglaterra e a primeira semente da monarquia constitucional, mas foi largamente ignorada durante centenas de anos após sua publicação. O papa Inocêncio II a anulou em setembro daquele mesmo ano. Republicado em 1217, o documento foi considerado legalmente irrelevante.

A importância da Magna Carta foi restabelecida por Sir Edward Coke, líder parlamentar do século XVII, que citava reiteradamente seus princípios na luta contra os Stuart. Mais tarde, ela serviu de inspiração para os colonos americanos na luta pela independência.

FATOS ADICIONAIS

1. *Magna Carta significa "Grande Carta" em latim.*
2. *Quatro originais da Magna Carta sobrevivem. Duas delas estão na Biblioteca Britânica, e as outras duas, nos arquivos das catedrais de Lincoln e Salisbury.*
3. *Em 1957, a Associação dos Advogados Americanos, reconhecendo a dívida que o direito norte-americano tinha para com a Magna Carta, erigiu um monumento em Runnymede.*

"Ozymandias"

"Um viajante encontrei de antigas terras
Que disse: 'Duas pernas de pedra, imensas, destroncadas,
Erguem-se no deserto. Perto delas, na areia,
Meio enterrado, um rosto jaz, despedaçado, cuja carranca,
Lábio enrugado e riso de frio comando
Dizem que seu escultor leu bem essas paixões
Que ainda sobrevivem, estampadas nessas coisas inertes:
A mão que as escarneceu, o coração que as alimentou.
No pedestal se lêem estas palavras:
'Meu nome é Ozymandias, rei dos reis.
Contemplai minhas obras, ó poderosos, e desesperai-vos!'
Nada mais resta: em torno da decadência
Do colossal destroço, ilimitadas e vazias,
Estendem-se as planas areias solitárias'."

Percy Bysshe Shelley (1792-1822) foi um dos principais poetas românticos ingleses do começo do século XIX. Esses poetas reagiram contra o racionalismo que dominou a arte e a literatura durante o Iluminismo do século XVIII, celebrando em seu lugar a sublimidade da natureza e o poder da emoção, da paixão e da liberdade humana.

"Ozymandias" (1818), de Shelley, é um soneto, a mesma forma estrita de catorze versos que Petrarca, Spenser, Shakespeare e outros cultivaram durante o Renascimento. Usualmente, o soneto é escrito em pentâmetro iâmbico, com cada verso composto de cinco pés (unidades de duas sílabas que seguem um modelo átona-tônica). Além disso, o soneto petrarquiano, assim como "Ozymandias", divide-se tipicamente em duas partes: os oito primeiros versos, ou oitava, e os seis últimos, ou sexteto. Muitas vezes, a oitava formula uma questão a que o sexteto responde. Em "Ozymandias", a oitava pinta uma imagem que o sexteto comenta ironicamente.

O eu lírico do poema conta uma história que ele ouviu a respeito de uma estátua outrora grande que agora jaz em pedaços no deserto. A "carranca" e o "riso de frio comando" da estátua expressam de forma arrogante o poder que Ozymandias detinha. A arrogância alcança o auge na pretenciosa inscrição da estátua – "Contemplai minhas obras, ó poderosos, e desesperai-vos!" –, imediatamente solapada pela imagem das vastas areias que há muito enterraram essas "obras" e cercaram a estátua com o vazio do nada.

A crítica que Shelley faz ao poder político e à sua capacidade de resistir em face do tempo, da natureza e da história é típica da visão romântica. Implícita em "Ozymandias" está a sugestão de que há mais valor duradouro na arte do que em qualquer autoridade política temporal. Afinal, o poema e as imagens nele contidas resistiram por muito mais tempo que o reinado de qualquer governante humano.

FATO ADICIONAL

1. *"Ozymandias" foi inspirado em uma estátua caída no templo funerário de Ramsés II, perto de Luxor, no Egito. Segundo o historiador antigo Diodoro, na estátua estavam inscritas as seguintes palavras: "Rei dos Reis sou eu, Ozymandias. Se alguém souber quão grande sou e onde estou, que ultrapasse uma das minhas obras".*

O Nascimento de Vênus

O nascimento de Vênus, do pintor italiano Sandro Botticelli (1445-1510), capta o momento em que Vênus, a deusa da beleza, está sendo assoprada em direção à praia após seu nascimento no mar. A obra foi pintada a têmpera sobre tela por volta de 1485, para enfeitar uma residência que a rica família florentina dos Médici possuía em Castello.

No Baixo Renascimento, muitos artistas foram influenciados por pensadores neoplatônicos, como Marsílio Ficino (1433-1499), para quem a cultura greco-romana podia ser reconciliada com as crenças cristãs. Na década de 1480, Botticelli foi encarregado pelos Médici de executar uma série de pinturas de grandes dimensões que combinassem a mitologia pagã com os conceitos cristãos. Entre esses trabalhos, figuram obras-primas como *A primavera*, *Palas e o centauro* e *O nascimento de Vênus*.

De acordo com a lenda grega, Vênus nasceu das espumas que surgiram na superfície do mar quando o titã Cronos castrou o próprio pai, Urano, e jogou sua genitália no oceano. A deusa se dirigiu às praias da ilha de Chipre, onde mais tarde seu culto floresceria. Segundo o pensamento neoplatônico, a lenda do nascimento de Vênus era uma alegoria para a criação da alma humana.

No quadro de Botticelli, dois deuses do vento, um dos quais é Zéfiro, assopram Vênus em direção à terra. A deusa, que se ergue sobre uma grande concha de vieira, é apresentada segundo o antigo modelo da Vênus pudica, como as que foram esculpidas pelo escultor grego Praxíteles. Rosas flutuam no ar ao seu redor, enquanto ela é saudada por uma mulher, possivelmente a ninfa Pomona, que se prepara para vestir o corpo recém-nascido da deusa com um manto florido. Tanto as rosas como as folhas das laranjeiras são pintadas com tons dourados.

Em seus últimos anos, Botticelli ficou sob a influência de um carismático monge dominicano chamado Girolamo Savonarola (1452-1498), que organizou uma "fogueira das vaidades" em 1497 para encorajar as pessoas a destruir objetos de luxo. Arrependido de seu interesse pela cultura pagã, Botticelli teria queimado algumas de suas próprias obras.

FATOS ADICIONAIS

1. *Hoje,* O nascimento de Vênus *pode ser visto na Galleria degli Uffizi, em Florença.*
2. *O pomar de laranjas à direita, com suas folhas verde-escuras tingidas de ouro, pode representar o Jardim das Hespérides da mitologia grega.*
3. *A mulher que oferece um manto a Vênus está usando um traje adornado com margaridas, prímulas e centáureas – todas elas flores da primavera, apropriadas para celebrar um nascimento.*

Tensão Superficial e Ligação de Hidrogênio

A água é a mais estranha e onipresente substância da Terra. Sua forma sólida é menos densa que a líquida, e é por isso que o gelo flutua. A água pode absorver grandes quantidades de calor sem apresentar muita mudança, o que faz as cidades costeiras terem temperatura moderada. E ela tem uma "pele", uma fina camada de moléculas que tentam se manter unidas na superfície.

As extraordinárias propriedades da água decorrem de sua forma. Uma molécula de água consiste em dois átomos de hidrogênio e um de oxigênio (H_2O) e se parece com Mickey Mouse: os dois átomos de hidrogênio são as orelhas, e o oxigênio, a cabeça. Como os elétrons não se distribuem por igual na molécula, as orelhas são carregadas positivamente, e a cabeça, negativamente. Como os opostos se atraem, as orelhas de uma molécula de água são atraídas para o queixo de outra molécula, formando uma ligação de hidrogênio. No gelo, as moléculas de água se reúnem de maneira estável para formar um tetraedro, uma pirâmide de quatro lados. Mas na forma líquida a estrutura das moléculas da água é mais solta. As ligações de hidrogênio estão constantemente se separando e se juntando. Uma ligação de hidrogênio dura em média apenas uma fração de segundo.

No meio de um copo de água, todas as moléculas são puxadas igualmente em todas as direções, de modo que não existe nenhum efeito de rede. Na superfície, porém, não existe nenhuma força que puxe as moléculas para cima. Elas são puxadas mais para os lados e para baixo, e é isso que cria uma película elástica na água, ou tensão superficial. A tensão superficial nos permite encher um copo até um pouco acima da borda, faz a água formar gotas e lhe permite se esticar para formar bolhas.

FATOS ADICIONAIS

1. *Os gerrídeos, insetos leves com pés semelhantes a almofadas, tiram proveito da tensão superficial e literalmente caminham sobre a água.*

2. *A tensão superficial é forte o bastante para afogar insetos voadores que caem acidentalmente na água. Eles não conseguem bater as asas com rapidez suficiente para escapar do puxão exercido pelas moléculas de água.*

3. *Os detergentes atuam baixando a tensão superficial, o que permite que os poros e a sujeira se embebam mais eficazmente de água.*

As Quatro Estações

Antonio Vivaldi (1678-1741) escreveu *As quatro estações* em 1725, e cada um dos quatro concertos representa uma estação do ano. Escrito para violino solo e uma pequena orquestra, cada concerto se divide em três movimentos: o primeiro, um alegro, ou seção rápida; o segundo, uma seção lenta chamada adágio ou largo; e o terceiro, um alegro final ou presto final. Quando publicou *As quatro estações*, Vivaldi incluiu quatro sonetos no manuscrito, expondo as impressões que ele estava tentando comunicar com cada estação.

O primeiro concerto, "Primavera", é em mi. Seu primeiro tema, alegre e vibrante, é imediatamente reconhecível, espirituoso e agradável. No segundo movimento, o violino solo é concebido para representar um pastor adormecido, e a parte da viola ladra como um cão agitado.

"Verão", em sol menor, tem um sentimento mais austero. Ouvimos sons provindos da orquestra que imitam um trovão distante no primeiro movimento, e o rugido da tempestade chega no segundo movimento. O poema escrito para "Verão" inclui os versos "O calor implacável do sol ardente/ Homens e rebanhos transpirando,/ Pinheiros ressequidos [...]".

O programa para "Outono" principia com uma dança de camponeses que celebra a colheita, seguida por um tranqüilo período de repouso e, ao amanhecer, por uma animada caçada. "A taça de Baco flui livremente, e muitos encontram alívio no cochilo", dizem as palavras que acompanham a composição.

"Inverno" evoca os "ventos gelados, cortantes, pungentes", e seu movimento lento – tributo à paz e à quietude da lareira – transita para um vivaz alegro final, concebido para comunicar a impressão de uma brincadeira na neve e a emoção de deslizar ao longo de um caminho congelado.

FATOS ADICIONAIS

1. As quatro estações *foi publicada originalmente com o nome* Il cimento dell'armonia e dell'inventione, *que significa A contenda entre a harmonia e a invenção.*
2. *Em uma das apresentações de Vivaldi, em 1715, o público ficou assombrado com seu virtuosismo ao violino. Um relato diz: "Todos ficaram atônitos".*
3. *Vivaldi, como Mozart depois dele, morreu pobre e foi sepultado em um túmulo não identificado.*

Estóicos

Os estóicos constituíram uma escola filosófica que floresceu no mundo greco-romano entre os séculos IV a.C. e II d.C. Fundado por Zenão de Cítio (335-265 a.C.) na ilha de Chipre, e tendo alcançado depois Atenas, Roma e o restante do Império Romano, o estoicismo teve importante influência sobre a civilização antiga.

Apesar de ser mais conhecidos por suas idéias éticas, os estóicos foram igualmente relevantes para a lógica, a epistemologia, a metafísica e a ciência natural. Acreditavam que as coisas vivas se compunham de matéria passiva e de uma força ativa que chamavam de *pneuma*. Identificavam Deus como o criador inteligente do mundo e o responsável por mantê-lo evoluindo e mudando de acordo com leis naturais estritas.

A questão mais importante para os estóicos era a maneira como se deve viver. A resposta era: Deve-se buscar a felicidade – em grego, *eudaimonía*. Mas o que é a felicidade? Para os estóicos, é a "atividade excelente da alma" – ser virtuoso, corajoso, modesto e paciente. Consideravam razoável desejar coisas como riqueza, fama e saúde, mas, em última análise, a felicidade nada tinha a ver com a posse delas. De fato, os estóicos acreditavam que uma pessoa plenamente virtuosa pode ser feliz independentemente de seu bem-estar físico. Ela pode ser feliz mesmo ao ser torturada.

Por outro lado, eles acreditavam que as emoções não são meros sentimentos, mas sempre envolvem crenças. Por exemplo, achavam que, para ter medo da doença, era preciso acreditar que ela fosse má. Todavia, como uma pessoa verdadeiramente virtuosa pode ser feliz mesmo em face da doença, é errôneo acreditar que ela seja má. Por isso os estóicos recomendavam a purificação das emoções.

FATOS ADICIONAIS

1. *O imperador romano Marco Aurélio (121-180 d.C.) é um estóico famoso. Seu diário pessoal, conhecido como* Meditações, *é uma obra importante da filosofia estóica.*
2. *Os estóicos tiraram seu nome do pórtico (*stoa poikilê*) da ágora de Atenas, onde se reuniam para discutir filosofia.*

Rei Salomão

O rei Salomão foi o segundo filho do rei Davi com Bate-Seba e sucessor deste no trono de Israel. Durante seu reinado, Salomão consolidou o poder mediante casamentos políticos e relações amistosas com o Egito e Tiro, e ficou conhecido pela grande sabedoria e pelo senso de justiça.

O reinado de Salomão foi glorioso, pelo menos no início. Foi sob seu governo que se construiu o primeiro Templo de Jerusalém, no século X a.C. O templo era o centro de adoração judaica e o local que abrigava a Arca da Aliança, que continha os Dez Mandamentos originais. Permaneceu em pé durante quatrocentos anos, até ser destruído pelo monarca babilônico Nabucodonosor II, no século VI a.C. Além do templo, o rei Salomão trouxe grande opulência ao reino de Israel, com outras estruturas ornamentais e abundância de ouro.

Apesar de ter sido, talvez, a maior realização de Salomão, o templo, que alguns criticavam como pagão, foi também uma das primeiras causas de sua queda. Considerado um reflexo da arquitetura cananéia e fenícia, era visto pelos críticos como um monumento idólatra, alheio ao judaísmo.

Salomão estabeleceu a paz por meio de alianças e casamentos políticos. Em I Reis 11:3, afirma-se que teve setecentas esposas e trezentas concubinas. Apesar de todos os benefícios políticos, a poligamia de Salomão levou a uma significativa disputa interna, porque muitas das mulheres praticavam a idolatria e ele pouco fez para lhes impor as tradições judaicas. As tensões aumentaram à medida que muitos passaram a duvidar de sua liderança, e, depois que ele morreu, o norte e o sul de Israel se separaram, após quase um século de unificação.

Ainda assim, o rei Salomão é lembrado por sua grande sabedoria, sintetizada no seguinte relato bíblico: Duas mulheres compareceram perante Salomão, cada uma afirmando que determinado bebê era dela. Salomão, numa decisão surpreendente, ordenou que o bebê fosse cortado pela metade. Enquanto a falsa mãe concordou com a decisão, a verdadeira – que não queria nenhum mal para o filho – pediu ao rei que deixasse a outra mulher ficar com a criança. Assim Salomão, sabendo que mulher alguma desejaria o mal para o próprio filho, pôde determinar a identidade da verdadeira mãe.

FATOS ADICIONAIS

1. *O primeiro Templo de Salomão, destruído em 586 a.C., foi substituído por outro, concluído em 515 a.C. O Segundo Templo foi destruído posteriormente pelos romanos, em 70 d.C. Os judeus acreditam que, durante a vinda do Messias, se construirá um terceiro templo no mesmo local onde se erguiam os dois primeiros.*

2. *Depois que os babilônios destruíram o templo, a Arca da Aliança desapareceu. Embora se suponha que tenha sido roubada e destruída, há quem acredite que ela ainda existe e está escondida.*

Gengis Khan

Gengis Khan (1162-1227) foi um guerreiro mongol que, no intervalo de duas décadas, liderou seu implacável exército de nômades na conquista de vastas extensões da Ásia. À época de sua morte, o Império Mongol por ele fundado era o maior império contíguo da história. Embora o império tenha se desintegrado rapidamente sob o comando de seus herdeiros, as sangrentas invasões mongóis assinalaram um momento decisivo na história da Europa e da Ásia e valeram a Gengis Khan a reputação de brutal que perdura até hoje.

Gengis Khan, que nasceu com o nome de Temudjin, era filho de um líder mongol. Os mongóis da Ásia oriental levavam tradicionalmente uma vida nômade, perambulando de uma região para outra. Após o assassinato de seu pai, Temudjin se tornou chefe de uma tribo mongol aos 13 anos. Líder carismático, conseguiu unificar o restante das tribos mongóis, cujos chefes lhe deram então o nome de Gengis Khan, "o imperador dos imperadores".

Depois de unificar os mongóis, Gengis Khan iniciou uma campanha de conquista que ocuparia o resto de sua vida. Seus exércitos conquistaram partes do que é hoje a China, a Rússia, a Mongólia, o Irã, o Afeganistão, o Paquistão, a Índia, o Cazaquistão, o Turcomenistão, o Uzbequistão e o Quirguistão. Em seu apogeu, pouco depois da morte de Gengis Khan, o Império Mongol se estendia da Coréia à Europa oriental.

Os exércitos mongóis eram disciplinados, eficazes e notoriamente cruéis. Sua estratégia usual consistia em dar a uma cidade inimiga a oportunidade de se render pacificamente, matando, porém, todos os moradores se a oferta fosse recusada. Graças a esse terror, Gengis Khan conseguiu persuadir nações inteiras a se render sem luta.

Antes dos mongóis, o contato entre a Europa e a Ásia era mínimo. Mas o Império Mongol fundado por Gengis Khan abriu caminho para o comércio e a troca de idéias entre os dois continentes. Os mongóis abriram a Rota da Seda, estrada comercial entre a Ásia e a Europa, e alguns europeus, como o italiano Marco Polo, chegaram à terra dos *khans*.

FATOS ADICIONAIS

1. *Os nômades mongóis viviam em tendas redondas conhecidas como* yurts, *que podiam ser removidas sempre que a tribo migrava para outra região. Cerca de 40% da população mongol ainda se dedica ao pastoreio, apesar de muitos nômades terem se estabelecido nas cidades durante a segunda metade do século XX.*

2. *Durante séculos, os esplendores do Império Mongol fascinaram os escritores ocidentais. Uma luxuosa capital de verão construída por Kublai Khan, neto de Gengis Khan, inspirou o famoso poema "Kubla Khan" (1797), do poeta romântico inglês Samuel Taylor Coleridge.*

3. *Os mongóis tentaram repetidamente invadir a ilha do Japão, mas sua incipiente esquadra foi destruída pela ventania. No Japão, a lenda do* kamikaze *("vento divino") foi transmitida durante séculos como prova da invencibilidade do país. Ao final da Segunda Guerra Mundial, pilotos japoneses desesperados jogaram seus aviões contra os navios americanos em missões suicidas destinadas a recriar o vento divino que salvara o Japão do ataque dos mongóis.*

William Faulkner

William Faulkner (1897-1962) é considerado a maior voz literária do Sul dos Estados Unidos. Em seus romances e contos, ele inovou a técnica estilística na abordagem dos grandes fantasmas do Sul – a Guerra Civil, a Reconstrução e o declínio da velha aristocracia.

Faulkner nasceu e foi criado no Mississippi, que constitui o cenário da maioria de suas obras. Sua família era proeminente e bem estabelecida, com raízes no estado que remontavam a várias gerações: seu bisavô fora um coronel confederado na Guerra Civil e era uma lenda local. Na juventude, Faulkner teve vários empregos, incluindo uma passagem pela Real Força Aérea Canadense e um posto de escriturário no banco de seu avô. Enquanto isso, tentava ganhar notoriedade como poeta.

O primeiro grande sucesso de Faulkner não foi um poema, mas um romance, *O som e a fúria* (1929), que continua sendo considerado sua obra-prima. Esse livro detalha o lento declínio da outrora grande família Compson, que chega ao fundo do poço em sua última e disfuncional geração: o suicida Quentin, a promíscua Caddy, o odioso Jason e o mentalmente retardado Benjy. Do começo ao fim, Faulkner se vale da técnica narrativa do fluxo de consciência e descarta qualquer noção de enredo cronológico.

O som e a fúria é apenas um dos muitos romances em que Faulkner explora o declínio do velho Sul e a aparente irrelevância de seus valores no mundo moderno. Muitas dessas obras compartilham o mesmo cenário – o fictício condado de Yoknapatawpha, no Mississippi –, e diversos nomes de lugares e famílias reaparecem em diferentes livros. Os principais romances de Faulkner cuja história se passa em Yoknapatawpha são: *Enquanto agonizo* (1930), que descreve a jornada de uma família para enterrar seu patriarca; *Luz em agosto* (1932), que narra as tribulações de um homem de ascendência racial incerta; e *Absalão, Absalão!* (1936), que retrata um homem obcecado com a construção de sua própria dinastia sulista.

As obras de Faulkner são notáveis pela temática e pela dificuldade narrativa. Frases absurdamente longas permeadas de adjetivos, fluxo de consciência, mudanças repentinas no tempo e narradores múltiplos (e com freqüência não-confiáveis) abrem um caminho espinhoso para o leitor. Mas o resultado dessas técnicas é um corpo de obras que exploram o Sul dos Estados Unidos com maior profundidade que as de qualquer outro escritor. Por essa realização, Faulkner recebeu o Prêmio Nobel de Literatura em 1949. Faleceu em Byhalia, no Mississippi.

FATO ADICIONAL

1. *Em virtude da arrastada fala sulista de Faulkner, poucas das pessoas presentes ao seu discurso de aceitação do Prêmio Nobel tiveram alguma idéia do que ele dizia, até o texto ser publicado nos jornais no dia seguinte. Desde então, esse discurso de aceitação tem sido aclamado como um dos melhores já proferidos na história do Prêmio Nobel.*

Leonardo da Vinci

Leonardo da Vinci (1452-1519) é universalmente reconhecido como um dos maiores gênios criadores da história. Distinguindo-se em uma variedade de disciplinas – pintura, escultura, arquitetura, música, engenharia e ciências físicas –, Da Vinci costuma ser considerado o homem mais representativo do Renascimento.

Nascido em Vinci, na Itália, Leonardo da Vinci era filho ilegítimo de Piero da Vinci. Durante toda a vida, referiu-se a si mesmo simplesmente como Leonardo – *da Vinci* significa "natural de Vinci". Iniciou a carreira artística em Florença como aprendiz do escultor e pintor Andrea del Verrocchio, para quem trabalhou de 1470 a 1477.

Da Vinci saiu de Florença em 1481 a fim de trabalhar para Ludovico Sforza, o duque de Milão. Durante os anos nessa cidade, trabalhou numa série de projetos. Desenhou fortificações, criou modelos de estátuas eqüestres e pintou *A última ceia*. Apesar de nunca ter concluído nenhuma de suas estátuas eqüestres, esculpiu um modelo em tamanho natural de uma delas que mais tarde foi feito em pedaços, quando tropas francesas o usaram para praticar tiro ao alvo.

Em 1499, Da Vinci regressou a Florença, onde trabalhou em numerosas pinturas, entre elas a célebre *Mona Lisa*. Entre 1513 e 1516, atraído pela corte papal, foi residir em Roma. Em seguida, mudou-se para a França, tendo sido convidado a morar numa propriedade rural do rei Francisco I, que acabava de reconquistar Milão. Da Vinci morreu no Castelo de Cloux.

Embora seja mais famoso por ter pintado a *Mona Lisa* e *A última ceia*, Leonardo da Vinci é igualmente conhecido por seus volumosos cadernos, nos quais compilou desenhos e anotações sobre uma ampla variedade de assuntos, da física do vôo à anatomia humana. Entre eles, há até mesmo a ilustração de um feto no útero. Da Vinci deve tê-lo esboçado guiado pela imaginação, já que as dissecações de mulheres eram proibidas na época.

Devido a seu gênio e renome, Da Vinci foi uma permanente inspiração para outros artistas. Seu contemporâneo Rafael usou propositadamente sua aparência para a figura de Platão no famoso afresco do Vaticano *A escola de Atenas*. Mais recentemente, Da Vinci tem figurado como personagem em várias obras de ficção, da série de televisão *Jornada nas estrelas* ao *best-seller O código Da Vinci*, do qual se fez uma versão cinematográfica em 2006.

FATOS ADICIONAIS

1. *Em 1999, erigiram-se duas recriações em tamanho natural do modelo de Da Vinci para uma enorme estátua eqüestre, uma em Grand Rapids, no Michigan, outra em Milão.*
2. *Em janeiro de 2005, descobriu-se uma série de aposentos lacrados num mosteiro perto da Basílica de Santissima Annunziata, em Florença. Alguns acreditam ter sido esse o local do ateliê secreto de Da Vinci.*

Terremotos

A crosta terrestre compõe-se de várias placas, com oitenta quilômetros de espessura, que se movem lentamente em torno do núcleo derretido do planeta, como gelo numa lagoa congelada. Quando duas placas se separam, colidem ou se esfregam uma na outra, o resultado são os terremotos, que causam cerca de dez mil mortes por ano.

O ponto onde se origina o terremoto denomina-se hipocentro. O epicentro é o ponto da superfície terrestre situado verticalmente acima do hipocentro. Se este estiver nas profundezas da terra, o tremor provavelmente não causará muitos danos. Mas, se for raso, o tremor pode ser catastrófico. Os terremotos produzem vários tipos de ondas que sacodem o solo. As primeiras, chamadas ondas primárias ou ondas P, fluem longitudinalmente como ondas sonoras, comprimindo e descomprimindo o solo. Movem-se com muita rapidez – podem ir de um lado ao outro do mundo em vinte minutos –, mas causam poucos danos.

O tipo seguinte se chama onda S, ou secundária. As ondas S viajam lenta e transversalmente, deslocando paredes, muros e cercas. O último tipo, e de longe o mais perigoso, é a onda L. As ondas L fazem o solo se mover para cima e para baixo como as ondas do oceano, causando deslizamentos de terra, incêndios e *tsunamis*. À medida que o planeta se reajusta depois de um terremoto, ocorrem vários choques posteriores – pequenos tremores provocados pelo fato de o solo estar sendo reajustado. Muitas vezes, edifícios enfraquecidos pelo terremoto original desabam devido aos choques posteriores.

A intensidade do terremoto é medida pela escala Richter. Cada número da escala representa um aumento a um fator dez: um terremoto com magnitude 3,0 é dez vezes mais forte que um de 2,0 e cem vezes mais forte que um de 1,0. Os terremotos abaixo de 4,0 não costumam ser sentidos na superfície. Aqueles acima de 6,0 são considerados fortes, enquanto os acima de 7,0 são graves. Os piores terremotos, causados quando duas placas colidem (o que aconteceu no Alasca e no Chile), podem ter magnitude acima de 9,0.

FATOS ADICIONAIS

1. *A explosão de vulcões também pode causar terremotos. Quando o Krakatoa entrou em erupção em 1883, na Indonésia, o barulho da explosão foi tão alto que pôde ser ouvido em Perth, na Austrália, a três mil quilômetros de distância.*

2. *Segundo um mito indiano, quatro elefantes sustentam a terra. Eles estão de pé em cima de uma tartaruga, que se equilibra em cima de uma cobra. O movimento de qualquer desses animais origina um terremoto.*

3. *Os povos indígenas de Moçambique acreditam que a terra é uma criatura viva com os mesmos problemas das pessoas. Quando ela está com febre e tem calafrios, nós a sentimos tremer.*

Henry Purcell

Nascido na grande tradição musical da corte real inglesa, Henry Purcell (1659-1695) era filho de Henry Purcell Senior, um dos músicos do rei da Abadia de Westminster. Purcell começou como menino de coro da Capela Real, mas logo se tornou aluno de John Blow, que foi organista da Abadia de Westminster por duas temporadas e era um dos maiores compositores da época. Em 1677, Purcell se tornou compositor dos Violinos do Rei, o conjunto de cordas real, escrevendo suas simples mas belas fantasias para cordas.

Em 1679, aos 20 anos, Purcell sucedeu seu professor como organista da Capela Real e começou a compor música incidental para teatro e música sacra. Em 1689 escreveu sua obra mais famosa, a ópera *Dido e Enéias*. Na época, a ópera não era um gênero musical muito popular na Inglaterra – a maioria dos compositores preferia a *mascarada*, misto de cantata italiana, música secular francesa e canção inglesa.

Dido e Enéias é muito menor em escala do que a maioria das óperas modernas. O libreto conta a história de Enéias, herói que regressa à pátria após a Guerra de Tróia, apaixona-se por Dido, rainha de Cartago, e depois a abandona. A versão de Purcell, que contrasta solistas, coro e danças instrumentais, requeria um número limitado de cantores principais. Muitas das partes mais conhecidas da música se baseiam na idéia do baixo obstinado – um tema simples e repetitivo nos instrumentos de corda de tom mais baixo que proporciona um acompanhamento familiar, reconhecível, para as diferentes melodias que se desenrolam sobre ele. As melodias de Purcell são dramáticas e cativantes, apesar das limitações do baixo obstinado, e o resultado foi uma obra de referência para os compositores ingleses.

Purcell, como mais tarde Wolfgang Amadeus Mozart e Franz Schubert, morreu muito jovem, mas é considerado um dos maiores compositores ingleses de todos os tempos, e sua obra recebeu o tributo de compositores subseqüentes, como Ralph Vaughan Williams e Benjamin Britten.

FATOS ADICIONAIS

1. Dido e Enéias, *de Purcell, foi a primeira ópera verdadeira escrita na língua inglesa. Ao contrário de outras obras anteriores, ela é toda musical, sem nenhuma interrupção para os atores encenarem uma parte falada.*

2. *Purcell publicou sua primeira peça, uma pequena canção, aos 8 anos.*

3. *Dois hinos de Purcell,* My Heart Is Inditing *e* Thou Knowest, Lord, the Secrets of Our Hearts, *foram executados na coroação de Jaime II e no funeral da rainha Maria, respectivamente.*

Epicurismo

Os epicuristas eram adeptos da escola de filosofia fundada no século IV a.C. por Epicuro (341-270 a.C.). Viviam comunalmente e se abstinham de atividades políticas.

Os epicuristas acreditavam que tudo que existe são os átomos e o vácuo, ou espaço vazio. Conseqüentemente, a própria alma se compõe de átomos, é material e morre com o corpo. Eles acreditavam nos deuses, mas achavam que estes deviam estar muito envolvidos nos próprios prazeres para se preocupar com os assuntos humanos.

Como tantas escolas filosóficas no mundo helenístico, os epicuristas se concentravam na seguinte questão: O que é a boa vida? Sua resposta: A boa vida é uma vida de felicidade. A felicidade é a presença do prazer e a ausência da dor. No entanto, sua psicologia dos prazeres e das dores era singular.

Os epicuristas dividiam os prazeres em estáticos e cinéticos. Gozar de um prazer cinético implica ter um desejo, satisfazê-lo e depois experimentar a falta desse desejo. Por exemplo, o desejo de alimento é um prazer cinético, pois a pessoa tem fome, come e depois fica saciada. Já desfrutar um prazer estático não diminui o desejo. Travar uma discussão filosófica é um exemplo de prazer estático – quanto mais se filosofa, mais se quer filosofar.

Apesar de reconhecer que alguns prazeres cinéticos são necessários e bons, os epicuristas advertiam contra aqueles que criam o desejo de estímulos cada vez maiores e mais variados. Por exemplo, o hábito de consumir sobremesas elaboradas torna mais difícil ter prazer com sobremesas mais simples ou se satisfazer com a ausência total de sobremesas. Os epicuristas acreditavam, portanto, que se deve viver de modo mais austero, comendo alimentos simples e só desfrutando de luxos ocasionais.

FATOS ADICIONAIS

1. *Contrariamente ao que os epicuristas advogavam, a palavra "epicurista" passou a significar "que ou quem procura os prazeres do amor, os deleites sensuais ou gastronômicos".*
2. *A escola que Epicuro fundou em Atenas era chamada de O Jardim.*
3. *O filósofo romano Lucrécio (99-55 a.C.) era epicurista. Ele escreveu um longo poema sobre a metafísica epicurista e a filosofia natural chamado* Da natureza das coisas.

O Templo e a Arca Sagrada

O rei Salomão construiu o primeiro Templo de Jerusalém no século X a.C., tendo em mente três objetivos principais: primeiro, que ele fosse o centro da fé judaica em Israel; segundo, que fosse um lugar para a celebração de sacrifícios animais a Deus; e terceiro, que fosse a morada permanente da Arca da Aliança, que continha os Dez Mandamentos originais dados a Moisés no monte Sinai.

O templo original do rei Salomão, edificado durante um dos períodos mais opulentos da história de Israel, durou até 586 a.C., quando foi destruído pelo soberano babilônico Nabucodonosor II. Os babilônios saquearam e destruíram o templo, incluindo, presumivelmente, a Arca Sagrada e os Dez Mandamentos. Com a destruição do templo, os judeus foram exilados da parte sul de Israel, conhecida como Terra de Judá.

Quando regressaram do exílio, os judeus reconstruíram o templo. O Segundo Templo, que levou 31 anos para ser edificado, foi concluído em 515 a.C. e floresceu durante cinco séculos. Por volta de 19 a.C., o rei Herodes, o Grande, empreendeu um ambicioso projeto de expansão que incluía uma grande muralha defensiva ao redor de todo o sítio. O templo permaneceu nesse estado até o fim do século I d.C.

No final do século I, as tensões entre romanos e judeus aumentaram. Nessa época, um décimo do Império Romano era judeu. Além disso, muitos dos não-judeus apoiavam os judeus, só se abstendo de aderir à religião por causa da exigência da circuncisão. Embora as relações romano-judaicas tenham sido quase sempre pacíficas, um grupo de fanáticos se rebelou em 66 d.C., e os líderes romanos temeram a propagação da revolta. Em resposta, destruíram Jerusalém e o Segundo Templo no ano 70. Essa foi a segunda destruição do sítio sagrado judaico e deu início à diáspora, ou seja, à dispersão dos judeus pelo mundo.

FATOS ADICIONAIS

1. *O sítio dos dois primeiros templos, o monte do Templo, considerado o lugar mais sagrado do judaísmo, é também uma localidade extremamente importante para o cristianismo e o islamismo. O Domo da Rocha e a Mesquita de Al-Aqsa, ambos construções muçulmanas do século VIII, tornam o lugar o terceiro dos locais sagrados da religião islâmica.*
2. *Parte da muralha defensiva do rei Herodes sobreviveu à destruição romana e existe ainda hoje, sendo conhecida como Muro das Lamentações ou Muro Ocidental. Essa parte da muralha é um lugar sagrado visitado por inúmeros peregrinos.*

Peste Negra

Uma epidemia de peste, que ficou conhecida como peste negra, matou um terço da população da Europa entre 1347 e 1350. Oriunda da Ásia, essa doença bacteriana altamente contagiosa se espalhou com uma velocidade devastadora. Nas imundas cidades da Europa medieval, as vítimas em geral viviam apenas alguns dias após a aparição dos primeiros sintomas – vômito, diarréia e tumores negros na pele.

Em muitas cidades, a peste não apenas matou quantidades enormes de pessoas como destruiu a lei e a ordem, impelindo toda uma civilização para a beira da ruína. O escritor Giovanni Boccaccio, em sua famosa obra *Decamerão*, escrita entre 1348 e 1353, descreveu os efeitos da peste na próspera cidade italiana de Florença: "Nesse sofrimento e miséria de nossa cidade, a autoridade das leis humanas e divinas quase desapareceu, porque, como outros homens, os ministros e os executores das leis estavam todos mortos, ou doentes, ou trancados com suas famílias, de modo que nenhum dever era cumprido. [...] Assim, cada homem podia fazer o que lhe apetecesse".

As conseqüências da peste na sociedade européia foram profundas. Muitos cristãos europeus enfurecidos culparam os judeus pela doença, e as perseguições que se seguiram à peste negra estão entre as piores eclosões de anti-semitismo da história.

Muitos europeus também começaram a questionar os ensinamentos da Igreja Católica e a ordem política existente. Como podia Deus permitir uma doença tão cruel? Alguns cidadãos desiludidos se voltaram para seitas radicais, como a dos flagelantes, assim chamados pela prática de açoitarem a si mesmos. Como resultado, o respeito pela Igreja declinou. De acordo com muitos historiadores, a peste destruiu a velha ordem feudal da Idade Média e abriu caminho para o Renascimento.

FATOS ADICIONAIS

1. *Os cientistas ainda debatem a causa da peste negra. A maior suspeita é a peste bubônica, que ainda existe, mas pode ser tratada facilmente com antibióticos.*

2. *Embora quase todos os que se expuseram à peste na Idade Média tenham morrido, cerca de 5% das vítimas sobreviveram à epidemia, e algumas pessoas conseguiram evitá-la completamente. Os cientistas modernos acreditam que elas eram protegidas por uma rara combinação genética que lhes proporcionou maior resistência ao micróbio.*

3. *Após a peste negra, foram necessários quatro séculos para que a população européia voltasse à dimensão anterior a 1347.*

O Grande Gatsby

Tanto os críticos como os leitores vêm tentando há muito tempo eleger uma obra como o grande romance norte-americano, e até aqui a maioria optou por *O grande Gatsby*, de F. Scott Fitzgerald (1896-1940), publicado em 1925. De fato, praticamente nenhuma outra obra conseguiu captar e criticar de maneira tão brilhante a essência do sonho americano.

O personagem-título, Jay Gatsby, é um misterioso milionário que possui uma mansão na cidade de novos-ricos West Egg, em Long Island, separada da aristocrática East Egg por um porto. Todo fim de semana, ele dá opulentas festas que atraem para sua propriedade centenas de "mariposas casuais". Em um desses saraus, Gatsby conhece o narrador da história, seu novo vizinho Nick Carraway. A impressão imediata de Nick é que Gatsby tem "um daqueles raros sorrisos impregnados de autoconfiança com que a gente depara quatro ou cinco vezes na vida".

Mas, quanto mais Nick aprende sobre Gatsby, mais brechas aparecem em sua fachada de perfeição. Gatsby representa o ideal americano do homem que se fez por si mesmo – mas de todos os modos errados. Tendo nascido pobre no Meio-Oeste, ele ganhou milhões por meio de transações comerciais desonestas, ajudado pelo crime organizado. Mudou de nome, transferiu-se para o leste, comprou uma mansão em West Egg e forjou uma história pessoal, tudo com o objetivo de reconquistar seu amor há muito perdido, Daisy Buchanan, que se casara com outro homem.

Gatsby é um paradoxo em quase todos os níveis. Vive e respira o espírito americano da iniciativa, do idealismo e da ascensão social, mas o faz visando unicamente a uma mulher que não merece tamanho empenho. Embora projete uma imagem de suprema autoconfiança e auto-afirmação, no fundo é apenas um homem solitário e apaixonado. Sua biblioteca é repleta de livros, mas nenhum deles chegou a ser aberto.

O grande Gatsby tem escassas 180 páginas, mas Fitzgerald usa esse breve espaço com maestria e meticulosidade, sem nenhuma palavra supérflua. O romance é ao mesmo tempo uma história de suspense, amor e mistério, e também um relato pormenorizado da decadência da Era do Jazz. Mas, acima de tudo, o que torna inesquecível essa história fundamentalmente americana é a prosa de Fitzgerald – uma das mais poéticas que a língua inglesa jamais conheceu.

FATOS ADICIONAIS

1. *Fitzgerald empenhou-se durante meses na busca de um título para* O grande Gatsby. *Em março de 1925, enviou um último e frenético telegrama a seu editor solicitando que mudasse o título para* Sob o vermelho, o branco e o azul, *mas era tarde demais.*

2. *Fitzgerald e sua esposa, Zelda, eram figuras destacadas da sociedade da Era do Jazz, e a vida tumultuosa do casal foi marcada pela notória instabilidade emocional dela e pelo alcoolismo dele.*

3. *Em 1940, Fitzgerald morreu de infarto, deixando o romance inacabado* O último magnata, *sobre um poderoso executivo do cinema de Hollywood.*

A Última Ceia

Leonardo da Vinci pintou *A última ceia* para seu protetor, Ludovico Sforza, de 1495 a 1498. Situada na parede norte do refeitório dos monges no Convento de Santa Maria delle Grazie, em Milão, é uma das mais célebres pinturas com tema bíblico da história ocidental.

A última ceia retrata Jesus celebrando a refeição do *Pessach*, a Páscoa judaica, com os doze apóstolos, pouco antes de Judas entregá-lo aos romanos. De acordo com a teologia cristã, esse acontecimento marcou a primeira celebração da Eucaristia, porque foi nessa refeição que Jesus transformou o pão e o vinho em seu corpo e seu sangue.

Todas as figuras estão dispostas do mesmo lado da mesa, que atua como uma espécie de barreira, separando o acontecimento sagrado dos monges vivos que comiam no refeitório diante da pintura. Da esquerda para a direita, aparecem os discípulos Bartolomeu, Tiago Menor, André, Pedro, Judas e João. Jesus aparece exatamente no centro, e à sua esquerda vemos Tomé, Tiago Maior, Filipe, Mateus, Tadeu e Simão.

Segundo o autor quinhentista Giorgio Vasari, que escreveu a biografia dos mais renomados artistas italianos do Renascimento, o afresco de Da Vinci visava captar o momento preciso em que Jesus pronunciou as palavras "Um dentre vós me trairá" (Mt 26:21). Assim, os apóstolos são mostrados reagindo a essas palavras, cada qual expressando uma emoção diferente – negação, dúvida, ira, incredulidade ou amor.

Outra passagem relevante dos Evangelhos está no livro de Lucas (22:21), em que Jesus declara que "a mão do traidor está comigo à mesa". Na pintura de Da Vinci, Judas é a única pessoa além de Cristo com a mão sobre a mesa. Seu rosto está na sombra, e seu corpo está recuado em relação a Jesus. Nas pinturas anteriores da cena por outros artistas, Judas foi retratado isolado do resto do grupo, sentado sozinho no lado oposto da mesa ou despojado de um halo. Da Vinci o distinguiu dos demais apóstolos de modo mais sutil, concentrando-se mais em seu estado psicológico do que em atributos externos.

O mural começou a se deteriorar pouco tempo depois de ter sido executado. Da Vinci, que trabalhava com esmerada precisão, não empregou as técnicas tradicionais do afresco, porque elas exigiam que o pintor trabalhasse com grande velocidade. Em vez disso, experimentou um aglutinante baseado em óleo e têmpera que se revelou altamente instável – rachaduras e mofos apareceram dentro de poucos anos. Além disso, uma porta foi aberta na parede em 1652, destruindo a área onde antes se viam os pés de Cristo. As tentativas de restauração feitas nos séculos XVIII e XIX tiveram resultados apenas parciais. Durante a Segunda Guerra Mundial, o refeitório foi atingido por uma bomba, que causou novo dano. Em 1978, uma grande campanha de restauração foi empreendida pelo governo italiano e supervisionada durante mais de vinte anos por Pinin Brambilla Barcilon. O afresco recém-restaurado foi reaberto ao público em 1999, depois de o refeitório ter sido equipado com um dispositivo de controle climático.

Manchas e Explosões Solares

A volátil superfície do Sol arde a seis mil graus Celsius, aquecendo todo o sistema solar. É, portanto, 180 vezes mais quente do que um dia de calor na Terra. Mas algumas partes da superfície do Sol são mais frias que outras. As manchas solares, que são aproximadamente do tamanho de nosso planeta, parecem escuras por ser mais de dois mil graus mais frescas do que a superfície circundante. Elas têm campos magnéticos intensos, que reduzem o calor proveniente do núcleo ardente do Sol.

Em geral, as manchas solares aparecem aos pares, tendo cada qual uma carga magnética oposta. As áreas entre manchas solares opostamente carregadas são propícias à irrupção de explosões solares, que ocorrem na superfície do Sol e liberam energia equivalente a um bilhão de megatons de TNT. As explosões solares bombardeiam a Terra com raios X e radiação magnética, causando tempestades geomagnéticas que intensificam as auroras boreais e austrais, interrompem as redes de energia elétrica e interferem nas transmissões radiofônicas.

As manchas e explosões solares aumentam e diminuem num ciclo de onze anos, o último dos quais teve seu apogeu em 2000. Em 14 de julho de 2000 – no chamado Evento do Dia da Bastilha –, uma enorme explosão solar produziu deslumbrantes auroras que chegaram até o Texas, provocando blecautes e inutilizando satélites. Os astronautas devem ter todo cuidado com as máximas solares, porque as tempestades de radiação podem ser letais.

As manchas solares também afetam a temperatura na Terra. A atividade máxima das manchas solares está associada ao leve aumento de liberação de energia do Sol, incluindo o drástico aumento da radiação ultravioleta. Nos últimos sessenta anos, tem havido um aumento geral da atividade das manchas solares, aumento esse que corresponde, quase exatamente, ao aquecimento global. A época compreendida entre a metade do século XVII e o início do XVIII assinalou uma diminuição na atividade das manchas solares que coincidiu com um período de temperaturas muito frias e longos invernos na Europa ocidental, conhecido como Pequena Idade do Gelo.

FATOS ADICIONAIS

1. *O astrônomo italiano Galileu Galilei valeu-se das manchas solares para traçar a rotação do Sol. Como o Sol se compõe principalmente de gases, diferentes partes dele orbitam em proporções diversas. O equador leva cerca de 25 dias para orbitar, e os pólos, 35.*

2. *Astrônomos chineses foram os primeiros a observar as manchas solares, no ano 30 d.C.*

Johann Sebastian Bach

Johann Sebastian Bach (1685-1750) foi o mais importante compositor barroco e talvez o maior compositor de todos os tempos. Sua música vocal religiosa – cantatas e corais –, seus concertos orquestrais e suas virtuosas obras para órgão são repletos de sublimes harmonias e melodias contrapontísticas, e sua sensibilidade musical global faz dele simplesmente um gênio. Bach influenciou quase todos os compositores que vieram depois dele, incluindo os músicos de *jazz* e *pop* do século XX.

Bach nasceu em 21 de março de 1685 na cidade de Eisenach, na região alemã da Turíngia. Quando jovem, foi nomeado organista em igrejas luteranas de Arnstadt, Lübeck, Mühlhausen e Weimar. Algo constante na carreira de Bach foi o fato de as pessoas considerarem sua música medíocre, complexa demais e insatisfatória. Ainda assim, durante sua carreira de organista da corte em Weimar (1708-1717), ele galgou a posição de diretor de orquestra e, em 1717, transferiu-se para a corte do príncipe luterano Leopold, em Cöthen.

Em 1720, a primeira esposa de Bach morreu, e ele se casou com uma cantora da corte chamada Anna Magdalena, a quem dedicou vários livros de estudos que ainda hoje são usados pela maioria dos pianistas em fase de treinamento. Na época em que residiu em Cöthen, Bach produziu algumas de suas mais famosas cantatas, assim como os lendários *Concertos de Brandemburgo* e o oratório *Paixão segundo são Mateus*. Em 1722, tornou-se diretor musical das quatro igrejas e de toda a cidade de Leipzig, onde viria a falecer em 1750, exatamente um ano depois de concluir a monumental *Missa em si menor*.

FATOS ADICIONAIS

1. *Bach teve sete filhos com a primeira esposa e treze com a segunda.*
2. *Dez de seus filhos morreram na infância, mas quatro – incluindo Johann Christian Bach e Carl Philipp Emanuel Bach – tornaram-se compositores de renome.*
3. *Bach iniciou sua educação musical com o pai e os irmãos mais velhos, mas foi sobretudo um compositor autodidata.*

Filosofia Medieval

Em geral, considera-se que o período medieval da filosofia ocidental durou do fim da Antiguidade Clássica (aproximadamente século V) até o começo do Renascimento (por volta do século XV). Em contraste com os precários registros de outras disciplinas durante a Idade Média, a filosofia desse período foi extremamente rica e abrange um bom número de figuras eminentes.

O primeiro grande filósofo medieval foi santo Agostinho (354-430), que tentou conciliar a filosofia de Platão com o cristianismo. Agostinho teve importante influência não só nos ensinamentos da Igreja, mas também na filosofia e na cultura ocidental como um todo.

Outra figura medieval de relevo foi Boécio (480-c. 525), mais conhecido pelo livro *A consolação da filosofia*. No entanto, suas contribuições mais importantes para a filosofia foram as traduções de obras de filósofos gregos para o latim. Boécio foi um dos últimos europeus ocidentais a conhecer o grego, e, após sua morte, o conhecimento da língua desapareceu da cultura européia durante séculos.

O primeiro período medieval terminou com duas figuras importantes: santo Anselmo de Cantuária (1033-1109) e Pedro Abelardo (1079-1142). Santo Anselmo é mais conhecido por ter formulado o primeiro argumento analítico ou "ontológico" da existência de Deus, em seu livro *Proslogion*. Abelardo, além de ter sido uma figura importante na história da lógica e da semântica, é mais famoso por ter se apaixonado por sua aluna Heloísa, com quem teve um filho e trocou uma célebre correspondência.

A filosofia do último período medieval tem um caráter muito diferente, em parte devido à redescoberta, no século XIII, de textos gregos antigos, especialmente os de Aristóteles. A obra dos principais filósofos desse período – são Tomás de Aquino (c. 1225-1274), John Duns Scotus (c. 1265-1308) e William de Ockham (c. 1284-1347) – foi fortemente influenciada por Aristóteles, e cada um deles produziu importantes comentários sobre obras aristotélicas individuais. O mais importante dos três foi Tomás de Aquino, que sintetizou a filosofia aristotélica e a teologia cristã em um grande sistema filosófico e teológico. Desde então, Tomás de Aquino tem exercido uma grande, se não decisiva, influência no pensamento católico.

FATOS ADICIONAIS

1. *O tio de Heloísa ficou tão indignado com o caso de sua sobrinha que mandou castrar Abelardo. Tanto Abelardo como Heloísa passaram o resto da vida em ordens religiosas, porém a correspondência que trocaram constitui um primeiro e tocante exemplo de amor romântico ideal.*
2. *Ockham é mais conhecido pelo princípio que leva seu nome, "navalha de Ockham", que geralmente se entende que afirma que sempre se deve preferir a teoria mais simples, ou que a teoria deve ser tão simples quanto possível.*

Talmude

O Talmude compila várias centenas de anos de comentários rabínicos sobre a Torá e é considerado um texto central da religião judaica.

O Talmude consiste em duas partes, sendo a primeira a Mishná. Quando a Torá foi originalmente revelada a Moisés, acredita-se que o texto escrito era acompanhado de um conjunto de ensinamentos orais. Por volta de 200 d.C., os templos judaicos haviam sido destruídos e a comunidade era alvo de implacável perseguição. Tornou-se necessário registrar aqueles ensinamentos secundários.

A segunda parte do Talmude é a Guemará, que consiste em discussões rabínicas da Mishná. Enquanto esta contém opiniões absolutas, a Guemará é escrita como um diálogo de opiniões diversas.

O Talmude mais comumente referido e usado é o babilônico, ou Talmude Bavli, compilado por volta de 400 a 600 d.C. Há um segundo Talmude, proveniente de Jerusalém, mas os escritos dessa versão são mais fragmentados e de difícil compreensão.

O Talmude é usado como fonte da halaca, ou lei judaica, e costumava ser empregado para resolver as disputas que surgiam na sociedade. Como as leis religiosas e seculares eram tradicionalmente as mesmas nas comunidades judaicas, o Talmude tem uma ampla variedade de aplicações.

FATOS ADICIONAIS

1. *Uma parte da Mishná chamada* Pirkei Avot, *"Ética dos pais", contém ditos e provérbios famosos dos rabinos.*
2. *O Talmude é estudado tradicionalmente pelo método* havruta – *aos pares, para que os estudantes possam recapitular e discutir cada linha com um parceiro.*

Joana d'Arc

Joana d'Arc (1412-1431) foi uma jovem camponesa que, na espantosa idade de 17 anos, assumiu o comando dos exércitos franceses medievais que combatiam os ingleses. Após uma série de vitórias surpreendentes, foi capturada, acusada de heresia e executada na fogueira. Inspirados pela corajosa liderança de Joana, porém, os franceses acabaram expulsando os ingleses de seu território. Joana d'Arc permanece como heroína nacional e símbolo da França.

A guerra entre os reis da Europa – especialmente entre os ingleses e os franceses – foi um aspecto permanente da vida medieval. De fato, na época das façanhas de Joana d'Arc, em 1429, os dois países estavam em plena Guerra dos Cem Anos, um conflito intermitente que na verdade durou 116 anos. De maneira geral, a guerra era simplesmente uma questão de negócios para os gananciosos barões feudais que governavam a Europa na Idade Média. Os nobres queriam terra, e a guerra era a maneira de consegui-la. Como resultado, as fronteiras nacionais durante o período medieval mudavam constantemente, e as pessoas comuns do continente, como a família de Joana, sentiam pouca afinidade com qualquer governante particular.

À época do nascimento de Joana, a situação estava começando a mudar. Sua campanha contra os ingleses constituiu um dos primeiros exemplos do que viria a ser o nacionalismo europeu. Para Joana, a França não era apenas uma figura no mapa ou a possessão de um monarca. Era o seu país, com o qual sentia uma ligação especial, patriótica. Joana afirmava que, nas visões que teve na adolescência, Deus queria que ela expulsasse os ingleses da França. O que começou como uma disputa territorial entre as aristocracias inglesas e francesas converteu-se em um choque de nacionalidades. Nos séculos subseqüentes, os vários reinos feudais da Europa evoluíram para nações-Estado com identidades culturais distintas, o que estimulou o patriotismo e seu gêmeo mau, a xenofobia.

Após a captura de Joana, em 1431, os ingleses a executaram com base em uma falsa acusação de heresia. Mais tarde o papa anulou sua condenação, e Joana foi oficialmente declarada santa da Igreja Católica, em 1920.

FATOS ADICIONAIS

1. *Durante a Segunda Guerra Mundial, os combatentes clandestinos da Resistência Francesa adotaram a cruz de Lorena, emblema de Joana d'Arc, como seu símbolo.*
2. *Antes de entregar o comando de seus exércitos a Joana, o rei francês mandou a própria sogra examiná-la para verificar se ela era virgem. Era.*
3. *O escritor do século XIX Mark Twain era fascinado por Joana d'Arc e passou doze anos pesquisando e escrevendo um livro sobre a mulher que considerava "facilmente e de longe a mais extraordinária pessoa que a raça humana jamais produziu". Apesar de não estar entre os livros mais conhecidos de Mark Twain, ele próprio o considerava uma de suas melhores obras.*

John Steinbeck

Um dos mais admirados romancistas norte-americanos do século XX, John Steinbeck (1902-1968) impregnou suas obras com a cor local de sua Califórnia natal. Apesar de muitos críticos considerarem sua obra menos elegante e inovadora que a de seus contemporâneos, Steinbeck é um escritor bastante popular. Seja como for, seu talento para criar histórias comoventes, ricamente simbólicas e socialmente relevantes é indiscutível.

Steinbeck nasceu em Salinas, na Califórnia, o coração da região agrícola situada entre San Francisco e Monterey. Depois de vários anos na Universidade de Stanford e muitos empregos como trabalhador manual, começou a escrever a sério no final da década de 20. Os primeiros esforços de Steinbeck fracassaram tanto crítica quanto comercialmente, mas por fim o sucesso lhe sorriu com o romance *Boêmios errantes* (1935), sobre os *paisanos* mexicanos em Monterey durante a Grande Depressão. Seguiu-se a novela *Ratos e homens* (1937), a comovente história de Lenny e George, dois imigrantes que trabalham em uma fazenda na Califórnia.

A obra-prima de Steinbeck e o mais famoso de seus romances é *As vinhas da ira* (1939), sobre uma família de Oklahoma que foge da seca que se abateu sobre o Meio-Oeste em busca de uma vida melhor na Califórnia. Um clã honesto e desesperadamente pobre, os Joads resistem às ásperas dificuldades da jornada e extraem força e esperança de sua generosidade natural e de seus vínculos familiares inabaláveis. O romance causou grande sensação e chamou atenção para a situação dos pobres na época da Depressão. Desde então, permanece um de seus romances mais populares e matéria obrigatória dos cursos de inglês.

Mais tarde, Steinbeck fez ambiciosas experiências em diferentes gêneros e formas, com graus variados de sucesso. Suas obras mais conhecidas dessa época são *A rua das ilusões perdidas* (1945), uma história picaresca de andarilhos nos arredores industriais de Monterey, e o extenso *A leste do Éden* (1952), nova versão do livro do Gênesis no cenário do vale de Salinas. Embora Steinbeck julgasse *A leste do Éden* sua melhor obra – e o livro foi um inegável *best-seller* –, os críticos o consideraram enfadonho e pesado. Não obstante, a obra oferece um retrato rico e minucioso do povo e da história da região, consolidando a reputação de Steinbeck como o maior intérprete literário da Califórnia.

Em 1962, Steinbeck ganhou o Prêmio Nobel de Literatura por seus "escritos realistas e imaginativos, que combinam [...] humor compassivo e aguda percepção social". Esse feito único – a combinação de um retrato brutal e inflexível da pobreza com uma visão basicamente otimista – valeu a Steinbeck um lugar permanente entre os grandes romancistas do século XX.

FATO ADICIONAL

1. *Em seu discurso ao receber o Prêmio Nobel, Steinbeck declarou que todo escritor "que não acredita apaixonadamente na perfectibilidade do homem não tem nenhuma consagração ou filiação à literatura".*

Mona Lisa

Pintada por Leonardo da Vinci aproximadamente em 1505, a *Mona Lisa* é considerada o protótipo do retrato feminino do Renascimento. A obra, pintada a óleo em um painel de álamo, mede apenas 77 por 53 centímetros. Apesar do tamanho pequeno e da composição relativamente simples, é uma das pinturas mais famosas do mundo.

A identidade da mulher retratada na *Mona Lisa* permanece um mistério. Segundo Giorgio Vasari, que escreveu a biografia de Da Vinci em 1550, a mulher seria Lisa di Antonio Maria Gherardini (*Mona* é uma contração de *ma donna*, "minha dama" em italiano), esposa do mercador florentino Francesco del Giocondo. Essa identificação é problemática, contudo, já que Da Vinci nunca entregou a obra a nenhum cliente, mas a conservou consigo até sua morte, em 1519. Mais recentemente, Lillian Schwartz, dos Laboratórios Bell, fez uma comparação digital da *Mona Lisa* com um desenho que se considera um auto-retrato de Da Vinci. Com base em semelhanças entre os dois rostos, Schwartz deduziu que a pintura é um auto-retrato de Da Vinci em formas femininas. Essa teoria também é insustentável, porque a atribuição do suposto auto-retrato é questionável. O que parece mais provável é que a *Mona Lisa* não seja absolutamente um retrato, mas uma imagem da mulher ideal de Leonardo da Vinci.

Independentemente do tema, o quadro demonstra o soberbo uso que Da Vinci fazia do *sfumato*, contornos nebulosos e suaves que criam um ar de mistério. Graças a essa técnica, Da Vinci conseguiu tornar ambígua a expressão da mulher. Muita tinta foi gasta para discutir a natureza exata do sorriso de *Mona Lisa* – de fato, sua fisionomia parece mudar dependendo do ângulo do qual é vista.

A *Mona Lisa* teve uma história atribulada desde a morte de Leonardo da Vinci. Adquirida por Francisco I por quatro mil peças de ouro, mais tarde foi transferida para Versalhes e para o quarto de Napoleão Bonaparte, antes de ir para a coleção do Louvre. Em 1911, foi roubada do Louvre e reapareceu num quarto de hotel em Florença dali a dois anos. Depois que alguém borrifou ácido no quadro e estragou sua metade inferior em 1956, ele foi pendurado atrás de uma dupla camada de vidro protetor.

Experiência de Milgram: Lições sobre a Obediência

Na década de 60, Stanley Milgram, psicólogo da Universidade de Yale, realizou uma série de experiências alarmantes sobre a obediência. Milgram demonstrou como uma situação pode dominar a consciência do indivíduo. Suas descobertas foram usadas para explicar algumas das grandes atrocidades de nossa época: o Holocausto, o massacre de My Lai e o genocídio de Ruanda.

Milgram foi buscar voluntários do sexo masculino e feminino em todos os níveis sociais, incluindo advogados, bombeiros e operários da construção civil. Todos concordaram em receber 4,50 dólares por hora para participar de uma experiência sobre aprendizado e punição. Na experiência, um médico de jaleco branco lhes pedia que atuassem como "professores" e lessem uma lista de associações de palavras a um "aprendiz", que estava fora do alcance da vista, mas podia ouvir no aposento contíguo. Se o aprendiz fizesse uma associação errada, o professor era instruído a lhe aplicar um choque elétrico, aumentando a voltagem a cada resposta incorreta. O primeiro choque era chamado de "choque leve de 15 volts". O último, de "perigo: choque grave de 450 volts".

Evidentemente, a experiência real tinha por objeto os professores, para ver quanta punição eles administrariam. A 180 volts, o aprendiz, que era um ator, gritava que não podia agüentar a dor; a 300 volts, ele se recusava a participar; a 330 volts, havia silêncio. Para surpresa de Stanley Milgram, 65% dos voluntários prosseguiram até o fim, 450 volts, mesmo que lhes dissessem que a condição cardíaca do aprendiz era precária. Muitos dos professores ficaram seriamente perturbados – suando profusamente, mordendo os lábios –, mas, incitados pelo experimentador de jaleco branco, continuaram, a despeito de qualquer escrúpulo moral.

A descoberta de Milgram chocou a comunidade acadêmica dos anos 60, tanto pelos métodos eticamente questionáveis quanto pelos resultados aterradores. Mas sua pesquisa demonstrou claramente como pessoas comuns podem ser induzidas a praticar atos desumanos pela simples presença da autoridade. Milgram constatou também que, quanto maior fosse a distância psicológica entre os voluntários e a vítima, mais probabilidade havia de eles seguirem as ordens até o fim. Se o professor apenas lesse as questões, mas não administrasse ele mesmo os choques, 90% seguiam até o final. Todavia, se o professor tivesse que tocar o aprendiz para administrar o choque, apenas 30% chegavam aos 450 volts.

FATOS ADICIONAIS

1. *A experiência de Milgram foi reproduzida na Austrália, Alemanha, Jordânia e em outros países, com resultados similares.*

2. *Milgram constatou taxas de obediência idênticas entre homens e mulheres.*

Concertos de Brandemburgo de Johann Sebastian Bach

Esses seis concertos, compostos quando Bach residia em Cöthen, foram apresentados e dedicados ao margrave de Brandemburgo em 1721. Cinco deles têm a forma de três movimentos, rápido-lento-rápido, e um – o primeiro – tem seis movimentos, incluindo duas danças. Os concertos são notáveis pela ambiciosa combinação de instrumentos solo e um elegante contraponto. Os *Concertos de Brandemburgo* também são vistos como a melhor fusão do imperioso estilo do barroco alemão com o gosto despreocupado de compositores como Antonio Vivaldi.

O primeiro concerto – escrito para violino solo, três oboés, cordas, fagote e duas trompas – é conduzido por um dinâmico diálogo entre as duas trompas e entre as outras seções de madeira. O segundo – para trompete, flauta doce, oboé, violino solo e cordas – faz uso de todas as permutações solistas possíveis. O terceiro concerto utiliza grupos de três violinos, violas e violoncelos como solistas, juntamente com as cordas orquestrais. Isso é incomum, porque os solistas com freqüência executam as mesmas partes da orquestra por trás deles. O quinto concerto é para violino solo, flauta, cravo e cordas, e o sexto, para duas violas solo, cordas orquestrais baixas (sem violinos) e violoncelo solo. As seções nas quais a orquestra inteira toca são chamadas *tutti* e se alternam com seções em que os instrumentos solo tocam, acompanhados apenas pelo baixo contínuo.

O *Concerto de Brandemburgo nº 4* é provavelmente o mais reconhecível do conjunto e constitui uma peça fundamentalmente barroca. Escrito para violino solo, duas flautas doces solo, cordas e baixo contínuo, seu primeiro movimento, rápido, adere muito estritamente à forma ritornelo, de Vivaldi, com repetidos *tutti* e fortes cadências. O segundo movimento é um andante em forma livre, ou movimento em ritmo de marcha. O presto final é uma fuga, o que significa que Bach compõe longos temas e depois os imita em outras partes, sobrepondo-os sucessivamente.

FATOS ADICIONAIS

1. *Antes de compor os* Concertos de Brandemburgo, *Bach ficou profundamente interessado em Vivaldi e outros compositores italianos e escreveu reduções para teclado de peças orquestrais desses autores, como exercício para aprimorar suas próprias obras.*
2. *Os* Concertos de Brandemburgo *são denominados concertos grossos, com mais de um solista.*
3. *Apesar de ter sido compostos para Christian Ludwig, margrave de Brandemburgo, os concertos nunca foram executados para ele.*

Argumentos a Favor da Existência de Deus

Embora muita gente – crentes e ateus igualmente – discuta a existência de Deus, ela não pode ser provada. Desde Aristóteles, os filósofos têm tentado fazer isso.

Existem três tipos de argumentos a favor da existência de Deus. O primeiro denomina-se ontológico e remonta ao filósofo medieval santo Anselmo de Cantuária. A teoria de santo Anselmo era mais complicada, mas o argumento ontológico básico pode se resumir assim:

> Deus é o ser mais perfeito possível. (Definição)
> É mais perfeito existir do que não existir.
> Se Deus não existisse, careceria de uma existência perfeita. (Inferência de ii)
> Logo, Deus existe. (Inferência de i e ii)

O segundo tipo de argumento a favor da existência de Deus é o cosmológico. A forma básica desse argumento consiste em afirmar que deve haver uma primeira causa para tudo que existe, causa que é, ela própria, não causada. Essa primeira causa deve ser Deus, porque nada além de Deus poderia existir sem ser causado. Uma variação do argumento cosmológico é aquele segundo o qual tudo, exceto Deus, é contingente – em outras palavras, é possível que tudo o mais não exista. Mas todas as coisas contingentes requerem uma causa que é, ela própria, necessária. Essa causa necessária é Deus.

O terceiro argumento é o do *design* inteligente. Não tão estrito logicamente quanto os outros dois, ele afirma que o mundo tem aspectos que são mais bem explicados pela hipótese de ter sido criado por um *designer* inteligente. Os aspectos do mundo citados com freqüência incluem a harmonia entre as leis físicas que tornam a vida possível, a adaptação dos organismos ao ambiente e o fato de os seres humanos serem inteligentes e autoconscientes.

FATO ADICIONAL

1. *Desde Charles Darwin, muitos filósofos – mas não todos – têm insistido em afirmar que o argumento do* design *inteligente não é válido, porque cada aspecto do mundo é explicado adequadamente pela ciência, em especial pela evolução.*

Cabala

A Cabala, ou misticismo judaico, explica os numerosos mistérios do judaísmo. Procura responder a questões que vão desde "Por que Deus criou a terra e os seres humanos?" até "Por que, se Deus é tão bom, o mal existe no mundo?". A Cabala tenta chegar a descobertas místicas por meio da interpretação hermenêutica da Torá e do Talmude. Seu propósito é encontrar a verdade mística ou a ascensão a Deus.

Crucial para a crença cabalística é a noção de que Deus tem duas formas: uma na qual se manifestou a fim de criar a terra e outra que é totalmente incognoscível. Entre esses dois aspectos, existem dez *Sefirot*, ou forças criativas, que servem de mediadoras entre o Deus incognoscível e o Deus manifestado. Os praticantes da Cabala acreditam que essas forças podem ser influenciadas para infundir no mundo poderes divinos, como a compaixão ou o julgamento. A cabala afirma também que cada letra da Torá tem um significado poderoso, que pode ser decifrado.

O mais importante texto cabalístico é o *Sefer ha-Zohar*, ou simplesmente *Zohar*. Essa obra foi "descoberta" – mais provavelmente escrita – por Moses ben Shem-Tov, ou Moses de León, na Espanha, durante o século XIII. De León atribuiu a obra a um rabino do século II. Esse texto, como outros textos cabalísticos, é quase incompreensível, a menos que o leitor já tenha um conhecimento muito profundo da Torá.

Embora a Cabala tenha evoluído durante a Idade Média, seu grande alcance atual decorre de sua divulgação no século XVIII, que começou com o movimento hassídico. Hoje a Cabala tem ocupado as manchetes em razão de várias celebridades terem adotado sua prática. No entanto, os especialistas na matéria insistem que essa versão da Cabala, que consiste em encantamentos espirituais, pedras e colares, não passa de uma corrupção da verdadeira prática tradicional.

FATOS ADICIONAIS

1. *Os críticos da Cabala rejeitam a afirmação de que Deus tem dois aspectos, noção difícil de conciliar com o monoteísmo.*

2. *Supõe-se que o colar vermelho usado por celebridades que aderiram à Cabala afaste os maus espíritos.*

Renascimento Italiano

O Renascimento Italiano, que se iniciou na cidade de Florença em fins do século XIV e alcançou o apogeu durante o reinado de um governante local chamado Lourenço, o Magnífico, foi um período de grandes mudanças políticas, religiosas e artísticas. O termo "renascimento" tem origem italiana e, para os intelectuais, significou, com efeito, a redescoberta das artes. Ele se seguiu ao que alguns consideram um período de mil anos de estagnação cultural na Europa, após a queda do Império Romano.

Artistas e intelectuais afluíram à corte de Lourenço na cidade, na região do rio Arno. Pintores renomados, incluindo Leonardo da Vinci, Sandro Botticelli e Michelangelo, trabalharam em Florença. O próprio Lourenço escrevia poesia e caçava.

O Renascimento assinalou um momento histórico decisivo, com o fim da Idade Média e o começo da era moderna. Estendeu-se da Florença dos Médici a outras partes da Itália e depois alcançou o resto da Europa. Ajudadas pela invenção de um novo tipo de prensa que facilitava a produção de livros, na Alemanha, as idéias do Renascimento alteraram profundamente a cultura européia.

O credo básico do Renascimento era o humanismo, movimento intelectual que substituiu a obediência cega aos ensinamentos religiosos pelo retorno ao pensamento clássico. A recusa da tradição levou a novas formas de arquitetura, pintura e conhecimento. O Renascimento foi, acima de tudo, uma mudança de mentalidade, que levou ao abandono das tradições em favor de uma visão de mundo mais inquisitiva e moderna.

FATOS ADICIONAIS

1. *Ocasionalmente, os visitantes de Florença ficam tão perplexos ante a magnificência da arte e da arquitetura renascentista na cidade que desmaiam – condição que os florentinos chamam de stendhalismo, em uma alusão ao escritor oitocentista francês Stendhal, que, segundo se diz, era incapaz de caminhar depois de chegar à cidade.*

2. *O tipo móvel, que permitiu a produção em massa de livros na Europa, foi inventado por Johannes Gutenberg em 1448. Antes dessa invenção, os livros tinham de ser copiados à mão. A cópia de um único volume podia levar anos ou mesmo décadas.*

3. *O teórico político Nicolau Maquiavel, que aprendeu sobre política e governo em primeira mão, como conselheiro dos Médici, dedicou* O príncipe, *seu tratado sobre o poder, a Lourenço de Médici.*

4. *O mais famoso edifício de Florença talvez seja a catedral da cidade, suficientemente espaçosa para conter trinta mil fiéis. A célebre cúpula octogonal, concluída em 1436, foi a primeira desse tipo construída e é considerada um dos primeiros e mais notáveis exemplos da arquitetura renascentista.*

Dom Quixote

Dom Quixote (Parte I, 1605; Parte II, 1615), de Miguel de Cervantes, é o maior marco cultural do mundo de língua espanhola. É celebrado como a obra mais ilustre da literatura espanhola e largamente considerado o primeiro romance moderno em qualquer língua.

O personagem-título é um homem de 50 anos da região de La Mancha, na Espanha central. Influenciado por livros de cavalaria, um dia ele anuncia à sua perplexa família que mudou seu nome para Dom Quixote e que vai correr mundo montado em seu nobre corcel – na verdade, um pangaré que é só pele e osso, chamado Rocinante – para realizar grandes façanhas e corrigir os erros da humanidade. Recruta então um "escudeiro", um camponês analfabeto chamado Sancho Pança, que acha que Dom Quixote está louco, mas concorda em acompanhá-lo, fiado na promessa de que seu novo senhor lhe dará uma ilha para governar.

Os dois partem para uma longa série de desventuras. Dom Quixote continuamente interpreta mal o mundo ao redor, confundindo estalajadeiros com cavaleiros, prostitutas com donzelas, monges com feiticeiros e moinhos de vento com gigantes. Com freqüência, seus feitos mais prejudicam do que ajudam aqueles a quem ele pretende beneficiar. Dedica todas as suas proezas a uma "princesa", Dulcinéia de Toboso – na realidade, uma camponesa que se mostra totalmente indiferente às ações perpetradas em seu nome.

Dom Quixote ao mesmo tempo parodia e homenageia o romance de cavalaria – gênero que constituiu o maior manancial de literatura secular da Idade Média. Esses poemas épicos contavam histórias livremente articuladas de cavaleiros heróicos cujo tema era invariavelmente o amor cortês. Alguns deles se baseavam em acontecimentos verdadeiros, mas outros eram pura lenda. Em *Dom Quixote*, Cervantes tratou do mesmo assunto, mas com uma narrativa mais coesa, profundidade psicológica sem precedente e autoconsciência irônica. E acrescentou também toques surpreendentemente pós-modernos: depois que outro escritor publicou uma falsa seqüência da primeira parte de *Dom Quixote* em 1614, Cervantes decidiu escrever sobre a falsa seqüência na segunda parte do romance. Fez com que Dom Quixote e Sancho se tornassem conscientes desse falso relato, permitindo-lhes comentá-lo com escárnio.

Apesar de considerarmos normais essas características na literatura atual – aliás, apesar de acharmos normal a forma romance –, elas constituíram inovações enormes na época. O próprio personagem Dom Quixote é uma grande criação, uma figura que diferentes épocas e grupos têm interpretado ora como um bufão, ora como um herói trágico, ora como um homem corajoso que se recusa a se conformar. O fato de incorporar tantas qualidades é exatamente o que torna o protagonista um dos personagens mais atemporais do universo ficcional.

FATO ADICIONAL

1. *De todos os livros publicados ao longo da história,* Dom Quixote *fica atrás apenas da Bíblia em número de exemplares impressos.*

Albrecht Dürer

Albrecht Dürer (1471-1528) é um dos mais conhecidos artistas do Renascimento nascidos no norte da Europa. Seu pai era um ourives húngaro que se estabeleceu em Nuremberg, na Alemanha, e ensinou os filhos a criar as delicadas estampas e xilogravuras que marcariam a futura carreira de Dürer.

Dürer foi um dos primeiros artistas do norte a viajar à Itália para estudar arte. Depois de passar uma temporada em Veneza em 1494, regressou a Nuremberg, onde combinou a teoria do Renascimento com a técnica que aprendera na Alemanha.

Em 1498, Dürer publicou uma série de quinze xilogravuras que ilustravam o Apocalipse – o fim do mundo tal como o descreve a Bíblia. Particularmente famosa é sua representação pictórica dos Quatro Cavaleiros do Apocalipse: a Morte, a Fome, a Guerra e a Peste.

Entre 1513 e 1514, Dürer imprimiu suas três Gravuras do Mestre. A mais conhecida delas é *O cavaleiro, a morte e o Diabo*, que retrata um cavaleiro cristão medieval cavalgando corajosamente em meio à tentação e ao perigo.

Logo depois que Martinho Lutero afixou suas 95 Teses, em 1517, Dürer se tornou um ardoroso partidário da Reforma. Sua obra-prima, *Os quatro apóstolos* (1523-1526), inclui extensas inscrições da tradução alemã que Lutero fez dos Evangelhos, nas quais os apóstolos condenam o erro e o orgulho humanos. Dürer ofereceu a pintura aos vereadores de Nuremberg, cidade que por essa época havia abraçado o luteranismo.

Em seus últimos anos, Dürer passou a se interessar cada vez mais pela teoria da arte. Em 1525, publicou um estudo sobre a perspectiva baseado na obra de Piero della Francesca. Dois anos depois, escreveu um livro sobre a ciência das fortificações. Trabalhava em um importante tratado sobre as proporções quando faleceu.

Conhecido como o "Leonardo do Norte", Dürer consagrou sua vida à tarefa de harmonizar os ideais clássicos do Renascimento italiano com o naturalismo de sua Alemanha natal.

FATOS ADICIONAIS

1. *Apesar de ser mais conhecido por suas gravuras, Dürer distinguiu-se também nas aquarelas. Sua aquarela* Grande porção de turfa *é admirada pela precisão científica.*
2. *Dürer fez experiências com um dispositivo óptico para reproduzir a realidade em uma superfície bidimensional.*
3. *Na gravura* A queda do homem *(ou* Adão e Eva*), Dürer valeu-se de quatro animais para representar os quatro humores ou temperamentos: sanguíneo, melancólico, fleumático e colérico.*

Galileu Galilei

Galileu Galilei (1565-1642), nascido em Pisa, na Itália, tem sido chamado de pai da física moderna, pai da astronomia moderna e pai da ciência moderna. Uma breve lista de suas realizações inclui a invenção do microscópio composto, a descoberta de luas ao redor de Júpiter, desenhos do primeiro relógio com pêndulo e a invenção de um telescópio que permitia esquadrinhar o espaço. Suas experiências científicas lançaram as bases do método científico moderno, e seu conceito de inércia inspirou diretamente as leis do movimento de Isaac Newton.

O maior feito de Galileu, porém, foi provavelmente a postura que adotou contra a Igreja Católica Romana do Renascimento. Na época, era considerado um ato de rebeldia ensinar que o Sol era o centro do sistema solar, teoria que havia surgido com o astrônomo polonês Nicolau Copérnico (1473-1543). Com base em uma interpretação literal da Bíblia, a teoria aceita pela Igreja era a de que o Sol e os planetas giram em torno da Terra. Em seu tratado *Diálogo sobre os dois máximos sistemas do mundo*, Galileu valeu-se das observações que fez com seu novo telescópio para defender Copérnico. Durante a Inquisição, Galileu, que contava então 69 anos, teve seu livro proibido e se viu intimado a comparecer perante o tribunal de Roma. Foi considerado culpado por desafiar a doutrina da Igreja e condenado à prisão. Sua sentença foi reduzida para prisão domiciliar, e ele morreu oito anos depois em sua casa perto de Florença, sob a vigilância dos guardas da Inquisição.

Em 1992, 359 anos após o julgamento, o papa João Paulo II formou uma comissão que reconheceu a bravura de Galileu e pediu desculpas formais por sua punição.

FATOS ADICIONAIS

1. *O pai de Galileu desencorajou-o de estudar matemática. Queria que ele fosse médico.*
2. *Galileu foi o primeiro a afirmar ter avistado montanhas e vales na superfície da Lua.*
3. *Ambas as filhas de Galileu eram ilegítimas e tornaram-se freiras.*

Georg Friedrich Händel

Incorrigivelmente social e cosmopolita, Georg Friedrich Händel (1685-1759) foi o melhor compositor, ao lado de Johann Sebastian Bach, do barroco tardio. Nascido na cidadezinha alemã de Halle, numa família católica, escreveu suas duas primeiras óperas antes dos 20 anos. Começou então a compor brilhantes peças corais em latim para a liturgia católica.

Entre 1707 e 1711, Händel viveu no norte da Itália, mantendo relações amigáveis com os grandes compositores Antonio Vivaldi, Arcangelo Corelli e Domenico e Alessandro Scarlatti, cujo senso de melodia teria grande influência sobre ele. Depois de deixar a Itália para aceitar um posto na corte do príncipe-eleitor de Hannover – que por acaso era herdeiro da Coroa britânica –, Händel convenceu seu novo patrão a deixá-lo passar um ano em Londres. Ali chegando, começou a popularizar a ópera entre o público inglês. *Rinaldo* (1711) foi a primeira ópera escrita especificamente para Londres e, apesar de ser em italiano, fez imenso sucesso. Seguiram-se muitas mais: *Ácis e Galatéia* (1718), *Radamés* (1720) e *Júlio César* (1724). Essas obras fizeram dele o rei da recém-inaugurada Academia Real de Música, onde se encenavam as mais belas óperas na Inglaterra.

Quando o príncipe-eleitor de Hannover finalmente chegou a Londres, em 1717, para ser coroado Jorge I, Händel temeu que o novo monarca ficasse zangado por ele ter passado mais tempo em Londres do que em Hannover. Reza a lenda que Händel compôs a famosa suíte *Música aquática* para reconquistar o favor do rei; quando este viu quão brilhante havia se tornado a música de Händel, simplesmente duplicou seu salário.

Durante seus últimos anos na Inglaterra, Händel tirou o foco da ópera para se concentrar no oratório, gênero dramático, porém não encenado, para solistas, coro e orquestra, em geral de teor religioso. Compôs mais de trinta oratórios, entre eles o admirável *O Messias* (executado pela primeira vez em 1742), seguido por *Sansão* (1743), *Sêmele* (1744), *Salomão* (1749) e outros. Morreu em Londres em 1759.

FATOS ADICIONAIS

1. *A princípio, o pai de Händel queria que ele fosse advogado, e não músico.*
2. *Todos os anos, no Natal, o oratório* O Messias *é executado em incontáveis igrejas no mundo inteiro.*
3. *A primeira ópera de Händel na Inglaterra,* Rinaldo, *tinha uma cena passada em uma floresta em que pardais eram soltos no palco.*

Ceticismo

"Alguma vez você já teve um sonho, Neo, que você tinha certeza que era real? E se você fosse incapaz de acordar desse sonho? Como saberia a diferença entre o mundo dos sonhos e o mundo real?"

– Morpheus, *Matrix* (1999)

Você está vivendo em uma simulação de computador? Como sabe disso? Parece que você está segurando um livro real, feito de papel. Mas como você sabe que não há um computador dizendo ao seu cérebro para ter a experiência de segurar um livro feito de papel? Como sabe que qualquer de suas experiências no mundo é confiável?

Esse dilema é conhecido como problema do ceticismo em relação ao mundo exterior. Ceticismo, de modo mais geral, é qualquer conjunto de argumentos ou asserções filosóficas destinados a minar nossa crença em algum suposto corpo de conhecimentos. Um cético é alguém que usa argumentos céticos para minar nossas usuais pretensões de conhecimento.

Eis outra forma de ceticismo: Como você sabe que outras pessoas têm pensamentos, sentimentos e experiências? Elas agem como se tivessem pensamentos. E, se você lhes perguntar, elas dirão que têm experiências. Mas como você sabe que estão dizendo a verdade? Qualquer evidência que tente respaldar a afirmação de que as outras pessoas são seres pensantes pode ser reinterpretada para sugerir que na verdade elas são robôs programados de maneira muito elaborada.

Diversos filósofos afirmaram ter resolvido o problema do ceticismo em relação ao mundo exterior e a outras mentes. Outros admitiram a derrota.

FATOS ADICIONAIS

1. *René Descartes escreveu a mais célebre e influente apresentação do ceticismo em suas* Meditações sobre filosofia primeira, *nas quais considera a possibilidade de um demônio muito poderoso e mau tê-lo criado e estar enganando-o sistematicamente. Descartes pergunta ao leitor: Como posso saber que não estou sendo enganado por tal demônio?*

2. *Enquanto Immanuel Kant considerava um grande escândalo o fato de a filosofia ainda não ter resolvido o problema do ceticismo, Martin Heidegger escreveu que o grande escândalo não era o problema não ter sido resolvido, e sim os filósofos terem pensado que ele tinha necessidade de solução.*

Hassidismo

O movimento hassídico no judaísmo foi fundado pelo rabino Israel ben Eliezer (c. 1700-1760), conhecido como Besht ou Baal Shem Tov (Mestre do Bom Nome), em meados do século XVIII.

As crenças centrais do hassidismo são o panteísmo e o *devekut*. O panteísmo sustenta que Deus está presente em todos os objetos físicos naturais. Isso causou grande mal-estar entre os judeus, pois entrava em conflito com a crença largamente aceita de que Deus não tem nenhuma presença física. O *devekut* é um estado de comunhão extática com Deus, aberto a qualquer hasside.

Viajando pela Polônia e pela Ucrânia, o Besht enfatizava que a comunhão emocional com Deus e o amor dos colegas judeus eram mais importantes que o saber técnico da Torá. Punha grande ênfase na prece sincera, em oposição ao estudo.

No século XVIII, o hassidismo se espalhou rapidamente por toda a Europa oriental, encontrando oposição a suas crenças aonde quer que chegasse. Ainda assim, formaram-se várias seitas à medida que grupos aderiram aos ensinamentos específicos de alguns rebes, os líderes espirituais. O movimento floresceu até a deflagração da Segunda Guerra Mundial e o Holocausto. Com grande parte de seu povo executada e suas casas e cidades destruídas, a maioria dos judeus hassídicos emigrou para Israel ou para os Estados Unidos.

Hoje os hassidim são, em geral, mais fortemente identificados pela maneira de vestir. Enquanto trajes específicos diferem de seita para seita, a maioria dos homens hassídicos usa uma longa capa preta, cinto de prece, chapéu preto e um xale com franjas brancas, chamadas *tzitzit*, pendurado por fora da roupa, na altura da cintura. Além disso, não é permitido aos homens raspar as faces, e é por isso que muitos judeus hassídicos usam cachos no cabelo, chamados *peiot*, e barba. Os requisitos para as mulheres hassídicas são menos uniformes, mas muito severos. Elas são obrigadas a usar saias conservadoras e blusas de mangas compridas, e as casadas devem cobrir o cabelo.

Os judeus hassídicos adotaram essa maneira de trajar para preservar ao máximo seus costumes do século XVIII. Acreditam também que é importante se diferenciar da sociedade secular e ter o aspecto de judeus. Assim, um grupo que outrora foi radical hoje é visto como absolutamente conservador.

FATOS ADICIONAIS

1. *A palavra "hassidismo" também pode ser empregada em referência a um grupo de judeus do século III a.C. que eram conservadores e se opunham aos judeus helenísticos, que defendiam a assimilação.*
2. *Nem todas as ramificações hassídicas estão em acordo. O ramo Satmar é anti-sionista, ao passo que o Chabad apóia o Estado de Israel.*

Reconquista

Quase no mesmo momento em que o califado muçulmano conquistou a Espanha, em 718 d.C., a Europa cristã começou a conspirar para recuperar a península. Foram necessários quase oitocentos anos de guerras intermitentes, mas finalmente a reconquista se consumou em 1492, quando o derradeiro baluarte do poderio mourisco na península, a grande fortaleza de Alhambra, em Granada, caiu perante as forças dos monarcas espanhóis Fernando e Isabel. Os mouros, como eram chamados os muçulmanos espanhóis, deixaram, porém, um forte legado cultural às modernas nações da Espanha e de Portugal.

Durante os oito séculos de domínio muçulmano, a Península Ibérica era conhecida como al-Andalus. O califado foi o único período extenso de governo islâmico na Europa ocidental cristã. A Espanha muçulmana foi, em muitos aspectos, um formidável sucesso. As maravilhas arquitetônicas erigidas pelos califas rivalizavam com suas congêneres cristãs da época.

A Europa cristã era ao mesmo tempo fascinada e aterrorizada pelos mouros que estavam em seu quintal. Retomar a Península Ibérica tornou-se um objetivo-chave para os cristãos medievais e um grito de guerra para a Igreja. Carlos Magno, entre outros monarcas europeus, enviou suas tropas para combater os mouros. As Cruzadas, embora visassem aos territórios controlados pelos muçulmanos no Oriente Médio, foram influenciadas pelo atrito entre cristãos e muçulmanos gerado pelo controle mouro na Espanha.

As cidades sob controle dos mouros começaram a cair ante os exércitos armados cristãos em 1100. Os cristãos tomaram Saragoça em 1118. Lisboa caiu em 1147. A grande capital moura, Córdoba, foi tomada em 1236. A queda de Granada, em 1492, completou a reconquista. Os cristãos conquistadores não foram tão tolerantes quanto os mouros. Alguns meses após a queda de Granada, os judeus foram expulsos da Espanha. Poucos anos depois, os muçulmanos remanescentes da península receberam ordem para se converter ou sair de lá. O outrora florescente califado desapareceu, mas Espanha e Portugal, dois países que logo se tornariam grandes atores no palco mundial, emergiram das ruínas.

FATOS ADICIONAIS

1. *Em 1294, com as fronteiras entre Portugal e Espanha ainda não fixadas, Portugal assinou um tratado de aliança com a Inglaterra. É o mais antigo tratado do mundo ainda em vigor.*
2. *Um dos mais célebres guerreiros da reconquista foi um general cristão chamado El Cid, que na verdade lutou tanto pelos cristãos quanto pelos muçulmanos.*
3. *O Alcorão proibia a representação de figuras humanas nas mesquitas, o que levou ao emprego de formas e padrões geométricos. Esse estilo arquitetônico característico permanece visível em muitas cidades espanholas onde as mesquitas foram convertidas em igrejas católicas após a reconquista.*

Contos de Cantuária

Embora os detalhes sobre a vida de Geoffrey Chaucer sejam vagos, o legado de sua grande obra, os *Contos de Cantuária* (altura dos anos 1390), é bem claro. Essa obra desempenhou papel central no estabelecimento do inglês como língua literária, uma alternativa real ao francês e ao latim, que eram o padrão – mesmo na Inglaterra – da época. Ao derrubar o conceito segundo o qual o inglês era inerentemente inferior às línguas clássicas, Chaucer abriu caminho para Edmund Spenser, Sir Philip Sidney, Christopher Marlowe, William Shakespeare e outros futuros gigantes da literatura inglesa.

Os *Contos de Cantuária* formam um conjunto de 24 histórias contadas por vários peregrinos procedentes da região de Londres que se dirigem em grupo a Cantuária para visitar o santuário de Thomas Becket. O prólogo sugere que originalmente Chaucer pretendia incluir 120 histórias, mas não se sabe ao certo se a obra está incompleta ou se ele simplesmente mudou de idéia e decidiu parar nas 24.

Os peregrinos de Chaucer constituem uma miscelânea de indivíduos de variada condição social: o Cavaleiro, o Moleiro, o Vendedor de Indulgências, a Prioresa, a Esposa de Bath e assim por diante. Suas histórias abrangem uma série de gêneros literários, do sermão à alegoria, da hagiografia ao romance de cavalaria. O tema das histórias também varia bastante, indo do amor cortês à hipocrisia religiosa e a episódios de humor obsceno.

A língua dos *Contos de Cantuária* é o inglês médio, a ponte entre o inglês antigo de *Beowulf* e o inglês moderno, usado atualmente. Embora a ortografia, a pronúncia e a ordem das palavras tenham mudado significativamente da época de Chaucer para cá, boa parte de sua linguagem é acessível aos leitores de nosso tempo. Por exemplo, a história da Esposa de Bath começa com esta descrição dos seres sobrenaturais que teriam povoado a Inglaterra arturiana:

> "In th'olde dayes of the king Arthour,
> Of which that Britons speken greet honour,
> Al was this land fulfild of fayerye."

Apenas dois contos são em versos. Chaucer optou por se afastar das formas em versos francesas dominantes e usou o pentâmetro iâmbico – forma de verso de dez sílabas que desde então se tornou característica da poesia inglesa. Essa decisão importante de Chaucer preparou o caminho para Shakespeare e outros aplicarem brilhantemente o pentâmetro iâmbico em peças e sonetos nos séculos que se seguiram.

FATO ADICIONAL

1. *Depois que a peste negra devastou a Inglaterra no final da década de 1340, a família de Chaucer herdou uma fortuna de parentes que morreram durante a epidemia. Essa riqueza inesperada permitiu a ele completar sua educação, em vez de se tornar negociante ou mercador.*

Michelangelo

Michelangelo (1475-1564) costuma ser considerado o maior artista do Alto Renascimento Italiano. Talentoso pintor, arquiteto, poeta e engenheiro, considerava-se antes de tudo escultor. Giorgio Vasari, que conheceu Michelangelo pessoalmente e escreveu sua biografia, afirmou que ele era capaz de dar vida ao mármore inanimado.

Michelangelo nasceu na cidade de Caprese, na Toscana. Jovem excepcionalmente talentoso, foi convidado a participar do círculo intelectual e artístico que cercava Lourenço, o Magnífico, rico descendente da família Médici. De Florença partiu para Roma, onde recebeu a incumbência de esculpir uma *Pietà* (imagem da Virgem chorando o filho morto), que concluiu em 1499.

Em 1501, Michelangelo regressou a Florença, onde trabalhou na famosa escultura de *Davi*. Chamado de volta a Roma vários anos depois, foi-lhe solicitado que projetasse e executasse um elaborado monumento com quarenta figuras de tamanho superior ao natural para o túmulo do papa Júlio II. Esse projeto logo foi interrompido por outro pedido do papa, que queria que Michelangelo pintasse o teto da Capela Sistina. O jovem artista, que tinha pouca experiência em afrescos, terminou a tarefa em apenas quatro anos.

Concluído o teto, Michelangelo retomou o túmulo do papa, para o qual esculpiu a figura de Moisés e o Escravo Moribundo, entre 1513 e 1516. Como Júlio II morreu antes da conclusão do túmulo, e sua família relutava em pagar por um monumento tão extravagante, Michelangelo não pôde terminar a obra tal como a projetara. Desapontado, passou grande parte dos vinte anos seguintes trabalhando em vários projetos para a poderosa família Médici, notadamente sua capela funerária na Basílica de São Lourenço.

Em 1534, Michelangelo voltou a Roma para pintar o afresco *Juízo Final* acima do altar da Capela Sistina. Assinou o trabalho pintando sua própria figura na pele esfolada do mártir Bartolomeu. Vários anos depois que Michelangelo completou a pintura, o papa Paulo IV quis que os nus do *Juízo Final* fossem cobertos, por considerá-los ofensivos. A maior parte das figuras foi deixada coberta na recente restauração da capela.

Michelangelo deixou igualmente sua marca no planejamento urbano da Roma renascentista. Em 1537, foi-lhe solicitado que reprojetasse o espaço no alto da colina do Capitólio, o centro antigo da cidade. Nove anos depois, foi nomeado arquiteto-chefe da nova Basílica de São Pedro, para a qual desenhou a famosa cúpula. Infelizmente, não viveu para ver sua conclusão. Faleceu em Roma aos 89 anos.

FATO ADICIONAL

1. *Em* A criação de Adão, *da Capela Sistina, Michelangelo retratou Deus no interior de uma figura oval criada por anjos que pairam no ar. Um médico e um cientista brasileiros, Gilson Barreto e Marcelo de Oliveira, sugeriram recentemente que o artista teria conscientemente baseado a composição no corte transversal do cérebro humano.*

Eletricidade Estática

Por que às vezes seu cabelo teima em ficar levantado depois que você o penteia? Por que às vezes você leva um choque quando toca a maçaneta depois de vestir o casaco de inverno? A resposta é: Por causa da eletricidade estática.

Toda matéria é constituída por átomos. Cada átomo se compõe de nêutrons, prótons e elétrons. Os nêutrons não têm carga; os prótons são carregados positivamente; e os elétrons, negativamente. Prótons e nêutrons estão firmemente unidos no centro do átomo, chamado núcleo, enquanto os elétrons orbitam em torno deles, como planetas girando ao redor do Sol. Quando o número de prótons é exatamente igual ao de elétrons, o átomo não tem carga nenhuma. Mas às vezes os elétrons se esfregam em outros átomos e aderem a eles. Os átomos que adquirem elétrons se tornam carregados negativamente, enquanto os que perdem elétrons se tornam carregados positivamente. Átomos com cargas opostas são atraídos uns aos outros ou para objetos neutramente carregados, e aqueles com a mesma carga se repelem.

É por isso que seu cabelo fica levantado. Os elétrons dele se esfregam na escova e aderem a ela. Os fios de cabelo ficam positivamente carregados. Cada fio positivo quer se afastar dos outros o mais rápido possível, por isso o cabelo fica "esvoaçante".

Alguns materiais, como os metais, agarram elétrons e os deixam fluir livremente através deles – são os chamados condutores. Outros materiais, como o plástico e o tecido, são mais rígidos e impedem que os elétrons se movam – são os chamados isoladores. Ao vestir o casaco de inverno, os elétrons deste aderem a você. Então você fica negativamente carregado. Quando você toca a maçaneta, os elétrons saltam da sua mão para a peça de metal, que é um bom condutor. Isso aquece o ar e cria uma faísca. É mais provável que isso aconteça no inverno, porque nessa época o ar está seco. A umidade do ar absorve elétrons (a água é um bom condutor), atenuando a faísca.

FATOS ADICIONAIS

1. *O relâmpago é eletricidade estática em grande escala. Durante a tempestade, o movimento dos elétrons cria cargas positivas no alto das nuvens e cargas negativas na parte inferior. Em geral, os elétrons saltam de uma nuvem para outra a fim de igualar a carga, mas às vezes eles saltam para a terra neutramente carregada, gerando um raio.*

2. *Benjamin Franklin descobriu que o relâmpago é eletricidade estática em sua famosa experiência com uma pipa.*

3. *Franklin também inventou o pára-raios, instrumento que tem salvado mais vidas do que qualquer outro na história.*

O Messias de Händel

Em 1741, Georg Friedrich Händel (1685-1759) recebeu do vice-rei da Irlanda a incumbência de compor uma peça para um concerto beneficente em Dublin. Durante 24 dias, a partir de 22 de agosto, Händel trabalhou em um ritmo vertiginoso naquela que se tornaria sua peça mais célebre, o oratório *O Messias*. Apesar de Händel já ser famoso em Londres, *O Messias* fez dele um nome conhecido ao longo de gerações. Ainda hoje, corais de todo o mundo executam a peça para celebrar o Natal.

O gênero oratório foi criado no século XVII, e seu nome vem dos aposentos de oração que ficavam anexos às igrejas católicas nos séculos XVI e XVII, onde essas peças eram originalmente executadas, já que os teatros ficavam fechados durante as estações de penitência. Oratórios são obras corais/orquestrais que se alternam entre partes solistas e coros e constituem quase sempre textos narrativos com personagens e enredo. São como óperas sem a encenação teatral, executados em salas, sem trajes nem ação no palco.

Ao contrário de muitos oratórios, *O Messias* não tem um enredo linear. É uma série desconexa de meditações sobre Cristo e recitativos de profecias bíblicas. O conteúdo era incomum para Händel, compositor predominantemente secular. O famoso coro "Aleluia" é uma das peças barrocas mais conhecidas do mundo, a exemplo dos coros intitulados "Como ovelhas, nós nos desgarramos" e "Um menino nasceu entre nós". Depois da triunfante estréia da peça em Dublin, em 1742, a fama de Händel chegou ao ápice, solidificando sua carreira como compositor comercial. Nenhuma de suas outras peças igualou *O Messias*, o mais célebre oratório já escrito, mas ele terminou sua carreira em Londres certo de que seu nome passaria à história.

FATO ADICIONAL

1. *A velocidade com que Händel terminou* O Messias *levou alguns a acreditar que ele estava divinamente inspirado. Outros relatos dizem que Händel sempre trabalhou mais depressa que a média dos compositores e que* O Messias *não era nenhuma exceção.*

René Descartes

Nascido em La Haye, na França, René Descartes (1596-1650) trabalhou vários anos como engenheiro militar antes de escrever obras revolucionárias sobre filosofia, matemática e ciência. Sua filosofia é conhecida hoje como cartesianismo ou filosofia cartesiana.

O projeto filosófico de Descartes era substituir o sistema aristotélico de ciência, que constituía então a base da educação universitária na França e em toda a Europa. Sua obra mais importante é sem dúvida *Meditações sobre filosofia primeira* (1641). O livro expõe os pensamentos que teve nos seis dias que passou em um quartinho durante uma viagem. Descartes tentou questionar todas as suas crenças e reter apenas aquelas de cuja verdade não podia duvidar. Foi durante esse esforço que ele fez a famosa observação segundo a qual, como não podia duvidar que pensava, não podia duvidar que existia – "Penso, logo existo", ou, no latim original, "Cogito, ergo sum".

Embora Descartes tenha concluído que sua existência fundamental não estava em dúvida, ele acreditava que podia duvidar da natureza de seu corpo. Uma vez que sua capacidade de pensar era irrefutável, mas a existência de seu corpo físico não era, ele sustentava que a mente e o corpo são distintos.

Descartes acreditava que os corpos são descritos pela física: são coisas geométricas em movimento, com tamanho, forma e velocidade. As mentes, por outro lado, são coisas pensantes imateriais. Assim, para ele, os animais não passam de máquinas. Visto que não pensam (supunha ele), não têm mente e devem ser meros arranjos complexos de partes móveis.

FATOS ADICIONAIS

1. *Descartes chamava os corpos de* res extensa *– coisas extensas – e as mentes de* res cogitans *– coisas pensantes.*
2. *Ele criou a geometria analítica, também chamada geometria de coordenadas.*

Jesus Cristo

Jesus de Nazaré nasceu e foi criado como judeu no período do Império Romano. Os cristãos acreditam que ele era o filho de Deus e o Messias esperado havia muito tempo. Os quatro Evangelhos canônicos da Bíblia contam a história de sua vida.

Jesus nasceu em Belém e era filho de Maria, que, de acordo com a crença cristã, era uma virgem fecundada pelo Espírito Santo. O marido de Maria, José, raramente é mencionado nos Evangelhos, por isso se acredita que tenha morrido antes de Jesus alcançar a metade da adolescência. Jesus adotou o ofício de José, a carpintaria, antes de começar a ensinar, aos 30 anos.

Jesus ensinava por meio de pequenas histórias, parábolas, paradoxos e metáforas. Alguns de seus mais famosos ensinamentos são o Sermão da Montanha e a parábola do Bom Samaritano. Além disso, ele realizou milagres, curando doentes e até ressuscitando mortos. Ajudava e ensinava as mulheres, o que era condenado pelas instituições religiosas da época.

Em seus ensinamentos, Jesus enfatizava a vinda do Reino de Deus, bem como o perdão dos pecados. O significado disso foi interpretado de várias maneiras. Alguns, considerando que Israel estava ocupado pelos romanos, acreditavam que Jesus estava falando de liberdade política. Mais comum, entretanto, era a crença de que ele pregava sobre o fim do mundo. Esse final apocalíptico era considerado a vinda da época messiânica descrita na Torá. Acreditava-se que Jesus era o Messias, ou o Salvador, prometido pelo Antigo Testamento, que prenunciaria uma era de redenção e harmonia.

Embora tenha tido muitos seguidores, Jesus desafiava regularmente o *statu quo*. Para demonstrar seu descontentamento com os anciãos judeus de Israel, provocou um tumulto no Templo de Jerusalém durante o *Pessach*, a Páscoa judaica. O Sinédrio, a suprema corte judaica, o condenou por blasfêmia e o entregou aos romanos sob a acusação de sedição contra o Estado. O governador romano em Israel, Pôncio Pilatos, condenou Jesus à crucificação. Três dias depois de seu sepultamento, porém, os cristãos acreditam que ele ressuscitou, provando sua divindade antes de subir ao céu.

FATOS ADICIONAIS

1. *Em 532, considerado então o 248º ano da Era Diocleciana, o monge cristão Dionísio Exíguo (c. 500-c. 560) tentou determinar a data do nascimento de Jesus. Depois de muito estudo, determinou o ano exato e o fixou em 25 de dezembro do ano 1, estabelecendo o calendário ocidental que continua sendo usado até hoje. No entanto, esse calendário se baseia em um cálculo errôneo. Acredita-se hoje que Jesus tenha nascido entre quatro e oito anos antes do ano 1.*

2. *A palavra "Cristo" vem do termo grego correspondente a "messias".*

Inquisição Espanhola

No século subseqüente a 1492, a Espanha se tornou o país mais poderoso do mundo. Os conquistadores espanhóis se apossaram de vastos territórios do Novo Mundo, que se estendiam do Peru a Cuba. Galeões carregados de ouro e outras riquezas regressavam aos portos da Espanha, enriquecendo instantaneamente a Coroa. Os exércitos espanhóis também controlavam outras partes da Europa ocidental, incluindo as atuais Bélgica e Holanda.

Dentro das fronteiras espanholas, estabeleceu-se uma campanha interna pela pureza religiosa. Depois de expulsar os judeus em 1492 e ordenar a conversão dos muçulmanos ao cristianismo, as autoridades de Madri estavam determinadas a transformar seu poderoso país em um piedoso reino cristão. Muitos clérigos espanhóis temiam que os judeus e muçulmanos convertidos ao cristianismo continuassem praticando sua antiga religião em segredo, ameaçando a unidade religiosa da Espanha.

O objetivo da Inquisição espanhola era eliminar a heresia e punir os chamados "falsos convertidos", quase sempre com uma execução terrível. Outros países da Europa católica tiveram sua Inquisição, mas a da Espanha se notabilizou pela longa duração e pela severidade. A última execução por heresia levada a cabo no país pela Inquisição – por estrangulamento – deu-se em 1826.

Hoje, a Inquisição espanhola é sinônimo de exaltadas perseguições e do fanatismo medieval. Ela visava particularmente aos judeus, alimentando o anti-semitismo europeu. Mas a Espanha não estava sozinha. A violência de inspiração religiosa foi uma característica constante da Idade Média em todo o continente. Na Grã-Bretanha, milhares de mulheres foram executadas como feiticeiras, prática que só terminou gradualmente com o Iluminismo, quando pensadores progressistas começaram a rejeitar a interpretação literal da Bíblia.

FATOS ADICIONAIS

1. *Os judeus só tiveram permissão oficial para regressar à Espanha em 1858.*
2. *A Inquisição romana também matou e aprisionou cientistas, como Galileu, cujas descobertas iam contra o credo católico.*

A Divina Comédia

A divina comédia é a obra-prima do poeta e filósofo italiano Dante Alighieri (1265-1321). Relato minucioso da jornada do homem na vida após a morte, por séculos essa obra influenciou a cosmologia cristã e constituiu a base da língua italiana moderna.

Nascido em Florença, Dante participou da vida pública da cidade. Em 1302 ele se exilou, depois que suas opiniões políticas lhe valeram uma sentença de morte proferida pelo governo florentino. Foi no exílio que escreveu *La commedia*, como ele intitulou o poema. O título *La divina commedia* só veio a ser usado depois da morte de Dante.

A divina comédia estrutura-se em tercetos, espelhando o conceito cristão da Santíssima Trindade. Inclui três partes – *Inferno*, *Purgatório* e *Paraíso* –, cada qual composta de 33 divisões, ou cantos. Com um canto adicional, o prólogo, o poema perfaz cem cantos. Até mesmo a estrutura interna do livro se baseia no número três: Dante escreveu a obra inteira em terça rima, forma na qual conjuntos de três versos se reúnem em um esquema de rimas interligadas (ABA, BCB, CDC etc.).

O protagonista de *A divina comédia* é o próprio Dante. Lamentando sua desorientação na vida, ele depara com o espírito do poeta romano Virgílio numa floresta. Virgílio o guia até as portas do inferno, que ostentam a lendária inscrição "Lasciate ogni speranza, voi ch'entrate" – "Deixai toda esperança, ó vós, que entrais". Passando pelos nove círculos do inferno, Dante vê almas condenadas sofrendo uma infinidade de castigos eternos. Essas imagens aterradoras culminam com o aparecimento do próprio Satã, preso em um lago de gelo bem no fundo do inferno.

Em *Purgatório*, Dante visita o lugar para onde vão as almas que ainda não se purificaram o bastante para ir ao encontro de Deus. Depois dessa etapa, Virgílio não pode prosseguir, porque, como pagão, não tem permissão para entrar no céu. Dante recebe uma nova guia, Beatriz, que incorpora a graça divina em uma figura de amor romântico. Após galgar os nove níveis do céu no *Paraíso*, Dante tem uma breve visão de Deus, coroando uma jornada que espelha a da alma humana a caminho de Deus – do pecado, passando pelo arrependimento, até a salvação.

A divina comédia teve um efeito enorme sobre o desenvolvimento da língua italiana. Praticamente toda a literatura do país até os anos 1200 foi escrita em latim, de modo que a decisão de Dante de usar o italiano vernacular constituiu uma mudança significativa. Quando as cidades-Estado da Itália se tornaram uma nação unificada, em 1861, o dialeto toscano usado nas obras de Dante foi estabelecido como modelo para o italiano escrito, ainda em uso nos dias atuais.

FATOS ADICIONAIS

1. *O poeta T. S. Eliot escreveu: "Dante e Shakespeare dividem o mundo moderno entre si; não há um terceiro".*

2. *O tema de um herói que viaja ao submundo figura também, de maneira proeminente, em dois grandes textos que inspiraram Dante: a* Odisséia, *de Homero, e a* Eneida, *de Virgílio.*

Davi

Em 1501, a República de Florença contratou Michelangelo para esculpir uma imagem de Davi para a fachada de sua catedral. O rei do Antigo Testamento – heróico guerreiro que derrotou o gigante Golias na juventude – costumava ser considerado o protetor da cidade toscana. A encomenda fora feita anteriormente a outro artista, que morreu pouco depois de fazer um esboço em uma enorme e caríssima peça de mármore. De acordo com a lenda, Michelangelo recebeu a incumbência porque era o único disposto a trabalhar com aquela pedra "estragada". Quando o artista concluiu a imagem, em 1504, ela foi considerada extraordinária demais para ser colocada em cima da igreja. Em vez disso, colocaram-na em frente ao Palazzo Vecchio, na Piazza della Signoria, bem no centro de Florença.

A escultura, uma das mais soberbas obras-primas do Alto Renascimento, capta um Davi tenso, pouco antes de atacar Golias. Não é o jovem vitorioso da famosa obra de Donatello, mas um adolescente pronto para a ação. Inspirado por modelos clássicos, Michelangelo esculpiu um belo corpo atlético em pé, com o peso sobre a perna direita e a nobre cabeça voltada para a esquerda. Os músculos de Davi estão plenos de energia, enquanto ele se prepara para matar o gigante. As mãos e os pés desproporcionalmente grandes sugerem tanto as proporções distorcidas típicas dos adolescentes quanto a promessa de uma força futura.

Segundo uma anedota publicada pelo biógrafo de Michelangelo, Giorgio Vasari, um cidadão florentino, Pietro Soderini, queixou-se de que o nariz de *Davi* era muito grande. Respondendo à crítica, Michelangelo apenas fingiu desbastar o nariz. Quando o escultor terminou, Soderini exclamou: "Agora você lhe deu vida!"

A escultura foi apedrejada quando erigida pela primeira vez na Piazza della Signoria, provavelmente por partidários do exilado clã dos Médici, que viram na figura um símbolo da república. Em 1527, seu braço esquerdo foi quebrado durante um motim. A estátua foi retirada da Piazza em 1873 para evitar os danos causados pelo mau tempo e pela poluição. Depois de ser seguramente encerrada na Academia de Belas-Artes, uma cópia foi instalada em seu lugar original. Em 1991, um pintor italiano enlouquecido atacou o original com um martelo, esmagando um dedo de um dos pés.

A estátua foi lavada com água destilada para a comemoração de seus quinhentos anos. Planos para a instalação de um jato de água permanente, a fim de evitar um novo acúmulo de sujeira, estão sendo discutidos atualmente.

Hoje, o *Davi* pode ser visto na Galeria da Academia de Belas-Artes, com outras esculturas de Michelangelo, como os quatro escravos inacabados que ele projetou para o túmulo de Júlio II.

Camada de Ozônio

A atmosfera terrestre se divide em várias camadas. Os seres humanos vivem na troposfera, ambiente rico em oxigênio que se estende até logo acima do pico do Everest. A camada seguinte, de dez a cinqüenta quilômetros acima da superfície da terra, denomina-se estratosfera e contém 90% do ozônio do mundo. O ozônio (O_3) é uma importante molécula que possibilita a vida humana na superfície. A camada de ozônio se refere à parte da estratosfera com a mais alta concentração de ozônio, uma área aproximadamente 25 quilômetros acima do nível do mar.

O ozônio é uma molécula rara. Contém três átomos de oxigênio, ao passo que as moléculas de oxigênio normal (O_2) contêm apenas dois. Para cada dois milhões de moléculas de oxigênio, existem apenas três moléculas de ozônio. Mas a camada de ozônio absorve de 97% a 99% da prejudicial luz ultravioleta (UV) proveniente do sol. A radiação UV causa catarata, queimadura e câncer de pele, além de prejudicar as colheitas e a vida marinha.

O ozônio absorve radiação UV em um ciclo autoperpetuador. Quando a radiação ultravioleta alcança uma molécula de ozônio, esta se divide em uma molécula de oxigênio e um único átomo instável de oxigênio. O átomo de oxigênio único se aglutina rapidamente a uma molécula de oxigênio, formando outra molécula de ozônio. Infelizmente, quando são liberados na atmosfera, alguns compostos organo-halogênicos sintéticos podem interferir nesse processo altamente eficaz . Os clorofluorcarbonetos (CFCs) são os mais notórios desses compostos.

Ao serem inventados, em meados do século XX, os CFCs foram considerados compostos milagrosos. Eram substâncias estáveis, baratas e atóxicas que podiam ser usadas em refrigeradores, *sprays*, produtos de limpeza para equipamentos eletrônicos e esterilizadores hospitalares. Em 1988, mais de 320 mil toneladas de CFC já haviam sido usadas em todo o mundo. De fato, os CFCs são tão estáveis que podem sobreviver por mais de duzentos anos na atmosfera. Quando eles alcançam a atmosfera, a radiação ultravioleta decompõe suas moléculas. Isso libera cloro, que se liga ao ozônio, destruindo-o. Um único átomo de cloro pode destruir cem mil moléculas de ozônio. A redução da camada de ozônio na segunda metade do século XX levou ao Protocolo de Montreal, de 1987, que proibiu oficialmente o uso de CFC nos países desenvolvidos.

FATOS ADICIONAIS

1. *Um "buraco" na camada de ozônio aparece acima da Antártida toda primavera desde o início da década de 80. Não é literalmente um buraco, mas um afinamento que chega a mais de 60% nos piores anos.*
2. *Apesar de a camada de ozônio ser ainda acentuadamente mais fina do que em meados do século XX, relatórios científicos recentes afirmam que ela está em fase de recuperação e pode ser restaurada até o final do século XXI.*
3. *O cloro proveniente de piscinas, do sal marinho e dos vulcões não alcança a estratosfera.*

Gêneros Musicais

Historicamente, a música tem sido escrita e executada para determinadas ocasiões sociais particulares. Antes do século XVIII, ela cumpria uma destas três funções: música de câmara (tocada por pequenos conjuntos em salões e salas de visitas da aristocracia), música sacra (missas, motetos, antífonas e hinos) e música de teatro (ópera ou música incidental executada entre os atos de uma peça).

Ao longo dos anos, desenvolveram-se diversos gêneros-padrão, usados por muitos compositores. Existem, claro, mais gêneros musicais, mas estes são aqueles nos quais os compositores se consolidaram como grandes talentos:

BALÉ: O balé de ação, estilo de dança em público que predominou em Paris no século XVIII, originou-se das danças cortesãs do norte da Itália do século XIV.

MÚSICA DE CÂMARA: Durante e após o período clássico, mestres vienenses como Franz Joseph Haydn, Wolfgang Amadeus Mozart e Ludwig van Beethoven estabeleceram o padrão para o modo como a música de câmara deveria soar, sua estrutura e os conjuntos que ela utilizaria – quarteto de cordas, trio para piano, pequenos conjuntos de sopro etc.

CONCERTO: Do italiano *concertare*, "tocar junto", o concerto se refere a um grupo de instrumentos que tocam em uníssono. No período barroco, no entanto, concerto era uma orquestra que acompanhava um ou muitos instrumentos solistas, intercambiando os principais temas da composição para frente e para trás.

ÓPERA: Esse gênero é uma combinação de encenação teatral, canto apaixonado, música orquestral e libretos quase sempre poéticos, todos reunidos para contar uma história. Distingue-se do oratório por ser efetivamente encenado em um palco, porém difere do teatro porque os versos e a narrativa são proferidos inteiramente por meio do canto.

SUÍTE: Suítes são obras de múltiplos movimentos que incorporam danças ou outros tipos de música instrumental curta ou que são arranjados para contar uma história programática.

SINFONIA: Peça de movimentos múltiplos para orquestra, a sinfonia tem raízes no *concerto ripieno*, estilo de escrita de concerto do barroco tardio que usava todo o conjunto, e não apenas um ou alguns solistas, como a principal voz melódica.

FATOS ADICIONAIS

1. *Alguns dos mais renomados concertos são os* Concertos de Brandemburgo, *de Johann Sebastian Bach, os concertos para trompa de Mozart e o complexo* Concerto para piano nº 3, *de Sergei Rachmaninoff.*

2. *Outros gêneros incluem as múltiplas formas de música sacra (música litúrgica, antífonas, hinos e corais) e de música de salão, como os noturnos de Frédéric Chopin ou os* Lieder *de Franz Schubert, ambos escritos para ser executados como entretenimento em reuniões sociais ou ao piano em uma residência particular.*

Cogito, Ergo Sum

Possivelmente a asserção mais famosa da filosofia, o *cogito, ergo sum* – penso, logo existo – de René Descartes (1596-1650) aparece em 1641 na obra *Meditações sobre filosofia primeira*, escrita em latim.

A célebre conclusão de Descartes adveio ao fim do projeto de sujeitar todas as suas crenças à dúvida radical. Ele decidiu rejeitar qualquer crença que não podia ter certeza de ser verdadeira. Por exemplo, ele rejeitava a crença no mundo da experiência sensorial, porque acreditava que seus sentidos podiam enganá-lo. Todavia, descobriu uma crença da qual não podia duvidar: que pensava. Descartes declarou que para ele era impossível duvidar de que pensava, porque, ao duvidar disso, ele estaria pensando. Então declarou que, se tinha certeza de que pensava, tinha certeza de que existia. Desse modo, Descartes descobriu uma crença inquestionável: a crença em sua própria existência.

O argumento do *cogito* de Descartes é um ponto de partida comum para aquilo que os filósofos chamam de problema do autoconhecimento: O que é único em nossa autopercepção a partir de nosso interior? Ou seja, de que maneira é diferente pensar em nossos próprios pensamentos, sentimentos e desejos opostos a outra coisa qualquer? Para algumas pessoas, uma diferença é que não podemos estar equivocados quando declaramos sinceramente o que estamos pensando ou sentindo. Essa idéia parece plausível se considerarmos a dor. Se sentimos que estamos com dor, parece impossível que poderíamos estar *errados* ao acreditar que estamos com dor.

FATO ADICIONAL

1. *Descartes acreditava ter dado uma prova tão forte da existência de Deus que não se poderia colocá-la em dúvida.*

Sermão da Montanha

Esse famoso sermão, pronunciado por Jesus na encosta de uma montanha da Galiléia por volta do ano 30 d.C. e narrado na Bíblia por Mateus, é a expressão central dos ensinamentos de Cristo.

Durante esse sermão, Jesus conclamou seus seguidores a ser mais virtuosos do que o exigido nos Dez Mandamentos. Explicou que apenas obedecer aos Dez Mandamentos não bastava para a salvação. Não só não se deve matar, como também não se devem ter pensamentos irados; não só não se deve cometer adultério, como também não se devem ter pensamentos luxuriosos; não só não se pode roubar, como também não se podem ter pensamentos sobre necessidades materiais. Jesus conclamava seus seguidores a obedecer somente aos ensinamentos de Deus, e não aos dos rabinos, porque Deus era o único ser suficientemente perfeito para esclarecê-los.

Ademais, foi nesse sermão que Jesus pediu que seus ouvintes "oferecessem a outra face" e se submetessem a mais punição, em vez de seguir o conceito retaliativo do "olho por olho, dente por dente" do Antigo Testamento. De modo análogo, Jesus também lhes recomendou "não resistir ao homem mau".

A interpretação desse sermão se revelou muito difícil. Parece que Jesus estabeleceu as bases para a salvação em um lugar alto demais até mesmo para o mais devoto dos seguidores. No entanto, alguns fundamentalistas afirmam que, para alcançar a salvação, devemos seguir o sermão versículo a versículo. Outros dizem que Jesus estava falando por hipérboles e que, em sua aplicação ao mundo real, essas doutrinas eram orientações que teriam que ser modificadas.

O teólogo e filósofo Albert Schweitzer (1875-1965) afirmou que, como Jesus acreditava que o fim do mundo estava próximo, a sobrevivência – que seria difícil de alcançar se seguíssemos ao pé da letra doutrinas como "não resistir ao homem mau" – não tinha importância. Outra abordagem sustenta que se esperava que os seguidores de Jesus não conseguiriam obedecer a seus mandamentos, mas em compensação aprenderiam a se arrepender.

Apesar dessas interpretações díspares, o sermão continua sendo uma fonte importante da crença cristã.

FATOS ADICIONAIS

1. *Discute-se muito se o Sermão da Montanha, tal como o relata o Evangelho de Mateus, é realmente um sermão ou uma série de crenças de Jesus tiradas de outros sermões mais curtos, que Mateus condensou em um só.*

2. *O sermão inclui a chamada regra de ouro, a oração do Pai-Nosso e ditos famosos como "Não julgueis para não serdes julgados".*

Martinho Lutero

"Não posso e não vou retratar-me de nada, porque ir contra a consciência não é nem certo nem seguro."

– Martinho Lutero

Em 1500 d.C., quase toda a Europa já havia abraçado o cristianismo. Embora envolvidos em freqüentes conflitos, os reinos individuais da Europa medieval adoravam o mesmo Deus. Após a queda do Império Romano, no século V, a propagação do cristianismo acelerou-se, alcançando a França, a Inglaterra, a Rússia e a Escandinávia. A cristandade medieval – a comunidade de fiéis – estendia-se dos olivais da Itália aos fiordes da Islândia.

Mas essa unidade mascarava o crescente descontentamento com a Igreja na Idade Média. Os horrores da peste negra desiludiram muitos europeus, que não conseguiam entender por que Deus permitira que tantos morressem. O Renascimento desafiou a doutrina cristã tradicional, e a venalidade e a corrupção da Igreja Católica Romana desanimavam muitos de seus mais fervorosos adeptos.

Em 1517, um clérigo alemão decepcionado chamado Martinho Lutero (1483-1546) afixou, nas portas da igreja do Castelo de Wittenberg, um documento que continha as chamadas 95 teses de Lutero – severa acusação sobre a liderança do papa e o estado geral da Igreja Católica Romana. A principal acusação de Lutero era de que a liderança da Igreja em Roma se tornara excessivamente gananciosa e decadente. Na época, o papa vendia indulgências a ricos leigos para financiar a construção de novas catedrais. A indulgência perdoava oficialmente os pecados de seu comprador. A venda de perdão a quem pagasse mais deixou Lutero profundamente indignado.

Quase imediatamente, as teses de Lutero provocaram uma importante fissura no cristianismo europeu. Em muitos lugares da Europa, suas críticas à Igreja encontraram uma audiência receptiva. Os partidários de Lutero tornaram-se protestantes, rejeitando a autoridade tradicional do papa num movimento religioso conhecido como Reforma. Em poucos anos, a Inglaterra e muitas outras partes da Europa setentrional opuseram-se à liderança papal, dividindo o continente em linhas religiosas.

De volta a Roma, o papa condenou Lutero por heresia, e uma série de guerras religiosas entre católicos e luteranos se seguiu. Essas guerras continuaram de forma intermitente durante um século, até a assinatura da Paz de Westfália, em 1648. Com a revolta de Lutero contra Roma, a unidade religiosa da Europa ocidental foi abalada para sempre.

FATOS ADICIONAIS

1. *O rei da Inglaterra, Henrique VIII, inicialmente se opôs a Lutero, mas rejeitou o catolicismo em 1534, depois que o papa se recusou a autorizar seu divórcio de sua esposa, Catarina de Aragão.*
2. *Em 1522, Lutero traduziu o Novo Testamento para o alemão em apenas onze semanas, dando aos alemães a primeira oportunidade de ler o livro sagrado em sua própria língua.*

Beowulf

Poema escrito entre os séculos VIII e XI, de autoria desconhecida, *Beowulf* é o grande épico heróico do inglês antigo. Por meio de suas páginas, os estudiosos aprenderam muito sobre o desenvolvimento da língua inglesa. Nele se reflete também um misto das tradições pagãs e cristãs que caracterizaram a Europa setentrional na Alta Idade Média.

Beowulf inicia-se no salão do rei dinamarquês Hrothgar, no século VI. Há anos um monstro chamado Grendel vem aterrorizando a corte de Hrothgar, surgindo de madrugada e devorando seus guerreiros. Beowulf, jovem príncipe vindo de Geatland (região do sul da Suécia), chega com um grupo de homens e rapidamente mata o monstro. Todavia, a mãe igualmente terrível de Grendel volta para vingar o filho. Beowulf consegue localizar seu covil e a mata. Então, volta ao seu reino como herói, governa durante cinqüenta anos e morre defendendo seu povo de um dragão.

Em relação ao tema, o poema mistura princípios do velho código guerreiro germânico com elementos do cristianismo, que àquela época ainda era relativamente novo na Europa setentrional. A lenda original de Beowulf, tal como era contada e recontada oralmente através de gerações, glorificava a força, a bravura, a lealdade e a vingança. O poeta de *Beowulf* tenta ocasionalmente incorporar temas cristãos de humildade e perdão à história germânica original, e a tensão entre os dois princípios às vezes é desconcertante.

O poema foi escrito em inglês antigo, a língua germânica precursora do inglês medieval e do moderno. Como se evidencia na primeira estrofe, o inglês antigo é praticamente ilegível nos dias de hoje:

"Hwœt we Gar-Dena in geardagum,
Þeod-cyninga Þrym gefrunon,
hu ða œÞelingas ellen fremedon."

"Louvai a proeza dos reis do povo
dinamarquês de lança armado, em dias idos,
que nós ouvimos e que honraram os príncipes."

Como boa parte da poesia em inglês antigo, *Beowulf* faz uso de complicadas regras de aliteração que ajudavam os bardos a recitar de memória milhares de versos. Também lança mão de figuras de linguagem que dão um colorido maior às descrições do poeta. Por exemplo, chama o mar de "caminho das baleias" e o rei de "doador de anéis".

Embora se costume exagerar a influência de *Beowulf* sobre o desenvolvimento da literatura inglesa – já que o poema permaneceu largamente esquecido até o século XIX –, trata-se ainda assim de um inestimável documento literário e histórico. Desde que recuperou seu prestígio, no século XX, *Beowulf* tem inspirado poetas e romancistas que vão de W. H. Auden a J. R. R. Tolkien.

FATO ADICIONAL

1. *Existe apenas um manuscrito de* Beowulf. *Redigido provavelmente por volta de 1000 d.C., foi muito danificado num incêndio em 1731 e encontra-se hoje na Biblioteca Britânica, em Londres.*

Capela Sistina

A Capela Sistina, no Palácio do Vaticano, é conhecida sobretudo pelo teto pintado por Michelangelo entre 1508 e 1512. As paredes são recobertas por afrescos de Sandro Botticelli, Pietro Perugino, Luca Signorelli e outros mestres do baixo Renascimento. A área abaixo dessas pinturas já foi recoberta por uma série de tapeçarias desenhadas por Rafael.

A palavra "sistina" deriva do nome do patrono original da capela, o papa Sisto IV. O edifício foi construído entre 1475 e 1483, de acordo com as dimensões do Templo de Salomão descritas no Antigo Testamento. Em 1507, o papa Júlio II encarregou Michelangelo de refazer o teto, cujas abóbadas haviam sido cobertas originalmente pela pintura de um céu estrelado, de autoria de Pier Matteo d'Amelia. A princípio, Michelangelo relutou em assumir a tarefa, porque tinha pouca experiência em pintura. Ainda assim, conseguiu criar um enorme programa pictórico, com mais de trezentas figuras que representam a criação, a queda e a redenção da humanidade. Embora Michelangelo afirmasse ter projetado e pintado o teto sozinho, o mais provável é que tenha contado com assistentes e com um consultor teológico. O artista escreveu poemas em que relata a dificuldade que teve para pintar em posição reclinada do alto de um andaime.

Nove cenas do Gênesis alinham-se no centro do teto. As três primeiras são dedicadas à Criação, as três seguintes à história de Adão e Eva e as três últimas à história de Noé. Michelangelo as pintou em ordem inversa, hesitando em representar Deus até que adquirisse mais experiência com o pincel. Sentadas na estrutura arquitetônica que divide as cenas, vêem-se figuras de homens nus conhecidas como *ignudi*. Nus menores portando textos bíblicos aparecem nos medalhões de bronze dispostos regularmente sobre todo o teto. As quatro abóbadas nos cantos da capela mostram cenas da salvação dos israelitas. Sete enormes profetas do Antigo Testamento e cinco sibilas pagãs (videntes da mitologia romana, mais tarde absorvidas pela tradição cristã) estão sentados ao longo da base do teto. Embaixo, dezesseis lunetas retratam os ancestrais de Cristo. Michelangelo tomou o cuidado de pintar Deus acima da parte da capela reservada aos cardeais.

Uma restauração completa dos afrescos, financiada pela Fuji Film, foi realizada entre 1981 e 1994. A limpeza revelou que Michelangelo usara cores extremamente vibrantes, o que surpreendeu muitos historiadores da arte modernos.

O escritor alemão setecentista Johann Wolfgang von Goethe, ao admirar o teto em sua viagem pela Itália, observou: "Sem ter visto a Capela Sistina, não é possível ter nenhuma idéia apreciável do que um homem é capaz de fazer".

Datação por Radiocarbono

Os cientistas utilizam a datação por radiocarbono para determinar a idade de organismos que viveram em eras remotas. O método pode datar com precisão qualquer coisa, de ossos e tecidos a madeiras e palhas. Medem-se os níveis de carbono-14, rara forma de carbono que começa a diminuir assim que um organismo morre. Quanto mais velho o objeto, menos carbono-14 ele vai conter.

Todos os organismos vivos do planeta têm como base o carbono. Os átomos de carbono normal (carbono-12) contêm seis prótons e seis nêutrons. Às vezes, porém, os raios cósmicos que penetram a atmosfera terrestre bombardeiam átomos de nitrogênio, transformando-os em um tipo especial de carbono radioativo denominado carbono-14, que possui dois nêutrons a mais que o carbono normal. A cada período de 5.730 anos, metade de qualquer amostra de carbono-14 se desintegra e se converte novamente em nitrogênio. Em outras palavras, o carbono-14 tem meia-vida de 5.730 anos.

Plantas e animais, que não conseguem distinguir entre carbono-12 e carbono-14, consomem ambos até morrer. Quando isso acontece, os níveis de carbono-14 de seu organismo começam a diminuir. (O carbono-14 começa a decair e, como o organismo deixou de consumir carbono, este não é reposto.) Porém, a quantidade de carbono-12 presente na amostra permanece constante, por ser uma molécula estável que não desaparece. Para determinar a idade de um organismo morto, os cientistas comparam sua proporção de carbono-14 em relação ao carbono-12 à mesma proporção de um organismo vivo equivalente.

Se o objeto morto possui metade da proporção do objeto vivo, então sua idade é de cerca de 5.730 anos, porque esse número equivale à meia-vida do carbono-14. Se a proporção for de um quarto, o organismo morto terá 11.460 anos. Se a proporção for de um oitavo, terá 17.190 anos, e assim por diante. Se um objeto tiver muito mais de sessenta mil anos, não haverá carbono-14 suficiente para ser utilizado na datação.

FATOS ADICIONAIS

1. *O urânio radioativo tem meia-vida de 704 milhões de anos e pode ser utilizado para datar objetos em escala geológica.*

2. *O potássio-40, encontrado naturalmente no corpo humano, tem meia-vida de 1,3 bilhão de anos. Foi utilizado para datar o começo da vida no planeta.*

3. *Willard F. Libby, que desenvolveu a datação por radiocarbono na Universidade de Chicago nos anos 50, recebeu o Prêmio Nobel de Química em 1960.*

4. *Qualquer coisa que tenha morrido depois de 1940 será mais difícil de datar com o uso do carbono, pois a atividade nuclear modificou os níveis de material radioativo no planeta, antes praticamente constantes.*

Período Clássico

O período clássico da música, que se seguiu imediatamente ao barroco e precedeu o romântico, estendeu-se de cerca de 1750 (morte de Johann Sebastian Bach) a cerca de 1827 (morte de Ludwig van Beethoven). Coincidiu com a época intelectual conhecida como Iluminismo, cujos representantes, filósofos como René Descartes, Voltaire e Jean-Jacques Rousseau, enalteciam as liberdades e os direitos individuais, o valor humano e a racionalidade. Muitas realizações dessa época na arte, na política e na filosofia eram celebrações da capacidade humana de raciocinar.

Na arte e na música, esse espírito se traduziu na devoção à cultura e aos ideais estéticos greco-romanos: proporção, equilíbrio, moderação e simplicidade. Apolo, o deus da razão, do pensamento e da música, era exaltado. Os compositores clássicos – Johann Christian Bach, Franz Joseph Haydn em sua última fase, Wolfgang Amadeus Mozart e Beethoven em sua primeira fase – compartilhavam notável unidade de estilo. A ênfase deles não recaía nos efeitos experimentais ou na imprevisibilidade. Eram, antes, formalistas empenhados na busca da perfeição. Como os escultores renascentistas, tentavam fazer uma arte que durasse séculos e se aproximasse quanto possível de uma representação impecável dos ideais humanos.

Durante o período clássico, os compositores aperfeiçoaram e padronizaram as formas concerto, sonata e sinfonia. Os precedentes que estabeleceram foram adotados nas décadas subseqüentes como o padrão definitivo da música erudita. Ao mesmo tempo, não sacrificaram a qualidade emocional de suas obras. As sinfonias e óperas de Mozart, os trios para cordas de Haydn e as sonatas para violino de Beethoven são ricos em texturas expressivas e admirados tanto pela originalidade e pelas melodias líricas e tocantes quanto pelo domínio da forma.

FATOS ADICIONAIS

1. *O termo "música clássica" costuma ser utilizado para distinguir a música erudita européia do* rock, *do* pop *e da música folclórica. Essa distinção entrou em uso na década de 1790.*

2. *Os compositores clássicos, assim como os barrocos antes deles, dependiam de patrocínio para viver. Trabalhavam geralmente nas cortes reais, mas naquele contexto tinham uma posição relativamente baixa, como empregados do monarca ou senhor. Muitos deles, como Mozart, morreram pobres e foram enterrados em túmulos não identificados.*

Problema Mente/Corpo

Bater o dedo do pé contra um objeto nos causa dor. O dedo que bate no objeto é um evento físico e faz nossos nervos funcionarem num certo padrão, que envia um sinal ao cérebro. Mas o que é exatamente essa dor que sentimos?

Existem duas perguntas que os filósofos fazem acerca da relação entre estados do corpo – como bater o dedo do pé – e estados da mente – como sentir dor. Primeiro: Os estados mentais são idênticos aos estados físicos? A dor é apenas a descarga de neurônios no cérebro? Se sim, então poderia parecer que a mente nada mais é que o cérebro. Mas, se a dor é alguma coisa mais do que descarga de neurônios, então podemos pensar que a mente é algo extra, algo que temos além de corpo e cérebro. Essa posição denomina-se dualismo.

A segunda pergunta é: Se a mente é distinta do cérebro, como é que eventos no corpo, especialmente no cérebro, causam eventos na mente e vice-versa? Afinal, se a mente é separada do cérebro e do resto do corpo, parece então que ela deve ser imaterial – não feita de matéria. Sendo assim, como ela interage com a matéria que compõe o cérebro e o corpo? Alguns filósofos acreditam que a mente e o corpo podem interagir da mesma maneira que matérias interagem entre si. Outros, chamados epifenomenalistas, crêem que o corpo pode causar efeitos na mente, mas o contrário não pode ocorrer.

O problema mente/corpo continua sendo objeto de acirrado debate na filosofia, porque levanta questões importantes sobre psicologia e neurociência. Além disso, impõe sérios obstáculos ao desenvolvimento da inteligência artificial. Podemos ser capazes de recriar o cérebro com um computador, mas poderemos recriar a mente?

FATOS ADICIONAIS

1. *O filósofo francês René Descartes era um dualista substancial. Acreditava que a mente e o corpo são coisas distintas e que um pode existir sem o outro.*
2. *Experimento mental: É possível alguém ter um cérebro exatamente como o nosso, com todos os neurônios reagindo exatamente do mesmo modo, mas que não experimente nem sinta nada? Se você pensa que um zumbi como esse é possível, então acredita que o dualismo é verdadeiro.*
3. *Descartes acreditava que a mente e o corpo interagem e julgava saber onde isso acontece: na glândula pineal (também conhecida como epífise), uma parte do cérebro.*

O Bom Samaritano

O Bom Samaritano é uma das mais famosas parábolas bíblicas contadas por Jesus. É relatada no Evangelho de Lucas e define um modelo de amor ao qual Jesus desejava que seus discípulos aspirassem.

Um intérprete da lei perguntou a Jesus como poderia se salvar. Jesus respondeu: "O que está escrito na lei?" E o homem repetiu: "Amarás o senhor teu Deus" e "Amarás o teu próximo". Jesus disse que seguir essas doutrinas leva à salvação. Então o homem perguntou: "Como posso identificar o meu próximo?" E Jesus contou uma parábola.

Um viajante é atacado, roubado e deixado à beira de uma estrada. Um sacerdote passa por ali, mas evita o homem por seu aspecto desgrenhado. Em seguida, um levita, membro de outra seita reverenciada, passa e também ignora o infeliz. Por fim, um samaritano passa por ali. Os samaritanos eram uma etnia banida e odiada naquela época. Porém, de acordo com a história, o samaritano é o único que decide ajudar, dando roupa, abrigo e comida à vítima.

Voltando à pergunta feita pelo intérprete da lei, Jesus explicou que o samaritano, aquele que tinha menos probabilidade de ajudar o homem e nada tinha a ganhar, é que era na verdade o próximo do viajante.

Esse é um excelente exemplo da maneira como Jesus muitas vezes surpreendia seus ouvintes para se fazer entender. A celebração de um samaritano, embora não tenha nada de controverso atualmente, teria causado assombro na época, o que enfatiza a importância de prestar ajuda aos necessitados e da união da humanidade.

Embora se trate de uma passagem relativamente breve de Lucas, o conceito do bom samaritano acabou por ser amplamente aceito, por cristãos e não-cristãos.

FATOS ADICIONAIS

1. *O grupo étnico dos samaritanos, que hoje possui algumas centenas de membros e cuja maioria vive no norte de Israel, tornou-se tão escasso que o efeito da escolha de um samaritano como herói da história se perdeu. Com o tempo, porém, alguns narradores tentaram inserir etnias mais relevantes.*
2. *Um "bom samaritano" refere-se hoje a alguém que ajuda um necessitado de maneira desinteressada, independentemente de outras circunstâncias.*
3. *Leis do Bom Samaritano existem hoje em muitos países. Elas protegem de processos pessoas que ajudam outras.*

Espanha no Novo Mundo

Quando Colombo partiu em viagem, em 1492, não estava em busca de um novo mundo. Tentava encontrar uma nova passagem marítima para a Ásia, para o rei Fernando e a rainha Isabel da Espanha. Mas a oportunidade de conquistar as vastas áreas descobertas por Colombo era irresistível. Os soldados espanhóis passaram os cinqüenta anos seguintes tomando enormes territórios na América Central e do Sul, dizimando, nesse processo, milhares de americanos nativos. Ao extrair riquezas incríveis do Novo Mundo, a Espanha alcançou o auge como superpotência mundial.

Em 1550, Fernando e o neto de Isabel, o rei Carlos V, reuniram dois eminentes estudiosos na principal universidade do país, em Valladolid, para um extenso debate em torno de sua política exterior. O derramamento de sangue nas Américas preocupava o rei. Era certo continuar expandindo o império espanhol a um custo tão elevado em termos de vidas humanas?

De um lado do debate estava o monge dominicano Bartolomé de las Casas. Quando criança, em 1493, Las Casas havia assistido à parada da vitória em Sevilha, que saudou Cristóvão Colombo após a descoberta das Américas. Em 1502, Las Casas se mudou para o Novo Mundo com vários parentes, juntando-se à primeira onda da colonização espanhola. Ali, ficou estarrecido com a crueldade dos conquistadores espanhóis. Perante o rei, defendeu uma política espanhola mais humana nas Américas.

Do outro lado estava Juan Ginés de Sepúlveda, estudioso humanista que acreditava que a Espanha tinha o dever de "cristianizar" os índios americanos, quaisquer que fossem os meios necessários. Para ele, tribos nativas como os astecas não passavam de bárbaros que praticavam o sacrifício humano e o canibalismo. Os espanhóis tinham não só o direito de subjugar os nativos como também a obrigação de difundir a civilização ocidental. "O perfeito deve comandar e governar o imperfeito", escreveu em 1547, citando Aristóteles para defender o que chamava de "guerra justa" contra os índios.

Duas gerações depois, os espanhóis haviam destruído os grandes impérios asteca e inca. O rei se mostrou solidário aos argumentos de Las Casas, mas era tarde demais. Para o bem ou para o mal, a colonização européia das Américas estava em marcha.

FATOS ADICIONAIS

1. *Grandes áreas da América do Sul continuaram como possessões espanholas durante os três séculos seguintes, até que as Guerras Napoleônicas na Europa enfraqueceram o controle espanhol sobre suas colônias. O México obteve independência em 1821, depois o Peru, em 1824. A Espanha só perdeu suas últimas possessões coloniais na Guerra Hispano-Americana, em 1898.*
2. *Muito mais nativos morreram em conseqüência das enfermidades trazidas pelos exploradores europeus do que na guerra. A varíola foi uma das muitas "epidemias de solo virgem" que mataram milhões de índios.*

Salman Rushdie

Nascido em Mumbai (ex-Bombaim), de pais muçulmanos, criado entre hindus e *sikhs*, educado na Inglaterra e hoje residente em Nova York, o romancista Salman Rushdie (1947-) é a personificação do pós-modernismo e do pós-colonialismo. Suas obras, extremamente inteligentes e peculiares, impregnadas ao mesmo tempo de realismo e fantasia, são para muitos a voz literária da Índia moderna. Os romances de Rushdie tratam de uma infinidade de questões políticas e religiosas, especialmente da tensa relação entre o hinduísmo e o islamismo na Índia e no Paquistão.

Ironicamente, boa parte da fama de Rushdie adveio não de sua notável escrita, mas do furor que irrompeu em resposta ao livro *Os versos satânicos* (1988). O romance contém passagens que muitos muçulmanos viram como blasfêmias contra o profeta Maomé. Foi proibido na Índia, no Paquistão, no Egito, na Arábia Saudita e em outros países e provocou violentos protestos públicos e queimas do livro, do Oriente Médio à Grã-Bretanha. No começo de 1989, o aiatolá Khomeini, do Irã, promulgou uma *fatwa* – decreto – que ordenava a morte de Rushdie e encorajava os muçulmanos do mundo todo a ir a seu encalço. O escritor passou a maior parte da década seguinte escondido, protegido por agentes da Scotland Yard.

A notoriedade de *Os versos satânicos* muitas vezes ofusca a melhor obra de Rushdie, *Os filhos da meia-noite* (1981). O protagonista do romance, Salim Sinai, nasceu à meia-noite do dia 15 de agosto de 1947, o dia em que a Índia se tornou independente da Grã-Bretanha e o Paquistão se separou como nação autônoma. Como as centenas de outros "filhos da meia-noite" nascidos no decorrer dessa mesma hora, Salim tem poderes sobrenaturais, e os acontecimentos de sua vida espelham aqueles que se sucedem na jovem nação indiana como um todo. Alguns elementos da história são autobiográficos – o próprio Rushdie nasceu em Mumbai em 1947 –, mas boa parte do livro se desenrola num cenário fantástico, na esteira de Günter Grass, Gabriel García Márquez e outros pioneiros do realismo mágico. O romance valeu a Rushdie o Prêmio Booker de 1981.

Embora o escritor certamente fique para sempre associado à sentença de morte pronunciada pelo aiatolá, seus romances são amenos, celebrados pelo uso inventivo da linguagem. Sua prosa é como uma selva verbal, repleta de alusões e artifícios divertidos. Seus personagens, como o próprio Rushdie, representam a experiência do imigrante moderno e a mescla de culturas do mundo atual. Apesar das ameaças contra sua vida, Rushdie continua a escrever com esse viés, tendo publicado os romances *Haroun e o mar de histórias* (1990) e *O último suspiro do mouro* (1995), entre outros.

FATO ADICIONAL

1. *A descrição pouco lisonjeira que Rushdie fez da ex-primeira-ministra indiana Indira Gandhi em* Os filhos da meia-noite *a levou a mover contra ele um bem-sucedido processo por difamação. O caso só foi encerrado após o assassinato de Indira, em 1984.*

Rafael

Ao lado de Leonardo da Vinci e Michelangelo, Rafael (1483-1520) é considerado um dos três maiores artistas da Alta Renascença italiana.

Nascido perto de Urbino, foi instruído por seu pai, Giovanni Santi. Reconhecendo a genialidade do garoto, Giovanni enviou-o ao ateliê de Pietro Perugino, destacado pintor da região da Úmbria. Em 1504, Rafael se mudou para Florença, o centro artístico da Itália no início do século XVI. Após estudar as obras de Michelangelo e Leonardo da Vinci, o artista combinou elementos de ambos para criar um estilo inteiramente próprio.

Em 1508, Rafael foi chamado a Roma pelo papa Júlio II, para trabalhar num conjunto de aposentos papais. No primeiro deles, provavelmente a biblioteca do papa, pintou afrescos que retratavam aquelas que eram consideradas as quatro principais disciplinas: teologia, filosofia, direito e poesia. O mais famoso deles, que representa a filosofia, mais tarde intitulado *A escola de Atenas*, mostra Platão e Aristóteles num vasto espaço arquitetônico e cercados por todos os grandes pensadores da Grécia antiga.

Permaneceu em Roma pelo resto de sua curta mas produtiva vida. Além de numerosos retábulos e quadros religiosos, pintou também cenas mitológicas, como a *Galatéia*, encomendada para a Villa Farnesina em 1512 e que retrata a ninfa perseguida pelo gigante Polifemo. Rafael também conquistou reputação como arquiteto e foi designado para supervisionar a construção da nova Basílica de São Pedro quando Donato Bramante, o autor inicial do projeto, faleceu, em 1514. Foi também um talentoso retratista, como se pode notar em sua pintura de Baldassare Castiglione, eminente diplomata e escritor, que mencionou Rafael em seu famoso tratado renascentista *O cortesão* (1528).

Uma das mais célebres de suas pinturas que retratam a Virgem e o Menino, a *Madona sistina* (1512-1514), provocou muita discussão devido à expressão singularmente assustada no rosto de ambas as figuras. Pesquisas recentes demonstraram que a posição original da obra na igreja era tal que as figuras pareceriam estar olhando para um crucifixo.

Rafael costuma ser considerado o mais clássicos dos três grandes mestres renascentistas. Com efeito, o escritor alemão Johann Wolfgang von Goethe declarou que Rafael não imitou os gregos, porque lhe era natural pensar e sentir como eles.

FATOS ADICIONAIS

1. *A primeira biografia de Rafael figura em* Le vite delle più eccellenti pittori, scultori, e architettori *(1550), de Giorgio Vasari.*

2. *Em* A escola de Atenas, *Platão aponta o dedo para cima, indicando seu interesse por conceitos abstratos e etéreos, enquanto Aristóteles gesticula em direção ao chão, para mostrar sua preferência por assuntos concretos e mundanos.*

3. *Rafael explorou também as ruínas romanas, notadamente os remanescentes da Casa Dourada de Nero, a Domus Aurea.*

Albert Einstein

Tendemos a imaginar Albert Einstein (1879-1955) como um velho professor de bigode e cabelos brancos, mas na verdade ele deu suas maiores contribuições à matemática e à física quando tinha apenas 26 anos. Em 1905, enquanto trabalhava em uma firma de registro de patentes em Berna, na Suíça, escreveu quatro artigos considerados obras de gênio. O ano de 1905 é conhecido como *annus mirabilis*, o "ano dos milagres" de Einstein.

O primeiro desses artigos, "Um ponto de vista heurístico concernente à geração e à transformação da luz", afirmava que a luz se compõe de pequenos pacotes de energia chamados *quanta*, os quais hoje denominamos fótons. Essa foi a teoria que rendeu a Einstein o Prêmio Nobel de Física, em 1921.

O segundo apresentava algumas das primeiras provas empíricas da existência dos átomos. Antes de 1905, a idéia do átomo como a menor unidade de matéria era considerada apenas um conceito teórico útil. Einstein descreveu o movimento das partículas em suspensão em líquido, chamado movimento browniano, e provou que a matéria tem uma estrutura subjacente, explicada pelo moderno conceito de átomo.

O terceiro e o quarto artigo de Einstein tratavam do assunto que o tornou famoso – sua teoria especial da relatividade. A teoria da relatividade explica a relação entre energia e massa, com a célebre equação $E = mc^2$ – a energia de um objeto equivale à sua massa multiplicada pela velocidade da luz ao quadrado. Explicando grosseiramente, isso significa que a massa é outra forma de energia.

FATOS ADICIONAIS

1. *Os artigos de Einstein sobre a teoria da relatividade eram a continuação de um trabalho que ele começara quando tinha 16 anos.*
2. *Embora tenha encorajado o presidente norte-americano Franklin Roosevelt a construir a bomba atômica durante a Segunda Guerra Mundial, Einstein defendia o desarmamento nuclear. Certa vez disse: "Não sei com que armas se lutará a Terceira Guerra Mundial, mas sei que a Quarta será com paus e pedras".*
3. *Einstein foi convidado para ser o segundo presidente de Israel, mas recusou, alegando faltar-lhe aptidão para lidar com pessoas.*

Franz Joseph Haydn

Na tradição que cerca os engenhosos compositores da corte vienense, Franz Joseph Haydn (1732-1809) foi o primeiro "favorito" da era clássica. Filho de operário, cresceu pobre na cidade austríaca de Rohrau. Sua aptidão para a música se manifestou já na infância, e com 8 anos ele se tornou menino de coro na Catedral de Santo Estevão, em Viena.

De 1759 a 1761, Haydn trabalhou na corte do conde Morzin, pequeno aristocrata que entrou em bancarrota e teve que demitir todos os seus músicos. Por essa época, entretanto, Haydn já havia chamado atenção o suficiente e foi contratado pelo príncipe húngaro Paul Anton Esterházy. Passou a maior parte de sua vida trabalhando para a família do príncipe, compondo durante oito horas por dia e dirigindo todas as atividades musicais da corte, que incluíam diversas apresentações semanais de obras operísticas e sinfônicas.

Se a jornada do compositor parece árdua, sua produção musical é igualmente espantosa: escreveu 104 sinfonias, 68 quartetos de cordas, 47 sonatas para piano, 26 óperas, quatro oratórios e centenas de outras peças que acabaram por se perder. Atribui-se a ele o estabelecimento da estrutura-padrão da sinfonia – três ou quatro movimentos de tempos variados orquestrados para cordas, quatro ou cinco partes de sopro e tímpanos –, que desenvolveu com base nas idéias de vários compositores italianos de estilo rococó. Também lhe é atribuída a modernização do quarteto de cordas. Em vez de fazer os solos do quarteto para o primeiro violino, ele desenvolvia suas melodias e temas importantes em torno das partes para violino, viola e violoncelo.

Haydn passou a última parte de sua vida viajando entre Londres e Viena. Foi então que compôs suas sinfonias e quartetos de cordas mais maduros e duradouros. Conheceu e inspirou o jovem Wolfgang Amadeus Mozart, seu mais talentoso contemporâneo. Por fim, aposentou-se e faleceu em Viena aos 77 anos.

FATOS ADICIONAIS

1. *Na maioria das composições barrocas, cada movimento se limita a um estado de humor ou textura emocional (triste, melancólico, alegre etc.). Haydn foi um dos primeiros compositores a escrever peças – suas sinfonias – que passavam por múltiplos cenários expressivos. Além disso, eliminou a parte de baixo contínuo do barroco e a substituiu por orquestrações mais complexas, utilizando os vários instrumentos de uma orquestra.*

2. *Enquanto permaneceu com os Esterházy, durante duas décadas Haydn residiu no alojamento de criados, usou libré e submeteu-se à humilhação de ser castigado por não empoar corretamente sua peruca de criado.*

3. *Quando a voz de Haydn mudou, em 1749, ele foi expulso do coro de meninos da Catedral de Santo Estevão apenas com suas roupas, outra indicação das condições de vida de um músico na época. Sobreviveu dando aulas, compondo música de entretenimento para os ricos da cidade e trabalhando como criado e aprendiz do compositor italiano Nicola Porpora.*

Baruch Spinoza

Baruch Spinoza (1632-1677) nasceu em Amsterdã numa comunidade de marranos, judeus espanhóis que praticavam secretamente sua religião antes de ser expulsos do país. Em 1656, foi excomungado da comunidade judaica e mais tarde mudou seu nome para Benedictus, de sonoridade mais latina, pelo qual costuma ser referido.

Durante sua vida e depois dela, as idéias filosóficas de Spinoza motivaram profundas controvérsias. Em 1670, publicou o *Tratado teológico-político*, no qual sustentava que a Bíblia, como todas as escrituras, deve ser interpretada como um documento produzido por seres humanos e não por Deus. Afirmava que o conteúdo real da religião não concerne à natureza de Deus, mas a orientar as pessoas em direção ao que é moralmente correto, por meio de histórias e preceitos. Assim, a religião é um sistema de controle moral e político, e todas as religiões são igualmente válidas, na medida em que cumprem essa tarefa de maneira eficaz. Essas idéias eram tão polêmicas na Europa do século XVII que Spinoza publicou o livro anonimamente.

Grande parte de sua atividade filosófica foi dedicada à sua obra máxima, *Ética*, publicada em 1677, pouco depois de sua morte. Nesse livro, apresentou uma explicação sistemática de Deus, da natureza, da mente e da conquista da felicidade. Para ele, tudo na natureza é governado por leis causais estritas e necessárias. Desse modo, tudo é uma conseqüência necessária de leis necessárias, e nada poderia ser diferente do que é. Spinoza acreditava que Deus é simplesmente a totalidade da natureza, e não um criador independente. Concluiu que não existe nenhum significado ou propósito no mundo. Na última parte da *Ética*, Spinoza procura demonstrar como, dada essa conclusão, ainda podemos ser felizes.

Tendo trabalhado como polidor de lentes durante boa parte da vida, Spinoza faleceu em Haia.

FATOS ADICIONAIS

1. *Embora não se saiba ao certo, Spinoza provavelmente foi excomungado por negar que a alma é imortal e que Deus criou o mundo tendo em vista algum propósito.*
2. *Spinoza chamava o estado de felicidade de "beatitude".*

Apóstolos

Entre os seguidores de Jesus estavam seus discípulos, que com ele viajavam e aprendiam, e seus apóstolos, escolhidos para transmitir os ensinamentos dele depois de sua morte.

Os doze apóstolos foram, com efeito, os primeiros missionários. Como relata o Novo Testamento, foram os doze homens com quem Jesus ceou na noite anterior à crucificação. Além disso, eles estavam entre aqueles a quem Jesus se revelou depois que ressuscitou.

O número doze reflete as doze tribos originais de Israel. Alguns dos seguidores de Jesus acreditavam que a restauração da antiga Israel coincidiria com a vinda do Reino dos Céus.

Alguns dos apóstolos mais conhecidos são:

SIMÃO: Foi chamado de Pedro por Jesus. Recebeu um raro papel de liderança e acabou se tornando o primeiro papa. Disse-lhe Jesus: "Tu és Pedro, e sobre esta pedra edificarei a minha igreja" (Mateus 16:13-20). Discute-se se a "pedra" era o próprio Pedro, que estabeleceu o papado, como crêem os católicos, ou se era simplesmente a fé de Pedro.

ANDRÉ: Irmão de Simão, foi um dos primeiros seguidores de Jesus e convenceu Simão a se tornar discípulo também.

JOÃO: É o suposto autor do Evangelho de João e talvez de outros quatro livros do Novo Testamento.

MATEUS: Acredita-se que Mateus, chamado Levi em algumas referências textuais, seja o autor do Evangelho de Mateus.

TOMÉ: Mostrou-se muito cético quanto à ressurreição de Jesus e quis sentir as chagas dele antes de acreditar no milagre.

JUDAS ISCARIOTES: Foi o homem que traiu Jesus, denunciando-o com um beijo, o que permitiu que as autoridades o identificassem. Segundo alguns relatos, Judas se suicidou por remorso em algum momento dos três dias entre a crucificação e a ressurreição de Jesus.

FATOS ADICIONAIS

1. *De acordo com as crenças mórmons, depois de ressuscitar, Jesus veio para a América do Sul e aqui escolheu doze apóstolos. Entre eles estavam os Três Nefitas, que não morreram, mas permanecem na terra até hoje esperando a segunda vinda de Jesus.*

2. *Além dos doze apóstolos originais, vários outros missionários bem-sucedidos receberam esse título ao longo dos séculos de história cristã. Essa honra é concedida àqueles que levam o cristianismo a determinado país, região ou população pela primeira vez.*

Colonização Britânica na América do Norte

Os colonizadores britânicos desembarcaram no litoral norte-americano em dois grupos. Primeiro, no início do século XVII, empreendedores ingleses estabeleceram uma colônia em Jamestown, na Virgínia, a fim de procurar riquezas no Novo Mundo, seguindo o exemplo dos primeiros colonizadores espanhóis na América do Sul. Depois de muitos contratempos, a colônia da Virgínia se desenvolveu e se transformou em um próspero empreendimento comercial. Mais ou menos ao mesmo tempo, outro grupo de pios colonizadores britânicos chegou a Massachusetts. Estavam em busca da liberdade religiosa que lhes havia sido negada na Inglaterra.

Muitos historiadores identificaram esses dois grupos de colonizadores britânicos como a fonte de permanente tensão na identidade norte-americana. Movidos pelo fervor religioso, os colonos da Nova Inglaterra queriam criar, no solo rochoso de Massachusetts, uma comunidade que servisse de exemplo para o mundo inteiro. John Winthrop, o líder dos puritanos que se estabeleceram em Boston, descreveu a missão deles num célebre sermão: "Seremos como uma cidade sobre uma colina. Os olhos de todos os povos estarão voltados para nós". A colônia da baía de Massachusetts instituiu um rígido código de leis baseadas na Bíblia, punindo severamente os adúlteros e os suspeitos de incredulidade.

Já os colonos da Virgínia estavam muito mais preocupados com a obtenção de lucro. Enquanto os rígidos clérigos de Boston tentavam inculcar nos fiéis a virtude pública, o primeiro decreto da legislatura da Virgínia, de 1619, foi promulgado para regulamentar os preços do tabaco.

O restante das treze colônias originais refletia os motivos variados que impeliram os britânicos. A Pensilvânia se tornou refúgio para os perseguidos quacres. Nova York começou como uma colônia comercial holandesa de curta duração, conquistada pelos britânicos em 1664. Os grupos de colonos britânicos sentiam inicialmente pouca afinidade entre si, porém o ressentimento comum contra o autoritário governo britânico ajudou a unir as treze colônias.

FATOS ADICIONAIS

1. *A colônia de Maryland foi fundada em 1634 como um abrigo seguro para os católicos britânicos, cuja religião caíra em desgraça na Inglaterra após a Reforma Protestante, no século XVI.*
2. *Várias outras potências européias estabeleceram colônias de curta duração na América do Norte. Colonizadores suecos fundaram Delaware em 1638, mas a colônia durou apenas alguns anos. O estado de Vermont, colonizado inicialmente pelos franceses, tornou-se um país independente por um breve período do século XVIII, e em 1791 foi o 14º estado a aderir à União.*
3. *A perseguição religiosa sofrida na Europa por muitos colonos americanos não os impediu de maltratar os dissidentes religiosos no Novo Mundo. Os puritanos de Massachusetts, que haviam fugido da Inglaterra, enforcaram vários quacres em Boston por resistirem à ordem de se retirar da comunidade.*

Orgulho e Preconceito

Orgulho e preconceito (1813) é indiscutivelmente a obra mais popular da escritora inglesa Jane Austen (1775-1817). Juntamente com outros romances da autora, foi inovador por seu enfoque da vida da classe média. O reino aristocrático havia sido amplamente abordado na literatura britânica anterior. Seu enredo surpreendentemente moderno, repleto de humor e ironia, fez desse livro um romance favorito ao longo de gerações.

Austen era a sétima de oito filhos. Seus pais, de classe média, incutiram-lhe o valor da leitura e do estudo. Freqüentou por um breve período um internato para senhoras, que à época ministrava uma educação superior à recebida pela maioria das inglesas de sua classe. Estimulada pelos pais, começou a escrever, concluindo um primeiro esboço de *Orgulho e preconceito* já em 1796. Após o manuscrito ser recusado por um editor, Austen o deixou de lado e trabalhou em outros projetos durante mais de dez anos antes de retomá-lo.

Orgulho e preconceito narra as ansiedades românticas de uma jovem, Elizabeth Bennet, e suas quatro irmãs. Como a própria autora, Elizabeth pertence à classe média. Embora o sr. e a sra. Bennet tenham herdado uma propriedade, o fato de terem cinco filhas e nenhum filho levou o bem da família a ser inalienado, ou confiscado, em favor de um parente, o odioso e bajulador sr. Collins. Essa situação lamentável deixa a sra. Bennet constantemente apreensiva quanto à perspectiva matrimonial de suas filhas.

Certa noite, num baile, Elizabeth conhece um moço rico chamado sr. Darcy. Embora os dois fiquem secretamente interessados um pelo outro, Elizabeth se desilude do rapaz ao perceber sua arrogância, e o mesmo acontece com ele diante dos modos nada requintados da família dela. Após uma longa série de embaraçosos confrontos, mal-entendidos recíprocos e auto-recriminações, Elizabeth e Darcy se dão conta de seu amor e acabam ficando noivos.

Orgulho e preconceito destaca-se por seu humor, perspicácia e personagens ricamente retratados. A geniosa e independente Elizabeth é uma das grandes heroínas da literatura. A sra. Bennet é uma galinha choca como mãe, dada a constantes dramas que o devotado sr. Bennet suporta com resignação. A personagem mais memorável talvez seja a esnobe e venenosa Lady Catherine, tia de Darcy, que fica horrorizada diante da perspectiva de seu sobrinho satisfazer às "oportunistas pretensões de uma jovem sem família, sem relações e sem fortuna". A combinação desses retratos, afetuosamente traçados, com humor incisivo e final feliz faz de *Orgulho e preconceito* um dos clássicos mais apreciados da literatura inglesa.

FATO ADICIONAL

1. *A morte prematura de Austen veio interromper sua fecunda carreira. Seus romances* A abadia de Northanger *e* Persuasão *foram publicados postumamente, em 1818.*

Arte Barroca

Os historiadores costumam situar a época barroca entre 1600 e 1750. O barroco espalhou-se por toda a Europa ocidental, assumindo diferentes características à medida que se desenvolvia contra o pano de fundo da Reforma Protestante e da Contra-Reforma Católica. A arte barroca costuma ser descrita como teatral, emocionalmente atraente, dinâmica e impressionante.

Grande parte da arte barroca na Itália e em outros países católicos foi uma resposta direta ao protestantismo. Martinho Lutero e seus partidários criticaram a Igreja Católica por excesso de ostentação e por propagar a veneração de imagens. As autoridades católicas responderam defendendo o uso de imagens devocionais, mas decretaram que os artistas deveriam seguir normas mais estritas e criar pinturas que retratassem os eventos bíblicos de maneira clara, vívida e realista. Tais imagens, segundo essas autoridades, ajudariam a fomentar a devoção dos fiéis. A arquitetura, por outro lado, deveria celebrar o poder do papado e sua vitória sobre as seitas protestantes rebeldes.

Na Itália, o maior projeto barroco foi a conclusão da nova Basílica de São Pedro. Foi um projeto em grande parte colaborativo. O célebre escultor e arquiteto Gian Lorenzo Bernini supervisionou o programa escultural de toda a basílica e desenhou a praça oval com colunatas em frente a ela. Carlo Maderno edificou a fachada. Uma ampla variedade de pintores barrocos executou os retábulos do interior.

O barroco tomou uma direção algo diferente em países protestantes, como a Holanda, onde foi utilizado para glorificar mais a jovem república do que o papado ou o monarca reinante. Levou também a um interesse maior pelos efeitos atmosféricos e pela emoção humana nas pinturas, como se pode ver na obra dos dois artistas holandeses mais famosos do século XVII, Rembrandt van Rijn e Jan Vermeer. Na protestante Inglaterra, o barroco deixou sua marca na arquitetura de Sir Christopher Wren, especialmente no projeto que este elaborou para a Catedral de São Paulo, construída entre 1675 e 1710.

No século XVIII, o barroco gradualmente cedeu lugar ao estilo mais ornamentado do rococó.

FATOS ADICIONAIS

1. *A princípio, no século XIX, o termo "barroco" foi utilizado pejorativamente, para criticar o período. Hoje é empregado coloquialmente para designar algo extravagante, excêntrico, excessivo.*
2. *O quadro* A morte da Virgem, *do pintor barroco italiano Caravaggio (cujo nome verdadeiro era Michelangelo Merisi), provocou um escândalo quando foi exibido pela primeira vez, porque retrata Maria com a barriga arredondada, o que era considerado indecoroso para uma santa. Dizem que Caravaggio usou uma prostituta local como modelo.*

Charles Darwin e a Seleção Natural

Em 1842, Charles Darwin (1809-1882) começou a escrever *A origem das espécies*. Ele não foi o primeiro a afirmar que as populações evoluem ao longo do tempo, mas foi o primeiro a propor uma teoria para explicar por que isso acontece.

Nascido na afluente nobreza de Shropshire, na Inglaterra, Darwin teve uma infância privilegiada. Seu pai era um médico abastado, e sua mãe era filha do famoso ceramista Josiah Wedgwood. Naturalmente impressionável, Darwin não pôde seguir os passos do pai como médico. Porém seu pai queria que ele tivesse uma profissão, de modo que o destinou ao clero. Darwin possuía inclinação pela observação natural, anatomia, geologia e botânica, mas nutria pouco interesse por religião. Após três anos estudando teologia na Christ's Church, em Cambridge, aproveitou a oportunidade que se apresentou para deixar a igreja. Aos 22 anos, embarcou no navio *HMS Beagle*, com o objetivo principal de servir como companheiro de viagem do capitão Robert FitzRoy, que temia a solidão do comando no mar.

Durante os cinco anos seguintes, Darwin navegou ao redor das ilhas do oceano Pacífico, da América do Sul e da Austrália. Suas observações das plantas e dos animais, notadamente das raras criaturas das ilhas Galápagos, formaram a base de sua teoria da evolução. Notou que os animais pareciam se ajustar ao ambiente. Um pássaro com o bico comprido e estreito sorvia néctar de uma planta de flores compridas e estreitas. Darwin concluiu que isso não acontecia por acaso. Os pássaros de bico mais comprido e mais estreito tinham mais chance de sobreviver e, assim, de transmitir suas características físicas à geração seguinte. Dessa forma, os pássaros evoluíam ao longo do tempo para se ajustar às flores. Aqueles de bico curto e grosso simplesmente desapareceriam. Esse processo de seleção natural podia ser utilizado para explicar as características de todas as criaturas da terra. Das algas marinhas às baleias-azuis, todas as populações, concluiu ele, evoluíam por meio da "sobrevivência dos mais aptos".

FATOS ADICIONAIS

1. *Darwin não revelou suas descobertas ao público durante mais de vinte anos. Tinha sérias apreensões quanto ao impacto que elas poderiam ter sobre a religião.*
2. *O livro* A origem das espécies *foi* best-seller *quando enfim publicado, em 1859.*
3. *Darwin passou a sofrer de muitas doenças debilitantes após a publicação do livro. Embora tivesse uma crença inabalável na ciência, experimentou algumas simpatias, como embeber o pescoço de vinagre e atá-lo com uma corrente.*

Sinfonias de Londres de Haydn

Quando Franz Joseph Haydn fez duas visitas mais longas a Londres, em 1791-1792 e 1794-1795, sua fama o tornou alvo de atenção frenética por parte dos meios de comunicação, a maior já concedida a um compositor estrangeiro desde a chegada de Händel, oitenta anos antes.

Haydn acabara de deixar Viena e seu jovem amigo Wolfgang Amadeus Mozart, e as obras que escreveu quando esteve na Inglaterra trazem a marca da relação musical mutuamente influente entre os dois compositores. De fato, Haydn foi o único compositor que o arrogante Mozart reconheceu como superior a ele, embora aquele tenha modestamente renunciado à homenagem que o jovem colega lhe prestava.

As Sinfonias de Londres foram compostas sob encomenda para J. P. Salomon, empresário que estava organizando uma série de concertos no Hanover Square Rooms, naquela cidade. As seis primeiras foram executadas durante a temporada de 1791-1792, e as outras seis durante a temporada de 1794-1795. Figurando entre as obras mais famosas de Haydn, eram peças harmonicamente desafiadoras, que muito deviam às inovações sinfônicas de Mozart.

A *Sinfonia nº 94*, "Sinfonia da surpresa", é assim referida porque, no meio do segundo movimento, um estrondo de toda a orquestra muda por completo o sentido da peça. Alguns críticos afirmaram, presumivelmente em tom de brincadeira, que era para acordar os ouvintes que estivessem cochilando.

A *Sinfonia nº 103* foi a primeira a começar com um rufar de tambores (por isso, costuma-se chamá-la de "Sinfonia do rufar de tambores"), e a *Sinfonia nº 104*, "Londres", talvez seja o melhor exemplo de uma composição sinfônica clássica madura.

FATOS ADICIONAIS

1. *Conta-se que, quando Haydn partiu para Londres, Mozart teria dito a ele, profeticamente: "Nunca mais nos veremos". Mozart faleceu antes do regresso de Haydn.*
2. *A* Sinfonia nº 100 *é chamada "Militar" devido aos tímpanos e címbalos que ressoam.*
3. *Enquanto escrevia as Sinfonias de Londres, Haydn teve um caso com uma viúva chamada Rebecca Schroeter. Escreveu que ela "ainda era bonita", apesar de ter mais de 60 anos.*

Conhecimento *a Priori*

Grande parte do conhecimento que temos do mundo vem da experiência. Sabemos que existe uma árvore no quintal, por exemplo, porque a vemos. Sabemos que ela precisa da luz do sol e de água para crescer porque os cientistas observaram cuidadosamente esses fatos. Em geral, conhecemos nosso ambiente imediato por percebê-lo, e adquirimos conhecimento científico sobre o mundo observando-o e realizando experimentos nele.

No entanto, alguns dos nossos conhecimentos não dependem da experiência do modo como foi descrito acima. Por exemplo, sabemos que os solteiros são homens não-casados. Qual é a justificativa para acreditar nisso? Esse conhecimento não depende de nossa experiência. Se dependesse, cada um de nós, para deter esse conhecimento, teria que investigar os solteiros e determinar que eles são homens não-casados. Mas não o fazemos. Pelo simples conhecimento dos termos "solteiro" e "homens não-casados", sabemos que todos os solteiros são homens não-casados. (Supõe-se que é preciso experimentar o mundo para aprender o que essas palavras significam. Mas a questão é saber se, tendo compreendido o significado dessas palavras, precisamos de mais experiência para justificar nossa crença de que todos os solteiros são homens não-casados. Parece que não.) Mais ainda: Que experiência nos levaria a negar que todos os solteiros são homens não-casados? Se tal experiência não é possível, parece que a justificativa para nossa crença independe de nossa experiência.

O conhecimento que não depende da experiência é chamado de conhecimento *a priori*, porque é justificado *antes* da experiência. Outros exemplos de conhecimento *a priori* são as expressões matemáticas. Sabemos que 1 + 1 = 2. Mas não sabemos isso por experiência. Um bom teste para saber se uma afirmação se justifica *a priori* é fazer a seguinte pergunta: Estaríamos dispostos a renunciar a essa afirmação em face da experiência? Dizer que 1 + 1 = 2 é sabido *a priori* é dizer que não precisamos renunciar a essa afirmação, qualquer que venha a ser nossa experiência.

FATOS ADICIONAIS

1. *Os filósofos divergem quanto à possibilidade de termos conhecimento* a priori *de qualquer coisa que não seja lógica e o significado das palavras.*

2. *Alguns filósofos acreditam que não temos nenhum conhecimento* a priori, *seja de que tipo for. Mesmo o conhecimento de matemática e lógica, insistem eles, depende em última análise da experiência.*

Maria Madalena

Maria Madalena, ou Maria de Magdala, foi uma das mais notáveis discípulas de Jesus e certamente a mais analisada. Os Evangelhos canônicos contam que ela se tornou seguidora de Jesus quando este exorcizou sete demônios que a atormentavam.

Talvez ainda mais importante, Maria Madalena esteve presente na crucificação de Jesus e foi a primeira testemunha de sua ressurreição. Na terceira manhã após a morte de Jesus, ela se dirigiu ao túmulo dele e o encontrou vazio. Jesus então apareceu diante dela, que a princípio não o reconheceu, mas ele a chamou pelo nome e pediu que ela contasse o milagre aos demais discípulos.

Os pormenores da vida de Maria Madalena são muito controversos. Alguns estudiosos afirmam que ela e outras mulheres mencionadas nos Evangelhos são a mesma pessoa. Por exemplo, a certa altura menciona-se uma pecadora que morava na casa dos fariseus. Essa mulher, cujo pecado bem pode ter sido a prostituição, não tem nome, mas a partir dos séculos III e IV os estudiosos começaram a afirmar que se tratava de Maria Madalena.

Outra linha teórica relativa à vida de Maria Madalena sustenta que ela era esposa de Jesus. Embora haja poucas evidências em qualquer dos lados desse debate, os defensores dessa teoria alegam que nunca se diz explicitamente que Jesus não era casado. Maria era mais próxima dele que qualquer outro discípulo, e um judeu daquela época dificilmente viajaria e ensinaria sem ser casado. Por outro lado, há poucos indícios a sugerir que ela fosse esposa dele, e ser um mestre solteiro não seria algo tão estranho assim, considerando-se a revolucionária visão de mundo de Jesus.

FATOS ADICIONAIS

1. *A tradição de oferecer ovos de chocolate embrulhados em papel colorido na Páscoa pode ter vindo de uma interação entre Maria Madalena e o imperador romano Tibério César Augusto. Devido à presença de Maria na crucificação e na ressurreição de Jesus, foi-lhe concedida uma audiência com o imperador. Então, declarando que Jesus ressurgira dos mortos, ela presenteou o imperador com um ovo. Ele respondeu que a ressurreição de Jesus era tão provável quanto o ovo se tornar vermelho, o que imediatamente aconteceu.*

2. *Maria foi canonizada nas igrejas Católica Romana, Ortodoxa Oriental e Anglicana.*

Paz de Westfália

No inverno de 1648, exauridas por trinta anos de guerra e devastação, as grandes potências européias se reuniram na província alemã de Westfália para elaborar um tratado de paz. A Guerra dos Trinta Anos começara como uma disputa religiosa entre católicos e protestantes na Alemanha. Em Westfália, as potências européias decidiram que simplesmente não valia mais a pena continuar brigando por causa de religião. Cada Estado, concordaram eles, deveria ter o direito de escolher a própria religião e determinar como conduziriam suas relações internacionais. Os príncipes europeus rivais não tentariam mais impor aos vizinhos sua versão particular do cristianismo.

Mais importante, o tratado sacramentou o princípio da soberania nacional que vem guiando as relações internacionais até hoje. Antes de 1648, os governantes das várias regiões alemás se reportavam ao sacro imperador romano. Mas nunca ficou claro – especialmente em questões de religião – quem tinha realmente a última palavra, os príncipes individuais ou o imperador. O tratado deixou claro que os Estados individuais alemães eram soberanos – e não o remoto imperador. Destituído da maior parte de seu poder, o antigo Sacro Império Romano chegou ao fim em 1806, pouco mais de mil anos após a coroação de Carlos Magno como seu primeiro imperador, em 800 d.C.

O conceito de soberania nacional pôs termo às disputas religiosas e ajudou a estabilizar a Europa, mas não acabou com a guerra. Os príncipes europeus simplesmente encontraram outras razões, além de Deus, pelas quais lutar. De fato, alguns críticos sustentam que, dando aos Estados controle total sobre o que acontecia dentro de suas fronteiras, o tratado só fez acirrar as rivalidades entre os países europeus, contribuindo assim para a desunião da Europa. A noção de soberania, dizem eles, deu também aos líderes mundiais uma justificativa para ignorar os terríveis abusos contra os direitos humanos praticados em outros países. Para o bem ou para o mal, o conceito de soberania nacional permanece crucial para as relações internacionais hoje.

FATOS ADICIONAIS

1. *As negociações do tratado ocorreram efetivamente em duas cidades, uma para os protestantes e outra para os católicos, porque os dois grupos se recusaram a se reunir diretamente.*
2. *Como se sabe, Adolf Hitler chamou o regime nazista de Terceiro* Reich *(Terceiro Império) alemão. No entender dele, o Primeiro* Reich *havia sido o Sacro Império Romano, e o segundo, a efêmera monarquia chefiada pelo* Kaiser *(rei) de 1871 a 1918.*

Cândido

O livro *Cândido* (1759) é a grande obra satírica do Iluminismo, o movimento intelectual e racional que varreu a Europa entre 1650 e 1800, aproximadamente. Escrito por François-Marie Arouet (1694-1778), mais conhecido pelo mordaz pseudônimo Voltaire, *Cândido* alfineta a religião, a aristocracia e as idéias de vários filósofos do Iluminismo.

O Iluminismo produziu uma série impressionante de ilustres escritores e pensadores, mas nenhum deles teve um talento tão incisivo ou um olhar tão afiado para a sátira como Voltaire. Nascido em Paris, desde a mais tenra idade demonstrou o dom para a paródia. Freqüentando os salões parisienses com outros intelectuais e filósofos, Voltaire adotou o racionalismo e atacou as velhas instituições religiosas e políticas. Sua audácia lhe trouxe problemas quando mal passara dos 20 anos, depois que irritou o duque d'Orleães. Foi exilado e preso ao retornar a Paris. Posto em liberdade, voltou a ser preso antes de partir para outro exílio, na Inglaterra, em 1726.

Depois de prolíficas três décadas de peças, novelas e ensaios, Voltaire escreveu a célebre farsa *Cândido*. O personagem-título é um rapaz extraordinariamente ingênuo que cresce na casa de um barão alemão. É ensinado pelo tutor dr. Pangloss, que acredita firmemente que o mundo em que vivem é "le meilleur des mondes possibles" – "o melhor dos mundos possíveis". Depois que o barão expulsa Cândido de sua casa, por este ter-se apaixonado pela filha dele, Cunegundes, Cândido viaja pela Europa. Segue-se uma burlesca seqüência de atribulações e sofrimentos: Cunegundes vê sua família ser assassinada por hordas de búlgaros e depois é vendida no mercado de escravas sexuais; Pangloss contrai sífilis e mais tarde é enforcado; um terremoto devasta a cidade de Lisboa; e o próprio Cândido é açoitado repetidamente. Não obstante, tanto ele como o tutor permanecem fiéis à sua visão de mundo cegamente otimista, acreditando que "tout est au mieux" – "tudo é para o melhor".

Cândido é uma sátira impiedosa à filosofia de Gottfried Wilhelm von Leibniz, contemporâneo de Voltaire conhecido pelo extremo otimismo. Embora este não fosse necessariamente pessimista, para ele as crenças de Leibniz eram tão otimistas que beiravam a tolice – uma especulação filosófica despropositada que ignorava a realidade do mundo. Assim, no fim da obra, Cândido tem uma revelação e rejeita os ensinamentos de Pangloss, chegando à conclusão de que a maneira de atingir a realização é "cultivar o seu jardim" – em outras palavras, envolver-se em atividades práticas que produzam benefícios tangíveis.

FATOS ADICIONAIS

1. *Voltaire contava, entre amigos e conhecidos, com um vasto leque de luminares europeus, de Frederico, o Grande a Jonathan Swift, Catarina, a Grande e Casanova.*
2. *O compositor norte-americano Leonard Bernstein compôs, em 1956, uma opereta cômica baseada em* Cândido. *A obra se tornou popular e até hoje é encenada com freqüência.*

Rembrandt

Rembrandt van Rijn (1606-1669), o artista mais importante da escola holandesa, é mais conhecido por seus retratos perfeitos e inovadores. Nascido na cidade holandesa de Leiden, estudou com Pieter Lastman em Amsterdã. Depois de voltar para casa e trabalhar em seu fecundo ateliê por vários anos, mudou-se novamente para a capital, em 1631, e ali permaneceu pelo resto da vida.

Nos primeiros anos de sua carreira, Rembrandt tentou trabalhar no dramático estilo barroco, tão popular na época, mas não conseguiu competir com outros mestres barrocos, como Peter Paul Rubens. Suas pinturas não eram tão idealizadas quanto aquelas de seus contemporâneos italianos e flamengos. Em *A cegueira de Sansão* (1636), por exemplo, retratou o herói bíblico como um homem derrotado e patético, o que desagradou de tal modo o receptor da pintura que ele a devolveu ao artista.

Na arte do retrato, porém, especialmente no retrato com múltiplas figuras, o pintor conheceu sucesso imediato. Em *A lição de anatomia do dr. Tulp* (1632), por exemplo, ele captou as expressões de vários médicos reagindo à dissecação que se passa na sala onde estão. Retratos anteriores de grupos de cirurgiões haviam mostrado os homens num alinhamento formal. Em 1642, recebeu sua mais importante encomenda: o retrato de uma companhia de milícia cívica. A pintura, *A companhia do capitão Frans Banning Cocq e do tenente Willem van Ruytenburch*, retrata a companhia se preparando mais para uma cerimônia festiva do que para uma verdadeira batalha. A obra é mais conhecida como *A ronda noturna*, título derivado de uma camada de verniz escuro, removida desde então, que levava os espectadores a pensar que se tratava de uma cena noturna. Hoje o quadro, com mais de quatro metros de largura, pode ser visto no Rijksmuseum, em Amsterdã.

O estilo de Rembrandt mudou consideravelmente com o passar do tempo. Sua representação da emoção tornou-se cada vez mais sutil e sugestiva, à medida que ele abandonava a teatralidade dos primeiros tempos. Seus numerosos auto-retratos – mais de sessenta – refletem igualmente seu desenvolvimento como artista e como indivíduo. Suas primeiras poses constrangidas e seus trajes extravagantes gradualmente cederam lugar à austera dignidade e à sabedoria de um mestre experiente.

Após uma série de crises financeiras, Rembrandt afastou-se um pouco do público. Apesar disso, continuou recebendo importantes encomendas, como *Os síndicos da corporação de tecelões* (1662), em que os seis inspetores de tecidos dão a impressão de que sua conferência foi interrompida pelo espectador.

Ele foi também um talentoso gravurista. Experimentou uma variedade de técnicas, papéis e tintas e retrabalhava as placas de cobre de tal modo que muitas de suas gravuras são de fato únicas.

Como Rembrandt possuía um amplo ateliê e muitos assistentes que trabalhavam no mesmo estilo, após sua morte diversas obras lhe foram erroneamente atribuídas. Em 1968, uma equipe de historiadores da arte holandeses criou o Projeto de Pesquisas Rembrandt, cujo objetivo é eliminar as falsas atribuições. O projeto concluiu que apenas cerca de 350 das pinturas de Rembrandt sobrevivem.

Gravidade

A gravidade é um grande mistério do universo. De acordo com a teoria, todas as massas do universo se atraem, e a força dessa atração é afetada pela distância. Quanto maior a massa, maior a atração. Quanto maior a distância, menor a atração. Mas por que todos os objetos do universo se atraem? Ninguém sabe.

Na linguagem coloquial, "massa" e "peso" são utilizados sem distinção, mas na verdade são coisas muito diferentes. A massa mede a quantidade de material presente em um objeto. Um travesseiro e um pesa-papéis podem ter a mesma massa, apesar de possuir tamanhos diferentes. O pesa-papéis é simplesmente mais denso que o travesseiro – o material dentro daquele objeto é mais compactado.

O peso mede a força exercida sobre um objeto em um campo gravitacional. A massa não muda em virtude da localização, mas o peso pode mudar dependendo do ambiente. A massa na superfície da Terra sofre uma atração do planeta à ordem de 9,8 metros por segundo quadrado. Se a mesma massa for levada para a superfície da Lua, o objeto pesará menos, porque esta tem menos massa que a Terra. A Lua tem um sexto da atração gravitacional da Terra, por isso o objeto pesaria um sexto do que pesa em solo terrestre. Em outras palavras, uma pessoa de 78 quilos pesaria apenas treze quilos na Lua.

Nosso corpo é feito para existir sob a força da gravidade da Terra. Quando os astronautas sofrem perda de peso no espaço – estado mais corretamente chamado de microgravidade –, sentem náusea, desorientação, dor de cabeça, perda de apetite e congestão. Passam a sofrer da síndrome de adaptação ao espaço, ou "mal do espaço". Normalmente, o sangue que corre em nossas pernas tem que resistir à gravidade para voltar ao coração. Na microgravidade, o sangue volta rapidamente ao cérebro, porque não há resistência. É como ficar de cabeça para baixo por muito tempo.

FATOS ADICIONAIS

1. *Os astronautas precisam se exercitar várias horas por dia no espaço para evitar que seus músculos se atrofiem.*
2. *Isaac Newton formulou a primeira notação matemática da gravidade em 1687.*
3. *A história segundo a qual Newton concebeu a gravidade depois que uma maçã caiu da árvore e atingiu sua cabeça não é verdadeira.*

Wolfgang Amadeus Mozart

Nenhum compositor tem sua vida ou sua música envolta em tanta lenda quanto Wolfgang Amadeus Mozart (1756-1791). Nascido em Salzburgo, na Áustria, filho de Leopold Mozart, professor e compositor palaciano de nível inferior, Mozart viveu a maior parte da infância viajando e se apresentando como prodígio, tendo percorrido as cortes e os reinos estrangeiros de Munique, Viena, Londres, Paris e Roma. Tocava para reis, rainhas, duques e papas, exibindo pequenas proezas de memória musical e habilidade técnica.

Depois de uma breve temporada em Salzburgo, Mozart passou boa parte de sua carreira na corte do sacro imperador romano José II, em Viena. Sua primeira composição de sucesso foi *O rapto do serralho* (1781), uma ópera bufa, ou cômica, gênero no qual se sentia mais à vontade. Colaborou com o famoso libretista vienense Lorenzo Da Ponte em três óperas consecutivas, *As bodas de Fígaro* (1786), *Dom Giovanni* (1787) e *Così fan tutte* (1790). Compôs cerca de quarenta sinfonias, trinta concertos para piano, cinco concertos para violino e centenas de aberturas, quartetos e peças para flauta, oboé, clarinete, coro e vários outros conjuntos.

Mozart foi um homem apaixonado – era totalmente devotado à música, às festas, à boa mesa, ao bom vinho, ao bilhar, ao sexo e ao jogo. Tinha um manancial de talento aparentemente inesgotável. Infelizmente, ele e sua caprichosa esposa, Constanze, eram muito irresponsáveis em relação a dinheiro. Apesar de ter produzido quase todas as suas melhores obras nos últimos dez anos de vida, Mozart tinha que suplicar dinheiro a seus já desgastados credores. Morreu, provavelmente de febre reumática, depois de se sobrecarregar de trabalho e não se alimentar corretamente, com 35 anos.

Hoje, sua reputação perdura tanto como um gênio arrogante e imaturo quanto como indubitavelmente o maior compositor da época clássica, se não de todos os tempos.

FATOS ADICIONAIS

1. *No século XIX, os românticos reivindicaram o legado de Mozart, criando mitos segundo os quais ele nunca recebera o que lhe era devido e passara fome por amor à música. Na realidade, ele foi reconhecido como gênio em vida e era um dos compositores mais bem pagos da época.*

2. *Mozart compôs sua primeira sinfonia aos 8 anos, e sua primeira ópera aos 12.*

3. *A irmã de Mozart, Nannerl, foi uma pianista prodígio quando criança, mas provavelmente nunca pôde desenvolver seus talentos por ser mulher.*

4. *Após a morte de Mozart, Constanze se casou com um diplomata dinamarquês, em cuja lápide se lê: "Aqui repousa o segundo marido da viúva de Mozart".*

Gottfried Wilhelm von Leibniz

Nascido em Leipzig, na Alemanha, Gottfried Wilhelm von Leibniz (1646-1716) iniciou seus estudos universitários aos 14 anos e concluiu o doutorado na idade notavelmente precoce de 22 anos. Em vez de seguir carreira acadêmica, colocou-se a serviço de vários nobres alemães, trabalhando em diferentes épocas como bibliotecário, diplomata, engenheiro e cortesão. Essa variedade de ocupações espelhava a variedade de seus interesses intelectuais. Além de obras importantes e duradouras nos domínios da filosofia, teologia e matemática, Leibniz fez contribuições significativas à química, à física, à lógica, à medicina, à botânica, à óptica, à história, à lingüística, à jurisprudência, à filologia e à diplomacia. Desde Aristóteles um grande filósofo não contribuía com tantas áreas do conhecimento.

No campo da filosofia, Leibniz foi racionalista. Seu projeto mais abrangente era defender o princípio da razão suficiente: para toda proposição verdadeira, há uma razão pela qual ela é verdadeira e não falsa.

Por acreditar que havia uma razão para todas as coisas, Leibniz achava que deveria haver uma razão pela qual Deus optou por criar o mundo como ele é e não de outra maneira qualquer. A razão disso, afirmava, é que este mundo é o melhor dos mundos possíveis. Esse argumento foi formulado por Leibniz no único livro que publicou em vida, *Teodicéia* (1710).

Em um trabalho mais breve intitulado *Monadologia*, expôs uma teoria singular. Afirmou que o mundo consiste em um número infinito de coisas imateriais do tamanho de um ponto denominadas mônadas. Nossa mente são mônadas, mas nem todas as mônadas são autoconscientes, como nós somos. Objetos, como mesas e cadeiras, não são nem se compõem de mônadas. Eles existem porque as mônadas os percebem – são o sonho mútuo delas. A teoria das mônadas conta atualmente com poucos partidários.

FATOS ADICIONAIS

1. *Embora a formulação do cálculo diferencial seja largamente atribuída a Sir Isaac Newton, Leibniz também contribuiu para seu desenvolvimento.*
2. *Leibniz inventou uma calculadora mecânica que podia fazer operações aritméticas simples.*

Última Ceia

A Última Ceia foi a refeição feita por Jesus na noite que antecedeu sua morte. Muitos acreditam, e a Bíblia o sugere nos Evangelhos de Marcos, Mateus e Lucas, que essa refeição era um *Seder de Pessach*, jantar cerimonial judaico em que se recorda a fuga dos hebreus do Egito.

Se era um *Seder*, a Última Ceia aconteceu numa quinta, celebrada na Quinta-Feira Santa, e Jesus foi crucificado numa sexta, relembrada na Sexta-Feira da Paixão. O Evangelho de João, porém, indica que a refeição se deu alguns dias antes do *Pessach*, e a Igreja Ortodoxa aceita esse relato.

Jesus partilhou essa ceia com os doze apóstolos. Prevendo os acontecimentos que sobreviriam entre a ceia e sua morte iminente, anunciou aos apóstolos que um deles o trairia. Um a um eles disseram: "Não serei eu". Por fim Judas Iscariotes, tendo já concordado em entregar Jesus ao Sinédrio, a corte suprema judaica, disse a mesma coisa, e Jesus retrucou: "Sim, será você".

Enquanto comia o pão e bebia o vinho, disse a seus discípulos: "Este é o meu corpo" e "Este é o meu sangue". Afirmando que não tornaria a consumir aquelas coisas até o advento do Reino dos Céus, recomendou que os apóstolos consumissem pão e vinho de maneira semelhante em memória dele – essa é a origem da Eucaristia, ou Comunhão. Alguns acreditam que o cálice utilizado por Jesus para tomar o vinho durante a Última Ceia seja o Santo Graal, que seria dotado de poderes miraculosos. Esse mesmo cálice foi usado por José de Arimatéia para recolher o sangue que pingava do corpo crucificado de Jesus.

Finalmente, Jesus previu na ceia que Pedro o negaria três vezes. O apóstolo exclamou que preferiria morrer a renegá-lo. Mas, depois que Jesus foi condenado por blasfêmia perante o Sinédrio, três homens abordaram Pedro quando ele tentava fugir da cidade. Cada um deles o acusou de conhecer Jesus, e por três vezes ele negou. Tendo compreendido o que fizera, Pedro chorou de vergonha.

Luís XIV da França

O rei Luís XIV (1638-1715) herdou a coroa em 1643, quando tinha apenas 4 anos, e governou a França pelo incrível período de 72 anos. Durante seu longo reinado, o monarca, conhecido como Rei-Sol, expandiu o poder da França na Europa e consolidou o próprio poder no país. Governando de seu magnífico Palácio de Versalhes, Luís XIV instituiu uma monarquia centralizada e absolutista, que exerceu um poder sem paralelo na história da França.

Durante seu reinado, Luís XIV espalhou novos palácios por toda a França e fez de Versalhes a residência mais luxuosa da Europa. As artes e as ciências floresceram, e as fronteiras da França se expandiram.

Ele teria declarado: "L'État, c'est moi" – "O Estado sou eu". Os tradicionais freios ao poder régio na França – o clero e a nobreza – cederam grande parte de sua autoridade ao ambicioso rei em Paris, que neutralizou o poder dos nobres rivais convidando-os a residir em Versalhes. Ali, eles estavam tão preocupados com intrigas palacianas e a política da corte que não tinham tempo para organizar nenhum tumulto. Luís XIV também forçou o papa a lhe conceder maior controle sobre a Igreja Católica na França e ordenou a perseguição de protestantes e judeus para fomentar a unidade religiosa.

Durante o século XVII, outros países europeus, particularmente a Suécia, seguiram o exemplo da França e criaram monarquias absolutistas. Essa forma de governo eliminou os derradeiros vestígios do feudalismo, mas também acarretou um comportamento tirânico. Tal comportamento, da parte de Luís XIV e seus sucessores, acabou levando à sangrenta Revolução Francesa, em 1789.

FATOS ADICIONAIS

1. *O estado norte-americano de Louisiana, ex-possessão francesa, deve seu nome a Luís XIV.*
2. *O rei gostava de se comparar a Apolo, deus grego do sol. Seu quarto em Versalhes era chamado de quarto de Apolo.*

Pós-Modernismo

O termo "pós-modernismo" é notoriamente difícil de definir, seja com referência à literatura, à arte ou a qualquer outra coisa. Isso se deve parcialmente ao fato de o pós-modernismo não ser exatamente um estilo coerente, mas uma reação contra um movimento anterior – o modernismo. De maneira geral, a literatura pós-moderna consiste em um amálgama autoconsciente de diferentes gêneros e estilos, na exploração de perspectivas novas ou negligenciadas e na mistura de formas de arte superiores e inferiores, não raro marcada pelo uso da ironia e do humor. O período do movimento é vago, mas costuma-se situar seu início na altura da década de 40.

Durante a primeira metade do século XX, os autores modernistas investigaram questões de perspectiva e subjetividade. Muitos concluíram que não existem verdades absolutas e que o mundo está, portanto, irremediavelmente fragmentado. A maioria dos autores via essa condição como o resultado trágico da alienação da sociedade pós-industrial. No entanto, muitos escritores da geração mais jovem – a geração pós-moderna – não compartilhavam dessa crença, afirmando que essa fragmentação representava uma oportunidade para novas explorações e descobertas.

Os escritores pós-modernos lidaram com essa oportunidade de diferentes maneiras. Alguns utilizaram o humor e a ironia: o livro *O leilão do lote 49* (1966), de Thomas Pynchon, revela um simbolismo deliberadamente vazio e um significado falso, o que faz dele mais uma fonte de humor que de tragédia. Outros escritores atenuaram ou removeram barreiras tradicionais entre gêneros: *A sangue frio* (1965), de Truman Capote, ilustra uma história real sobre dois assassinos valendo-se de diálogos e temas típicos do romance, criando efetivamente um novo gênero de ficção jornalística. E muitos autores se concentraram na alienação dos indivíduos na sociedade moderna: *Ruído branco* (1985), de Don DeLillo, examina a absurda sobrecarga de informações e o excessivo materialismo dos Estados Unidos contemporâneos.

De modo análogo, diferentes escritores seguiram caminhos diversos na exploração de questões de perspectiva. Alguns, como Toni Morrison e Maxine Hong Kingston, deram voz a pontos de vista de minorias que, segundo essa corrente, foram ignoradas pelos modernistas. Outros aplicaram novas perspectivas a versões de histórias antigas. *Vasto mar de sargaços* (1966), de Jean Rhys, por exemplo, reinventa a história de uma personagem do romance *Jane Eyre*, de Charlotte Brontë, publicado no século XIX. *As cidades invisíveis* (1972), de Italo Calvino, revê a lenda de Marco Polo pela lente da teoria urbana moderna. E *Rosencrantz e Guildenstern estão mortos* (1966), de Tom Stoppard, ousa reinterpretar *Hamlet*, de Shakespeare. As experimentações fascinantes e muitas vezes audaciosas dessa corrente continuaram ao longo das últimas décadas, levando muita gente a afirmar que a era da literatura pós-moderna ainda não terminou.

FATO ADICIONAL

1. *Não existe nenhum autor pós-moderno típico. Entre muitos outros, foram rotulados de pós-modernos Umberto Eco, Paul Auster, Salman Rushdie, John Barth, William Gaddis, Jeanette Winterson, Vladimir Nabokov, Gabriel García Márquez, Philip K. Dick e Michael Ondaatje.*

Moça com Brinco de Pérola

O historiador da arte holandês Ludwig Goldscheider se referiu ao retrato *Moça com brinco de pérola*, de Jan Vermeer (1632-1675), como "a *Mona Lisa* do Norte".

Contra um pano de fundo escuro, a moça volta a cabeça e, com os lábios entreabertos, olha para fora da pintura. Os olhos e a boca são delicadamente realçados com salpicos brancos e cor-de-rosa. A luz que se reflete em seu brinco de pérola em forma de gota é executada com a técnica do *impasto*, em que se aplica uma camada bem grossa de tinta. Seu singelo vestido dourado não denuncia a época ou o lugar, porém a faixa em forma de turbante ao redor da cabeça confere à moça um toque de exotismo. Ambos revelam a habilidade de Vermeer na representação de drapeados.

Moça com brinco de pérola é uma das três ou quatro figuras retratadas do busto para cima que Vermeer pintou. O mais provável é que tenha sido concebido como um *tronie* (rosto em holandês), tipo de pintura já praticado por Rembrandt, em que o caráter ou a expressão são mais importantes que a feição exata do indivíduo retratado. Também pode ter sido concebido como uma peça acompanhante ao *Retrato de uma jovem* de Vermeer, a chamada *Wrightsman Girl*, atualmente no Museu Metropolitano de Arte, em Nova York.

Alguns presumem que a modelo para a pintura foi a filha mais velha de Vermeer, Maria; outros especulam que foi Magdalena, filha de Pieter van Ruijven, protetor do artista. Tracy Chevalier, autora do romance *best-seller Moça com brinco de pérola*, imaginou a moça como Griet, uma criada por quem Vermeer se apaixonou. A versão cinematográfica do romance de Chevalier foi lançada em 2003.

A misteriosa identidade da mulher muito contribuiu para a aura que envolve o quadro, divulgado ao público apenas em 1881, quando o colecionador de arte Arnoldus Andries des Tombes o adquiriu em leilão por dois florins. Em seu testamento, ele legou a obra ao Museu Mauritshuis, em Haia, onde se encontra exposta desde a morte de Tombes, em 1902.

Como atentamente observou o crítico de arte Jan Veth, o quadro *Moça com brinco de pérola* dá a impressão de ter sido feito com uma "mistura de pó de pérolas esmagadas".

FATOS ADICIONAIS

1. *No livro de poesia baseado nas pinturas de Vermeer* In Quiet Light, *de Marilyn Chandler McEntyre, há um poema intitulado "Moça com brinco de pérola".*
2. *Em 1994, o quadro passou por ampla restauração antes de ser enviado a Washington para uma importante retrospectiva da obra de Vermeer.*

Vacina

As vacinas preparam o corpo para lutar contra uma doença. Em geral, consistem em vírus debilitados ou mortos, formas menores da doença propriamente dita. Quando encontra o vírus debilitado, o sistema imunológico produz anticorpos especializados que vencem facilmente a doença. Mais tarde, se contrair a doença real, o corpo se "lembra" dos anticorpos que produziu anteriormente e elimina a doença.

As vacinas foram inventadas no auge da epidemia européia de varíola, em 1796. Um médico rural inglês chamado Edward Jenner (1749-1823) observou que às vezes as mulheres que faziam a ordenha contraíam varíola bovina, uma forma mais leve da varíola, em decorrência do contato com as vacas. Essas mesmas mulheres pareciam resistentes à varíola. Jenner teve então a idéia de retirar fluido infectado da mão de uma delas e injetá-lo em um menino de 8 anos. Este contraiu a varíola bovina, mas se recuperou rapidamente. Em seguida, o médico inglês injetou varíola no menino e ele não ficou doente. Jenner concluiu que a varíola bovina podia nos proteger da varíola, e a primeira vacina foi, com efeito, o vírus da varíola bovina. A palavra "vacina" vem do latim *vacca* – vaca em português.

As vacinas têm protegido os seres humanos contra as doenças mais letais do mundo – sarampo, caxumba, rubéola, tuberculose, coqueluche e varíola. Curiosamente, nem todos precisam ser vacinados para se proteger da doença. O princípio da imunização comunitária estabelece que, se um número suficiente de pessoas numa população for vacinado, elas atuarão como barreiras à propagação da doença. Embora o número específico varie de acordo com a doença, a vacinação de 90% de uma população equivale, na maioria dos casos, à vacinação da população completa.

Alguns grupos são mais propensos que outros a propagar doenças. Crianças em idade escolar apresentam maior probabilidade de difundi-las porque estão em estreita proximidade umas das outras. Um estudo da Emory University constatou que a vacinação de apenas 30% dos alunos reduziria as chances de uma epidemia de gripe comunitária de 90% para 65%. Se 70% da população de crianças fosse vacinada, as chances de epidemia cairiam para 4%.

FATOS ADICIONAIS

1. *A princípio, tanto a Igreja Católica quanto a Protestante se opuseram às vacinas. Timothy Dwight, ex-reitor da Yale University, declarou: "Se Deus tivesse decretado desde a eternidade que certa pessoa deveria morrer de varíola, seria um pecado terrível evitar e anular o decreto pela artimanha da vacinação".*
2. *A imunização comunitária se aplica apenas a doenças transmitidas de pessoa para pessoa. Não protege, por exemplo, contra tétano, contraído quando uma ferida aberta entra em contato com materiais contaminados.*

Réquiem de Mozart

Em seus últimos dez anos de vida, mais ou menos a partir de 1782, Wolfgang Amadeus Mozart (1756-1791) ficou profundamente interessado nos estilos de composição contrapontística de Johann Sebastian Bach e George Friedrich Händel. Estudou manuscritos de *O cravo bem temperado* e *A arte da fuga*, de Bach, peças didáticas destinadas a explorar as possibilidades de instrumentos e formas musicais.

Com as técnicas de composição de Bach nos ouvidos, Mozart começou a trabalhar em seu *Réquiem* (1791), acompanhamento musical de uma missa concebido especialmente para um funeral. Seu coro de abertura, juntamente com os acompanhamentos corais da "Lacrimosa" e do "Confutatis", contém passagens sombrias e poderosas entrelaçadas a arranjos vagamente aparentados com fugas, que lembram bastante Bach. A complexidade de textura do *Réquiem* demonstra o profundo envolvimento emocional de Mozart na peça e sugere que, para produzi-la, ele explorou o lado mais obscuro de sua própria natureza. As circunstâncias em que a peça foi escrita são convenientemente macabras.

O *Réquiem* foi encomendado por um estranho vestido de cinza que chegou à casa de Mozart, em Viena, em julho de 1791. Após a morte do compositor, revelou-se que o estranho era um músico amador, o conde Franz von Walsegg, que queria que Mozart escrevesse a peça para que ele pudesse assiná-la e passar por seu autor. Sem perceber a intenção de fraude, Mozart escreveu em suas cartas que estava sendo perseguido pelo estranho patrocinador e que dedicava ao *Réquiem* muito mais tempo do que deveria. Para começar, a saúde de Mozart estava muito debilitada, provavelmente devido a seus maus hábitos alimentares e a seu estilo de vida irrequieto. Após uma viagem a Praga para reger a estréia de sua última ópera, *A clemência de Tito*, Mozart morreu depois de um último dia consagrado à composição do *Réquiem*, peça que seria, num sentido profundo, a missa de sua própria morte.

FATOS ADICIONAIS

1. *Um pupilo de Mozart chamado Franz Xaver Süssmayr assumiu a tarefa de concluir a peça, e o conseguiu, com base em esboços para contrabaixo feitos por Mozart no início da parte final da "Lacrimosa".*
2. *Na versão cinematográfica da vida de Mozart escrita por Peter Shaffer e dirigida por Milos Forman,* Amadeus *(1984), Antonio Salieri, compositor italiano que vivia em disputa com Mozart por encomendas, é retratado como o estranho mascarado que solicitou a peça. Trata-se de uma brilhante idéia dramática, mas não passa de ficção histórica.*
3. *Em 4 de dezembro de 1791, noite que antecedeu sua morte, Mozart chamou seus amigos cantores à beira de sua cama para ensaiar as partes individuais do* Réquiem.

Tempo

Desde Aristóteles, os filósofos vêm tentando compreender a natureza do tempo. Depois do trabalho de Isaac Newton, muitos passaram a acreditar que o tempo é dotado de diversas partes. Em outras palavras, existem "tempos" individuais. Para esses filósofos, dizer que um evento aconteceu num tempo particular é dizer que ele preencheu essa parte ou unidade de tempo.

Gottfried Wilhelm von Leibniz se contrapôs à perspectiva newtoniana. Para Leibniz, há acontecimentos que ocorrem antes, depois ou simultaneamente a outro. O tempo é apenas a maneira de organizar essas relações em nossa mente. Não é algo adicional, distinto das coisas que se encontram nessas relações.

Contra Leibniz, o filósofo alemão Immanuel Kant sustentou que o tempo não é nem algo que existe em si mesmo nem uma ordem de relações entre coisas que existem em si mesmas. Kant insistia que o tempo é meramente um modo pelo qual nossa mente organiza as experiências por que passamos. Para ele, as coisas que existem em si mesmas, fora da mente e independentemente de nós, não estão no tempo.

Outro domínio da investigação filosófica se refere à maneira como os seres humanos experimentam o tempo. De acordo com a linguagem comum, o tempo flui. Mas será mesmo? Sempre que você diz: "Agora é o presente", não importa quando o faz, está dizendo algo verdadeiro. Em outras palavras, o presente é simplesmente o momento em que você está. Alguns filósofos acreditam que isso acontece porque você e eu somos especiais – vivemos no presente. Segundo esses filósofos, o tempo flui, sim: primeiro está no passado, depois no presente e então no futuro.

Outros acreditam que o "agora" é como o "aqui", que não se refere a nenhum lugar particular, é apenas o lugar onde você está quando diz essa palavra. Esses filósofos acreditam que você e eu não somos especiais. O tempo não flui, apenas tem muitas partes, como o espaço. Vivemos em uma parte do tempo que para nós é o presente, exatamente como nossa localização física é nosso "aqui".

FATO ADICIONAL

1. *Alguns filósofos acreditam que todos os tempos – passado, presente e futuro – existem simultaneamente. Segundo eles, existem dinossauros, pessoas pré-históricas e dodós – mas não no lugar onde existimos.*

Crucificação de Jesus

Por volta de 30 d.C., Jesus de Nazaré ficou indignado com o que considerava uma impureza na instituição religiosa judaica. No Templo de Jerusalém, cambistas e mercadores haviam instalado comércio no que deveria ser o mais sagrado dos lugares. Conduzindo seus seguidores ao templo durante o *Pessach*, Jesus derrubou mesas, causando uma visível confusão.

Em resposta, José Caifás, o sumo sacerdote do Sinédrio, a corte suprema judaica, prendeu Jesus sob a acusação de blasfêmia. Acredita-se que Caifás conseguiu prender Jesus porque este foi identificado e traído por um de seus apóstolos, Judas Iscariotes. Como Jesus se recusou a cooperar, o Sinédrio o entregou ao prefeito romano Pôncio Pilatos.

Pilatos condenou Jesus Cristo à morte por crucificação. O motivo dessa rigorosa sentença é objeto de muita controvérsia. A opinião mais aceita é de que Pilatos tomou a decisão sozinho, quer por medo de que Jesus pudesse fomentar uma rebelião política, quer por mera brutalidade.

Independentemente da maneira como a decisão foi tomada, o prefeito deu a ordem para executar Jesus, chamando-o de "Rei dos Judeus". Este foi obrigado a carregar sua cruz (que provavelmente pesava uns cinqüenta quilos) durante o trajeto entre a prisão e Calvário, o lugar da execução. Embora se costume retratar Jesus carregando a cruz inteira, o mais provável é que tenha carregado apenas a peça horizontal, enquanto a estaca vertical permanecia fixa no chão no local da execução. Calvário ficava nos arredores de Jerusalém e era provavelmente um cemitério que os romanos utilizavam para sepultar rapidamente suas vítimas.

Enquanto Jesus estava suspenso na cruz, José de Arimatéia se aproximou dele e, usando o mesmo cálice em que Jesus bebera durante a Última Ceia, recolheu algumas gotas de sangue. Esse cálice é conhecido como o Santo Graal. Após a morte de Jesus, José de Arimatéia removeu seu corpo e o sepultou em seu próprio túmulo.

FATOS ADICIONAIS

1. *Nos anos subseqüentes à crucificação, Pôncio Pilatos foi destituído de seu posto por excessiva brutalidade.*
2. *A Igreja Católica só veio a condenar oficialmente a crença de que os judeus mataram Jesus nos acordos do Concílio Vaticano II, em 1965.*
3. *Apesar das afirmações de que milhares de pessoas foram crucificadas durante o Império Romano, até hoje só se descobriu um corpo crucificado. A maioria das vítimas era simplesmente deixada na cruz até se decompor.*

Pedro, o Grande

O czar Pedro, o Grande (1672-1725) governou a Rússia de 1682 a 1725, transformando a nação numa grande potência mundial durante seus 43 anos de reinado. Governou como monarca absoluto, pautando seu reinado pelo de Luís XIV, da França. Construiu um magnífico palácio em sua capital, São Petersburgo, concebido para ultrapassar até mesmo o de Versalhes.

Antes da ascensão de Pedro, a Rússia não era nem totalmente européia nem totalmente asiática. Os russos eram cristãos, e seu vasto país, maior que toda a Europa, fazia fronteira com os antigos impérios asiáticos da China e da Pérsia. Grande parte da Rússia havia pertencido ao velho Império Mongol.

Pedro fez da Rússia um país francamente europeu. Mudou a capital de Moscou para São Petersburgo, cidade que fundou no mar Báltico. Procurou estabelecer vínculos mais estreitos com os países do continente, adotou os trajes europeus e foi o primeiro líder russo a visitar o Ocidente. Reorganizou ainda o exército e o governo russo segundo os padrões europeus.

Pessoalmente, o czar era cruel, irascível e beberrão. "A falta de julgamento, aliada ao temperamento instável, transparece nele com muita freqüência", escreveu um observador inglês em 1698. Pedro era também um gigante fisicamente, com mais de dois metros de altura.

Nos dois séculos subseqüentes à morte de Pedro, o Império Russo foi uma das maiores potências européias. Porém a autocracia dos czares e a ininterrupta vigência da servidão, que só veio a ser abolida em 1861, impediram o desenvolvimento de uma classe média forte. Os descendentes de Pedro governaram a Rússia até a revolução de 1917.

FATOS ADICIONAIS

1. *Para desestimular os pêlos faciais, Pedro impôs uma taxa de cem rublos aos nobres que quisessem usar a tradicional barba russa, e de um copeque aos homens do povo.*
2. *Após a Revolução Russa de 1917, a capital retornou à velha Moscou. São Petersburgo foi rebatizada Leningrado em homenagem a Vladimir Lênin, porém o nome original foi restaurado após a queda da União Soviética, em 1991.*
3. *O palácio construído por Pedro em São Petersburgo é hoje o Hermitage, um dos maiores museus de arte do mundo.*

Admirável Mundo Novo

O gênero literário distópico – ficção que retrata um futuro aterrador, antiutópico – foi uma das maiores inovações da literatura do século XX. O romance mais conhecido nessa categoria é *1984* (1949), de George Orwell, que assustou os leitores dos tempos da Guerra Fria com sua visão de um Estado político totalitário. Hoje, porém, a obra considerada mais perturbadora e relevante da literatura distópica é *Admirável mundo novo* (1932), de Aldous Huxley, que anteviu uma sociedade apavorante oriunda não da tirania política, mas da ciência e da tecnologia.

Publicado em 1932, *Admirável mundo novo* é de uma vidência chocante. A história se passa numa Inglaterra futurista, onde a produção de embriões humanos é rigorosamente controlada em incubadoras do governo. Cada embrião em desenvolvimento é paparicado ou submetido a tratamentos químicos brutais, para que possa crescer – ou ter seu desenvolvimento deliberadamente retardado – a fim de assumir o lugar que lhe cabe no rígido sistema de castas que dita o *status* de cada pessoa e seu papel na sociedade. No degrau mais elevado da escada social estão os Alfas, treinados para a liderança e as atividades intelectuais; no degrau mais baixo, os Épsilons, que só executam trabalhos manuais. Todas as crianças são rigorosamente condicionadas, por meio da educação escolar, da hipnose e de outras formas de doutrinação psicológica. Como sempre, são segregadas por classe.

Embora esse sistema produza grande estabilidade social, isso se dá ao custo da humanidade individual e do livre-arbítrio. Essa desumanização tem conseqüências trágicas quando um "selvagem" vindo de uma parte remota do sudoeste americano – um dos poucos seres humanos criados fora do sistema – é levado a Londres. Ele fica fascinado por poder participar daquele "admirável mundo novo" de que tanto ouvira falar, mas sua transição para o novo ambiente não é nada fácil.

Admirável mundo novo é um dos poucos romances de temática científica que possuem também relevância literária duradoura. Presença obrigatória nas salas de aula e clubes de livros, tem chamado especial atenção nos últimos anos pelo crescente destaque dado à bioética e à clonagem. De fato, as previsões de Huxley sobre o espantoso potencial da ciência, que pareciam muito remotas em sua época, parecem sinistramente iminentes apenas algumas décadas depois que ele as escreveu.

FATOS ADICIONAIS

1. *O título do romance vem de* A tempestade, *de Shakespeare, em que a jovem Miranda, ao ver pela primeira vez os seres humanos do mundo exterior, exclama: "Oh, admirável mundo novo! Há cada tipo nele!"*

2. *O avô de Huxley, biólogo eminente, foi um dos principais defensores das teorias darwinianas da evolução e da seleção natural.*

3. *Em 1958, Huxley publicou o ensaio* Regresso ao admirável mundo novo, *em que afirma que o mundo está se aproximando cada vez mais do futuro distópico previsto em seu mais famoso livro.*

Taj Mahal

O Taj Mahal, em Agra, na Índia, é considerado por muitos o mais belo edifício do mundo. O mausoléu de mármore branco foi construído entre 1631 e 1648 para abrigar o túmulo de Mumtaz Mahal, esposa do soberano mogol Shah Jahan, morta ao dar à luz seu 14º filho.

O complexo é composto por cinco partes: uma entrada formal, um jardim, o mausoléu propriamente dito, uma mesquita a oeste e um auditório a leste, construído para fins de simetria. Um comprido tanque refletor divide a área ao meio e espelha o túmulo do ponto de vista ideal na entrada frontal.

A identidade do arquiteto responsável pelo Taj Mahal não é totalmente clara. Alguns atribuem o projeto a Geronimo Veroneo, um italiano que trabalhava na corte mogol. Evidências mais conclusivas apontam para o arquiteto persa Ustad Isa Khan Effendi, que aparentemente atribuiu os pormenores do edifício a seu pupilo, Ustad Ahmad. O modelo do projeto foi o mausoléu do sultão Hasan, no Cairo.

A construção do complexo levou mais de dezessete anos e empregou mais de vinte mil trabalhadores. O túmulo teria custado trinta milhões de rupias, numa época em que o preço do ouro era de quinze rupias por *tola* (11,66 gramas). O material, que incluiu 28 tipos de pedras preciosas e semipreciosas, foi trazido de toda a Ásia. O mármore branco foi extraído em Makrana, no Rajastão.

O túmulo repousa sobre um plinto de mármore branco de cem metros quadrados. O edifício inteiro (exceto os minaretes) tem largura e altura iguais. A cúpula tem 44,4 metros e é exatamente da mesma altura da fachada. Uma segunda cúpula menor ergue-se no interior do domo externo em forma de balão. O único elemento assimétrico é o túmulo de Shah Jahan, colocado ao lado do de sua esposa. Incrustadas em pedra na entrada principal, lêem-se citações do Alcorão convidando os "puros de coração" a adentrar os "jardins do Paraíso".

Segundo a lenda, Shah Jahan – que passou a velhice encarcerado por seu filho – planejava construir para ele um segundo túmulo, de mármore preto, do outro lado do rio.

O tempo deixou suas marcas no edifício. A certa altura, lorde William Bentinck, governador britânico da Índia, propôs vendê-lo apenas por seus materiais. Em 1983, o Taj Mahal foi declarado pela Unesco Patrimônio Mundial da Humanidade.

FATOS ADICIONAIS

1. O escritor indiano Rabindranath Tagore chamou o Taj Mahal de "uma lágrima na face da eternidade".

2. O nome Taj Mahal significa "coroa do palácio".

Marie Curie

Quando se fala de mulheres na ciência, o primeiro nome que ocorre é Marie Curie (1867-1934). E com toda razão. Ela foi não apenas a primeira mulher a receber o Prêmio Nobel, mas também a primeira pessoa a ganhá-lo duas vezes.

Marie Curie ganhou o Prêmio Nobel de Física em 1903, por suas pesquisas sobre a radioatividade. Dez anos antes, em Paris, Curie e outros haviam pesquisado as propriedades do urânio. Ela notou que esse elemento emitia raios que podiam atravessar madeira e carne. Mas, curiosamente, não importava o que fizesse com o urânio – aquecê-lo, esfriá-lo ou combiná-lo com outros elementos –, a quantidade de raios emitidos permanecia constante em relação à massa do elemento. A cientista concluiu que a emissão de raios, ou radioatividade – termo cunhado por ela –, era uma propriedade dos átomos, e não o produto de uma reação química.

Em seguida, Curie começou a examinar a pechblenda, material rico em urânio. A pechblenda emitia mais radiação do que a produzida pelo urânio sozinho. Marie e seu marido, Pierre Curie, conseguiram descobrir dois novos elementos na pechblenda, ambos altamente radioativos. Chamaram um deles de polônio, pois a terra natal de Marie era a Polônia, e o outro de rádio, palavra derivada do latim *radius*, "raio".

A cientista ganhou o Prêmio Nobel de Química em 1911, pela descoberta do rádio e do polônio. Até hoje, ela é a única pessoa além de Linus Pauling a ter recebido o Prêmio Nobel duas vezes em dois campos diferentes.

FATOS ADICIONAIS

1. *Marie Curie morreu de leucemia em 1934, em conseqüência de anos de exposição intensa à radiação.*
2. *Irène Joliot-Curie, filha de Marie e Pierre Curie, ganhou o Prêmio Nobel de Química em 1935 pela descoberta da radioatividade artificial.*
3. *Até serem descontaminadas por sua neta, as anotações de Marie Curie encontravam-se radioativas.*
4. *Ela foi a primeira mulher a lecionar na Sorbonne, em Paris.*

Dom Giovanni de Mozart

Com o sucesso internacional de *As bodas de Fígaro* (1786), Wolfgang Amadeus Mozart recebeu outra encomenda do Teatro Nacional de Praga. Mozart juntou-se ao libretista Lorenzo Da Ponte para um segundo trabalho, escolhendo como enredo a lenda de Don Juan, como contada na peça *Don Giovanni o sia Il convitato di pietra* (1775), de Giovanni Bertati.

A história é a de um incorrigível libertino e sedutor, Don Juan, que Mozart e seu libretista transformaram num personagem simpático. Assim, misturaram os gêneros da ópera séria e da ópera bufa, de modo que *Dom Giovanni* (1787) não é, de modo estrito, uma peça de moralidade, uma tragédia nem uma comédia, mas uma mescla de tudo isso. Para alguns historiadores, esse foi o motivo pelo qual *Dom Giovanni* foi tão mal acolhida em Viena, cidade cujas platéias eram notoriamente conservadoras e apegadas às convenções musicais.

A música começa com um tema imperioso e bombástico, com acordes em tom menor – um acompanhamento marcantemente apropriado para a primeira cena, na qual Dom Giovanni mata um homem. A ópera se alterna entre as tocantes serenatas do anti-herói, absurdas e cômicas seduções e as tragédias moralistas que se abatem sobre ele. Na aterradora seqüência final, o fantasma do homem assassinado arrasta Giovanni para o inferno, porque ele se recusa a se arrepender. Em termos de impacto emocional, *Dom Giovanni* provavelmente seja a maior obra de Mozart, e o brilho único do compositor é inconfundível na peça.

O novo gênero de ópera representado por *Dom Giovanni* foi chamado de *dramma giocoso* e fez grande sucesso em todas as cidades, exceto na de Mozart. Quando o compositor faleceu, em 1791, *Dom Giovanni* era uma das óperas mais encenadas em toda a Europa.

FATOS ADICIONAIS

1. *Conta-se que, depois de assistir a Dom Giovanni, o imperador José II disse a Mozart que a obra tinha "notas demais", ao que o compositor replicou: "Tantas quantas foram necessárias, Majestade".*

2. *Enquanto escrevia o libreto da ópera, Da Ponte ficou alojado num aposento da casa de seu patrocinador. No aposento ao lado havia uma mesa constantemente abastecida de comida e vinho; e, num terceiro, uma prostituta estava disponível para inspiração ao toque de uma campainha.*

3. *A ópera estreou em Praga em 1787, em Viena em 1788, em Londres em 1817 e em Nova York em 1826.*

Epistemologia

A epistemologia é o ramo da filosofia que lida com o conhecimento. Um importante projeto na epistemologia, que remonta a Platão, é a tentativa de definir o que é o conhecimento. Tradicionalmente, os filósofos o têm definido como uma crença verdadeira e justificada.

Em primeiro lugar, dizer que o conhecimento é uma crença significa que, para saber algo, é preciso acreditar nele.

Em segundo lugar, o conhecimento deve ser verdadeiro porque você não pode conhecer de verdade nada que seja falso. Se uma coisa é falsa, você pode muito bem acreditar nela e até achar que a conhece. Mas, de acordo com a definição filosófica, você não a conhece *realmente*.

Em terceiro lugar, o verdadeiro conhecimento é justificado porque sua crença deve ter razões. Se você pensa em um número de 1 a 1.000 – por exemplo, 463 – e um amigo o adivinha, ele *sabia* que você havia escolhido esse número? Como ele acertou por acaso, é errôneo dizer que ele sabia. O conhecimento não pode ser acidental – você deve ter razões para formar uma crença verdadeira, para que ela seja considerada um conhecimento.

Ultimamente, os filósofos vêm questionando se todas as crenças verdadeiras e justificadas podem ser consideradas conhecimento. Reflita sobre o seguinte caso: Você está dirigindo pela zona rural, vê um celeiro e então forma uma crença: "Aquilo é um celeiro". É uma crença claramente justificada, e também verdadeira. Você viu de fato um celeiro. Todavia você está, sem saber, em Fake Barn County, onde a maioria dos fazendeiros não constrói celeiros, mas apenas sua fachada. Assim, não se tratava de conhecimento, porque você viu um celeiro falso e por isso formou uma crença falsa. Portanto, nem todas as crenças verdadeiras e justificadas são conhecimentos.

FATOS ADICIONAIS

1. *Exemplos como a história do celeiro falso foram sugeridos pela primeira vez por Edmund Gettier em um ensaio clássico de 1963 intitulado "Is Justified True Belief Knowledge?". O ensaio, que revolucionou a epistemologia, tem apenas três páginas!*
2. *Os filósofos ainda discutem qual seria a outra condição a ser acrescentada à verdade e à justificação para que uma crença seja considerada conhecimento.*
3. *Outros problemas da epistemologia incluem o ceticismo e a indução.*

Ressurreição de Jesus

Três dias depois que Jesus foi crucificado e sepultado no túmulo de José de Arimatéia, várias mulheres, incluindo Maria e Maria Madalena, se dirigiram ao túmulo para celebrar ritos funerários. Quando chegaram, porém, encontraram-no vazio. No dia seguinte, Jesus começou a aparecer para vários de seus discípulos, a fim de lhes mostrar que havia ressuscitado. Cerca de quarenta dias após a ressurreição, Jesus subiu ao céu e deixou o mundo terrestre para sempre. Hoje a ressurreição é celebrada na Páscoa, e sua história é recontada nos Evangelhos de Mateus, Marcos, Lucas e João.

A ressurreição de Cristo é um pilar central do cristianismo para a maioria dos cristãos. A maioria dos membros dessa fé acredita que a ressurreição de Jesus foi um acontecimento real e que ele, de fato, ressurgiu dos mortos.

Entre as numerosas interpretações do evento, há uma mais comumente aceita, conhecida como visão da justiça. Acredita-se que Deus foi solicitado a punir toda a humanidade por seus pecados. Mas, para evitar fazer isso, ele enviou Jesus, que era puro, para carregar o fardo dos pecados cometidos pelas pessoas que aceitassem seus ensinamentos. Em troca da devoção delas, Jesus levou consigo todos esses pecados quando subiu ao céu.

Embora essa visão seja amplamente aceita no cristianismo, alguns cristãos e muitos não-cristãos acreditam que a história da ressurreição não passa de uma alegoria. Eles observam que, embora a ressurreição seja relatada em todos os quatro Evangelhos canônicos, nenhum deles afirma tê-la visto pessoalmente. De fato, em nenhuma parte da Bíblia alguém afirma ter testemunhado o acontecimento. Para os cristãos liberais, que não acreditam que Jesus ressurgiu efetivamente dos mortos, a história ainda assim é crucial para sua fé, porque representa a esperança.

FATOS ADICIONAIS

1. *Cabe notar que, embora os quatro Evangelhos canônicos descrevam vários aspectos da ressurreição, existem muitas contradições entre eles. Enquanto algumas pessoas afirmam que isso é uma evidência de que o evento nunca ocorreu, outras acreditam que isso prova sua verdade. Afinal, quatro testemunhas oculares raramente coincidiriam perfeitamente.*

2. *Existem vários relatos não-cristãos da ressurreição, incluindo o do historiador judeu Flávio Josefo, que, em 98 d.C., escreveu que Jesus ressuscitou. Mas a autenticidade dessa passagem é questionável, porque em certa época ela foi editada por cristãos.*

3. *Explicações alternativas para a ausência de Jesus do túmulo incluem: ele foi enterrado numa cova rasa e seu cadáver foi comido por animais; seus discípulos roubaram o corpo; ou, o que é menos aceito, Jesus não morreu na cruz, mas simplesmente desmaiou, acordou no túmulo e continuou a viver.*

Benjamin Franklin

Benjamin Franklin (1706-1790), o norte-americano mais famoso e influente do século XVIII, foi inventor, diplomata, jornalista e estadista. Foi um dos signatários tanto da Declaração de Independência quanto da Constituição dos Estados Unidos. Em sua longa existência – ele nasceu em Boston quando a cidade ainda era governada pelos puritanos e morreu na Filadélfia às vésperas da Revolução Industrial –, Franklin provavelmente contribuiu mais para a vida cultural e política da jovem nação americana do que qualquer outro de seus contemporâneos. Ajudou a descobrir a eletricidade, publicou um bem-sucedido jornal e inventou um aquecedor. Sua reputação nessa época, escreveu John Adams, era "maior que a de Newton, Frederico, o Grande, ou Voltaire, e seu caráter, mais reverenciado que o de todos eles". Alguns historiadores o chamaram de "o primeiro americano".

Franklin era o 15º filho de Josiah Franklin, um fabricante de velas que imigrara para Boston no fim do século XVII. Aos 12 anos, Benjamin Franklin foi trabalhar para um dos irmãos, um editor de jornais. Sua função era operar as prensas, mas logo ele estava escrevendo artigos para o próprio jornal. Cansado de trabalhar para o ingrato irmão, Franklin se mudou para a Filadélfia aos 17 anos. Lá, editou jornais e livros humorísticos, tornando-se um dos cidadãos mais importantes da cidade. Homem dotado de infinito talento e curiosidade, fundou um hospital, uma companhia de seguros, uma sociedade filosófica e uma universidade (a atual Universidade da Pensilvânia) – todos existentes ainda hoje. Finalmente, afastou-se da imprensa e se voltou para a ciência. Franklin ajudou a explorar as propriedades da eletricidade e inventou as lentes bifocais e o aquecedor que leva seu nome.

Nos anos 1750 e 1760, quando as colônias começaram a se cansar do governo britânico, Franklin, que estava residindo na Inglaterra, ajudou a representar as opiniões dos norte-americanos perante o Parlamento. Regressou de Londres persuadido de que as colônias precisavam se libertar da Inglaterra. Em 1776, assinou a Declaração de Independência na Filadélfia. De volta à Europa, representou a incipiente nação americana na França, onde era uma celebridade graças a suas descobertas científicas. Aos olhos de muitos europeus, a jovem nação ganhou credibilidade simplesmente por estar associada ao grande cientista. Franklin retornou à Pensilvânia e continuou trabalhando quase até o dia de sua morte, aos 84 anos.

FATO ADICIONAL

1. *Entre as invenções de Franklin, conta-se um instrumento musical feito de vidro e conhecido como harmônica. Antes da popularidade desse instrumento se desvanecer no século XIX, o grande compositor austríaco Wolfgang Amadeus Mozart escreveu duas peças para esse invento.*

Pós-Colonialismo

A literatura pós-colonial refere-se ao corpo de obras escritas por autores de regiões do mundo anteriormente colonizadas, assim como às obras escritas sobre os povos dessas áreas. A maior parte dessa literatura foi escrita a partir das décadas de 50 e 60, quando as últimas grandes colônias européias na África, Ásia, América Latina e Caribe alcançaram a independência.

No auge do imperialismo europeu, no final do século XIX, os autores da Europa tendiam a celebrar a dominação de seus países, glorificando o suposto "fardo do homem branco" de civilizar os não civilizados. O escritor inglês Rudyard Kipling levou esse encargo ao ponto de muitas vezes escrever poemas e romances francamente racistas. Aos poucos, entretanto, obras como *O coração das trevas* (1899), de Joseph Conrad, e *Uma passagem para a Índia* (1924), de E. M. Forster, lançaram um olhar mais crítico sobre o envolvimento colonial da Europa.

Depois que a descolonização varreu a Ásia e a África nos anos subseqüentes à Segunda Guerra Mundial, autores dos lugares que acabavam de obter a independência começaram a registrar a vida cultural, social e psicológica de seu povo. Muitos trataram de questões como raça, etnia e identidade nacional. Examinaram também as tensões religiosas e políticas criadas quando a Europa impôs fronteiras nacionais artificiais aos povos nativos. Os críticos observaram que as obras pós-coloniais freqüentemente enfocavam o conceito de alteridade – idéia que o teórico Edward Said articulou com maestria em *Orientalismo* (1978), seu tratado fundamental sobre a tendência ocidental de exoticizar o Oriente.

O pós-colonialismo é um vasto movimento, abrangendo muitas regiões e autores. Obras notáveis da África incluem *Cry, the Beloved Country* (1948), de Alan Paton, e *Quando tudo se desmorona* (1958), de Chinua Achebe; da Ásia, *O americano tranqüilo* (1955), de Graham Greene, *Games at Twilight* (1978), de Anita Desai, e *Os filhos da meia-noite* (1981), de Salman Rushdie; e, do Caribe, *Uma casa para o sr. Biswas* (1961), de V. S. Naipaul, *Vasto mar de sargaços* (1966), de Jean Rhys, e *Annie John* (1985), de Jamaica Kincaid.

Desde o final da década de 80, uma nova geração de escritores pós-coloniais começou a aplicar uma perspectiva diferente a muitos dos mesmos temas. Um número significativo dessas obras, como *O buda do subúrbio* (1990), de Hanif Kureishi, e *Dentes brancos* (2000), de Zadie Smith, aborda a vida de imigrantes não-ocidentais no Reino Unido ou nos Estados Unidos. Em geral, são mais otimistas que seus quase sempre angustiados predecessores pós-coloniais, aceitando a condição de migrante desarraigado como uma realidade do mundo moderno e explorando os aspectos positivos ou mesmo cômicos dessa situação.

FATOS ADICIONAIS

1. *O pós-colonialismo foi um campo fecundo para escritoras, muitas das quais exploraram temas feministas e o avanço das mulheres no contexto das ex-colônias.*
2. *Embora a maioria dos autores pós-coloniais seja oriunda de povos minoritários, escritores caucasianos, como Athol Fugard e J. M. Coetzee, da África do Sul, também desempenharam um importante papel.*

Hokusai

Katsushika Hokusai (1760-1849) talvez seja o artista japonês mais conhecido no Ocidente.

Nascido em uma família pobre, Hokusai foi adotado por um fabricante de espelhos que o ensinou a gravar. Aos 18 anos, entrou para o ateliê de Katsukawa Shunsho, artista renomado por seus retratos de atores. Inquieto por natureza, Hokusai deixou o ateliê em 1778 e se entregou a uma existência errante. Mudou de nome mais de cinqüenta vezes e só veio a se chamar Hokusai aos 46 anos. Aos 75, referia-se a si mesmo como Gakyo Rojin, "velho louco por pintura". Ao longo de sua vida, viveu em mais de noventa casas. Quando uma delas foi destruída pelo fogo, ele escreveu um haicai (tradicional poema japonês): "Incendiou-se: quão serenas as flores caindo".

Raras vezes gozando de estabilidade financeira, Hokusai recorria freqüentemente a esquemas de publicidade. Certa vez, desafiou Tani Buncho para uma competição destinada a determinar quem era melhor artista. Para começar, Hokusai pintou uma grande extensão de azul num enorme pedaço de papel e depois mergulhou os pés de uma galinha em tinta vermelha e deixou-a livre no papel. Chamou o resultado de *Folhas de bordo sobre um rio.*

Ao longo dos anos, Hokusai fez mais de trinta mil desenhos em quinhentos cadernos de esboços. Entre 1814 e 1878, foram publicados quinze volumes de seus *mangás* (rascunhos), que retratam um vasto conjunto de temas reais e imaginários, executados numa ampla variedade de estilos. A última das séries só apareceu em 1878, 29 anos depois de sua morte.

Hokusai, porém, é mais conhecido por seus *ukiyo-e*, estilo ou técnica que se originou em Tóquio. Os *ukiyo-e*, que significa "retratos do mundo flutuante", são gravuras coloridas nas quais se utilizam diferentes blocos de madeira em sucessão para aplicar diferentes cores. O mais famoso *ukiyo-e* de Hokusai é *A grande onda de Kanagawa*, que faz parte de suas *Trinta e seis vistas do monte Fuji.* A gravura, que retrata pescadores lutando contra as forças da natureza – um tema japonês não-tradicional –, provavelmente foi influenciada pelas gravuras holandesas que então chegavam ao Japão.

Quando foi vista na Europa, a obra do artista causou enorme impacto sobre pintores como Paul Gauguin e Vincent van Gogh. James Whistler afirmou que Hokusai era o maior artista desde Diego Velázquez. A exposição Rembrandt, Van Gogh e Hokusai, realizada em Amsterdã em 1951, ajudou muito a promover a reputação do mestre japonês no século XX.

FATOS ADICIONAIS

1. *Hokusai foi um dos principais mestres de* shunga *(gravuras eróticas) do período Edo, como se pode ver em sua série* Fukujuso.
2. *Em* Fugaku Hyakkei *(1834-1835)* (Cem vistas do monte Fuji), *Hokusai captou o célebre pico em vistas compostas, a partir de múltiplas perspectivas, numa clara demonstração de sua familiaridade com o lugar.*
3. *O maior trabalho de Hokusai mede mais de duzentos metros quadrados.*

Hipnose

Há mais de duzentos anos as pessoas vêm tentando definir a hipnose. Quase todos nós imaginamos um homem com um sinistro bigode em forma de guidão e uma cartola preta, balançando um relógio de bolso diante de nossos olhos como um pêndulo, dizendo-nos com uma voz assustadoramente calma: "Você está com sono, muito sono". Depois de alguns minutos, imaginamos, ele poderá controlar nossas ações, nossos pensamentos e nossas lembranças.

Hoje os psiquiatras vêem a hipnose como um estado semelhante a um transe com extrema receptividade à sugestão. Ela se assemelha, porém, mais a um sonho acordado dirigido do que a um controle da mente. Embora se sintam quase sempre desinibidos, os pacientes da hipnose nada fazem contra a própria vontade. Estudos com eletroencefalograma (EEG) das ondas cerebrais durante a hipnose mostram um impulso das ondas de baixa freqüência associadas ao sono e ao sonho. O EEG mostra também uma redução nas ondas de alta freqüência associadas à plena vigília, mas estas não são totalmente eliminadas. Isso pode explicar a qualidade onírica da hipnose, porém não indica que os pacientes se tornaram marionetes humanas. Eles continuam pensando por si mesmos.

Existem três maneiras básicas de hipnotizar alguém. A primeira denomina-se indução por olhar fixo, em que se pede ao paciente que se concentre intensamente num objeto (como um relógio de bolso) a fim de se desligar do mundo exterior. Apesar de ter sido uma prática comum nos primeiros tempos do hipnotismo, esse método raramente é utilizado hoje em dia, pois simplesmente não funciona para boa parte da população. O segundo método consiste em bombardear a mente com ordens rápidas: "Levante-se, sente-se, pisque, levante-se". É o método ideal para hipnotizadores que atuam num palco. Os psiquiatras se valem de um terceiro método, o relaxamento progressivo, para acalmar o paciente e induzi-lo a entrar em estado de hipnose. Falando com voz suave e sugerindo imagens pacíficas, o psiquiatra cria um ambiente no qual o paciente pode aprender a se desfazer de hábitos prejudiciais, como comer demais e fumar.

FATOS ADICIONAIS

1. *Franz Anton Mesmer, médico austríaco do século XVIII, é considerado o pai do hipnotismo moderno. Ele acreditava na existência de uma força mística a que chamou "magnetismo animal".*
2. *As palavras "mesmerismo" e "mesmerizar" provêm do nome de Mesmer.*
3. *Muitos especialistas vêem os atos de dirigir um veículo e assistir à televisão como um estado de hipnose.*
4. *Pessoas com imaginação ativa são as mais suscetíveis à hipnose.*

Forma Sonata

Em termos de teoria musical, o legado mais relevante do período clássico foi o estabelecimento da forma sonata como a mais importante das estruturas composicionais. Esta permaneceu como o modelo-padrão para centenas de peças curtas e movimentos sinfônicos ao longo de quase duzentos anos, estendendo sua influência a compositores do século XX, como Bela Bartók (1881-1945).

A forma sonata é uma construção musical utilizada em movimentos individuais no interior de peças mais longas, ou apenas para composições isoladas mais curtas. Desenvolveu-se a partir das formas de duas partes, ou binárias, empregadas no barroco.

Os compositores barrocos costumavam limitar-se a uma emoção por peça ou movimento, e em geral também desenvolviam apenas um tema principal ou conjunto motívico por peça. Os compositores clássicos, por outro lado, gostavam de desenvolver temas e emoções contrastantes numa dada peça, e a forma sonata lhes proporcionava um sistema adequado para isso. A forma é a seguinte:

EXPOSIÇÃO: Às vezes precedida por uma introdução superficial, é a primeira seção de um movimento ou peça em forma sonata. Apresenta o principal material temático, usualmente em duas partes: o tema primário, que é na escala tônica, e o tema secundário, geralmente na escala dominante ou numa correlata. Essas duas seções costumam ser ligadas por uma ponte, que facilita a modulação.

DESENVOLVIMENTO: Harmonicamente instável e com muita modulação, é nessa seção que o compositor pode exibir seu talento e versatilidade, separando os temas, reconstruindo-os e refundindo-os em novos ambientes harmônicos.

RECAPITULAÇÃO: Aqui, os temas expositivos retornam e são reafirmados na escala tônica. Costuma ser seguida de uma breve coda, ou seção final.

Em certos aspectos, a forma sonata assemelha-se à estrutura de um ensaio expositivo, e essa é uma das razões pelas quais muitos a vêem como um produto do espírito da época, baseado na lógica e na razão. Sejam quais forem suas origens, a forma sonata é uma das mais duradouras contribuições dos compositores clássicos.

FATOS ADICIONAIS

1. *Apesar de sua preponderância, o termo "sonata" não foi utilizado pelos compositores que a inventaram. Seu primeiro aparecimento ocorreu nos escritos do musicólogo Joseph Riepel, na altura de 1755.*

2. *Beethoven foi famoso por expandir a coda de suas sinfonias, de modo a formar outra seção longa, explorativa, de desenvolvimento. Sua verdadeira genialidade aflora em algumas dessas codas.*

3. *Também chamada de forma binária composta, a forma sonata é utilizada em incontáveis gêneros, incluindo sinfonias, concertos, quartetos para cordas e obras corais, e não apenas em peças que se denominam efetivamente sonatas.*

John Locke

John Locke (1632-1704), o primeiro grande empirista inglês e um dos mais importantes filósofos políticos dos tempos modernos, nasceu em Wrington, na Inglaterra. Educado em Oxford, Locke participou de muitos dos principais movimentos filosóficos, científicos e políticos de sua época. Foi membro fundador da Sociedade Real Inglesa – grupo científico cujo integrante mais famoso foi Isaac Newton – e desempenhou papel significativo na oposição protestante ao rei Carlos II e ao irmão católico dele, Jaime.

A principal obra filosófica de Locke é *Ensaio sobre o entendimento humano* (1690). O filósofo afirmava que, quando os seres humanos nascem, sua mente é uma tábula rasa – uma folha em branco. Todo o nosso conhecimento advém posteriormente, por meio da experiência. Na psicologia de Locke, as idéias provêm de nossa experiência sensorial do mundo. Podemos comparar as idéias, combiná-las para elaborar outras mais complexas e inferir idéias gerais das específicas. No entanto, nossos sentidos físicos são o único ponto pelo qual podemos começar, e isso impõe consideráveis limites ao que podemos esperar conhecer. Por exemplo, ele era cético quanto a nossa capacidade de conhecer a natureza subjacente, real, das coisas.

Na filosofia política, Locke teve papel de relevo no desenvolvimento da teoria do contrato social. Segundo ele, os seres humanos encontravam-se originalmente num "estado de natureza" em que não havia leis, e a força física era a única base da autoridade. Todavia, criamos um contrato social pelo qual cedemos certos direitos naturais a um governo ou a outra autoridade, em troca de segurança e outras garantias. A contribuição importante de Locke foi seu argumento de que qualquer contrato social justo deve ter certas qualidades: deve respeitar os direitos dos cidadãos à vida, à liberdade e à propriedade. Se esses direitos forem violados, dizia Locke, estamos autorizados a nos rebelar contra a autoridade governante, mesmo que se trate do rei.

FATOS ADICIONAIS

1. *Devido a seu envolvimento num complô protestante contra o rei e seu irmão, Locke fugiu da Inglaterra para a Holanda. Regressou à sua terra natal em 1688, durante a Revolução Gloriosa.*
2. *As idéias de Locke foram a base da Declaração de Independência dos colonos americanos.*
3. *Idéias como a teoria do contrato social de Locke influenciaram os líderes da Guerra da Independência dos Estados Unidos.*

Evangelhos

O termo "Evangelho", que significa "Boa-Nova", é usado mais comumente em referência aos quatro Evangelhos canônicos do Novo Testamento: o Evangelho de Mateus, o Evangelho de Marcos, o Evangelho de Lucas e o Evangelho de João. São as principais fontes dos ensinamentos de Jesus, visto que ele próprio não deixou nada escrito. Cada um dos Evangelhos foi escrito entre cerca de 60 e 110 d.C., mais provavelmente em grego, apesar de haver quem diga que o de Mateus foi escrito originalmente em aramaico.

A ordem de autoria e a interação entre os quatro Evangelhos são muito complexas. Mateus, Marcos e Lucas descrevem a história e os ensinamentos da vida de Jesus, cobrindo vários eventos idênticos, enquanto João se concentra nas idéias filosóficas e teológicas de Jesus. Como Mateus, Marcos e Lucas relatam a vida de Jesus, julga-se que eles podem ter utilizado uns aos outros como fonte. Hoje, admite-se de maneira mais geral que Marcos escreveu primeiro, e Mateus e Lucas o utilizaram como fonte. Especula-se também que estes últimos usaram uma segunda fonte, conhecida simplesmente como Q, que nunca foi descoberta.

Marcos não inicia seu relato com o nascimento de Jesus, mas com o momento em que este começa a ensinar. Mateus e Lucas narram a história do nascimento de Jesus, dos ensinamentos de João Batista, dos ensinamentos e da ressurreição de Jesus. João relata as mesmas histórias, mas em geral fora da ordem cronológica.

Além desses quatro Evangelhos, existem muitos outros não-canônicos, ou apócrifos. Na maioria, foram escritos depois dos quatro primeiros e por isso foram aceitos apenas esporadicamente no mundo cristão. Muitos deles são criticados por retratarem Jesus de maneira excessivamente mágica. Por exemplo, uma história fala de Jesus criando um pássaro de argila, brandindo o braço e dando-lhe vida. Os católicos romanos consideram tais relatos heréticos.

FATOS ADICIONAIS

1. *Atribui-se a Irineu de Lyon a afirmação de que o Novo Testamento contém apenas quatro Evangelhos e nada mais. Seu raciocínio? Quatro era o número dos ventos, assim como dos cantos da terra.*
2. *O Evangelho de João é a principal fonte a sugerir que os judeus foram culpados pela morte de Jesus. Embora o autor muito provavelmente fosse judeu e seu enfoque de culpa tenha recaído em líderes específicos da época, essas passagens do Evangelho foram utilizadas contra os judeus em períodos de perseguição.*
3. *Apesar de serem uma parte importante do Novo Testamento, os Evangelhos constituem apenas quatro de seus 27 livros.*

George Washington

"Primeiro na guerra, primeiro na paz e primeiro no coração de seus compatriotas."

– Elogio fúnebre durante as exéquias de George Washington

George Washington (1732-1799) foi o líder militar da Guerra da Independência dos Estados Unidos e o primeiro presidente do país. Antes da deflagração da guerra, em 1775, Washington era um próspero fazendeiro da Virgínia. Lutara ao lado dos britânicos em batalhas contra os franceses e várias tribos indígenas, mas indispôs-se com o governo da Coroa na década de 1760 e início da de 1770. À época em que a guerra começou, ele era um patriota comprometido. O Congresso Continental o escolheu unanimemente para chefiar o exército rebelde, e ele assumiu o comando em Cambridge, Massachusetts, em 3 de julho de 1775.

No papel, a missão de Washington parecia praticamente impossível. Em 1775, a Grã-Bretanha era o país mais poderoso do mundo. Suas tropas bem treinadas e seus mercenários estavam entre os melhores da Europa. Contra tal inimigo, Washington só podia esperar poucas vitórias completas. Mas ele avaliou corretamente que poderia desgastar o exército britânico evitando derrotas completas. Qualquer que fosse o número de tropas britânicas enviadas às colônias rebeldes, os colonos as rechaçavam. A persistência dele convenceu a França, a Espanha e os Países Baixos a se aliar aos colonos. Finalmente os britânicos desistiram. A guerra foi notável pelo número relativamente pequeno de mortes. Ao longo de toda ela, o exército patriota perdeu 6.824 homens – uma pequena fração das perdas que os Estados Unidos haveriam de sofrer em guerras posteriores.

A liderança sagaz de Washington tornou-o imensamente popular no país recém-independente. Mas, em vez de galgar o poder, ele se retirou para Mount Vernon, sua fazenda na Virgínia. Por fim, concordou em se candidatar para presidente em 1789 e foi eleito sem oposição.

Como presidente, o maior legado de Washington foi o que ele *não fez*. Durante seu mandato, estabeleceu deliberadamente alguns precedentes que norteariam os futuros presidentes. Recusou-se a títulos ostentosos, insistindo que, num país republicano, ele devia ser chamado simplesmente de "senhor presidente". Recusou-se a se candidatar ao terceiro mandato em 1796, estabelecendo uma lei não escrita que foi observada pelos presidentes até 1940, quando Franklin D. Roosevelt se candidatou ao terceiro mandato. Quando Washington faleceu, os norte-americanos prantearam a perda do "pai de seu país".

FATOS ADICIONAIS

1. *Doze presidentes norte-americanos ocuparam o posto de general. O comandante da Segunda Guerra Mundial, Dwight D. Eisenhower, foi o último, tendo governado de 1953 a 1961.*
2. *Como presidente, Washington sancionou uma legislação que estabelecia muitos dos fundamentos do governo norte-americano. As leis assinadas por ele em seu primeiro mandato fizeram do dólar a moeda oficial do país, estabeleceram um local para a capital da nação e criaram um gabinete para aconselhálo.*
3. *Washington considerava a escravidão imoral, mas possuía escravos, e durante sua vida repeliu as sugestões de libertá-los como exemplo para outros. Em seu testamento, contudo, acabou por fazê-lo.*

Anton Tchekhov

Anton Tchekhov (1860-1904) foi um dos maiores mestres do conto e um dos mais talentosos dramaturgos na história da literatura. Em várias peças fundamentais e incontáveis obras-primas de narrativa curta, criou histórias notáveis inspiradas no dia-a-dia. Embora algumas vezes suas obras sejam sérias, caminham consistentemente na corda bamba que se estende entre a comédia e a tragédia.

Tchekhov nasceu numa família endividada da Rússia meridional que comprara sua liberdade da servidão apenas uma geração antes. Como estudante de medicina em Moscou, escreveu pequenas peças cômicas para ajudar os pais, vendendo centenas delas sob uma variedade de pseudônimos. Continuou escrevendo depois de se formar, em 1884, e já tinha um grande número de admiradores antes de chegar aos 30 anos. Quando abordou temas mais tensos e fez sua primeira incursão na escrita dramática, Tchekhov começou a chamar a atenção de críticos literários.

A hoje lendária estréia de *A gaivota* (1896) foi um fracasso total. A peça foi falsamente anunciada como comédia, e quando a platéia começou a vaiar Tchekhov fugiu humilhado do teatro – experiência que por pouco não o levou a abandonar de vez a escrita dramática. As produções posteriores, contudo, foram bem recebidas, e Tchekhov alcançou novamente o sucesso quando revisou uma de suas medíocres peças anteriores e a transformou na extraordinária *Tio Vânia* (1897). Prosseguiu com *As três irmãs* (1901) e *Jardim das cerejeiras* (1904), também consideradas obras-primas tragicômicas. Essas peças retratam conflitos de gerações e outros problemas familiares, com um mínimo de encenação dramática. Os acontecimentos mais importantes ocorrem nos bastidores, transmitidos mais pelo diálogo que pela ação.

Apesar de Tchekhov ser mais renomado por suas peças, seus contos são brilhantes e inigualáveis. Desenvolvem-se na paisagem melancólica de uma realidade agudamente observada, povoada por personagens atolados na autopiedade, em meio ao tédio e à trivialidade da vida diária. Os enredos são geralmente mínimos e enganosamente simples, com os elementos mais importantes ocultos sob a superfície e com pouca ou nenhuma resolução fornecida no final. Perfazendo mais de duzentos, os contos desse autor foram fundamentais para estabelecer o gênero como a importante forma literária que é hoje.

FATOS ADICIONAIS

1. *Tchekhov continuou exercendo a medicina, mesmo no auge da carreira literária. Num gracejo conhecido, ele escreveu: "A medicina é minha esposa, e a literatura, minha amante; quando me canso de uma, passo a noite com a outra".*

2. *As peças de Tchekhov tornaram-se canônicas tanto no teatro britânico quanto no norte-americano quase imediatamente após sua tradução para o inglês, na década de 20. Ainda hoje são muito encenadas.*

3. *Críticos e intelectuais russos freqüentemente pressionaram Tchekhov para que tornasse suas obras mais políticas. Ele sempre recusou, porque acreditava que politizar seus trabalhos reduziria a universalidade deles.*

Romantismo

O movimento conhecido como Romantismo (1750-1850) surgiu em grande parte como resposta ao neoclassicismo. Enquanto os artistas neoclássicos davam grande ênfase aos valores iluministas da razão, objetividade, ordem e ciência, os artistas românticos eram atraídos pelo reino da fantasia, intuição, subjetividade e emoção. Inspirados pelo clamor que a Revolução Francesa e a Guerra da Independência norte-americana geraram, os românticos celebravam a rebelião e a liberdade pessoal em detrimento da convenção social. Consternados com o crescimento da industrialização, maravilhavam-se com os prodígios da natureza e a pureza das culturas mais simples, mais primitivas. Em contraste com os neoclássicos, que preferiam as linhas claras e a elegância da arte greco-romana, os românticos eram fascinados pela complexidade da arquitetura gótica, assim como pela mística das culturas exóticas.

Na Inglaterra, o Romantismo apareceu já em 1749, quando o escritor Horace Walpole decidiu renovar Strawberry Hill, sua residência em Twickenham, com motivos góticos. As obras românticas representativas da pintura inglesa incluem *Cavalo sendo devorado por um leão* (1763), de George Stubb, *O pesadelo* (1781), de Henry Fuseli, e as ilustrações de William Blake para seus próprios livros de poesia. O Romantismo inglês alcançou o ápice nas pinturas de John Constable e Joseph Mallord William Turner. Em termos de arquitetura, o movimento é mais bem refletido no Palácio de Westminster, de estilo neogótico, cujas obras começaram em 1836.

O Romantismo francês muito deveu tanto aos escritos de Jean-Jacques Rousseau quanto à Revolução Francesa. Entre os pintores mais notáveis do período, figuram Jean-Auguste-Dominique Ingres, Theodore Géricault e Eugène Delacroix. O melhor exemplo da arquitetura romântica francesa é a igreja de La Madeleine, feita por Pierre Vignon, cuja concha neoclássica contém três cúpulas bizantinas. Essa mistura de estilos históricos caracteriza boa parte da arquitetura do período.

Na Alemanha, o movimento deve muito ao desditoso herói do romance de Johann Wolfgang von Goethe *Os sofrimentos do jovem Werther*, publicado em 1774. *Cemitério do mosteiro na neve* (1817-1819), de Caspar David Friedrich, e *As fases do dia* (1809), de Philipp Otto Runge, são pinturas típicas do Romantismo alemão.

O maior artista espanhol dessa época foi Francisco de Goya.

O estilo romântico é mais bem representado nos Estados Unidos pelos trabalhos de John Singleton Copley, cuja obra-prima dramática, *Watson e o tubarão* (1778), foi encomendada pelo próprio sobrevivente do ataque.

Dissonância Cognitiva

Em 1957, Leon Festinger, psicólogo social da Universidade de Stanford, publicou *Teoria da dissonância cognitiva*, uma das mais influentes dissertações sobre o comportamento humano. A teoria é muito simples. Todos nós temos uma variedade de crenças, idéias e pensamentos, que os cientistas chamam de cognições. Em sua maioria, nossas cognições não estão relacionadas entre si. Nossa admiração pela ópera, por exemplo, nada tem a ver com quem foi eleito presidente na década de 80. Mas, quando nossos pensamentos ou ações estão relacionados entre si, sentimos uma profunda necessidade de que sejam consistentes. As contradições resultam num estado de dissonância que a mente não consegue tolerar. A cognição ou comportamento conflitante deve mudar para recolocar o cérebro num estado de equilíbrio. Como os pensamentos são geralmente mais fáceis de mudar do que o comportamento, somos capazes de alterar nosso aparelho mental.

Festinger deu o exemplo do vício de fumar. Um homem que fuma experimenta dissonância cognitiva quando ouve falar dos riscos à saúde. Uma solução é parar de fumar. Mas, como o comportamento é difícil de ser alterado, o fumante tem mais probabilidade de mudar sua crença sobre o fumo, a fim de reduzir a tensão da dissonância. Pode, por exemplo, optar por se concentrar nos aspectos positivos do fumo para a saúde, como o alívio da tensão e a perda de peso. Pode dizer a si mesmo: "Se eu parar de fumar, vou ganhar peso, o que também é ruim para mim". Por outro lado, ele poderia comparar os perigos do fumo a outros riscos diários, como o risco de sofrer um acidente automobilístico. O fumante pode pensar: "Se as pessoas vão para a estrada todos os dias sem hesitar, por que vou me preocupar ao acender um cigarro?" Essa racionalização permite às pessoas manter os comportamentos consistentes com suas crenças, reduzindo a dissonância cognitiva.

FATOS ADICIONAIS

1. *O trote aplicado em calouros funciona com base no princípio da dissonância cognitiva. Os pesquisadores descobriram que, quanto mais humilhante for o ritual de iniciação, mais probabilidade terão os calouros de dizer que gostam de fazer parte do grupo. Os psicólogos sociais referem-se a isso como o paradigma da justificação do esforço.*

2. *Os economistas atribuem o remorso do comprador à dissonância cognitiva.*

3. *Festinger percebeu também que, se as pessoas são pagas para mentir, elas não acreditam nas mentiras. Mas, se mentirem voluntariamente e de graça, muitas vezes acreditam no que estão dizendo. Se mentirem sem a justificativa de que estão sendo pagas, elas experimentam uma dissonância cognitiva. Por isso, tentam acreditar no que estão dizendo.*

Concerto nº 21 e *Sinfonia nº 41* de Mozart

Na última metade de sua carreira, Wolfgang Amadeus Mozart (1756-1791) compôs dezessete concertos para piano que são considerados os melhores exemplos da literatura de concertos clássicos. Muitos deles utilizam uma adaptação da forma sonata chamada ritornelo – uma combinação da forma sonata regular com o estilo de escrita de concerto praticado por Vivaldi. Nessa estrutura, a orquestra repete os temas tocados pelas partes solistas.

O ritornelo pode ter evoluído especificamente para concertos para piano como meio de assegurar que a platéia ouvisse e entendesse as melodias. Pode ter sido difícil ouvir tais melodias, porque os pianos não possuíam o volume que possuem hoje.

O *Concerto nº 21* de Mozart está entre os mais brilhantes do século XVIII. Os motivos de seu primeiro movimento são alegres e agradáveis, ao passo que o movimento intermediário, lento, é plácido, belo e quase sempre interpretado de maneira romântica e sentimental. O movimento final tem várias passagens de técnica deslumbrante.

A *Sinfonia nº 41*, escrita em magnificente dó maior, costuma ser chamada de "Sinfonia Júpiter", devido a seu grandioso primeiro movimento. Ela exemplifica a capacidade de Mozart de escrever dentro da forma sonata sem sacrificar seus imensos talentos expressivos. Sonoros trompetes e percussão no primeiro movimento conferem à peça um sentido de triunfo, enquanto o último movimento, que exibe uma fuga maciça, inspirada em Bach, emprega pelo menos seis temas diferentes, que se juntam num *finale* explosivo, sempre mantendo os requisitos da estrutura da sonata.

Essas duas peças elevam o estilo clássico e a forma sonata a seu estado mais maduro e impressionante. Peças como essas levaram muitos musicólogos e historiadores a insistir que Mozart é o maior compositor que já existiu.

FATOS ADICIONAIS

1. *O catálogo K (por exemplo, K467, K551) foi estabelecido em 1861 pelo musicólogo alemão Ludwig von Köchel como um modo de rastrear as obras de Mozart e as datas de sua composição. Hoje uma composição raramente é mencionada sem o respectivo número Köchel. O* Concerto nº 21 *é K467, 1785.*

2. *Ninguém sabe ao certo de onde veio o nome "Júpiter", mas Mozart não atribuiu tal nome a sua 41ª sinfonia. O filho do compositor insistiu que o nome veio de Peter Salomon, o mesmo empresário que encomendou as Sinfonias de Londres a Franz Joseph Haydn.*

3. *O lírico segundo movimento do* Concerto para piano nº 21 *foi utilizado como trilha sonora de um filme meloso de 1967 chamado* Elvira Madigan. *Por isso, costuma-se chamá-lo de "Concerto de Elvira Madigan", título absolutamente infeliz para obra de tal magnitude.*

Identidade Pessoal

Lembre-se de sua infância. Apesar de muitas diferenças qualitativas – agora você é mais velho, maior e, presumivelmente, mais sábio –, você continua sendo o mesmo indivíduo que era quando criança. O menino que você foi e o adulto que você é são a mesma pessoa. O problema da identidade pessoal questiona: Sob que condições um indivíduo de uma época é a mesma pessoa que um indivíduo de outra época? Em outras palavras, por quais tipos de mudança uma pessoa pode passar e continuar a existir?

Uma resposta possível é que uma pessoa é apenas um organismo humano e, assim, enquanto continuar sendo o mesmo organismo humano, continuará sendo a mesma pessoa. Mas considere este experimento mental: Um cientista vai retirar o cérebro que pertence a você e colocá-lo na cabeça dele. Em seguida, vai retirar o cérebro dele e inseri-lo em sua cabeça. Finalmente, ele vai torturar uma das pessoas resultantes. Antes de a operação se consumar, você pode fazer uma escolha: Baseado apenas no auto-interesse, quem você preferiria que fosse torturado – a pessoa que tem seu corpo e o cérebro do cientista (A) ou a pessoa que tem o corpo do cientista e o cérebro seu (B)?

Se você acredita que é apenas um organismo, depois dessa operação você ainda será A. Afinal, o cérebro é apenas um órgão, e um organismo não deixa de existir só porque sofre um transplante de órgão. Assim, se você optou por torturar A, está admitindo implicitamente que não é um organismo, e que sua identidade é determinada de alguma outra forma.

A importância desse experimento mental é dupla. Primeiro, ele mostra que a natureza da identidade ao longo do tempo não é óbvia. A princípio, somos tentados a admitir que somos apenas organismo, mas o experimento nos leva a questionar essa suposição. Segundo, a questão sobre a identidade pessoal está ligada a uma questão maior relacionada com o eu. Com o que nos preocupamos exatamente quando dizemos que estamos agindo por interesse pessoal? O experimento mental sugere que o interesse está mais ligado à preocupação com nossas experiências e lembranças do que com nosso corpo.

FATOS ADICIONAIS

1. *O filósofo inglês John Locke (1632-1704) afirmou que a pessoa A e a pessoa B são idênticas quando estão psicologicamente ligadas pela memória.*

2. *Imagine um teletransportador que desintegrou você e depois transmitiu a informação para uma estação espacial em Marte, onde uma pessoa qualitativamente indistinguível de você é construída. Você usaria isso como um meio de viagem à longa distância? A pessoa que surge é a mesma pessoa que entrou?*

3. *E se o teletransportador criasse duas duplicatas em vez de uma? Nesse caso, você sobreviveria? Qual delas seria você? É melhor haver duas pessoas ou apenas uma ligada a você dessa maneira?*

Catolicismo

A Igreja Católica Romana é a maior religião cristã do mundo, com mais de 1,2 bilhão de membros. Países tão diversos como Itália, Irlanda, Espanha, Filipinas, México, Brasil e Argentina são quase totalmente católicos.

O mundo católico é governado da cidade do Vaticano, o pequeno Estado independente cravado nos confins de Roma. Ali, o papa, que é também o bispo de Roma e é considerado o sucessor de Pedro, administra a religião com a ajuda dos cardeais. O mundo católico está dividido em mais de 2.500 dioceses, cada qual conduzida por um bispo. Em toda diocese, cada igreja é dirigida por um padre ou diácono, completando a hierarquia católica.

Crucial para a fé católica é a prática dos sete sacramentos, que são:

BATISMO: Significa o perdão do pecado original, realizado mediante imersão ou respingo de água no crente.

CRISMA: Significa uma segunda declaração de fé para os que foram batizados.

EUCARISTIA: Comer o corpo e beber o sangue de Jesus Cristo. Os católicos acreditam que o pão e o vinho utilizados no ritual se transformam literalmente em carne e sangue.

PENITÊNCIA: Pedir o perdão dos pecados.

UNÇÃO DOS ENFERMOS: Untar com óleo especial as pessoas que estão na iminência de morrer.

ORDEM: Reconhecer as pessoas que se ordenaram padres.

MATRIMÔNIO: Reconhecer as pessoas que estão se casando.

Acredita-se que esses sete sacramentos são uma dádiva de Cristo à Igreja, e sua celebração é considerada um caminho para a salvação. Os católicos acreditam que esta vem tanto da fé em Cristo quanto das boas obras, e não, como crêem os protestantes, apenas da fé. Assim, depois de serem purificados por meio do batismo, a fim de melhor consumar a salvação, os católicos devem pedir perdão para cada pecado sucessivo que tenham cometido.

Ao longo da história, a Igreja Católica tem desempenhado um papel importantíssimo na política da Europa e do resto do mundo. Esteve envolvida em conflitos como as Cruzadas, e também foi um repositório seguro de conhecimento durante tempos caóticos, como a Idade Média. Seus papas e bispos foram atores importantes no palco do mundo em cada época da história.

FATOS ADICIONAIS

1. *A Igreja Ortodoxa também acredita nos sete sacramentos. Todavia, ela e outras ramificações não crêem que a Eucaristia seja um consumo literal do corpo de Cristo.*
2. *Esperava-se que o papa Bento XVI, eleito em 2005, não se afastaria das posturas conservadoras da Igreja.*
3. *Os conceitos de purgatório e inferno, não raro confundidos, têm significados distintos no catolicismo. Enquanto o inferno é um estado permanente de condenação, o purgatório é um lugar onde os mortos podem se purificar no caminho para o céu, se ainda não tiverem recebido perdão por seus pecados.*

Thomas Paine

Thomas Paine (1737-1809) foi escritor panfletário e filósofo político radical. Seu famoso livro de 1776, *Senso comum*, convenceu muitos norte-americanos a aderir à guerra contra o governo britânico. Paine desprezava a monarquia britânica e acreditava que a república era a melhor forma de governo. Ele próprio sempre fora um agitador e um propagandista que se sentia atraído por causas revolucionárias contra governos despóticos. Verdadeiro homem do mundo, Paine também participou da Revolução Francesa e escreveu outro livro inflamado, *Direitos do homem*, defendendo a revolução que depusera o rei Luís XVI.

Paine tinha o hábito de se indispor com seus próprios partidários e recebeu poucos agradecimentos pelos esforços que despendeu ao longo de toda a vida. Depois de se mudar para a França, opôs-se inesperadamente à execução do rei deposto. Paine logo foi preso e condenado à morte pelo governo revolucionário que ele próprio apoiara. Escapou da guilhotina por pura sorte, quando o carrasco não notou a marca de giz na porta de sua cela, que indicava que ele devia ser morto. Acabou regressando aos Estados Unidos, onde suas crenças religiosas não-convencionais (ele considerava a Bíblia uma invenção fabulosa) fizeram dele um pária. Morreu na pobreza.

O estilo de escrita de Paine era intransigente, inflamado e inspirador. Em *Senso comum*, refere-se a Jorge III como um "bruto régio" e à monarquia como um "mal". Estabelecendo uma forma de governo republicano na América, Paine acreditava que inspiraria outros povos oprimidos de todo o mundo. "A causa da América é, em grande parte, a causa de toda a humanidade", escreveu. Seus incansáveis esforços de propaganda lhe valeram o respeito até mesmo de seus críticos. John Adams, o segundo presidente dos Estados Unidos, que o chamava de "híbrido de porco e cachorro", admitiu que, "sem a pena de Paine, a espada de Washington teria sido brandida em vão".

FATOS ADICIONAIS

1. *Dez anos após sua morte, o esqueleto de Paine foi exumado por um admirador inglês que queria transportá-lo para a Inglaterra. O traslado jamais ocorreu, e o que foi feito dos ossos de Paine ainda é um mistério.*
2. *Paine escreveu* Direitos do homem *em resposta a Edmund Burke, legislador inglês de tendências conservadoras que ficara horrorizado com a Revolução Francesa. Paine dizia que a condição miserável dos camponeses da França justificava a revolução, e desdenhava a exortação de Burke a reformas moderadas e incrementais, em vez da revolta armada.*
3. *Costuma-se atribuir a Paine a invenção do nome Estados Unidos da América para as treze colônias.*

Virginia Woolf

A romancista e crítica inglesa Virginia Woolf (1882-1941) figura entre os autores mais influentes do movimento modernista. Juntamente com James Joyce, William Faulkner e outros, ela revolucionou o romance com técnicas narrativas e preocupações temáticas radicalmente novas. O envolvimento de Virginia Woolf na alta sociedade intelectual da Inglaterra, nesse meio-tempo, fez dela uma importante figura cultural.

Adeline Virginia Stephen nasceu numa família privilegiada de Londres e educou a si mesma lendo na biblioteca de seu pai, conceituado autor e editor de Cambridge. Após a morte da mãe, em 1895, começou a sofrer de crises nervosas e depressão, que a atormentaram pelo resto da vida. Ainda assim, escreveu prolificamente e, em 1912, se casou com Leonard Woolf. Em 1917, o casal abriu uma pequena editora para produzir e distribuir as obras de Virginia e de outros autores.

Juntos, os Woolf participaram ativamente da cena intelectual liberal de Londres. Durante décadas, eles se reuniam todas as quintas-feiras à noite na casa da irmã de Virginia, Vanessa, nos arredores de Bloomsbury, região central de Londres. Os convidados incluíam com freqüência E. M. Forster, Lytton Strachey, John Maynard Keynes, T. S. Eliot, Aldous Huxley e outros. O grupo de Bloomsbury, como veio a ser chamado, discutia questões de filosofia, religião, política, estética, sexualidade e literatura.

Como tantos escritores da época, Virginia e o grupo ficaram chocados com a brutalidade sem sentido da Primeira Guerra Mundial. Tendo chegado à conclusão de que os princípios da literatura realista do século XIX eram inadequados para descrever o mundo com que se defrontaram depois da guerra, resolveram desenvolver um sistema de referência inteiramente novo para interpretar esse mundo transformado.

A própria Virginia encarregou-se dessa tarefa, fazendo experiências com a técnica do fluxo de consciência – ao descrever a corrente ininterrupta dos pensamentos de um personagem – em *Mrs. Dalloway* (1925). O enredo simples do romance, que acompanha uma mulher em seus preparativos para uma festa, é muito menos importante do que as operações interiores das psiques dos personagens. Embora a narrativa descreva os estados mentais de diferentes pessoas, só raramente esses personagens se ligam em um nível significativo ou encontram seus pensamentos na mesma página.

Virginia era igualmente fascinada pela maneira como as pessoas percebem o fluxo do tempo, desde momentos fugidios até décadas inteiras. Toda a primeira parte de seu romance *Ao farol* (1927) se concentra minuciosamente num único dia; a segunda parte, mais curta, descreve a passagem de muitos anos em apenas algumas páginas. A escritora desenvolveu essa exploração do tempo e do fluxo de consciência em *As ondas* (1931), obra experimental que segue as vozes de seis amigos, da juventude à velhice.

FATO ADICIONAL

1. *Por fim, Virginia não conseguiu mais suportar o fardo de sua doença mental. Em março de 1941, depois de deixar um bilhete ao marido, afogou-se no rio Ouse, perto da Monk's House, sua casa em Sussex.*

Francisco de Goya

Francisco José de Goya y Lucientes (1746-1828) era filho de um ourives de Fuendetodos, na Espanha. Pintor da corte de Carlos IV, Goya tornou-se não apenas o principal artista romântico da Espanha, mas também um precursor do moderno expressionismo.

São abundantes as lendas em torno do começo da vida de Goya como toureiro, violonista e mulherengo. Em 1775, mudou-se para Madri, onde se tornou desenhista da Real Fábrica de Tapeçarias de Santa Bárbara.

Em 1798, publicou uma série de 83 gravuras intitulada *Os caprichos*. A mais conhecida delas é a de número 43, *O sono da razão produz monstros*, em que monstros representando pesadelos cercam a cabeça de um homem que adormeceu em cima de sua escrivaninha. Nesse mesmo ano, o rei espanhol, Carlos IV, nomeou Goya pintor oficial da corte. Em 1799, o artista concluiu *A família de Carlos IV*, um retrato grupal que alguns críticos acreditam ter sido feito para ridicularizar a família real (a família parece meio grotesca e vulgar, apesar de suas finas vestimentas). O modelo de Goya para a composição foi *As meninas*, de Diego Velázquez. Como seu antecessor, também pintor da corte de um monarca espanhol, Goya incluiu um retrato dele próprio diante de um cavalete no plano de fundo do quadro. Entre 1800 e 1808, pintou duas de suas obras mais famosas, *A maja nua* e *A maja vestida*, que captavam dois momentos da mesma *maja*, ou cortesã.

Outras duas pinturas muito conhecidas do artista espanhol são *Dois de maio em Madri* e *Três de maio em Madri*, inspiradas na invasão da Espanha por Napoleão, em 1808. Em 2 de maio, depois que o imperador proclamou rei seu irmão, multidões espanholas tentaram expulsar os soldados franceses do país. No dia seguinte, um pelotão francês fuzilou trinta espanhóis em retaliação. Goya apresentou as duas obras a Fernando VII seis anos mais tarde, após o rei espanhol ter recuperado o trono. Enquanto *Dois de maio em Madri* mostra um combate entre espanhóis e soldados franceses, *Três de maio em Madri* retrata o pelotão prestes a executar um homem desafiador, porém amedrontado, que aguarda a morte com as mãos estendidas.

Desiludido com a situação política na Espanha, em 1820 Goya se recolheu a sua casa de campo, a chamada Quinta del Sordo, ou Casa do Surdo (o pintor ficou surdo em 1792, em decorrência de uma enfermidade). Cobriu as paredes da residência com a aterradora série *Pinturas negras*, que revelava seu desespero e sua imaginação febril. O mais apavorante desses murais é *Saturno*, que mostra o frenético gigante primitivo devorando o cadáver ensangüentado de uma criança.

Depois de 1824, Goya parou de pintar. Exilou-se voluntariamente na França e morreu em Bordeaux. Seus restos mortais foram trasladados para Madri em 1899.

FATO ADICIONAL

1. *Em* Três de maio em Madri, *os soldados franceses estão de costas para o espectador, criando uma parede sem rosto, enquanto cada um dos espanhóis que esperam para morrer responde com uma emoção diferente. Goya fez suas vítimas parecerem vulneráveis e humanas, e os membros do pelotão de fuzilamento, frios e insensíveis à dor que estão causando.*

Reprodução

Nos reinos vegetal e animal, há duas maneiras principais de se reproduzir: assexualmente e sexualmente. Uma é mais arriscada, a outra mais dispendiosa.

A reprodução assexuada requer apenas um progenitor. Não se desperdiça tempo nem energia na busca de um companheiro, no galanteio ou no ato sexual propriamente dito. O brotamento é uma forma comum de reprodução assexuada encontrada nos morangueiros, nos álamos e no coral. No brotamento, o descendente cresce a partir de uma parte do progenitor. Ocasionalmente, eles se separam, mas outras vezes permanecem ligados por toda a vida. Costuma-se pensar que os campos de morangos e as florestas de bordos constituem um grande organismo, ligado por meio de um sistema de brotos e raízes. Na fragmentação, outra forma comum de reprodução assexuada, o progenitor se divide em pedacinhos que crescem como indivíduos separados. Em outras palavras, a morte do pai leva a uma nova vida. Os platelmintos são conhecidos por sua fragmentação.

As proles da reprodução assexuada são sempre geneticamente idênticas ao progenitor. Muitas vezes isso constitui uma desvantagem, pois, sem variedade genética, a população tem mais dificuldade para evoluir e se adaptar às mudanças no ambiente. Os organismos assexuados tendem a prosperar em ambientes estáveis.

A reprodução sexuada apresenta mais flexibilidade. Nela, dois pais separados contribuem com seus genes para a concepção da prole. Tipicamente, um macho e uma fêmea contribuem com metade de sua dotação genética numa célula chamada gameta. O gameta masculino é geralmente um espermatozóide, enquanto o gameta feminino é usualmente um óvulo. Quando combinados, criam um novo organismo, que difere geneticamente de cada um dos pais. A reprodução sexuada pode, portanto, introduzir uma variedade maior de traços numa população, a uma taxa mais rápida do que a da reprodução assexuada. Essa é uma grande vantagem em ambientes que passam por constantes mutações. Como regra geral, todos os organismos superiores se reproduzem sexualmente, mas também precisam despender muita energia criando gametas e procurando parceiros.

FATOS ADICIONAIS

1. *A estrela-do-mar se reproduz assexualmente mediante regeneração. Se um braço se separa do corpo, pode evoluir para uma estrela-do-mar inteiramente nova.*
2. *Às vezes, os custos do sexo se tornam demasiado grandes e o organismo reverte à reprodução assexuada. Isso pode ter acontecido com o dente-de-leão.*
3. *Alguns afídeos e lagartos se reproduzem por meio da partenogênese, reprodução sexuada sem fertilização por um macho.*

Ludwig van Beethoven

A história tem transformado Ludwig van Beethoven (1770-1827) em muitas coisas: a ponte entre os períodos clássico e romântico; um gênio torturado, sofredor; e às vezes até mesmo o maior compositor de todos os tempos. Mas, ao contrário de Bach e Mozart, alvos do mesmo elogio, Beethoven deu passos ousados para fugir à convenção sob a qual seus talentos se desenvolveram. Seu legado mais verdadeiro é, afinal, o fato de ele ter sido a primeira grande personalidade musical do Ocidente. Ele mergulhava fundo em toda peça que escrevia e penetrava o coração e a mente de todo ouvinte que escutava sua música pela primeira vez.

Na vida adulta, foi atormentado por uma dolorosa afecção intestinal, pâncreas inchado e cirrose hepática. Por volta de 1800, começou a se defrontar com aquilo que é o pior pesadelo de um compositor: estava ficando surdo. Em vez de se desesperar, trabalhou com redobrado vigor e se recusou a colocar os caprichos de seus patrocinadores na frente de seu ardente desejo criador. "O que está dentro de meu coração deve vir para fora", escreveu ele numa carta, "e é por isso que eu componho."

A carreira do compositor passou por três etapas. Na primeira, grande parte de sua obra, incluindo as duas primeiras sinfonias, classicamente vienenses, possui muita semelhança com a de Haydn. Essa primeira etapa terminou com a *Sinfonia nº 3*, "Heróica" (1804), uma peça de referência concebida originalmente para ser dedicada a Napoleão Bonaparte. Esse trabalho ampliou as fronteiras da sinfonia clássica com seu *finale* explosivo e arrebatador. Viena nunca ouvira coisa parecida, e no período que se seguiu, o chamado "período heróico", Beethoven compôs algumas de suas obras-primas, incluindo a ópera *Fidélio*, maravilhosos concertos para piano e um concerto para violino.

Na última etapa de sua vida, iniciada por volta de 1810, Beethoven foi ficando cada vez mais isolado do mundo exterior. Era um homem solitário, sempre apaixonado e beirando o desespero por seu estado físico cada vez mais penoso e sua crescente surdez. Faleceu em Viena, rodeado de amigos.

FATOS ADICIONAIS

1. *O pai de Beethoven era um alcoólatra agressivo, cantor da corte na cidade alemã de Bonn. Quando Ludwig era criança, o pai tentou transformá-lo num prodígio ao estilo Mozart, trancando-o em seu quarto durante horas para praticar espineta.*

2. *Em 1802, Beethoven escreveu uma célebre carta a seu irmão conhecida como "O testamento de Heiligenstadt", nome tirado da cidade onde a escreveu, explicando, numa linguagem floreada e por vezes abstrusa, que ele vivia num estado de constante desespero e que, se não fossem seu amor à música e sua paixão pela vida, sem dúvida já teria se matado.*

Liberalismo

O liberalismo é uma tradição na filosofia política que enfatiza o individualismo, a igualdade e a liberdade. É uma teoria normativa – prescreve como as coisas *devem* ser, e não como elas de fato são – sobre qual tipo de governo ou de sistema político se justifica.

Um sistema político só se justifica em bases liberais na medida em que assegura algum bem para os indivíduos. Os liberais acreditam que os indivíduos têm desejos e necessidades que precedem os sistemas políticos, e o propósito destes é alcançar tais bens para os indivíduos.

Outro requisito da teoria liberal é que todos os cidadãos sejam tratados igualmente aos olhos do governo. Há uma divergência significativa no liberalismo quanto a saber se a igualdade política desse tipo é compatível com as diferenças de riqueza. Pensadores como John Locke (1632-1704) e Robert Nozick (1938-2002) acreditavam que as pessoas têm um direito natural à propriedade – em outras palavras, o direito à propriedade existia antes de qualquer governo. Por isso, concluíram que apenas infrações muito limitadas aos direitos pré-políticos da propriedade se justificam. Outros pensadores, como o teórico John Rawls (1921-2002), sustentam que a verdadeira igualdade não pode existir quando existem grandes disparidades de riqueza.

O terceiro requisito importante da teoria política liberal é que o governo deve preservar a liberdade de seus cidadãos. Os liberais vêem o valor do governo como instrumental para assegurar os bens às pessoas individuais. Com essa idéia, veio a concepção segundo a qual as pessoas têm liberdades, seja qual for o sistema político, e este não pode violar exageradamente essas liberdades. Todavia, há entre os liberais um desacordo significativo quanto ao que constitui uma violação exagerada da liberdade.

FATOS ADICIONAIS

1. *Os filósofos políticos não partidários da tradição liberal acreditam que o grupo ou nação tem direitos próprios que devem ser levados em conta. Esses teóricos dizem que, nas circunstâncias corretas, o bem dos indivíduos deve ser sacrificado pelo bem do grupo.*

2. *A filosofia política liberal não é a mesma coisa que o liberalismo político nos Estados Unidos e em outros lugares. Todo o pensamento político predominante nos Estados Unidos é liberal, no sentido filosófico.*

Ortodoxos

A Igreja Ortodoxa se separou da Igreja Católica durante o grande cisma, ou cisão, de 1054.

A Igreja cristã sempre reconheceu o estatuto especial dos bispos de Alexandria, Antioquia, Constantinopla, Jerusalém e, claro, Roma. O bispo de Roma, herdeiro de são Pedro, foi colocado acima de todos os outros. Ainda assim, com o tempo, os membros da cristandade das regiões orientais começaram a se separar em virtude de diferenças de língua, política e costume litúrgico.

Em meados do século XI, a relação se desgastara até chegar a um ponto de ruptura. Enquanto os dois lados desenvolviam negociações que não eram particularmente promissoras, o papa Leão IX faleceu, provocando uma disputa pelo poder. Os emissários da Igreja ocidental excomungaram o líder da Igreja oriental, o patriarca Cerulário, iniciando o cisma que se revelaria irreparável.

Quando a Igreja oriental se estabeleceu, recebeu o nome de Ortodoxa, para designar sua estrita adesão às tradições originais do cristianismo. Sua tradição oral era mais forte do que a da Igreja Católica, o que lhe permitia depender menos do texto escrito da Bíblia.

Os ortodoxos acreditam que a princípio o homem era bom, mas caiu, vítima da tentação, e tornou-se mau. Assim, todo ser humano que morreu antes do nascimento de Jesus Cristo foi para o inferno. Contudo, o aparecimento de Cristo, incorporando tanto o homem quanto Deus, preparou o caminho para a ascensão humana ao céu. Isso, retroativamente, leva da mesma maneira para o céu todos os que foram condenados no passado. Os ortodoxos acreditam que só Deus escolherá quem será salvo ou não. Dessa forma, a melhor coisa a fazer para conquistar a generosidade de Deus é seguir as tradições ortodoxas, que podem ser remontadas a Cristo.

Os sacerdotes ortodoxos, ao contrário dos católicos, têm permissão para se casar, desde que o façam antes da ordenação. De fato, acredita-se que os sacerdotes que dirigem congregações devem ser casados, porque terão que aconselhar casais regularmente.

Hoje, a Igreja Ortodoxa está um tanto descentralizada. Cada igreja nacional (a maior das quais é a grega) tem um patriarca, e cada um deles dispõe de igual poder. Desse modo, embora católicos e ortodoxos possam remontar sua linhagem diretamente a Cristo, durante o segundo milênio de cristianismo a Igreja oriental diferiu significativamente de sua prima ocidental.

FATOS ADICIONAIS

1. *Às vezes, o termo "ortodoxos gregos" é utilizado para se referir a todos os ortodoxos, e não apenas à Igreja Ortodoxa Grega.*
2. *Na tradição ortodoxa, o jejum muitas vezes é requerido para emular a perfeição de Adão e Eva, que, antes de sucumbir à tentação, subsistiam apenas com os frutos existentes no Jardim do Éden. Jejuar é considerado um privilégio.*

Revolução Francesa

Antes de ser derrubada em 1789, a monarquia francesa tornara-se corrupta e gananciosa, alimentando o ressentimento das classes inferiores e médias. Enquanto os camponeses da França morriam de fome, os nobres levavam uma vida de luxo. Informada de que seus súditos não tinham pão para comer, a rainha Maria Antonieta teria dito: "Pois comam brioche". Nessa época, os prisioneiros políticos eram encarcerados na Bastilha, temível prisão situada no coração de Paris.

A Revolução Francesa começou em 14 de julho de 1789, com a invasão da Bastilha para libertar os prisioneiros. Os revolucionários queriam mudar radicalmente a sociedade francesa e estavam dispostos a recorrer a muita violência. Inflamados pelos ideais do Iluminismo – liberdade, igualdade e fraternidade –, os revolucionários queriam derrubar a monarquia hereditária e acabar com o poder da Igreja. Chegaram a refazer o calendário, numa tentativa de convertê-lo em um sistema mais racional.

A Revolução, porém, reverteu-se em violência ou mesmo em anarquia. Em apenas alguns anos, milhares de homens e mulheres foram executados na guilhotina, que os líderes da Revolução acreditavam ser uma maneira menos dolorosa e mais moderna de decapitar os criminosos. Coberta de sangue, o instrumento tinha quatro metros de altura e ocupava uma praça no centro de Paris. Por 960 francos, um fabricante de espinetas da capital francesa construiu às pressas o terrível objeto.

Evidentemente, a maioria das pessoas que foram decapitadas não era composta de criminosos, mas de simples adversários políticos do novo regime. Milhares morreram no reinado do terror que se seguiu à deposição do rei Luís XVI, incluindo, afinal, o próprio rei e a rainha Maria Antonieta, em 1793.

A derrubada da mais poderosa e admirada monarquia da Europa continental por uma multidão radical teve impacto profundo no continente. A era da monarquia absolutista chegava ao fim.

FATOS ADICIONAIS

1. *Antes da Revolução, somente os nobres tinham o privilégio de ser executados por decapitação. Homens do povo eram enforcados.*
2. *O pensador inglês Edmund Burke (1729-1797) acreditava que, por mais corrupta que fosse a monarquia, a Revolução Francesa fora demasiado sangrenta para ser justificada. Seu tratado* Reflexões sobre a Revolução em França *(1790) é um dos documentos fundadores do conservadorismo moderno.*
3. *O hino nacional francês, "A marselhesa", foi escrito por um oficial revolucionário da cidade de Marselha em 1792. A letra clama por sangue e exorta os franceses a "encharcar com seu sangue os campos da pátria", mas isso não impediu que os Beatles utilizassem uma gravação do hino nos dois primeiros compassos do sucesso de 1967 "All You Need Is Love".*

Moby Dick

Moby Dick (1851), de Herman Melville, é o indiscutível gigante da literatura norte-americana. O romance ainda provoca inquietação na cultura ocidental, e poucas pessoas não conhecem sua história – embora provavelmente apenas algumas tenham lido o livro do início ao fim. Ironicamente, apesar do importante papel de *Moby Dick* na história da literatura norte-americana, o romance não teve boa aceitação, sendo considerado inferior a muitas outras obras escritas por Melville (1819-1891).

O narrador, Ismael, decide buscar alívio para sua crise da meia-idade juntando-se à tripulação de um baleeiro. Viaja para o centro de pesca de baleias de New Bedford, Massachusetts, e encontra trabalho numa embarcação chamada *Pequod*. Ismael inteira-se de que o enigmático e recluso capitão do navio, Ahab, teve uma perna arrancada pelas mandíbulas de um cachalote extraordinariamente feroz chamado Moby Dick. Somente quando o *Pequod* está em alto-mar é que Ahab surge no convés e anuncia que o único objetivo da expedição é caçar e destruir Moby Dick, onde quer que ele esteja na vastidão do oceano.

A busca obsessiva de Ahab leva o *Pequod* a singrar milhares de quilômetros, contornar o extremo sul da África e rumar para o sudeste asiático. Apesar de numerosos maus agouros, o capitão obstina-se resoluta e maniacamente em busca de vingança, sempre fazendo pronunciamentos quase bíblicos: "No teu encalço eu vou, ó tu, devastadora e inconquistável baleia; mas um dia hei de lutar contigo; das profundezas do inferno te trespassarei; sobre ti cuspirei meu derradeiro alento de ódio".

Por fim, a embarcação avista Moby Dick nas águas do Pacífico. Na monumental batalha que se segue, a baleia destrói o navio, Ahab é morto e toda a tripulação – exceto Ismael – perece nas profundezas do oceano.

Moby Dick contém reflexões filosóficas sobre incontáveis assuntos, da Bíblia ao destino e à solidão do oceano. A própria baleia branca é um dos maiores e mais enigmáticos símbolos da literatura, e as teorias sobre seu significado variam bastante. Ahab a vê como uma incorporação de todo o mal do mundo e acredita que seu próprio dever existencial é confrontar e derrotar esse mal.

Ismael tenta compreender a baleia considerando-a parte por parte. Capítulos individuais de *Moby Dick* discutem a cabeça e a cauda da baleia, o repuxo que ela provoca na água e assim por diante. Mas, apesar desses esforços, Ismael descobre que a qualidade colossal e inconcebível da criatura não pode ser captada nem pela mente humana nem pela palavra escrita. Por isso, alguns críticos tomaram a baleia como uma representação de Deus, a lembrar a inevitável catástrofe que se abate sobre quem quer que tenha a petulância de tentar controlar o incontrolável ou compreender o incompreensível.

FATO ADICIONAL

1. *Um cachalote albino apelidado Mocha Dick foi visto durante décadas ao largo da costa chilena, antes de ser finalmente capturado na década de 1830. Melville inspirou-se claramente nessa história, mas não se sabe por que alterou o nome da baleia.*

Joseph Mallord William Turner

Maior pintor inglês do movimento romântico, Joseph Mallord William Turner (1775-1851) é mais conhecido por suas paisagens dramáticas e pela força que emana de suas pinturas da natureza.

Turner nasceu em Chelsea, hoje parte de Londres. Seu pai, barbeiro, não demorou a reconhecer as inclinações artísticas do filho. Em 1789, aos 14 anos, Turner ingressou na prestigiosa Academia Real de Artes, onde expôs sua primeira obra no ano seguinte. Durante toda a década de 1790, pintou sobretudo aquarelas. Em 1796, expôs sua primeira pintura a óleo, *Pescadores no mar*.

Abriu sua própria galeria na Harley Street em 1804, mas continuou a expor na academia. Durante cerca de trinta anos – de 1808 a 1837 – ministrou também um curso sobre perspectiva.

Ao longo de sua vida, Turner viajou muito, tanto na Grã-Bretanha como no exterior. Após visitar Gales, Yorkshire e o Lake District, dirigiu-se à Suíça e depois à França (1802-1803), onde estudou pinturas do Louvre. Durante as viagens, aprendeu a pintar no estilo de diversos mestres antigos, como Ticiano, Canaletto e Claude Lorrain. Uma viagem posterior à Itália, em 1819, teve profundo impacto sobre seu uso da luz e da cor. Em 1822, Turner estabeleceu sua reputação na Inglaterra. O rei inglês, Jorge IV, encarregou-o de pintar *A batalha de Trafalgar*.

Inspirado pelas descrições dos fenômenos naturais na poesia romântica inglesa, Turner retratava a natureza com reverência e vibração. Em muitos casos, incluía versos, não raro de sua própria autoria, nos quadros. Também preparou ilustrações para obras de Lord Byron, Sir Walter Scott e Samuel Rogers.

Apesar de ter lecionado na Academia Real, Turner não foi universalmente admirado durante sua vida. Criticado por transpor as fronteiras do que era aceitável na arte, encontrou um sincero aliado no crítico de arte John Ruskin, que o defendeu no famoso livro sobre pinturas paisagísticas *Modern Painters*, publicado pela primeira vez em 1843.

Hoje, Turner é visto como um importante precursor de movimentos modernos como o impressionismo e o expressionismo abstrato. Uma ala especial do Museu Tate de Londres é dedicada a suas obras. Em 1984, foi criado o Prêmio Turner para reconhecer as realizações de eminentes artistas modernos.

FATO ADICIONAL

1. *Em 1840, Turner pintou o que muitos estudiosos consideram seu melhor trabalho,* O navio de escravos *(ou* Escravos lançando ao mar os mortos e moribundos*). O quadro se baseou em um acontecimento real narrado em* The History of the Slave Trade *(1808), de Thomas Clarkson. Um capitão de navio lançou escravos doentes e moribundos ao mar quando soube que só seria reembolsado pela perda de escravos no mar, e não pelos que morressem a bordo do navio.*

Células-Tronco

As células-tronco podem ser a chave que permitirá desvendar os mistérios que estão por trás de algumas das doenças mais intrigantes do mundo – mal de Parkinson, mal de Alzheimer, diabetes e câncer. Todas essas doenças envolvem tecidos danificados que precisam ser reparados ou substituídos. As células-tronco têm a capacidade única de se diferenciar em outras células especializadas. Podem também se dividir e se renovar durante longos períodos. Se as células-tronco pudessem, por exemplo, ser introduzidas numa parte do cérebro que tivesse sido devastada pelo mal de Parkinson, poderiam substituir os neurônios afetados pela doença.

Existem dois tipos básicos de células-tronco: embrionárias e adultas. As embrionárias são pluripotentes: podem se transformar em qualquer tipo de célula do corpo. Em geral, provêm de óvulos fertilizados que foram descartados após um tratamento de fertilidade. Uma vez fertilizado, o óvulo começa a se dividir. Cerca de cinco dias depois, ele é um conjunto de aproximadamente 150 células chamado blástula. As células internas da blástula são células-tronco pluripotentes. Pouco se sabe acerca dos usos das células-tronco embrionárias humanas. Os cientistas só aprenderam a cultivá-las em laboratório em 1998, e leis que restringem as pesquisas estão sendo formuladas. Os cientistas empregam células-tronco adultas para fins terapêuticos há mais de trinta anos.

As células-tronco adultas são encontradas em diversas partes do corpo – na pele, no cérebro e na medula óssea –, mas não são tão versáteis quanto as embrionárias. As células-tronco adultas são multipotentes, ou seja, podem formar apenas uma família estreitamente correlacionada de células. Assim, as células-tronco da medula óssea podem formar apenas células de osso, de cartilagem e de gordura. Todavia, ao contrário das embrionárias, que precisam advir de uma fonte exterior, as adultas muitas vezes são originadas dentro do corpo do indivíduo enfermo, tendo menos probabilidade de ser rejeitadas pelo sistema imunológico.

FATOS ADICIONAIS

1. *Os folículos pilosos também contêm células-tronco, e alguns pesquisadores acreditam que estas podem levar à cura da calvície.*

2. *As células-tronco adultas provenientes da medula óssea vêm sendo utilizadas para tratar a leucemia e o linfoma desde a década de 70.*

3. *O uso de células-tronco tem permitido aos cientistas regenerar dentes faltantes de camundongos.*

Sinfonia nº 9 de Beethoven, "Coral"

Em 1792, Ludwig van Beethoven (1770-1827) começou a estudar com Franz Joseph Haydn e mais tarde recebeu aulas de Antonio Salieri. Beethoven era um aluno impulsivo e arrogante, famoso na região por suas apaixonadas improvisações ao teclado. Muitos críticos dizem que ele se tornou um compositor maduro quando aprendeu a combinar seu entusiasmo e seu amor pela música com a lógica das formas clássicas.

A estrita adesão de Beethoven à convenção clássica terminou em 1810, quando ele entrou numa fase de profundo desespero e alienação, trazidos pelos problemas de saúde, pela perda da audição e pela solidão. Tocou piano pela última vez em 1814, e depois de 1819 toda conversação com o grande compositor se fazia por escrito.

Foi nessa situação mental, já perto do fim da vida, que Beethoven escreveu a *Sinfonia nº 9*, "Coral" (1824). Admirável expressão de sua chama criativa, foi escrita quando o compositor se encontrava totalmente surdo – expressão final de seu amor pela música e de sua arte apaixonada.

Com mais de uma hora de duração, a sinfonia, em quatro movimentos, inicia-se com um dramático primeiro movimento que adere livremente à fórmula clássica. Esta conduz a um ligeiro mas envolvente *scherzo* (uma forma para dança). Segue-se a parte do adágio – um longo e delicado movimento de quietude que precede a explosão do *finale*.

O último movimento da *Nona sinfonia* constitui um dos maiores *finales* de todos os tempos e é quase universalmente reconhecível. Foi a primeira vez que uma sinfonia fez uso de um coro completo e de uma orquestra igualmente completa. Quando o coro entoa o refrão de "Ode à alegria", um hino extático à vida, a música passa lentamente ao clímax explosivo e eufórico do movimento.

FATOS ADICIONAIS

1. *O texto de "Ode à alegria", que contém os versos "Alegria, centelha brilhante da divindade, Filha do Elísio/ Inspirados pelo fogo adentramos o Teu santuário [...]", provém de um poema escrito em 1785 pelo poeta alemão Friedrich Schiller.*

2. *Reza a lenda que, quando Beethoven morreu, pouco depois de concluir a* Nona sinfonia, *houve uma tempestade em Viena. Ele jazia inconsciente na cama e, no momento em que relampejou, sentou-se repentinamente, sacudiu o punho contra o céu e caiu morto.*

Contrato Social

O contrato social é um conceito utilizado na filosofia política para compreender a origem e a legitimidade dos sistemas políticos.

A idéia por trás do contrato social é que, em determinado ponto hipotético do passado, os seres humanos não possuíam governo nem leis. Com o fim de proteger sua segurança física e prover as condições para a prosperidade, esses seres humanos originais fizeram um acordo. Em troca da estabilidade e segurança das leis, cada um cedia parte de suas liberdades individuais a um governo.

O teórico moderno do contrato social foi o filósofo inglês Thomas Hobbes (1588-1679). No livro *Leviatã* (1651), Hobbes descreve a vida antes da existência do governo – a qual designava como "estado de natureza" – como "solitária, sórdida, pobre, brutal e curta". Assim, a única opção racional para as pessoas era estabelecer um contrato social em que delegavam a autoridade a um governante. Segundo Hobbes, o estado de natureza era tão ruim que, por mais tirânico e arbitrário que um governante fosse, seu reinado seria preferível. Não temos, portanto, o direito de nos revoltar. Dizia ainda que o soberano deve dispor de poder absoluto e incondicional, sem controles ou contrapesos.

O filósofo inglês John Locke (1632-1704) acreditava que o contrato social tinha de fazer algo mais do que apenas proteger a segurança física das pessoas. Devia também respeitar os direitos dos indivíduos à vida, à liberdade e à propriedade. Se a autoridade política constituída pelo contrato social violasse esses direitos, Locke acreditava que os cidadãos tinham o direito de anular o contrato e se rebelar. Outro importante teórico do contrato social foi o filósofo francês Jean-Jacques Rousseau (1712-1778).

FATOS ADICIONAIS

1. *O filósofo alemão Immanuel Kant (1724-1804) acreditava que as mais altas realizações da natureza humana seriam impossíveis se não vivêssemos numa condição civil. Assim, Kant sustentava que somos obrigados a deixar o estado de natureza e estabelecer um contrato social.*

2. *As idéias políticas de Rousseau foram influentes durante a Revolução Francesa.*

Reforma Protestante

No início do século XVI, muito tempo depois que a Europa começara a ficar descontente com a Igreja Católica, Martinho Lutero fomentou a Reforma Protestante.

Professor e pregador na Alemanha, Lutero estudou a fundo os textos religiosos. Sua primeira divergência com a Igreja Católica dizia respeito à prática da indulgência, que consistia na tradição católica de perdoar os pecados. Nessa época, a absolvição estava à venda. Em troca de dinheiro, a sentença do doador no purgatório era reduzida. Lutero contrapôs-se à noção da compra da salvação, por considerá-la extremamente prejudicial à fé.

Em 1517, afixou suas 95 teses na porta da igreja do Castelo de Wittenburg, desafiando a Igreja Católica e a legitimidade do papa, assim como a prática das indulgências. Para Lutero, a Igreja perdera de vista suas doutrinas originais, aquelas que provinham diretamente do texto bíblico, e criara uma separação desnecessária entre clero e fiéis.

Ao afixar as 95 teses, desencadeou um grande debate, que logo alcançou o restante da Alemanha, a Suíça, a Áustria, a Inglaterra e a Escócia. Enquanto a discussão se disseminava, os escritos de João Calvino, entre outros, alimentavam ainda mais a dissensão entre o populacho europeu.

Quando as várias crenças dos reformadores começaram a coincidir, com o passar do tempo, a religião protestante tomou forma. No cerne dessa fé reformista estava a crença de que a única autoridade religiosa era a própria Bíblia, e não o papa. Essa crença revolucionava a estrutura da Igreja e enfatizava que os indivíduos podiam se relacionar diretamente com Deus, sem a mediação dos padres.

Os protestantes acabaram por se dividir em várias ramificações, como os luteranos, os calvinistas e os anabatistas, enquanto os católicos lançavam a Contra-Reforma, tornando-se mais conservadores.

FATOS ADICIONAIS

1. *Quando tinha 22 anos, Martinho Lutero estava voltando para a escola durante uma tempestade. Tendo um raio caído perto dele, Lutero exclamou: "Socorro, santa Ana! Vou tornar-me um monge". Ele sobreviveu e cumpriu a promessa, trocando a escola de direito por um mosteiro.*

2. *A Reforma Protestante viu-se ainda mais fortalecida quando o rei da Inglaterra, Henrique VIII, rompeu com a Igreja Católica, em 1529. O rei autoproclamou-se chefe da Igreja da Inglaterra, o que lhe permitiu se divorciar de sua esposa, a rainha Catarina, algo que o papa não autorizaria.*

3. *Apesar de não existirem evidências das 95 teses originais, muitos especialistas acreditam que a lendária afixação na porta da igreja não é tão inverossímil. Naquela época, as portas da igreja da universidade eram utilizadas para a divulgação de notícias, como os quadros de avisos de hoje.*

Thomas Jefferson

"A força não pode mudar o direito."

– Thomas Jefferson

Thomas Jefferson (1743-1826) foi o terceiro presidente dos Estados Unidos e um dos mais influentes revolucionários americanos. Em seus escritos, incluindo a Declaração de Independência de 1776, articulou ideais da jovem república com rara eloqüência. Mais tarde, como presidente, pôs de lado as próprias dúvidas e aprovou a compra do território da Louisiana, até então posse da França, por três centavos o acre, dobrando o tamanho dos Estados Unidos.

Jefferson nasceu em Shadwell, Virgínia. Antes da Guerra da Independência, dedicou-se à prática do direito. Seus interesses não se restringiam à política. Foi também arquiteto e inventor. Sua educação no College of William and Mary, onde leu as obras filosóficas de John Locke, influenciou fortemente suas idéias políticas.

Em 1776, Jefferson freqüentou o Congresso Continental da Filadélfia, que reunia os mais eminentes cidadãos das treze colônias rebeldes. Os altos impostos e a repressão haviam convencido os delegados a apoiar a independência. Os líderes da convenção pediram a Jefferson, então com 33 anos, para se juntar a John Adams e Benjamin Franklin a fim de redigir uma declaração formal a ser enviada a Londres. O resultado foi a Declaração de Independência, vigorosa denúncia contra o governo britânico, inspirada em Locke e outros filósofos.

Que tipo de governo substituiria o britânico? Jefferson, que era fazendeiro e dono de escravos no Sul, preconizava uma república de pequenos proprietários rurais com um governo central fraco e uma clara separação entre a Igreja e o Estado. Sua visão exerceu profunda influência sobre gerações de políticos, especialmente no Sul, que se opunham a um governo federal forte. Apesar da declarada oposição a um governo desse tipo, como presidente Jefferson aprovou a compra da Louisiana, decisão que, segundo vários estudiosos constitucionais, excediam seus poderes executivos.

Após deixar o cargo, recolheu-se a sua mansão no alto de uma colina de Monticello, onde morreu em 4 de julho de 1826, cinqüenta anos depois de sua Declaração de Independência conclamar as treze colônias a se insurgir contra o governo britânico.

FATOS ADICIONAIS

1. *Um busto de Jefferson – juntamente com o de Theodore Roosevelt, George Washington e Abraham Lincoln – foi esculpido na encosta do monte Rushmore, na Dakota do Sul.*

2. *Jefferson e Adams foram oponentes políticos e por duas vezes concorreram à presidência, mas tornaram-se amigos depois de se afastar da política. Adams morreu no mesmo dia que Jefferson.*

3. *Apesar de afirmar com freqüência que a escravidão era um mal moral, como tantos outros fundadores da nação, Jefferson era dono de escravos. Segundo um recente estudo de DNA, Jefferson teve vários filhos com uma de suas escravas, Sally Hemings.*

"O Caminho Não Percorrido"

"Dois caminhos divergiam num bosque amarelo,
Triste por não poder seguir os dois
E por ser apenas um viajante, segui
Um deles o mais longe que pude com o olhar,
Até o ponto onde ele se perde no mato.

Tomei o outro, que me pareceu mais belo,
Oferecendo talvez a vantagem
De uma relva que se podia pisar,
Embora o estado de ambos fosse o mesmo
E naquela manhã eles fossem iguais.

Ambos estavam sob relvas que nenhum passo
Enegrecera. Oh, deixei
Para outra vez o primeiro!
Mas como sabia que ao caminho se juntam
Os caminhos, duvidei que um dia voltasse.

Hei de contar isto suspirando,
Daqui a muito tempo, nalgum lugar:
Dois caminhos divergiam num bosque, e eu
Segui o menos trilhado,
E foi o que fez toda a diferença."

Não existe provavelmente nenhum outro poema norte-americano tão citado e, não obstante, tão mal interpretado quanto "O caminho não percorrido" (1916), de Robert Frost (1874-1963). Quase sem exceção, os leitores não captam o sentido do poema, vendo-o como uma singela homenagem à fé do autor no livre-arbítrio e uma inspiradora exortação a desafiar a convenção e optar pelo caminho "menos trilhado". Uma leitura mais atenta, porém, revela que na verdade o poema está impregnado daquela irônica resignação que celebrizou Frost.

O ponto mais negligenciado do poema é a total arbitrariedade da decisão do eu lírico em relação a qual caminho seguir. Ao descrever sua escolha entre ambos, enfatiza repetidamente que são essencialmente idênticos. Um deles parece "mais belo" que o outro, e, apesar do desejo de diferenciá-los, ele reconhece que "o estado de ambos" era o mesmo e "naquela manhã eles eram iguais". Por mero capricho, acaba optando por um deles.

Na última estrofe, Frost injeta sua famosa ironia. O poeta admite que "daqui a muito tempo", como um velho que recorda o passado, ele provavelmente recontará essa história "suspirando" e dirá que escolheu corajosamente o caminho não-convencional, o "menos trilhado". Mas tal afirmação seria falsa. O eu lírico acabara de nos dizer justamente que sua escolha foi totalmente arbitrária, pois, para começar, não havia nenhum caminho "menos trilhado", porque "ambos estavam sob relvas que nenhum passo enegrecera". Frost reconhece a tendência humana ao auto-enaltecimento, a propensão a edulcorar as incertezas da vida, a vê-la como uma série de escolhas conscientes e reconhecíveis entre alternativas boas e más. Mas, em última análise, o que ele diz é que na vida não temos como saber qual o melhor caminho a seguir e que nossas decisões não passam, quase sempre, de palpites aleatórios e infundados.

FATOS ADICIONAIS

1. *Frost sabia bem que a maioria dos leitores interpretava mal "O caminho não percorrido". Numa célebre palestra, advertiu o público: "Cuidado com esse poema. É um poema ardiloso, muito ardiloso".*

2. *A carreira de Frost começou notoriamente muito tarde para um poeta. Sua primeira coletânea,* A Boy's Will *(1913), só foi publicada quando ele tinha quase 40 anos.*

3. *John F. Kennedy nutria grande admiração pelas obras de Frost, que leu o poema "The Gift Outright" na cerimônia de posse do presidente, em 1961.*

Impressionismo

O impressionismo começou na França na década de 1870. O objetivo dos pintores desse movimento era reproduzir a impressão visual provocada por um objeto no olho humano. Mais que qualquer outra coisa, estavam interessados na natureza cambiante da luz e no modo como ela afetava a visão.

Ao contrário dos artistas anteriores, que escolhiam temas da história ou da mitologia, os impressionistas pintavam o mundo cotidiano a seu redor. Foram, na verdade, os primeiros artistas a trabalhar o exterior de maneira consistente. Como precisavam pintar rapidamente para captar o efeito da luz sobre um objeto, não esboçavam nem planejavam previamente suas pinturas, mas trabalhavam diretamente na natureza. Compreendendo que o olho raras vezes vê alguma coisa que esteja perfeitamente imóvel, não davam contornos rígidos a seus temas, mas os pintavam livremente com grandes pinceladas, criando a ilusão de movimento. Em vez de misturar as cores nas paletas, salpicavam cores puras lado a lado diretamente na tela. Vistas de perto, as cores parecem díspares, mas a distância se misturam.

A invenção da fotografia teve forte influência no desenvolvimento do impressionismo. Como os fotógrafos, os impressionistas estavam interessados na óptica, na luz e na cor, e preocupavam-se em captar o mundo exatamente como ele aparecia a seus olhos.

Apesar de artistas anteriores, como Joseph Mallord William Turner (1775-1851), terem demonstrado grande interesse pelas qualidades da luz, costuma-se remontar as origens do impressionismo ao movimento realista e a um de seus principais representantes na França, Édouard Manet (1832-1883). Como seus amigos impressionistas (com os quais, entretanto, nunca expôs), Manet tinha inclinação para temas do cotidiano e para a pincelada livre. Também como eles, era um rebelde que ousava desprezar as convenções das belas-artes acadêmicas, oficiais, patrocinadas pelo Estado.

Em 1874, quando foram recusados na exposição realizada anualmente no Salão dos Artistas, os impressionistas organizaram sua própria mostra. O grupo incluía luminares como Claude Monet, Auguste Renoir, Edgar Degas e Alfred Sisley. Uma pintura de Monet intitulada *Impressão, sol nascente* (1872) forneceu a Louis Leroy – um crítico hostil – o termo "impressionistas", inicialmente pejorativo, para designar os artistas.

Ao todo, o grupo realizou oito mostras, a última em 1886. Por essa época, muitos de seus membros estavam trabalhando em novos estilos que acabariam recebendo o nome de *pós-impressionismo*. No entanto, a maioria dos movimentos mais importantes da época moderna foi inspirada pela independência e pela coragem dos impressionistas ao romper com a tradição estabelecida.

FATO ADICIONAL

1. *Como trabalhavam rapidamente, não raro concluindo uma pintura num único dia, os impressionistas foram muito mais prolíficos que os artistas anteriores, que freqüentemente levavam semanas preparando uma composição. Hoje, centenas de quadros impressionistas podem ser vistos no mundo inteiro tanto em museus como em coleções particulares. Especialmente conhecidos por seus acervos são o Museu de Orsay, em Paris, o Instituto de Arte de Chicago e a Fundação Barnes, da Filadélfia.*

Espectro Eletromagnético

O espectro eletromagnético descreve a série total de radiação eletromagnética do universo. "Radiação eletromagnética" é simplesmente outro termo para designar a luz. Toda luz se compõe de fótons, minúsculos aglomerados de energia desprovidos de massa que se movem em ondas através do vácuo do espaço. Os fótons viajam sempre à mesma velocidade, 299.792.458 metros por segundo. Mas uma parte de seus comprimentos de onda é maior que as outras. Se um fóton tem um comprimento de onda maior e serpeia com menos freqüência, sua energia é mais baixa. Se possui um comprimento de onda menor e serpeia com mais freqüência, sua energia é mais alta. Assim, um fóton é como um jogador de futebol correndo atrás da bola num campo. Precisa estar adiantado para poder pegar a bola. Se puder correr numa linha razoavelmente reta, alcançará a bola gastando relativamente pouca energia. Mas, se correr em ziguezague, gastará mais energia.

As ondas hertzianas são formas de luz com comprimentos de onda longos, de baixa freqüência e baixa energia. Seus comprimentos de ondas variam de um a cem metros. Como possuem baixa energia, raramente interagem com a matéria de algum modo evidente.

A luz visível tem um comprimento de onda mais curto e maior freqüência do que as ondas hertzianas. A luz visível é uma pequena fatia do espectro eletromagnético, mas é nessa faixa que o Sol e as estrelas emitem a maior parte de sua radiação. Provavelmente não é por coincidência que nossos olhos são como duas antenas finamente sintonizadas nessa faixa de luz. As cores do arco-íris – vermelho, laranja, amarelo, verde, azul, índigo e violeta – situam-se nesse minúsculo espectro. A luz ultravioleta vem diretamente após o violeta no espectro eletromagnético. Sendo uma energia mais alta e com maior freqüência do que a luz, ela pode prejudicar os olhos e a pele em exposição prolongada.

FATOS ADICIONAIS

1. *Os raios gama são a forma mais energética de luz. São liberados do núcleo de um átomo como parte de um processo radioativo. Teoricamente, podem ter um comprimento de onda infinitamente curto.*
2. *Além de aquecer os alimentos, a radiação de microondas, que se situa entre as ondas hertzianas e a luz visível no espectro eletromagnético, é utilizada para redes de Internet sem fio.*
3. *Embora também se mova em ondas, o som difere da luz pelo fato de não se propagar no vácuo. É por isso que não existe som no espaço.*
4. *A maior parte das substâncias existentes na superfície terrestre absorve luz ultravioleta, mas a neve a reflete. Daí a cegueira causada pelo reflexo na neve.*

Período Romântico

A ardente paixão da música romântica do século XIX, como a literatura, a arte e o pensamento da época, foi uma reação ao período clássico precedente, dominado pela frieza da lógica e da razão. Enquanto a música de Mozart e Haydn se destinava a ser agradável, inspiradora, equilibrada e duradoura, românticos como Hector Berlioz, Johannes Brahms e Gustav Mahler davam mais ênfase à expressão emocional pessoal. Os românticos dedicavam também profundo respeito à história, à mitologia, à magia, ao misticismo e ao heroísmo. Criaram cultos ao gênio em torno dos grandes compositores Beethoven, Schubert e Wagner.

A melodia era extremamente importante para a música romântica – tanto que as estruturas formais não raro eram sacrificadas em favor do livre fluxo das melodias. A sinfonia era o maior dos gêneros, e muitos compositores produziram poucas obras dignas de nota além de seus trabalhos sinfônicos. Essas sinfonias tornaram-se muito mais longas, mais instrumentalizadas, mais pomposas e bombásticas, e também mais decadentes em termos de sentimento.

Nas óperas de Richard Wagner (1813-1883), transparecia uma obsessão pela mitologia nórdica e medieval, e eram ainda repletas de música que exigia impressionante alcance, força e vigor dos cantores. Os compositores começaram a exigir um virtuosismo quase exorbitante de seus instrumentistas, a tal ponto que apenas alguns solistas no mundo – às vezes apenas o próprio compositor – eram capazes de tocar as peças que compunham.

A principal crítica dirigida à música romântica é que seus compositores careciam de gosto, levando suas obras longe demais. No entanto, um número enorme de obras duradouras foi produzido no século XIX, que assistiu também ao florescimento dos grandes estilos operísticos italiano e alemão.

FATOS ADICIONAIS

1. *O número de peças escritas por cada compositor diminuiu no período romântico, em comparação com o período clássico, mas o tamanho delas aumentou. O ciclo* O anel dos nibelungos, *de Wagner (série operística em quatro partes), dura mais de quinze horas.*

2. *O tamanho dos conjuntos também aumentou. A* Sinfonia nº 8 *de Mahler, "Sinfonia dos mil", foi composta para grande orquestra, coro duplo, coro de meninos, três sopranos solistas, dois contraltos, tenor, barítono e baixo.*

3. *Os compositores da época romântica não possuíam formação musical tão apurada quanto a dos grandes gênios clássicos. Hector Berlioz, por exemplo, não era exímio em nenhum instrumento, mas ainda assim escreveu algumas peças muito respeitadas.*

George Berkeley

George Berkeley (1685-1753) nasceu em Kilkenny, na Irlanda. Tornou-se sacerdote da Igreja Anglicana e passou três anos em Newport, Rhode Island, tentando organizar um colégio para os indígenas norte-americanos residentes nas Bermudas. Quando o empreendimento fracassou, regressou à Inglaterra, onde foi nomeado bispo de Cloyne, na Irlanda.

Sua posição filosófica foi marcada por fortes compromissos com o idealismo e o teísmo. Para Berkeley, o idealismo era a concepção de que não existem corpos físicos, mas apenas espíritos, mentes ou almas e as idéias ou pensamentos contidos nesses espíritos. Assim, quando percebemos alguma coisa, o que apreendemos não é um objeto independente, e sim nossas próprias idéias. Nada pode existir sem ser um espírito ou sem ser percebido por um espírito. O principal argumento de Berkeley a favor do idealismo é o seguinte: tente imaginar um corpo físico – por exemplo, uma árvore – que não seja percebido ou pensado por ninguém. Isso não é possível, porque no próprio ato de imaginar você está pensando nele, portanto, ele é pensado por alguém.

Deus desempenhava um papel importante no idealismo de Berkeley. Os idealistas defrontavam-se com um dilema: se nossas experiências são todas um produto de nossa percepção, e não apenas nossa reação a objetos independentes existentes no mundo, por que elas são tão consistentes? Berkeley afirmava que Deus nos leva a ter experiências altamente harmoniosas. Deus explica por que nossas percepções e experiências são tão regulares e governadas por leis.

Apesar de ter sido um ferrenho defensor da existência de Deus, ele não apelava para a autoridade, para a escritura ou para a mera fé. Procurava demonstrar que a crença em Deus se justifica em bases puramente filosóficas.

FATO ADICIONAL

1. *Berkeley defendia os poderes curativos da água de alcatrão, uma mistura de água com alcatrão de pinheiro. Chegou a compor um poema em seu louvor, no qual se lêem os versos: "Salve sumo vulgar do eterno pinheiro!/ Barato que és, tens virtudes divinas./ De suas propriedades a descoberta/ Muito saber moderno e antigo exigiu".*

Constantino I

Atribui-se ao imperador romano Constantino I (275-337), mais tarde chamado de Constantino, o Grande pelos historiadores cristãos, a centelha que resultou na livre propagação do cristianismo pela Europa.

O cristianismo não era uma religião sancionada quando Constantino foi proclamado imperador, em 306 d.C. Segundo o costume romano, Constantino acreditava que apaziguar os deuses era a única forma de evitar sofrimento. Temia que a recusa do cristianismo em produzir e adorar ídolos provocasse a ira das divindades romanas. Por isso, os cristãos eram mantidos fora do governo e oprimidos pelos exércitos romanos.

Em 312, porém, Constantino mudou de idéia após unificar o Império Romano do Ocidente, de fala latina, ao vencer a Batalha da Ponte Mílvia. Quando se preparava para a batalha, conta-se que ele viu as iniciais de Jesus Cristo no céu, seguidas pela inscrição "Com este signo vencerás". Após a vitória, o imperador começou imediatamente a reconhecer o cristianismo. Primeiro, adotou um símbolo que combinava as iniciais gregas de Jesus como seu emblema pessoal. Mais importante, aliou-se a Licínio, imperador do Império Romano do Oriente, de fala grega, e decretou o Édito de Milão.

O Édito de Milão reconhecia o direito dos cristãos de praticar sua religião, devolvia suas propriedades confiscadas e os autorizava a pregar em público, estendendo o alcance do cristianismo. Também designava o domingo como dia de culto. O Édito de Milão abriu grandes caminhos ao aumentar a participação social e política dos cristãos.

Durante esse período, a Igreja da Natividade, em Belém, e a Igreja do Santo Sepulcro, em Jerusalém, foram construídas. Acredita-se que, no leito de morte, o próprio imperador Constantino se converteu à fé.

FATOS ADICIONAIS

1. *O Édito de Milão não era oficialmente um édito, tampouco se originou em Milão. A fonte do nome é desconhecida.*
2. *O cristianismo só veio a se tornar a religião oficial, e a única legal, do Império Romano no fim do século IV, sob o domínio do imperador Teodósio I.*
3. *Constantino patrocinou e incentivou o Concílio de Nicéia, no qual se promulgou o Credo Niceno em 325: "Cremos em um só Deus Pai, Todo-Poderoso, criador do céu e da terra e de tudo quanto é visível e invisível. Cremos num só Senhor, Jesus Cristo, o Filho de Deus".*

Napoleão Bonaparte

Após a Revolução de 1789, a França conheceu uma década de guerra e instabilidade antes de Napoleão Bonaparte (1769-1821) tomar o poder em 1799. Com apenas 30 anos, Napoleão estabeleceu um controle firme sobre o país desgovernado e caótico, coroando-se imperador em 1804. No princípio, nada indicava que ele governaria a França. Nascido na ilha mediterrânea da Córsega, Napoleão só aprendeu a falar francês aos 9 anos. Mas o jovem oficial do exército alinhou-se com os revolucionários e ganhou a confiança dos que assumiram o poder após a decapitação do rei. Uma série de vitórias militares na Itália e na Áustria na década de 1790 tornou Napoleão popular entre o povo francês, e a tomada do poder praticamente não encontrou oposição na França.

Sob o governo de Napoleão, os franceses adotaram uma política exterior agressiva, impondo sua revolução ao restante do continente. Uma a uma, as antigas monarquias da Europa foram sendo derrubadas pelos exércitos napoleônicos. Os franceses acreditavam que os grandes ideais de sua república – liberdade, igualdade e fraternidade – eram universais e deviam, se necessário, ser impostos pela força. E de fato muitos cidadãos europeus saudaram as tropas de Napoleão como libertadoras da tirania de seus reis e rainhas. Ludwig van Beethoven, um dos primeiros admiradores de Napoleão, dedicou sua terceira sinfonia ao jovem imperador, quando as tropas deste chegaram à Alemanha, terra natal do compositor.

Napoleão refez o código civil francês e passou a impô-lo aos territórios conquistados na Europa. O Código Napoleônico, que estabeleceu as leis referentes à propriedade e a outras questões civis, continua sendo a base do sistema legal em boa parte da Europa ocidental até os dias de hoje.

O império francês arquitetado por Napoleão começou a desabar após sua fracassada invasão da Rússia, em 1812. No ano seguinte, Napoleão foi derrotado e obrigado a renunciar por uma coalizão internacional que incluía Grã-Bretanha, Rússia, Espanha, Áustria e vários outros Estados. Napoleão teve um breve retorno, mas foi derrotado definitivamente na Batalha de Waterloo, em 1815. Nessa época, contudo, a maior parte do idealismo que envolvia o imperador havia desaparecido. A França de Napoleão saqueara grande parte da Europa. Muitos dos tesouros do Museu do Louvre, incluindo obras artísticas do Vaticano e da Alemanha, foram pilhados pelas forças do imperador francês. Por todo o continente, ele deixou um rastro de seguidores desiludidos.

FATOS ADICIONAIS

1. *Após a derrota de Waterloo, Napoleão foi para o exílio em Santa Helena, minúscula ilha do Atlântico Sul controlada pelos britânicos.*
2. *Contrariamente ao mito, Napoleão não era excepcionalmente baixo. Media quase 1,70 m, sendo um pouco mais alto que a média dos franceses da época. Os ingleses é que alegavam que ele media apenas 1,58 m.*

A Letra Escarlate

A letra escarlate (1850) é a obra mais conhecida do romancista e contista norte-americano Nathaniel Hawthorne (1804-1864). Como tantos outros escritos de Hawthorne, o romance explora questões sociais e morais no contexto da Nova Inglaterra colonial. Seu amplo uso do simbolismo faz dele um excelente exemplo de literatura alegórica.

A heroína de *A letra escarlate* é Hester Prynne, uma jovem que vivia na cidade puritana de Boston no século XVII. Embora na Inglaterra tivesse se casado com um homem muito mais velho, ele não a acompanhou até os Estados Unidos, como prometera, e ela supõe que o navio dele se perdeu durante a viagem. Em Boston, Hester fica grávida em conseqüência de um relacionamento adúltero e dá à luz uma menina, que recebe o nome de Pearl.

Hester se recusa a revelar o nome do pai da criança, apesar da intensa pressão dos austeros líderes da puritana cidadezinha. Por isso, eles a marginalizam e a obrigam a usar um símbolo indecoroso de seu adultério – uma letra A escarlate bordada de forma proeminente num vestido dourado. Apesar do enorme isolamento social e das privações que enfrenta, Hester cria Pearl com todo o carinho, sem nunca cair no desespero nem guardar ressentimento contra o resto da comunidade. Finalmente, a situação chega ao ponto culminante quando as identidades do marido de Hester, que ainda vive, e do pai da criança são reveladas.

Como descendente de uma das famílias puritanas oriundas de Salem, Massachusetts, Hawthorne estava dolorosamente ciente de que o rigoroso modo de vida dos puritanos e seu intolerante código moral quase sempre faziam mais mal do que bem. Entre seus antepassados diretos, está John Hathorne, um dos juízes que condenaram quase vinte pessoas à morte no célebre julgamento de feiticeiras realizado em Salem, em 1692. Não surpreende que, ao longo de todo o romance, o autor contraste desfavoravelmente a inexorável severidade dos líderes puritanos com a bondade e a abnegação de Hester.

A letra escarlate é um livro ricamente simbólico e alegórico. Grande parte desse simbolismo é evidente e facilmente compreensível, tornando o romance popular entre os professores de inglês que querem introduzir os alunos no domínio da análise literária. Hawthorne tinha a habilidade de criar significado e atmosfera por meio dos nomes de seus personagens, como o sombrio ministro Arthur Dimmesdale e o velho e misterioso médico Roger Chillingworth. E a própria letra escarlate atua como o símbolo mais complexo do romance, primeiro como sinal da vergonha e da alienação de Hester, mas finalmente como uma marca de sua força e integridade.

FATOS ADICIONAIS

1. *Hawthorne se chamava Nathaniel Hathorne, mas acrescentou um "w" ao sobrenome quando publicou seus primeiros escritos.*
2. *Um dos amigos mais íntimos de Hawthorne no Bowdoin College foi Franklin Pierce, que se tornaria o 14º presidente dos Estados Unidos.*

A Mãe de Whistler

O famoso retrato feito por James McNeill Whistler – conhecido simplesmente como *A mãe de Whistler* – tornou-se uma imagem simbólica da maternidade.

Whistler (1834-1903) nasceu em Lowell, Massachusetts. Na infância, viveu no exterior, passando seis anos em São Petersburgo, na Rússia, onde seu pai trabalhou como engenheiro ferroviário, e três na Inglaterra. De volta aos Estados Unidos, ingressou na academia militar de West Point, mas, após ser reprovado no exame de química quando cursava o terceiro ano, foi convidado a se retirar de lá. Em 1854, Whistler se mudou para Washington e trabalhou na US Coast and Geodetic Survey, onde aprendeu a gravar com água-forte. Em 1855, partiu para a Europa e finalmente se estabeleceu em Londres.

A mãe de Whistler, Anna Matilda McNeill Whistler, foi morar com ele em 1863. O artista pintou o retrato dela quando seu modelo usual adoeceu. A obra, que ele intitulara *Arranjo em cinza e preto: retrato da mãe do artista*, foi exposta na Academia Real de Londres em 1872. Como o título do quadro sugere, Whistler considerava a identidade de sua mãe menos importante do que os elementos formais da composição. Ele próprio observou: "Para mim, é interessante como uma pintura de minha mãe; mas que interesse pode ter para o público a identidade do retrato? [...] Assim como a música é a poesia do som, a pintura é a poesia da visão, e o tema nada tem a ver com a harmonia do som ou da cor".

No retrato, Anna usa um vestido preto simples e uma touca branca com abas translúcidas pendentes, como as orelhas de um cocker spaniel. O artista utilizou diferentes tipos de pincel para expressar texturas distintas na composição. A princípio, pretendera retratar sua mãe em pé, mas mudou de idéia quando viu que ela não conseguia posar pelo tempo suficiente. O traje escuro de Anna era um sinal de luto: ela se vestia de preto desde a morte do marido na Rússia, em 1849.

O quadro voltou a ser exposto em Paris em 1883 e foi comprado pelo governo francês em 1890. A princípio, ficou exposto no Museu de Luxemburgo, mas depois, seguindo a política do museu, foi para o Louvre dez anos após a morte de Whistler. Hoje a obra se encontra no Museu de Orsay, em Paris.

FATOS ADICIONAIS

1. *A pintura figurou em um selo postal dos Estados Unidos em 1934, numa homenagem às mães da América.*

2. *O quadro deu origem a muitas caricaturas, com figuras como Barbie e Ronald Reagan posando no lugar da mãe.*

3. *Whistler preferia usar telas de linho grosseiro, que permitiam à tinta espalhar-se livremente.*

Ritmos Circadianos

Todas as criaturas vivas possuem um relógio biológico interno que controla a vigília e o sono, o metabolismo, o batimento cardíaco, a pressão sanguínea e a temperatura do corpo. O padrão de nossas funções biológicas diárias é regulado pelo ritmo circadiano, que é um ciclo de 24 horas. Se interrompermos nosso relógio interno, mesmo que por apenas algumas horas, sentiremos os efeitos imediatamente. As pessoas que viajam de avião muitas vezes sentem calor, calafrio, dor de estômago, dor de cabeça, tontura, irritabilidade e súbitas explosões de energia seguidas por fadiga. O *jet lag*, ou fadiga de viagem, nada tem a ver com jatos – é o resultado da interferência no ritmo natural do corpo.

Nos mamíferos, o relógio interno está localizado no núcleo supraquiasmático (NSQ), um conjunto de neurônios situado no hipotálamo, parte do cérebro que regula a temperatura do corpo, os fluidos e eletrólitos, a fome e a produção de hormônios. O NSQ está ligado à retina, onde recolhe informações sobre a luz. Quando anoitece, o NSQ diz ao corpo para produzir melatonina, um hormônio que deixa o corpo sonolento. Se está claro, a produção desse hormônio é inibida. O cérebro, porém, demora a se ajustar aos novos ambientes. Embora possa lidar com a mudança gradual das estações, ele não se desdobra para enfrentar zonas de tempo cambiantes. Daí a fadiga de viagem.

No inverno, o NSQ responde à escuridão prolongada produzindo melatonina em duas fases, uma no começo e uma no fim da noite. Isso leva muitas pessoas a acordar no meio da noite durante o inverno, embora raramente sintam necessidade de sair da cama. O efeito disso é que muitas pessoas levam mais tempo para entrar num sono profundo no inverno. Essa pode ser a maneira pela qual a natureza nos faz ficar mais tempo debaixo das cobertas quando o tempo está frio.

Se o NSQ for destruído por acidente ou doença, os seres humanos deixam de ter ciclos completos de sono e vigília. Mas, se o NSQ é sadio, mesmo na ausência de luz, o corpo continua funcionando num ritmo regular. Os animais e os seres humanos continuam dormindo e acordando durante blocos de tempo ininterruptos, porém as fases do corpo entram num ciclo de 25 horas. Isso indica aos cientistas que o NSQ não depende inteiramente de "pistas" do mundo exterior para funcionar bem.

FATOS ADICIONAIS

1. *A palavra "circadiano" vem de um termo latino que significa "cerca de um dia".*
2. *Dormimos melhor quando nossa temperatura corporal está mais baixa, nas primeiras horas da manhã. Ela começa a se elevar entre seis e oito horas da manhã.*
3. *A força do corpo e a tolerância à dor chegam ao auge à tarde.*
4. *Os ataques cardíacos têm mais probabilidade de ocorrer durante a manhã.*

Franz Schubert

No funeral de Ludwig van Beethoven, em 1827, Franz Schubert (1797-1828) carregou uma tocha em sinal de luto, gesto impregnado de mais simbolismo do que ele podia supor. Faleceu um ano depois, mantendo a tradição do compositor romântico zeloso e torturado, cuja chama se apaga cedo.

Nascido em Lichtenthal, nos arredores de Viena, Schubert estudou violino, canto e piano na infância com Antonio Salieri, principal concorrente de Mozart e um dos professores de Beethoven. Schubert era obcecado por composição e passava longas horas sentado sozinho e escrevendo. Seu pai era professor de música e o pressionou para seguir a mesma profissão. Ele cedeu à pressão paterna e se tornou professor em 1813, mas passava a maior parte do tempo compondo, parando apenas para repreender algum aluno que ousasse interrompê-lo.

Schubert não foi um mestre da sinfonia, como tantos românticos. Em vez disso, criou a tradição alemã da canção artística romântica, ou *Lied.* Compôs mais de seiscentos *Lieder* ao longo da vida, incluindo *Rei dos elfos* (1820), uma canção sombria e assustadora sobre um elfo-rei cuja aparição prenuncia a morte de um menino, baseada num poema de Johann Wolfgang von Goethe. O ciclo de canções *Viagem de inverno* (1827) é considerado a melhor obra do compositor.

Schubert foi um típico boêmio da época romântica. Sempre pobre, mas totalmente consagrado a sua música, vendeu dezenas de canções por muito menos do que valiam. Compunha todas as manhãs, durante várias horas, e depois passava as tardes com um grupo de amigos íntimos que se autodenominavam schubertianos. Executavam as últimas obras do compositor, recitavam poesia e bebiam nas cervejarias e cafés de Viena.

Schubert não era bonito nem se interessava particularmente por mulheres, mas em 1822 contraiu sífilis, doença que se alastrara entre as prostitutas da Europa central. Faleceu aos 31 anos, no auge de sua energia criadora.

FATOS ADICIONAIS

1. *Em 1823, Schubert começou a trabalhar em sua famosa "Sinfonia inacabada". Depois de sua morte, um amigo, Anselm Hüttenbrenner, manteve o manuscrito escondido por 37 anos. A peça estreou em Viena em 1865, com grande aclamação.*

2. *Schubert costumava pedir dinheiro emprestado aos amigos e residir na casa de algum deles. Quase nunca tinha residência própria.*

3. *Schubert se valia de textos de Goethe e outros poetas alemães contemporâneos, incluindo Wilhelm Müller, como base para suas canções.*

Idealismo

Em filosofia, um idealista é alguém que acredita que a realidade depende da mente.

Quando os idealistas afirmam que alguma coisa depende da mente, estão dizendo que a coisa não existiria se não houvesse mentes para pensar nela. Essa é uma posição radical. Na vida comum, admitimos que existe um mundo de objetos e que há um modo como os objetos são, independentemente do que pensamos deles.

Os idealistas, como o filósofo George Berkeley (1685-1753), rejeitavam a simples idéia de que existe um mundo de objetos independente da percepção humana. Afirmavam que os objetos existem quando não pensamos neles somente porque Deus está pensando neles. Outra forma de idealismo é o transcendental, postura adotada por Immanuel Kant (1724-1804) e Arthur Schopenhauer (1788-1860).

Kant reconhecia que existem coisas que não dependem da mente humana para existir. Chamava-as de "coisas em si", porém insistia que os objetos que experimentamos efetivamente não são as coisas em si, mas sua mera aparência. E essa aparência existe apenas em nossa mente. Schopenhauer aceitava essa distinção kantiana, mas negava a existência de coisas múltiplas em si. Para ele, a natureza última da realidade é uma Vontade única e indiferenciada – uma força cega, ativa – que nos surge como um mundo de coisas individuais no espaço e no tempo.

Na filosofia contemporânea, o idealismo é adotado com mais freqüência em relação a determinadas características de um objeto, e não à existência deles. Assim, muitos filósofos contemporâneos sustentam que os valores – como bondade moral, beleza etc. – dependem da mente, que as coisas do mundo só possuem valores porque acreditamos que elas possuem esses valores. Outros filósofos são realistas no que se refere ao valor: afirmam que, no mundo, a bondade moral, a maldade moral, a beleza, a feiúra e assim por diante realmente existem, quer as experimentemos ou não.

FATOS ADICIONAIS

1. *Os estudiosos costumavam pensar a história da filosofia como um longo debate entre realistas e idealistas. De acordo com essa linha de pensamento, Aristóteles foi o primeiro realista, e Platão, o primeiro idealista. Todavia, poucos historiadores da filosofia aceitariam isso hoje.*

2. *Schopenhauer sustentava que as origens do idealismo transcendental podem ser encontradas na filosofia e na literatura do hinduísmo.*

Joseph Smith e o Mormonismo

Joseph Smith (1805-1844) nasceu numa família de fazendeiros de Vermont. No começo da adolescência, afirmou ter tido sua primeira visão, durante a qual viu Jesus Cristo e Deus Pai. Três anos depois, afirmou ter sido visitado pelo anjo Moroni, que lhe contou que placas de ouro estavam escondidas em sua fazenda.

Depois de anos negando-lhe o acesso às placas, Moroni finalmente permitiu que Smith as visse e as traduzisse a partir de 1827. Acredita-se que Smith tenha traduzido as placas, que estavam escritas numa forma de egípcio antigo, por meio de intervenção divina. Enquanto ditava a tradução a parentes, ele raramente parava ou se corrigia.

O resultado da tradução foi *O livro de mórmon*, que, juntamente com a Bíblia, é aceito pelos mórmons como a palavra de Deus. *O livro de mórmon* fala de um antigo profeta, Leí, a quem Deus ordenou que fosse para a América do Norte em 600 a.C. Nas Américas, conta o livro, Deus continuou a escolher profetas.

Após traduzir o livro e fundar uma nova religião em 1830, Smith começou imediatamente a difundi-la, causando grande agitação aonde quer que fosse. Lentamente, mas de maneira firme, ele percorreu o Oeste, viajou de Vermont a Nova York, Pensilvânia, Missouri e, enfim, Illinois. Em 1844, foi preso sob a acusação de suprimir um jornal rival. Em seguida, foi assassinado por uma multidão enfurecida. Após a morte de Smith, Brigham Young assumiu a direção da igreja e a transferiu para Salt Lake City, no Utah, mais a oeste.

A Igreja de Jesus Cristo dos Santos dos Últimos Dias afirma que não é ortodoxa, católica ou protestante, e sim a restauração da igreja original que Jesus Cristo fundou na terra. Ela acredita que Smith foi o primeiro numa linhagem de profetas recentes, seguido por Young e prosseguindo hoje com o atual presidente, profeta e vidente da igreja. Acredita-se que esse profeta atual tem o poder de receber mensagens diretas de Deus.

Entre as muitas doutrinas da igreja, há crenças na importância da castidade, do traje modesto e das lições da oração em família. Segundo um código alimentar, conhecido como a Palavra da Sabedoria, os mórmons não podem consumir álcool, tabaco, café ou chá. Mas são talvez mais notórios por uma forma de poligamia conhecida como casamento plural. Ironicamente, a poligamia foi proibida pela igreja em 1890.

FATOS ADICIONAIS

1. *No Illinois, Smith fundou a cidade de Nauvoo, cuja população equivalia à de Chicago em 1845.*
2. *Os mórmons têm o maior programa missionário do mundo, com 51 mil missionários em tempo integral espalhados por todo o mundo.*

Fome da Batata

Num período de dez anos, de 1841 a 1851, centenas de milhares de agricultores irlandeses empobrecidos morreram de fome, em uma das piores crises de escassez alimentar da história moderna da Europa. Segundo algumas estimativas, a população da Irlanda declinou 20%. A fome foi uma catástrofe humana de proporções trágicas e teve profundas implicações, que foram muito além do território irlandês. Provocou um enorme êxodo de agricultores famintos, muitos dos quais emigraram para os Estados Unidos em busca de melhores condições de vida, originando uma das maiores ondas imigratórias do país.

Durante gerações, as batatas prosperaram no solo irlandês e eram a principal cultura do país. Na década de 1840, porém, um fungo destruiu as plantações e desencadeou uma fome generalizada, já que muitos agricultores irlandeses não tinham outra opção alimentar.

À época da fome, a Irlanda fazia parte do Reino Unido, o mais poderoso império do mundo, e muitos historiadores acreditam que o governo britânico se mostrou criminosamente negligente ao permitir que o desastre ocorresse.

A Irlanda fora invadida pelos ingleses em 1169 e permaneceu como possessão britânica até finalmente conquistar a independência, em 1922, exceto os seis condados da Irlanda do Norte, que continuam fazendo parte do Reino Unido. A divergência em relação à Irlanda do Norte permanecer britânica ou se tornar parte do restante da Irlanda ainda perdura, embora a violência na região tenha diminuído desde o Acordo de Belfast, de 1998.

FATOS ADICIONAIS

1. *A batata não é oriunda da Irlanda, tampouco da Europa. Exploradores espanhóis encontraram a planta na América do Sul e a levaram para o Velho Mundo, onde rapidamente se tornou popular.*
2. *A chegada de refugiados católicos irlandeses a cidades norte-americanas durante e após a fome provocou uma indignada reação de alguns americanos, que temiam que os Estados Unidos perdessem seu caráter religioso protestante. Os adversários da imigração de pessoas de países católicos formaram um partido, o Know Nothing, que floresceu brevemente na década de 1850.*
3. *A imigração de irlandeses para os Estados Unidos continuou ao longo do século XX. Atualmente, de acordo com o serviço de recenseamento do país, 34 milhões de norte-americanos têm ascendência irlandesa, aproximadamente dez vezes a população da Irlanda.*

Walt Whitman

Walt Whitman (1819-1892) foi o primeiro grande poeta norte-americano, tendo contribuído significativamente para a emergente voz literária do país. Suas obras foram influentes sobretudo pelo pioneirismo de seus versos livres, forma poética que abandonou os esquemas métricos e rítmicos estritos em favor de estruturas mais irregulares e variáveis. Os versos livres tornaram-se os favoritos de poetas do século XX e até hoje são amplamente utilizados.

Whitman cresceu no Brooklyn, onde trabalhou como professor e jornalista, aproveitando as ofertas culturais de Nova York, especialmente o teatro. No fim de seus 20 anos, viajou pela região do rio Mississippi durante vários meses, tomando gosto pelo interior de seu país. Quando regressou ao Brooklyn, escreveu um grande conjunto de poemas e publicou por conta própria a primeira edição de sua coletânea *Folhas de relva* (1855).

Folhas de relva é uma obra exuberante, repleta de poemas que celebram a democracia, a fraternidade, a paisagem norte-americana e o corpo humano. Devido a algumas descrições físicas realistas e a uma tendência – oculta ou não – à homossexualidade, muitos acusaram a obra de obscena. O poema mais famoso da coletânea é o primeiro, "Canção de mim mesmo", que fixa o tom da obra inteira desde os versos iniciais:

> "Celebro a mim mesmo, e canto a mim mesmo,
> e o que eu assumo deveis assumir,
> pois cada átomo que me pertence a vós pertence também.
>
> Folgo e convido minha alma,
> deito-me e folgo à vontade vendo uma haste de capim no verão.
>
> Minha língua, cada átomo de meu sangue, formado deste solo, deste ar,
> nascido aqui de pais aqui nascidos de pais semelhantes nisso e os pais deles também,
> eu, agora com trinta e sete anos, em perfeita saúde, começo,
> esperando não parar até a morte."

Folhas de relva exibe muitas características do transcendentalismo, que, graças a Ralph Waldo Emerson e Henry David Thoreau, atraía os círculos artísticos norte-americanos da época. Oriundo da Nova Inglaterra, o transcendentalismo era uma filosofia intelectual otimista, que enfatizava a individualidade, a autoconfiança e a busca de uma pureza espiritual que transcendia as preocupações do mundo cotidiano.

Whitman revisou *Folhas de relva* repetidamente ao longo de sua carreira, acrescentando novos poemas e modificando alguns existentes, trabalho que culminou na edição oficial de 1892, ano de sua morte. Os poemas de Whitman tornaram-se gradualmente mais sérios, refletindo sua profunda tristeza com a Guerra Civil e o assassinato de Abraham Lincoln. Sua comovente elegia a Lincoln, "When Lilacs Last in the Dooryard Bloom'd" (1865-1866), figura entre seus mais belos poemas.

Edgar Degas

Edgar Degas (1834-1917) é um dos mais conhecidos artistas associados ao movimento impressionista. Pintor, desenhista, escultor, fotógrafo e colecionador, tornou-se especialmente famoso por suas representações de bailarinas.

Nascido numa rica família de banqueiros parisienses, a princípio Degas pretendia estudar direito, mas, tendo feito algumas cópias de pinturas no Louvre, resolveu se tornar artista e começou a estudar em 1854. Dois anos depois, partiu para a Itália, onde permaneceu vários anos copiando as pinturas dos velhos mestres, e lançou as bases de sua carreira posterior. Apesar de estar inicialmente atraído por temas clássicos, Degas modelava suas figuras com base em corpos reais. Sua obra *Jovens espartanos exercitando-se* (1860) enquadra um tema antigo num cenário contemporâneo.

Como tantos outros artistas de sua geração, ele foi profundamente afetado pela invenção da fotografia. Fez experiências com a câmera e muitas vezes a utilizou com o objetivo de realizar estudos preparatórios para suas pinturas. Foi influenciado também pelas gravuras japonesas, notáveis pela falta de simetria e pelas composições centralizadas. Inspirado pelos pintores realistas Gustave Courbet e Édouard Manet, que conheceu em 1861, pôs-se a pintar a vida cotidiana de Paris.

Entre 1865 e 1874, Degas desenvolveu seu estilo pessoal, que tentava captar os temas com uma objetividade desapaixonada. Em *O interior* (ou *O estupro*), pintado em 1868-1870, fez o espectador se sentir como se estivesse se intrometendo num momento privado. Degas submeteu trabalhos a sete exposições dos impressionistas. Apesar de apoiar o movimento desde seus primórdios, não gostava do termo "impressionismo" e referia a si mesmo como realista ou naturalista.

Degas atingiu o auge de suas forças entre 1880 e 1893. Fazendo experiências com várias técnicas, combinava pastel com têmpera ou guache para produzir efeitos mais fluidos. Influenciado pelas idéias socialistas do famoso escritor Émile Zola, pintou retratos empáticos de trabalhadores, como é possível observar em *Engomadeiras*, de 1884. Após a última exposição impressionista, em 1886, parou de exibir suas obras em mostras grupais e passou a trabalhar com negociantes particulares. Nos últimos anos de vida, tendia a trabalhar com cores mais brilhantes, menos naturais. Deprimido por conta de sua visão fraca, parou de pintar em 1912, cinco anos antes de sua morte.

A avaliação mais crucial da obra de Degas veio do próprio artista, que certa vez escreveu numa carta: "Eu era, ou parecia ser, duro para com todo o mundo, devido a uma espécie de atração pela brutalidade decorrente de minha dúvida e de meu mau humor".

FATOS ADICIONAIS

1. *Em outubro de 1872, Degas partiu de Paris para uma temporada de cinco meses em New Orleans, lugar de nascimento de sua mãe. Em 1873, pintou* Escritório de algodão de New Orleans.

2. *Degas também escrevia poesia, a maioria sonetos.*

Sono

Parece estranho que os seres humanos tenham evoluído para jazer inconscientes cerca de um terço da vida, completamente vulneráveis aos predadores. Mas o sono é tão crucial para nossa sobrevivência quanto o alimento, a água e o abrigo. Depois de uma noite sem dormir, ficamos cansados e irritados. Após duas noites, começamos a sofrer de perda de memória e menor capacidade de concentração. Depois de três noites, começa o delírio. Embora uma pessoa sadia possa sobreviver sem comer durante mais de um mês, ela morre em menos de duas semanas se ficar sem dormir.

Qual é, então, a importância do sono? Embora ninguém saiba ao certo, parece claro que ele restaura nossos músculos e órgãos, organiza nossos pensamentos e constrói lembranças. De acordo com estudos com eletroencefalograma (EEG), que medem a atividade das ondas elétricas no cérebro, o sono ocorre por etapas. Normalmente, quando estamos acordados e não pensamos em nada particularmente, o cérebro gera ondas alfa que oscilam em cerca de dez ciclos por segundo. Quando nos concentramos profundamente, manifestamos ondas beta, que são duas vezes mais rápidas.

Ao entrarmos na primeira fase do sono, as ondas alfa tornam-se aleatórias, seu ritmo vai e vem. Nessa fase de sono leve, podemos acordar facilmente. Aos poucos as ondas cerebrais se tornam mais longas e mais lentas. Decorridos cerca de quarenta minutos, geramos ondas delta que oscilam menos de 3,5 vezes por segundo. Nessa fase de sono profundo, os músculos do corpo se regeneram e é muito difícil acordar. As ondas cerebrais voltam a se acelerar, retornando aos níveis alfa durante outros quarenta minutos, aproximadamente. Mas, em vez de acordar, o corpo entra numa fase chamada de sono com movimento rápido dos olhos (REM, da expressão em inglês *rapid eye movement*). Os olhos se movem como se estivessem observando um objeto em movimento, e é nessa fase do sono que sonhamos. O adulto jovem comum passa por quatro ou cinco períodos de sono REM por noite.

FATOS ADICIONAIS

1. *Privar uma pessoa de sono REM a levará rapidamente ao delírio.*
2. *Os bebês passam mais da metade da noite em sono REM.*
3. *As vacas podem dormir em pé, mas só podem sonhar deitadas.*
4. *As baleias e os golfinhos precisam nadar e respirar enquanto dormem, de modo que metade de seu cérebro adormece de cada vez.*

Felix Mendelssohn

Filho de um rico banqueiro judeu e de uma mãe dotada de grandes talentos artísticos, Felix Mendelssohn (1809-1847) se sobressaiu tanto na música quanto nas artes visuais. De fato, algumas de suas melhores obras, como *Sonho de uma noite de verão* (1826) e *Sinfonia escocesa* (1830-1842), podem ser descritas como o equivalente musical das pinturas impressionistas – repletas de simbolismo maduro e imitações de sons naturais e fantásticos.

Na mocidade, Mendelssohn estudou com Karl Zelter, eminente professor de música alemão e admirador de Johann Sebastian Bach. Mendelssohn examinou intensamente a forma fuga e, com pouco mais de 20 anos, regeu uma apresentação da *Paixão segundo são Mateus*, de Bach, tão bem acolhida que, segundo dizem, desencadeou um ressurgimento das obras bachianas em todo o continente. Durante a turnê seguinte, visitou a Escócia, que o inspirou a escrever várias obras, incluindo a célebre *Sinfonia escocesa*. Aos 27 anos, casou-se e se tornou diretor da Orquestra Gewandhaus, de Leipzig.

Grande parte da música de Mendelssohn apresenta temas mágicos, evidentes nas "Danças das fadas" de seu *Octeto para cordas* (1825) e em sua música incidental para a peça *Sonho de uma noite de verão*. Foi também um formalista clássico bastante rigoroso, com muito pouco do ardor romântico que caracterizava a maioria de seus colegas. Era largamente elogiado como um artífice musical dotado de maestria.

Durante vários anos, Mendelssohn manteve uma desgastante agenda de concertos e ensino. Em 1846, quando seu oratório *Elias* estreou em Londres, estava tão debilitado que teve de se recolher a Frankfurt para descansar. Ali, ao saber que sua querida irmã Fanny falecera, o compositor sofreu um derrame cerebral. Saiu triste e criativamente sem vida desse incidente. Ele escreveu ainda algumas peças antes de morrer, acometido de profunda depressão, no ano seguinte.

FATOS ADICIONAIS

1. *Na juventude de Mendelssohn, seu pai, Abraham, converteu toda a família ao cristianismo protestante, porque achava que o anti-semitismo difundido na Alemanha inibiria a carreira artística do filho. O sobrenome da família foi mudado para Mendelssohn-Bartholdy.*
2. *O primeiro professor de Mendelssohn, Zelter, era amigo do poeta Johann Wolfgang von Goethe, que passou a admirar a música de Mendelssohn e muitas vezes convidou o então menino de 12 anos a tocar para ele.*
3. *O avô do compositor, Moses Mendelssohn, foi um renomado filósofo.*
4. *Mendelssohn é autor da famosa "Marcha nupcial", que desde aquela época vem abrilhantando milhares de cerimônias matrimoniais.*

David Hume

Nascido na Escócia, David Hume (1711-1776) rompeu com o calvinismo de sua juventude e desenvolveu idéias controversas sobre moralidade e religião. Sua reputação de radical o impediu de ser admitido em uma universidade. Em vez disso, Hume trabalhou, entre outras funções, como escriturário, bibliotecário e, mais tarde, como diplomata. Passava o tempo nos salões de Paris, onde conheceu Jean-Jacques Rousseau e Denis Diderot. Hume faleceu tendo conseguido providenciar para que sua obra mais controvertida, *Diálogos sobre a religião natural*, fosse publicada postumamente.

A filosofia de Hume é notável por seu empirismo e ceticismo. O filósofo acreditava que todos os nossos conhecimentos e idéias começam com a experiência. Achava que todo conceito filosófico deve ser justificado por alguma experiência, e exibia notável predisposição a desacreditar não apenas artigos de fé religiosa, como também pressupostos filosóficos amplamente aceitos. Sua fama e influência se devem principalmente à refutação da idéia de que podemos confiar no raciocínio indutivo (indução) para chegar a crenças verdadeiras.

No campo da filosofia moral, Hume sustentava que apenas os desejos, e não as crenças, motivam os seres humanos a agir. Mas observou que os princípios morais também determinam nosso comportamento. Assim, concluía ele, esses princípios devem apelar não para nossas crenças, mas para nossos desejos. Em outras palavras, Hume afirmava que os juízos morais não expressam aspectos objetivos do mundo, mas apenas registram nossas preferências. Acreditava que todos temos um sentimento moral natural que nos faz repelir certos atos e aprovar outros. Quando emitimos juízos morais, estamos simplesmente expressando nossa aprovação ou desaprovação, e nada além disso.

FATOS ADICIONAIS

1. *Na obra póstuma* Diálogos sobre a religião natural, *Hume criticou vários artigos da fé religiosa tradicional, em especial o argumento de que Deus projetou o mundo.*
2. *Para expressar sua convicção de que os desejos não podem ser avaliados racionalmente, Hume escreveu: "Não é contrário à razão alguém preferir a destruição do mundo inteiro a um arranhão nos próprios dedos".*

Maomé

Maomé (570-632), segundo os adeptos do islamismo, foi o último profeta de Deus na terra. Como a linhagem de todos os árabes, a de Maomé pode ser remontada a Ismael, o primeiro filho de Abraão. Os seguidores do islamismo, chamados muçulmanos, acreditam que as revelações de Maomé se seguiram às de outros profetas, como Moisés e Jesus Cristo.

Maomé nasceu em Meca, que naquela época era uma cidade em grande expansão, centrada em torno de um templo chamado Caaba, onde se praticava a idolatria. Seu pai morreu antes de ele nascer, e, na juventude, Maomé viajou pela Arábia com seu tio mercador, vindo a adotar a mesma profissão.

Por volta dos 40 anos, Maomé, que era conhecido como um homem pensativo e contemplativo, foi para uma caverna no monte Hira, perto de Meca, onde teve uma visão. Nessa visão, o anjo Gabriel lhe falou e ordenou que memorizasse e recitasse versos que mais tarde viriam a compor o Alcorão. Maomé recebeu a visita de Gabriel pelo resto da vida e começou a pregar os ensinamentos recebidos. Maomé, contudo, permaneceu analfabeto, razão pela qual todas as suas revelações tinham que ser transmitidas oralmente.

Uma doutrina central dos ensinamentos de Maomé era o monoteísmo. Esse conceito de um único deus irritou profundamente os poderosos líderes de Meca, já que a cidade florescia em torno da idólatra Caaba. Maomé acabou sendo obrigado a fugir com seus seguidores para Medina, onde o islamismo se converteu rapidamente na religião majoritária. Mas, em vez de expulsar os não-muçulmanos, o profeta permitiu que pagassem um imposto a fim de continuar suas práticas religiosas.

À medida que aumentava o poder de Medina, os oficiais de Meca começaram a se preocupar. As tensões cresceram, e por fim as duas cidades travaram uma guerra. Maomé e Medina, apesar de numericamente inferiores, saíram vitoriosos. Maomé então unificou toda a Arábia por meio de novas conquistas.

Maomé morreu em Medina aos 62 anos. Segundo a tradição oral, à época de sua morte, o anjo Gabriel tornou a lhe aparecer e o conduziu em um cavalo de Meca a Jerusalém, onde Maomé se encontrou com Abraão, Moisés e Jesus, antes de ser levado para o céu montado no cavalo do anjo, ascendendo assim à sua última morada. Essa ascensão final ocorreu no monte do Templo, hoje o terceiro lugar mais sagrado do islamismo (depois de Meca e Medina).

Quem Maomé escolheu para sucedê-lo é uma questão controvertida e levou ao cisma entre muçulmanos sunitas e xiitas. De acordo com o islamismo sunita, Abu Bakr foi escolhido como o próximo califa. Os xiitas, por sua vez, afirmam que Maomé nomeou Ali, seu genro, como sucessor, e que Abu Bakr só chegou ao poder após derrubá-lo.

Colonialismo

A colonização espanhola da América começou com a viagem de Cristóvão Colombo em 1492. Mercadores e refugiados religiosos ingleses chegaram ao Novo Mundo um século depois. Entretanto, a era da colonização européia não terminou no século XVII nem se limitou à América. Comerciantes e colonizadores ingleses, na época das explorações, percorreram o globo fundando novas colônias na Índia, na China e nas ilhas do oceano Pacífico.

No fim do século XIX, as principais potências européias – Grã-Bretanha, França e Alemanha – "descobriram" a África. Em algumas décadas, as grandes nações européias dividiram o continente e submeteram a população nativa ao controle colonial. A França ocupou vastos territórios na África ocidental, e a Grã-Bretanha consolidou seu domínio na África do Sul e em boa parte da costa oriental africana, enquanto Alemanha, Portugal e Bélgica reclamaram porções menores do continente.

A insaciável ganância, somada ao desejo de disseminar a civilização ocidental, inflamou a imaginação das potências coloniais européias. Munido de novas tecnologias, como o transporte ferroviário, que facilitou a exploração das vastas extensões africanas, o Ocidente se preparou para sugar os recursos da região. Nas infames palavras do poeta inglês Rudyard Kipling, os impérios europeus assumiram desinteressadamente o "fardo do homem branco" de difundir a civilização – e auferir disso enormes lucros.

Para os habitantes da África, a chegada dos europeus foi catastrófica. Muitos consideravam os negros africanos subumanos e exterminaram grande parte da população local. Em seu famoso romance de 1899, *O coração das trevas*, o escritor Joseph Conrad mostrou como o colonialismo transformou os europeus pretensamente civilizados em monstros ávidos por explorar e assassinar os negros. Em alguns territórios, milhões deles sucumbiram. No Congo Belga, estima-se que dez milhões trabalharam como escravos até a morte, e uma população inteira foi marcada para morrer no sudoeste da África, sob domínio alemão, depois de se rebelar contra o jugo estrangeiro. Os europeus só renunciaram a essa exploração após a Segunda Guerra Mundial, deixando para trás um continente devastado e empobrecido.

FATOS ADICIONAIS

1. *Pouco antes da deflagração da Primeira Guerra Mundial, somente duas pequenas regiões da África permaneciam livres e independentes: a Etiópia e a Libéria, esta uma nação localizada na parte ocidental do continente e fundada por ex-escravos americanos em 1847.*

2. *Quase todas as potências européias renunciaram pacificamente a suas colônias africanas após a Segunda Guerra Mundial. A França, porém, tentou manter a todo custo a Argélia, situada na costa mediterrânea. Numa guerra sangrenta que durou de meados dos anos 50 até 1962, centenas de milhares de argelinos foram mortos, antes de o país finalmente conquistar a independência. A luta foi imortalizada no famoso filme de 1966* A batalha de Argel.

3. *Em meados do século XIX, o explorador britânico David Livingstone viajou pela África em busca da nascente do rio Nilo. Sua expedição perdeu contato com o mundo exterior durante seis anos, até o jornalista Henry Morton Stanley localizá-la na Tanzânia, em 1871, quando proferiu a famosa saudação: "Dr. Livingstone, eu presumo?"*

Charles Dickens

Poucos romancistas conseguiram igualar a produtividade e a fama de Charles Dickens (1812-1870). Sua obra gigantesca consiste em mais de quinze importantes romances – alguns extremamente volumosos –, além de inumeráveis peças jornalísticas e outros tipos de escritos. Embora alguns críticos ridicularizassem o caráter pouco literário de sua obra, Dickens sempre ignorou seus detratores e se realizou como um contador de histórias socialmente consciente. Em troca, um público entusiasta o enalteceu, tornando-o uma das figuras mais amadas da era vitoriana.

Dickens passou a infância em Chatham e Londres, onde seu pai era funcionário público. Quando os gastos excessivos dos pais os levaram à prisão por dívidas, o menino de 12 anos teve que abandonar a escola e trabalhar numa fábrica – experiência que despertou nele uma simpatia pelos pobres que durou a vida toda e é evidente em seus escritos. Logo que conseguiu deixar a fábrica, completou sua breve educação, empregou-se como escrevente de cartório e mais tarde se tornou jornalista.

Seu primeiro romance publicado, *As aventuras do sr. Pickwick* (1836), rendeu-lhe fama imediata. Como muitas de suas outras obras, apareceu em série numa revista mensal e proporcionou-lhe boa compensação financeira. Dickens trabalhou incansavelmente nos cinco anos seguintes, produzindo mais quatro romances em série, inclusive o clássico *Oliver Twist* (1837-1839), história de um órfão que vive nas ruas de Londres.

A cada novo livro, a popularidade do autor crescia, do conto moralista *Canção de Natal* (1843) a seu "filho favorito", o parcialmente autobiográfico *David Copperfield* (1849-1850). Apesar de todas essas obras tratarem da pobreza e de outros males sociais, tal preocupação se tornou mais séria em romances posteriores, sobretudo em *Casa desolada* (1852-1853), que critica a ineficiência do sistema jurídico inglês, e em *Tempos difíceis* (1854), que versa sobre o lado sombrio da industrialização. A carreira de Dickens culminou no romance histórico *Um conto de duas cidades* (1859) e no relato cômico *Grandes esperanças* (1860-1861).

A qualidade de suas obras varia consideravelmente, de ficção magistral a enredos repletos de sentimentalismo exagerado. O fato de ter publicado seus romances em série – e ser pago por palavra escrita – explica muito essa inconsistência. Dickens, contudo, trabalhava sempre tendo em vista o prazer da leitura, ainda que isso significasse quantidade em detrimento de qualidade. Atualmente, suas obras continuam a encantar o leitor.

FATO ADICIONAL

1. *A produtividade de Dickens não se limitava à escrita – ele teve dez filhos com sua esposa, Catherine Hogarth.*

Paul Cézanne

Paul Cézanne (1839-1906) é tido como um dos maiores artistas do movimento pós-impressionista. Suas paisagens e naturezas-mortas influenciaram consideravelmente o desenvolvimento do cubismo e do fauvismo no início do século XX.

Nascido numa família francesa rica, em Aix-en-Provence, Cézanne inicialmente estudou direito perto de sua cidade natal. Foi então que conheceu o escritor Émile Zola, de quem se tornou amigo íntimo. Trocando o direito pela pintura em 1861, mudou-se para Paris, onde não o aceitaram na Escola de Belas-Artes. Matriculou-se então na Academia Suíça e ali conheceu Camille Pissarro, que exerceria uma influência duradoura em sua obra. Em 1874, participou da primeira mostra independente dos impressionistas, com o quadro *Uma Olímpia moderna*, tido pela crítica como obra de "romantismo desenfreado".

Embora Cézanne tenha participado mais duas vezes das mostras dos impressionistas, continuou a submeter seus quadros – todos rejeitados – ao Salão de Paris. Repudiando o que considerava, nos impressionistas, negligência de forma e estrutura, escreveu a um amigo: "Quero tornar o impressionismo uma coisa duradoura e válida como a arte dos museus". Criou então seu próprio estilo, mais tarde classificado como pós-impressionista. Simplificou as formas e distorceu a perspectiva a fim de captar aquilo que considerava a percepção verdadeira da realidade. Em *Fruteira, copo e maçãs* (1879-1882), por exemplo, coloca a haste da fruteira ligeiramente fora do centro, como para suportar o peso mal distribuído das frutas.

Em 1882, Cézanne regressou à sua terra natal. Daí por diante, reduziu a importância do tema e se concentrou na forma pura. Aproximando-se cada vez mais da abstração, fez a seguinte observação em uma carta: "É possível ver na natureza o cilindro, a esfera, o cone, todos em perspectiva, de modo que cada lado de um objeto ou de um plano recue para um ponto central". Depois de 1900, pintou uma série de vistas da montanha Sainte-Victoire utilizando blocos de cor e mudando a perspectiva para captar o sentimento, e não a realidade objetiva da paisagem.

Quando Cézanne faleceu, Pablo Picasso já iniciara sua obra-prima cubista, *Les demoiselles d'Avignon* (1907), composição que muito deve a Cézanne.

FATOS ADICIONAIS

1. *Cézanne rompeu sua amizade com Émile Zola em 1886, porque o romancista, no jornal francês* Le Figaro, *chamou-o de grande talento abortado.*
2. *Picasso considerava Cézanne "o pai de todos nós".*

Sangue

O adulto médio possui cerca de cinco litros de sangue fluindo por suas veias. Mas o que é exatamente o sangue? Ele se compõe de quatro elementos essenciais que ajudam o corpo a sobreviver: glóbulos vermelhos, glóbulos brancos, plaquetas e plasma.

Os glóbulos vermelhos transportam oxigênio dos pulmões para todos os tecidos do corpo. Em geral, essas células lembram rosquinhas com os orifícios parcialmente tapados, mas podem mudar de forma para deslizar ao longo dos capilares, que são muito finos. Além de transportar oxigênio, os glóbulos vermelhos absorvem dióxido de carbono, substância eliminada pela respiração celular. Quando transportam oxigênio, apresentam coloração vermelho-vivo, o que confere ao sangue sua cor característica. O sangue desoxigenado é marrom-escuro, mas, devido à luz que penetra a pele, parece azulado em nossas veias.

Os glóbulos brancos fazem parte do sistema imunológico, que combate as infecções, eliminando bactérias, vírus e parasitas. Existem vários tipos de glóbulos brancos, sendo os mais comuns os neutrófilos e os linfócitos. Os neutrófilos literalmente engolem seus inimigos vivos: os fragmentam e digerem no processo chamado fagocitose. Os linfócitos trabalham de modo mais sutil e complexo: adaptam sua forma para destruir os novos vírus e bactérias que entram no corpo. Embora isso leve algum tempo, eles conservam a memória de encontros passados com antigas doenças. Após aprender a enfrentar determinado germe, não esquecem mais como eliminá-lo.

As plaquetas, terceiro componente do sangue, contêm substâncias químicas que cicatrizam as feridas. Quando alguém se arranha ou se corta, as plaquetas ajudam a formar a casca que estanca a hemorragia. Os glóbulos vermelhos, os glóbulos brancos e as plaquetas são formados na medula espinhal a partir das mesmas células-tronco.

O plasma é o fluido que transporta os glóbulos vermelhos, os glóbulos brancos e as plaquetas pelo corpo. É constituído 90% de água e 10% de uma mistura de proteínas, eletrólitos, glicose, vitaminas, hormônios e colesterol. Em suma, o sangue contém tudo que é necessário para o corpo se manter vivo.

FATOS ADICIONAIS

1. *Em média, o homem possui 5,2 milhões de glóbulos vermelhos por milímetro cúbico de sangue; a mulher, 4,6 milhões.*

2. *O sangue pode ser congelado por até dez anos.*

3. *O código alimentar judaico não permite a ingestão de sangue sob nenhuma forma. Tradicionalmente, utilizam-se temperos e sal para eliminá-lo da carne.*

4. *Segundo o folclore chinês, as hemorragias nasais são indício de desejo sexual no homem.*

Hector Berlioz

Romântico ao extremo, Hector Berlioz (1803-1869) era egocêntrico e passional. Sua vida turbulenta condizia perfeitamente com a música que compunha.

Nascido numa família modesta perto de Grenoble, na França, era filho de um médico, que o enviou para a faculdade de medicina de Paris. Ali, Berlioz se deixou envolver pelo espírito do romantismo, freqüentando concertos e convivendo com músicos. Contrariando a vontade da mãe, muito religiosa e prática, abandonou o curso e se matriculou no Conservatório de Paris.

Em 1827, assistiu a uma representação de *Hamlet*, de Shakespeare, que haveria de mudar sua vida. Apaixonou-se perdidamente pela atriz irlandesa Harriet Smithson, que desempenhava o papel de Ofélia, e passou a cortejá-la desvairadamente. Vendo-se rejeitado, decidiu conquistá-la com sua música. O resultado foi a programática *Sinfonia fantástica* (1830), uma das peças musicais mais importantes do século XIX.

A obra conta a história de um compositor jovem e ambicioso que, desprezado por uma formosa donzela, tenta o suicídio com uma overdose de ópio. Em vez de morrer, mergulha em cinco alucinações febris, que coincidem com os movimentos da peça. Primeiro encontra sua amada e é tomado de desejos; depois a vê dançando num baile; segue-se uma cena tranqüila no campo; então ele a mata e é executado na guilhotina; finalmente, o corpo do compositor é conduzido a um sabá de bruxas, onde a morta lhe aparece em forma demoníaca, acompanhada por uma distorção do tema musical dela e do canto medieval de finados, o *Dies Irae*.

A *Sinfonia fantástica* emprega a técnica revolucionária da *idéia fixa*, uma melodia simples e cativante que representa a bem-amada e é repetida sob novas roupagens musicais em cada movimento. Assim como Berlioz ficou obcecado pela lembrança de Harriet, também sua sinfonia é obcecada pelo tema. Muitos anos depois, ele se casou com a esquiva atriz, mas seu amor, já frio e ultrapassado, teve curta duração.

FATOS ADICIONAIS

1. *Jean-François Lesueur, professor de Berlioz no Conservatório de Paris, garantiu-lhe que ele era um gênio. Berlioz jamais esqueceu essas palavras, que estimularam seu instinto de compor em grande escala e criar produções dispendiosas. Em Paris, em 1844, regeu uma orquestra/coral com mais de mil músicos que exigiu sete maestros auxiliares.*

2. *Embora tenha aprendido violão e flauta sozinho, Berlioz não era um virtuose. Mau pianista, nunca se saiu bem com o violino ou qualquer outro instrumento que a maioria dos compositores domina.*

3. *Sempre pressionado pelos padrões conservadores e exigentes do Conservatório de Paris – nunca conseguiu um emprego ali –, Berlioz precisou ganhar a vida escrevendo críticas para jornais e revistas parisienses. Era um autor talentoso, e muitos de seus artigos ainda são apreciados.*

Indução

Quando consideramos como as coisas eram no passado a fim de tirar conclusões sobre como elas sempre são ou sempre serão, estamos raciocinando indutivamente. Acreditamos, por exemplo, que o sol nascerá amanhã, porque isso sempre aconteceu. Do mesmo modo, acreditamos que todos os livros têm páginas, porque todos os que já vimos tinham. A maioria de nossas crenças a respeito do mundo se baseia no raciocínio indutivo.

A indução não é certa como a dedução. Raciocinamos dedutivamente quando, por exemplo, concluímos que, se Sócrates é homem e todos os homens são mortais, então Sócrates é mortal. Nesse caso, os fatos dão veracidade à conclusão. Mas, quando usamos a indução, os fatos relativos ao passado não esclarecem como o futuro será: o sol poderá explodir ou, por qualquer outro motivo, deixar de nascer.

No raciocínio indutivo, a evidência não *acarreta* a conclusão, apenas a torna mais provável ou plausível. O problema permanece: Que justificativa temos para presumir que o futuro será como o passado?

FATOS ADICIONAIS

1. *David Hume (1711-1776) foi o primeiro a levantar o problema da indução. Concluiu que não há motivo para supor que o raciocínio indutivo nos leve à verdade.*
2. *Nos anos 50, o filósofo Nelson Goodman (1906-1998) abordou o que chamava de novo enigma da indução: quais aspectos das coisas são bases legítimas para o raciocínio indutivo, e quais não são?*

Alcorão

O Alcorão é o livro sagrado dos muçulmanos, e acredita-se que ele encerra a última revelação divina à humanidade. Foi transmitido por Deus (chamado Alá no islamismo) ao anjo Gabriel; este o ditou a Maomé (570-632), que o divulgou a todos os muçulmanos.

O Alcorão contém 114 suras (capítulos) e mais de 6.200 ayats (versículos). Como Maomé era analfabeto, suas revelações foram transmitidas oralmente e anotadas por outra pessoa.

O idioma original do livro sagrado é uma forma antiga do árabe. O árabe não tem vogais, apenas consoantes, por isso o significado das palavras e frases pode facilmente se perder ou ser reinterpretado com o passar do tempo. O estilo do Alcorão é grandioso, e sua linguagem é considerada ideal, por ser a fala do próprio Deus. Afirma-se ainda que, para o livro ser totalmente compreendido, deve sempre ser lido em árabe. Assim, as traduções são consideradas meros resumos ou aproximações.

Os estudiosos muçulmanos consideram o Alcorão um gênero em si. Em diversas suras há de tudo, desde prosa e verso até refrãos e esquemas rítmicos. Apenas uma sura não começa com as palavras "Em nome de Deus, o Misericordioso, o Compassivo".

O conteúdo das suras também varia consideravelmente. Estas contêm narrativas, lições jurídicas e éticas, ensinamentos psicológicos sobre a natureza humana e dados cosmológicos relativos à essência de Deus. O Alcorão não foi escrito em ordem cronológica, sendo ordenado de acordo com a extensão das suras; as mais longas vêm primeiro. O livro pode, além disso, ser dividido entre as revelações que Maomé recebeu em Meca e as que lhe foram feitas em Medina. As suras de Meca costumam ser mais curtas, as de Medina mais longas e dedicadas a questões jurídicas.

Otman ibn Affan, o terceiro dos quatro califas bem guiados, segundo os sunitas, se dispôs a codificar o Alcorão. Como o livro era quase sempre transmitido oralmente, muitas versões escritas haviam surgido. Para estabelecer um texto oficial, Otman reuniu inúmeros estudiosos, compilou diversos textos numa versão padronizada, enviou essa versão aos confins do Império Árabe e ordenou que todas as outras fossem destruídas.

FATOS ADICIONAIS

1. *Há incontáveis contradições no Alcorão, mas os estudiosos muçulmanos alegam que esses "erros" eram simplesmente experiências de Deus para revelar o caminho que Maomé e todos os muçulmanos devem seguir a passo lento.*

2. *As pessoas que memorizam o Alcorão são chamadas hafiz (no singular) ou haffuz (no plural). O termo significa "guardião".*

Andrew Jackson

Andrew Jackson (1767-1845), sétimo presidente dos Estados Unidos, governou de 1829 a 1837. Na época, foi sem dúvida o homem mais improvável a alcançar a presidência do país. Nascido na Carolina do Sul, alistou-se no exército continental para combater os britânicos quanto tinha apenas 13 anos, trabalhou como advogado e político no Tennessee nos anos que se seguiram à independência e depois se juntou à milícia estadual, tendo levado as forças norte-americanas a uma surpreendente vitória sobre os ingleses na Batalha de New Orleans, durante a Guerra de 1812. As façanhas militares de Jackson fizeram dele um herói nacional. Mas sua biografia problemática – matou vários adversários em duelos no Tennessee e desposou uma mulher divorciada – o tornava um candidato improvável à presidência da República, que até 1829 fora ocupada por membros da elite de Massachusetts e da Virgínia.

Em parte devido a seu passado conturbado, Jackson perdeu a primeira disputa à presidência, na controvertida eleição de 1824, para Quincy Adams, representante de uma importante família de políticos de Massachusetts e filho do ex-presidente John Adams. Na época, o sistema eleitoral era menos democrático que hoje. Em alguns estados, os cidadãos não votavam: representantes do legislativo nomeavam os eleitores, que por sua vez escolhiam o presidente no colégio eleitoral. Nos estados que permitiam o voto popular em 1824, Jackson derrotou Adams por boa margem de votos, mas, quando a Câmara dos Representantes se reuniu para escolher o vencedor, Adams foi o nome apontado.

Furioso, Jackson passou os quatro anos seguintes empenhado em tornar o sistema eleitoral mais democrático. Fundou um novo partido para promover sua causa, o Partido Democrático, e nas eleições de 1828 derrotou Adams facilmente. O fato prenunciou uma mudança no sistema eleitoral norte-americano. Daí por diante, os aristocratas ricos deixariam de ter o poder exclusivo na Casa Branca. Como presidente, Jackson propôs expulsar os indígenas da Geórgia e abolir o Banco dos Estados Unidos, causas populares entre os novos eleitores, que fizeram dele o primeiro presidente democrata da nação.

FATOS ADICIONAIS

1. *A partir de 1928 – centésimo aniversário da eleição de Jackson –, seu rosto passou a ilustrar a nota de vinte dólares. É uma homenagem irônica, dada a feroz oposição de Jackson ao Banco dos Estados Unidos, precursor do atual Federal Reserve.*

2. *Jackson afirmava seguir o exemplo de Thomas Jefferson, mas o contido virginiano não apreciava nada do caráter violento do homem do Tennessee. "Suas paixões são desenfreadas", escreveu Jefferson sobre Jackson. "É um homem perigoso."*

3. *Como presidente, Jackson estabeleceu que nenhum estado poderia desobedecer às leis federais ou separar-se da União. Essa doutrina da inviolabilidade da União moldou o pensamento de muitos norte-americanos, inclusive de Abraham Lincoln.*

Henry James

No fim do século XIX, quando os Estados Unidos se afirmavam como potência mundial, em oposição à Europa, autores de ambos os lados do Atlântico começaram a antever o choque inevitável entre o Velho e o Novo Mundo. O mais perspicaz desses observadores foi Henry James (1843-1916).

Nascido em Nova York, mas naturalizado britânico, Henry James incorporou a experiência do expatriado. Veio de uma família de intelectuais: o pai, também Henry, era um eminente teórico e teólogo; o irmão mais velho, William, se tornaria um filósofo de renome. Henry James recebeu uma educação extraordinária e cosmopolita, vivendo em Londres, Paris e Genebra, até a família se estabelecer em Newport, Rhode Island. Estudante da Faculdade de Direito de Harvard, escreveu contos e resenhas antes de se dedicar integralmente à literatura. Continuou a viajar bastante pela Europa durante seus 20 e 30 anos, acreditando que isso aprimoraria sua escrita.

O primeiro grande romance de Henry James, *The American* (1877), já explora o conflito que permearia muitas de suas obras: a audácia e a ingenuidade do Novo Mundo em confronto com a urbanidade e a corrupção do Velho Mundo. No romance, um empresário norte-americano enriquecido se choca com o orgulho da aristocracia francesa, o que leva inevitavelmente à catástrofe. Do mesmo modo, em *Daisy Miller* (1879), uma voluntariosa jovem americana desdenha das convenções da alta sociedade expatriada e só consegue suscitar uma tragédia. Em *Retrato de uma senhora* (1881), uma herdeira americana cai vítima de expatriados predadores na Europa.

Além de sua sutileza na descrição dos hábitos da sociedade internacional, Henry James era um verdadeiro estilista da prosa. A preferência por frases longas, tortuosas, é notória em toda a sua carreira, mas acentuou-se nos últimos romances, como *The Ambassadors* (1903). Toda a obra de Henry James revela intensa preocupação com os pormenores. Ele tinha uma atenção especial principalmente com as motivações psicológicas dos personagens e a dinâmica do poder nas relações interpessoais. Nesse sentido, embora os romances de James se insiram solidamente na tradição realista do século XIX, ele é visto como um dos precursores do romance psicológico do século XX.

FATOS ADICIONAIS

1. *Henry James publicou várias coletâneas de relatos de viagem não-ficcionais, como* A Little Tour in France *(1884),* English Hours *(1905) e* Italian Hours *(1909).*

2. *Após décadas de residência na Europa, James finalmente decidiu se tornar cidadão britânico em 1915. Faleceu em Londres no ano seguinte.*

3. *A empresa cinematográfica Merchant Ivory Productions fez diversas adaptações bem-sucedidas dos romances de James, como* Os europeus *(1979),* Mulheres de Boston *(1984) e* A taça de ouro *(2000).*

Auguste Rodin

Auguste Rodin (1840-1917) é considerado por muitos especialistas o último grande escultor de figuras humanas no estilo realista. Mais conhecido por obras monumentais como *O pensador*, ele seguia os passos da fluência e do porte maciço das obras-primas inacabadas de Michelangelo.

Rodin realizou seus estudos na Petite École de Paris, onde estudou desenho de 1854 a 1857. Recusado pela Academia, foi forçado, no início da carreira, a ganhar a vida como artesão, pintor de cerâmica e joalheiro. Em 1864, entrou para o ateliê de Albert-Ernest Carrier-Belleuse e no mesmo ano completou *O homem de nariz quebrado*, obra que já revelava seu interesse pelo naturalismo, mas que o Salão de Paris recusou por considerar inacabada. Em 1870, acompanhou Carrier-Belleuse a Bruxelas, onde montou um ateliê independente e se empenhou em ser reconhecido como escultor.

Em 1875, uma viagem à Itália o colocou em contato com as esculturas de Michelangelo, Donatello e da Antiguidade Clássica. Em resposta, criou *A idade do bronze* (1875), obra tão vívida que alguns pensaram ter sido modelada a partir de um homem real.

Em 1880, Rodin recebeu uma encomenda do governo francês para fazer as portas de bronze do Museu de Artes Decorativas. Inspirando-se na famosa *Porta do paraíso* do Batistério de Florença, de Lorenzo Ghiberti, fundiu mais de 180 figuras para a *Porta do inferno*, obra inacabada à época de sua morte.

Em 1884, os cidadãos de Calais solicitaram a Rodin um monumento para homenagear seis homens que tinham sacrificado a vida durante o cerco da cidade pelos ingleses, em 1347. O resultado, *Os burgueses de Calais*, foi criticado por representar os homens como vítimas, e não como heróis. Em 1891, recebeu encomenda para fazer um retrato de Honoré de Balzac e passou sete anos coletando daguerreótipos do escritor, consultou seu alfaiate e até estudou a topografia dos arredores de sua casa a fim de captar a personalidade de Balzac. Mas, como *Os burgueses de Calais*, a obra foi considerada muito pouco convencional. A resposta de Rodin: "Meu princípio é imitar não apenas a forma, mas também a vida". Apesar das críticas, continuou recebendo importantes encomendas do governo francês.

Em 1895, Rodin adquiriu a Villa des Brillants, onde viveu como celebridade européia e foi agraciado com títulos honorários de várias universidades estrangeiras. Em 1908, mudou-se para o Hotel Biron, em Paris, edifício que seria designado como futuro Museu Rodin em 1916, um ano antes da morte do artista. O museu foi aberto em 1919 e abriga a maior coleção de obras de Rodin em todo o mundo.

FATO ADICIONAL

1. *O poeta alemão Rainer Maria Rilke foi secretário de Rodin de 1905 a 1906 e mais tarde escreveu um livro sobre ele.*

Baterias

As baterias são, basicamente, depósitos de dispositivos eletroquímicos, substâncias que reagem entre si a fim de produzir elétrons, minúsculas partículas subatômicas com carga negativa. O fluxo de elétrons de uma fonte a outra cria as correntes elétricas que acionam lâmpadas, televisores, automóveis, câmeras, satélites, celulares e computadores. Os elétrons percorrem condutores chamados circuitos. Os fios das residências são um exemplo de circuito.

A maioria das baterias possui quatro partes: um ânodo, de carga negativa, um cátodo, de carga positiva, dispositivos eletroquímicos e eletrólitos. A reação dos dispositivos eletroquímicos impulsiona os elétrons para um lado da bateria, gerando o ânodo (geralmente indicado por um sinal de menos). A ausência de elétrons no outro lado da bateria gera o cátodo (geralmente indicado por um sinal de mais). Normalmente, os elétrons fluiriam do ânodo para o cátodo a fim de equilibrar a carga, mas os eletrólitos no meio da bateria atuam como um bloqueio, impedindo que os elétrons passem de um lado para o outro e forçando-os a percorrer um circuito que conecta o ânodo e o cátodo.

Quando o ânodo e o cátodo estão ligados um ao outro diretamente, os dispositivos eletroquímicos produzem elétrons da maneira mais rápida possível, e logo a bateria fica descarregada. Entretanto, quase todas as baterias são ligadas a uma resistência – lâmpada, televisor, rádio –, que permite aos elétrons fluir gradualmente. Às vezes, porém, os dispositivos eletroquímicos param de produzir elétrons. Nas baterias recarregáveis, uma fonte externa de energia inverte o fluxo de elétrons, obrigando os dispositivos eletroquímicos a trabalhar em sentido contrário e restaurando o equilíbrio de elétrons tanto no ânodo quanto no cátodo. É o que acontece à bateria do telefone celular, quando o carregador é ligado na tomada.

FATOS ADICIONAIS

1. *Há indícios de que já havia baterias rudimentares em Bagdá por volta de 250 a.C.*
2. *A primeira bateria moderna foi inventada por Alessandro Volta em 1800. As palavras "voltagem" e "volt" derivam de seu nome.*
3. *Um novo tipo de bateria, chamado bateria de papel, vem sendo aperfeiçoado. É uma bateria fina e flexível sob a forma de células de tinta que podem ser impressas em diversas superfícies e produzir energia.*
4. *No mundo inteiro, a indústria de baterias gera 48 bilhões de dólares em vendas por ano.*

Robert e Clara Schumann

A vida de Robert Schumann (1810-1856) foi marcada por seu gênio criador e também pelo sofrimento resultante de sua instabilidade mental. Casado com Clara Wieck Schumann (1819-1896), ela própria pianista famosa, compôs canções expressivas e música de câmara entre acessos de doença, insanidade e internações em clínicas de recuperação mental.

Robert e Clara se conheceram quando ela tinha 9 anos e ele estudava piano com o pai da menina, Friedrich Wieck, em Leipzig. Robert desistira da carreira de advogado para dedicar-se à música e, na época, editava a *Neue Zeitschrift für Musik*, revista alemã que atacava os "filisteus musicais" e defendia Hector Berlioz, Frédéric Chopin e, mais tarde, Johannes Brahms.

Em 1840, Robert e Clara se casaram contra a vontade do pai da jovem. Wieck desconfiava da estabilidade de Robert, porque o rapaz já havia sofrido várias crises mentais – provavelmente em decorrência da sífilis – e chegara a tentar o suicídio em 1833. No primeiro ano de casamento, Robert compôs 140 *Lieder*, ou canções românticas, em homenagem ao amor entre eles. Clara era uma exímia concertista por seus próprios méritos e lecionou a grandes pianistas da época. Além disso, compôs várias peças musicais.

O casamento, porém, logo se tornou tenso e problemático. A pedido de Clara, Robert compôs duas sinfonias em 1841 – a primeira muito bem recebida, a segunda nem tanto. Clara também encorajou o marido a se tornar maestro, mas ele tinha pouco talento para a função e às vezes se perdia diante da orquestra. Para piorar as coisas, suas crises iam ficando cada vez mais freqüentes. Quando foi convidado pelo amigo Felix Mendelssohn a lecionar no recém-fundado Conservatório de Leipzig, saiu-se muito mal – suas aulas eram vagas e incompreensíveis – e teve que se demitir.

Em 1844, Clara acompanhou Robert numa longa viagem pela Europa, durante a qual ele sofreu uma crise tão violenta que os dois resolveram se estabelecer em Düsseldorf, onde permaneceram por cinco anos. De 1853 a 1855, Robert foi se tornando cada vez mais insano: ouvia vozes e ficava sentado nos cafés durante a noite, falando sozinho. Em 1854, tentou outra vez o suicídio, atirando-se no rio Reno. Foi internado num manicômio, onde morreu dois anos depois.

FATOS ADICIONAIS

1. *Diz a lenda que Robert Schumann teve que abandonar o piano ainda jovem, porque ficou com um dedo paralisado em virtude do uso de um aparelho para esticar as articulações. O mais provável é que a paralisia tenha resultado da ingestão de mercúrio, então usado no tratamento da sífilis.*

2. *Robert Schumann criou dois personagens para simbolizar os dois lados de sua natureza: Eusébio (contemplativo, sonhador) e Florestan (impetuoso, cheio de vida).*

Causalidade

Um homem atira uma pedra contra uma vidraça, e esta se quebra. A pedra *causou* a quebra da vidraça. Pensamos o mundo em termos de coisas que fazem outras acontecer. Mas o que realmente significa uma coisa fazer outra acontecer?

Uma das respostas seria: X faz com que Y aconteça quando eventos como X geralmente são seguidos de eventos semelhantes a Y. É a chamada teoria da regularidade da causalidade. Mas ela é falha. Todos os dias, os padeiros se levantam antes do nascer do sol para fazer pão. Entretanto, o fato de eles se levantarem não faz com que o sol surja no horizonte. O fato de certos eventos se seguirem a outros não significa que os primeiros os provoquem.

Outra teoria: X faz com que Y aconteça quando, se X não acontecer, Y não acontecerá. É a chamada teoria contrafactual da causalidade. Também é falha. Imagine que um homem atire uma pedra em uma vidraça, e logo depois você faça a mesma coisa. Se a pedra do homem atingir a vidraça primeiro, fará com que ela se estilhace. Mas, ainda que o homem não a atirasse, a vidraça quebraria do mesmo jeito por causa da pedra que você atirou.

Como se vê, é muito difícil determinar o que é a causalidade. Isso levou alguns filósofos a negar que existam causas no mundo.

FATOS ADICIONAIS

1. *A harmonia preestabelecida é a visão segundo a qual Deus, quando criou o mundo, criou as coisas para mudarem de estado parecendo que o fazem interagindo causalmente. Gottfried Wilhelm von Leibniz (1646-1716) é o filósofo mais famoso a endossar a harmonia preestabelecida.*

2. *Os "ocasionalistas" discordam de Leibniz e alegam que Deus é a única causa no mundo; as coisas criadas por ele não podem sequer influenciar a si mesmas. As leis da natureza são aquelas às quais Deus decidiu obedecer ao mudar o mundo. O mais célebre ocasionalista foi Nicolas de Malebranche (1638-1715).*

Cinco Pilares do Islamismo

Os Cinco Pilares do Islamismo são os cinco ritos que todo muçulmano deve cumprir.

O primeiro é a fé em Deus – que os muçulmanos chamam de Alá –, ou Chahada. O credo do islamismo é: "Alá é Deus e Maomé o seu profeta". Ele constitui a base do islamismo, e acredita-se que o verdadeiro mal no mundo seja a descrença nesse postulado.

O segundo pilar é a prece diária, ou Salat. Os muçulmanos devem orar cinco vezes por dia: ao amanhecer, ao meio-dia, no meio da tarde, ao pôr-do-sol e à noite. Primeiro, devem se lavar ritualmente, inclusive mãos, cabeça, pés e tornozelos. Em seguida, oram voltados para Meca. Embora a prece possa ser feita em qualquer lugar, os homens costumam se reunir em mesquitas para esse fim. As mulheres, por outro lado, ou são impedidas de entrar nas mesquitas ou ocupam um espaço exclusivo. Às sextas-feiras, os homens são convidados a comparecer à mesquita para ouvir o imã, chefe espiritual, proferir o sermão. As preces são memorizadas e ditas em árabe.

O terceiro pilar é a doação, ou Zakat. Em troca de uma recompensa futura, os muçulmanos devem dar parte de sua renda à caridade para ajudar os pobres ou fortalecer a religião. O donativo geralmente corresponde a 2,5% dos ganhos, mas alguns muçulmanos costumam dar mais para merecer uma cota adicional de favores divinos.

O quarto pilar é o jejum, ou Saum. Durante o ramadã, nono mês do calendário lunar islâmico, os muçulmanos são proibidos de comer, beber, fumar ou fazer sexo entre o nascer e o pôr-do-sol. Esse foi o mês em que Maomé teve sua primeira revelação. Nesse período, os muçulmanos oram e lêem o Alcorão com mais freqüência.

O quinto e último pilar é a peregrinação a Meca, ou Hajj. Todo muçulmano deve ir a Meca pelo menos uma vez na vida. Quando fazem a peregrinação, os muçulmanos trajam roupas simples para eliminar quaisquer indícios de classe ou cultura. A viagem simboliza o regresso de Maomé a Meca após derrotar a cidade e destruir o templo dos ídolos, a Caaba. Hoje, o lugar da Caaba é o centro da cerimônia do Hajj.

FATOS ADICIONAIS

1. *Os muçulmanos que vivem em países de outra cultura às vezes acham difícil cumprir esses ritos, especialmente o Salat, que exige a suspensão das atividades cinco vezes por dia (duas durante o período de trabalho) para orar.*

2. *Essas exigências forçam constantemente os muçulmanos a reafirmar sua fé por meio de pequenas práticas – o que ao mesmo tempo lhes recorda seu compromisso com Deus e os ajuda a se identificar como muçulmanos.*

3. *Essas regras não são rígidas. As pessoas desprovidas de meios, por exemplo, não precisam participar do Zakat nem do Hajj. Doentes, jovens, velhos e mulheres grávidas estão isentos do Saum.*

Comodoro Matthew Perry e o Japão

Quando o comodoro norte-americano Matthew Perry (1794-1858) e sua esquadra de quatro navios de guerra lançaram âncora na baía de Tóquio, em 1853, ele se deparou com uma terra misteriosa que estava quase além de sua compreensão. O Japão encontrado pela expedição de Perry havia se apartado violentamente do mundo exterior. Enquanto a Europa e os Estados Unidos se industrializavam rapidamente no começo do século XIX, o Japão continuava como uma ilha isolada – para os ocidentais, uma região inexplorada do mundo. Governados por um xogum e com um sistema feudal de guerreiros samurais, antes da chegada de Perry os japoneses tinham apenas contatos limitados com estrangeiros.

O presidente norte-americano Millard Fillmore, ávido por expandir o comércio do país, enviara Perry ao Japão para intimidar o xogum e obrigá-lo a comerciar com os Estados Unidos. Diante dos longos canhões dos navios americanos, o xogum não teve escolha. Assinou o tratado, e logo se seguiram acordos com outras potências ocidentais.

Apesar da relutância inicial do xogum, o Japão iniciou sua modernização com todo o empenho. Dentro de cinqüenta anos, a ilha medieval havia se transformado em uma grande potência industrial. Num salto sem precedentes, o Japão alcançou e finalmente ultrapassou muitas potências ocidentais em termos de poderio militar e econômico. No início do século XX, o país travou – e venceu – uma guerra contra uma das grandes potências européias, o Império Russo.

Perry era veterano da Guerra de 1812 e, em sua longa carreira naval, combatera piratas e traficantes de escravos antes de concluir a missão que o tornou famoso. Seu legado permanece controverso. A expedição de Perry desencadeou uma série de eventos que converteu o Japão em uma das nações mais poderosas e prósperas do mundo, mas muitos japoneses se ressentem da maneira humilhante pela qual o Ocidente obrigou o país a mudar seu modo de vida.

FATOS ADICIONAIS

1. *Perry era natural de Newport, Rhode Island. Todo ano a cidade celebra a viagem dele com o Festival dos Navios Negros, em homenagem ao nome que os japoneses usavam para descrever as embarcações norte-americanas.*

2. *O irmão mais velho de Perry, Oliver Hazard Perry, também foi um herói naval e comandou um navio na Guerra de 1812 contra os britânicos. Celebrizou-se por exclamar após a vitória: "Encontramos o inimigo, e eles são nossos!"*

A Terra Devastada

A terra devastada (1922), de T. S. Eliot (1888-1965), é o grande marco aterrador da poesia do século XX – uma obra única que condensa o medo, a alienação e a desilusão que acometeram o Ocidente após a Primeira Guerra Mundial. Repleto de alusões a mitos budistas e hinduístas, Ovídio, a Bíblia, santo Agostinho, a lenda arturiana, Dante, Shakespeare e a uma infinidade de outras fontes, o poema representa uma interseção fascinante das crenças e rituais antigos com a crise existencial do mundo moderno.

Como tantas outras obras do período modernista, *A terra devastada* é em grande parte uma reação à Primeira Guerra Mundial. A perda inútil de milhões de vidas e a consciência de que boa parte dessa brutalidade se consumara graças a tecnologias e maquinários produzidos pelo homem deixaram a Europa atordoada. Para muitos, o mundo se tornara subitamente desumano e desprovido de espiritualidade, com a civilização aparentemente ruindo por si mesma.

Em *A terra devastada*, Eliot pergunta como é possível encontrar redenção e renovação em uma paisagem tão desolada. Desde os primeiros versos, o poema é repleto de imagens de seca e esterilidade, contrabalançadas por tentativas da natureza e da humanidade de gerar renascimento:

"Abril é o mês mais cruel, germina
Lilases da terra morta, mistura
Memória e desejo, aviva
Agônicas raízes com chuva da primavera."

A narração do poema dá saltos abruptos entre diferentes vozes, desorientando o leitor, como se este tivesse sido lançado em meio a uma multidão de estranhos ou abandonado em um lugar desconhecido. Embora quase sempre essas vozes agourentas se dirijam diretamente ao leitor, a identidade dos narradores permanece desconhecida:

"Vou mostrar-te uma coisa ao mesmo tempo diferente
Da tua sombra quando ao amanhecer te segue
E da tua sombra quando ao entardecer te enfrenta;
Vou mostrar-te o medo num punhado de poeira."

A terra devastada alude diretamente à lenda arturiana e às referências desta ao Rei Pescador, líder outrora poderoso que ficou ferido ou incapacitado, deixando seu domínio se tornar uma terra árida e desolada. Somente quando o cavaleiro Perceval executa uma série de tarefas é que o Rei Pescador consegue se curar e seu reino é regenerado. Eliot passa boa parte de *A terra devastada* tentando discernir como o mundo moderno poderia encontrar uma renovação semelhante. Por fim, um vislumbre de esperança retorna, aparentemente por acaso, mas é, quando muito, uma esperança frágil – à qual o último narrador do poema, como toda a humanidade, só pode se agarrar com um senso de resignação.

O Pensador

A monumental escultura *O pensador* (1880), de Auguste Rodin, é uma das obras de arte mais conhecidas do mundo. Tornou-se símbolo do gênio criador ou de um homem absorto em seus pensamentos.

A figura destinava-se às *Portas do inferno*, o portal encomendado pelo governo francês, em 1880, para o novo Museu de Artes Decorativas. Ela deveria representar Dante, o poeta italiano medieval cuja *Divina comédia* serviu de fonte para todo o projeto.

A escultura original tem apenas algo em torno de setenta centímetros de altura. Rodin utilizou como modelo um homem musculoso de cerca de 40 anos – a idade dele à época em que começou as *Portas*. *O pensador* descansa o queixo sobre as costas da mão direita, aberta. Os ombros estão literalmente desabados sob o peso de seus pensamentos. O corpo está tenso, como evidencia o fato de seus pés estarem agarrados à base. Como a figura se destinava ao centro exato da fileira superior dos portais, o homem representado está inclinado para frente, com a cabeça, as mãos e os joelhos se projetando para além dos pés.

Em 1902, uma versão muito maior (cerca de dois metros de altura) foi esculpida por Henri Lebossé, sob a supervisão de Rodin, para a Louisiana Purchase Exposition, em Saint Louis, Missouri. Rodin, entretanto, rejeitou a réplica. Outra cópia foi exposta no Salão de Paris de 1904. A instalação da estátua em um local público finalmente ocorreu em abril de 1906. Durante uma crise política, vários anos depois, a estátua foi adotada como símbolo socialista e por isso foi removida para o jardim do Museu Rodin, em 1922, a pretexto de constituir um obstáculo durante as cerimônias públicas. Hoje, várias réplicas de *O pensador* podem ser vistas em todo o mundo, quase todas, como a original, expostas ao ar livre.

FATOS ADICIONAIS

1. *Ao criar* O pensador, *Rodin certamente tinha Michelangelo em mente, em particular seu* Moisés, *localizado na Igreja San Pietro in Vincoli, em Roma, e seu* Lourenço de Médici, *na Igreja de São Lourenço, em Florença.*

2. *Uma réplica de* O pensador *foi colocada sobre o túmulo de Rodin, em Meudon, na França.*

Atrito

Atrito é a força que se opõe a um objeto em movimento quando a superfície desse objeto se esfrega em outra. Por exemplo, quando você chuta uma bola no gramado, é o atrito que faz a bola perder velocidade e parar.

De acordo com a primeira lei do movimento de Newton, um objeto em movimento permanece em movimento a menos que uma força exterior atue sobre ele. Se você arremessasse uma bola no vácuo do espaço, ela permaneceria em movimento para sempre, porque não existe atrito no vácuo. Mas na Terra não existe superfície sem atrito. Há sempre alguma coisa no meio do caminho. Mesmo que você jogue uma bola no ar, este se esfregará na bola, criando calor e fazendo com que ela perca velocidade.

O atrito é causado por interações moleculares muito complexas na superfície dos objetos. Em geral, superfícies ásperas causam mais atrito – por exemplo, uma lixa sobre uma madeira irregular. Superfícies lisas minimizam o atrito, como um disco de hóquei deslizando no gelo. Mas há exceções a essa regra. Se você fizer duas superfícies de metal extremamente planas e lisas se friccionarem, as superfícies delas se fundirão e resultarão no que se denomina solda fria. Nesse caso, a resistência do atrito ao movimento é muito grande.

Existem vários tipos de atrito, mas encontramos regularmente o estático e o cinético. O atrito estático é aquele que ocorre entre dois objetos que não estão se movendo um em relação ao outro, como quando uma poltrona está simplesmente repousando sobre o assoalho. O atrito cinético ocorre entre dois objetos que estão em movimento relativo e se esfregando um no outro, como acontece, por exemplo, quando alguém empurra uma poltrona sobre o assoalho. De modo geral, o atrito estático é maior que o cinético. Isso explica por que, quando você está mudando um móvel de lugar, o empurrão inicial sempre requer mais esforço do que continuar a empurrá-lo depois que ele foi posto em movimento.

FATOS ADICIONAIS

1. *Quando você esfrega as mãos, o atrito faz com que elas se aqueçam.*
2. *Lubrificantes como o óleo são substâncias que reduzem o atrito entre superfícies. O estudo dos lubrificantes e do atrito denomina-se tribologia.*
3. *O freio de carros e bicicletas funciona mediante o aumento do atrito.*
4. *Os relevos que há na sola dos tênis aumentam o atrito destes com o pavimento, facilitando a caminhada.*

Frédéric Chopin

A obra de Frédéric Chopin (1810-1849) reúne músicas imprescindíveis para qualquer aspirante a pianista. Suas composições, embora não tenham o virtuosismo bombástico de seus contemporâneos, são plenas de sutileza, beleza e bom gosto. Em suma, Chopin era o adorado compositor de salão, e não de salas de concertos, e durante sua vida ninguém conseguiu superá-lo nesse papel.

Nascido de pai francês e mãe polonesa, nos arredores de Varsóvia, na Polônia, Chopin cresceu com os meninos de um internato aristocrático administrado por seu pai. Adotou grande parte das maneiras deles e na juventude ganhou reputação de homem formal, esnobe, obcecado por estilo e um tanto afeminado. Chopin começou compondo peças curtas chamadas mazurcas e polonesas – ambas baseadas em danças folclóricas da Polônia – quando era adolescente e tornou-se o favorito de Varsóvia executando-as nos salões da aristocracia. Em 1830, trocou Varsóvia por Viena e finalmente por Paris, onde faria fama.

Em Paris, Chopin realizou grandes concertos públicos, mas o estilo de suas composições – com usos delicados e suaves de volume, harmonia e dissonância – não foi bem-aceito. Depois de 1835, raramente se apresentou fora dos salões dos ricos e sofisticados, que adoravam seu estilo de tocar e sua personalidade afetada.

No tempo em que viveu em Paris, Chopin se tornou amigo de vários artistas e intelectuais, incluindo seu rival Franz Liszt. Mais importante, envolveu-se em um tórrido caso de amor com a excêntrica escritora George Sand. Os dois viveram em Maiorca entre 1838 e 1839, e ali ele contraiu tuberculose, mas teve energia suficiente para escrever seus 24 prelúdios. Depois que regressaram à casa de campo de George Sand, na França, o estado de Chopin piorou. Cansada do comportamento neurótico e doentio do amante, Sand o deixou em 1846.

Chopin faleceu em Paris, deixando como legado uma das mais importantes produções pianísticas da história.

FATOS ADICIONAIS

1. *Quando Chopin saiu de Varsóvia, levou consigo uma urna de prata cheia de terra polonesa. Nunca mais retornaria à pátria, mas a urna foi enterrada com ele em uma leal expressão de nacionalismo.*

2. *O nacionalismo foi um grande tema na carreira de Chopin, e ele expressou o amor por sua pátria principalmente por meio da música. Seu uso do folclore e das danças de corte polonesas, em especial a* Polonesa nº 3 em lá maior, *"Militar", que comemora a fracassada rebelião polonesa contra o czar, em 1831, demonstra sua devoção à Polônia.*

3. *Chopin escreveu um concerto para violoncelo e algumas peças curtas para outros instrumentos, mas a grande maioria de suas composições – dezenas de noturnos,* scherzi, *baladas, prelúdios, mazurcas, polonesas e estudos – foi feita para piano solo.*

Problema do Mal

Vejamos as seguintes afirmações:

> Deus é onipotente. (Tudo que é possível está em seu poder.)
> Deus é onisciente.
> Deus é perfeitamente bom.
> Existe mal no mundo.

Tradicionalmente, os teístas – pessoas que acreditam em Deus – têm aceitado essas quatro asserções, mas muitos filósofos argumentam que elas são incompatíveis. Se Deus é onipotente, poderia ter criado um mundo sem mal. E, tendo em vista que um mundo isento de mal é melhor que um mundo em que o mal exista, como pôde um Deus perfeitamente benevolente criar intencionalmente um mundo no qual existe o mal?

Uma solução é negar que Deus seja responsável pelo mal existente no mundo. Partidários dessa opinião dizem que Deus criou o mundo, porém a humanidade criou o mal. A humanidade possui livre-arbítrio, e a única maneira pela qual Deus poderia ter impedido o mal seria nos privar disso. Logo, prossegue o argumento, um mundo no qual não tivéssemos livre-arbítrio seria pior que o mundo que temos. Portanto, Deus fez a melhor escolha possível: criou a humanidade com livre-arbítrio, o que levou à existência do mal.

Evidentemente, essa teoria não resolve o problema do mal natural – furacões, terremotos e *tsunamis* que causam mortes e sofrimentos. Deus poderia ter criado um mundo natural com menos catástrofes que matam pessoas inocentes. Por que não o fez?

Gottfried Wilhelm von Leibniz respondeu a essa questão com a célebre afirmação de que este é o melhor dos mundos possíveis. Reconhecidamente, existem aspectos deste mundo que são maus – por exemplo, a existência de furacões letais. Todavia, argumentava Leibniz, um mundo sem furacões letais seria pior do que este mundo. As refinadas leis naturais que governam o funcionamento do tempo, por exemplo, não existiriam.

FATOS ADICIONAIS

1. *O problema de reconciliar a perfeita bondade de Deus com a existência do mal no mundo denomina-se teodicéia.*

2. *Alguns filósofos acreditam que não há nenhum mundo melhor possível para Deus escolher e que ele escolhe entre várias opções inferiores. Argumentam que, se Deus tivesse que escolher o melhor mundo, isso entraria em conflito com sua liberdade de escolha.*

Sharia

No islamismo, a Sharia, ou lei, é de fundamental importância e está indissociavelmente ligada à prática da fé.

O estudioso Seyyed Hossein Nasr propõe a seguinte analogia: Imagine um imenso círculo. A circunferência completa dele é a Sharia. É na circunferência que cada muçulmano deve começar sua jornada ao longo do raio do círculo – que é a Tariqat, ou o Caminho – em direção ao centro dele – que é denominado Haqiqa, ou a Verdade. Embora um indivíduo ainda possa ser considerado muçulmano sem obedecer à Sharia, ele não alcança a Haqiqa sem começar ali.

Não existem domínios na sociedade que fiquem fora da Sharia, que pode ser dividida em duas áreas: *ibadat*, ou a lei pertencente ao culto, e *muamalat*, a lei pertencente às transações. Essa última abrange todas as relações sociais, políticas e econômicas.

Os cinco tipos de regras presentes na Sharia são:

OBRIGATÓRIAS: como as preces diárias.

SUGERIDAS: a caridade, por exemplo.

INDIFERENTES: como os vegetais na dieta.

REPREENSÍVEIS: como o divórcio.

PROIBIDAS: o assassinato, o consumo de carne de porco, a ingestão de álcool, entre outros atos.

Com o passar do tempo, vários estudiosos da lei divergiram entre si, e no islamismo sunita surgiram quatro escolas básicas de pensamento. Ainda assim, na maior parte e em relação a todos os ritos básicos do islamismo, todas as cinco escolas – quatro sunitas e uma xiita – estão de acordo.

Uma distinção importante entre xiitas e sunitas gira em torno do conceito de *ijtihad*, ou as fontes básicas da Sharia. Os sunitas acreditam que, desde o século X, os textos *ijtihad* estão fechados à reinterpretação. Os xiitas, contudo, acreditam ser seu dever reexaminar periodicamente o *ijtihad* para ver se alguma lei deve ser adaptada à modernidade.

FATOS ADICIONAIS

1. *Acredita-se que a Sharia seja a lei imutável de Deus (Alá) e, embora acreditem na interpretação, os xiitas têm todo o cuidado para não criar novas leis.*
2. *Os muçulmanos não podem comer carne de porco ou de qualquer outro animal que não tenha sido sacrificado em nome de Alá. São igualmente proibidos de comer carne de macaco, cachorro, gato e da maioria dos carnívoros.*

John Brown

John Brown (1800-1859) foi um abolicionista norte-americano executado pelo estado da Virgínia ao tentar desencadear uma rebelião de escravos. Em termos militares, Brown foi um completo fracasso, mas, como movimento social, sua insurreição ilustrou o compromisso dos abolicionistas de pôr fim à escravidão. Com alguns seguidores, Brown se apoderou de um arsenal federal em Harpers Ferry, na Virgínia, na ingênua convicção de que os escravos da região fugiriam de seus senhores e adeririam à revolta. Esta nunca se concretizou – ele foi capturado alguns dias depois e, logo em seguida, enforcado.

Brown pertencia à ala violenta do movimento abolicionista, que se desenvolvera regularmente desde o início do século XIX. Em 1859, a maioria dos nortistas se opunha à escravidão, mas poucos abraçaram as táticas extremistas de Brown. Muitos nortistas moderados, entre eles Abraham Lincoln, esperavam o fim da escravidão, mas se opunham à exigência de abolição imediata. Radicais como Brown e William Lloyd Garrison, eminente escritor abolicionista de Boston, queriam a abolição imediata daquilo que viam como um mal moral inaceitável. Garrison, atacando os moderados, sugeriu sarcasticamente que eles "dissessem a um homem cuja casa está em chamas para dar um grito moderado".

Os sulistas, por sua vez, viam ambas as facções abolicionistas como intrometidas liberais. A escravidão, no entender de muitos sulistas, havia sido ordenada pela Bíblia e, além do mais, era crucial para a economia agrária do Sul. John C. Calhoun, eminente político da Carolina do Sul que serviu ao Senado americano e foi vice-presidente, não via mal algum na escravidão, e sim um "bem positivo". No Sul, as notícias da invasão de Brown provocaram pânico e descrença gerais. A revolta falhou do ponto de vista militar, mas foi politicamente bem-sucedida. Aterrorizados, muitos sulistas concluíram que a secessão era a única maneira de preservar a escravidão. Quando Abraham Lincoln venceu a eleição de 1860 com o apoio dos abolicionistas do Norte, os estados sulistas se separaram, deflagrando a Guerra Civil que acabou colocando fim à escravidão.

A cruzada antiescravista de Brown permanece controversa até hoje. Pela definição moderna, ele foi incontestavelmente um terrorista. Em um conflito no Kansas alguns anos antes de Harpers Ferry, Brown e seus filhos usaram espadas para liquidar uma família que apoiava a escravidão. No entanto, o terrorismo de Brown ajudou aquilo que todo mundo vê hoje como uma causa justa.

FATO ADICIONAL

1. *Brown foi criado em Connecticut e Ohio por um rígido padre cristão e baseava explicitamente na religião sua repulsa à escravidão. Prestes a ser enforcado na Virgínia, ele disse: "Eu, John Brown, tenho agora plena certeza de que os crimes desta terra culpada só serão expurgados com sangue. Alimentei, como penso agora, a vã esperança de que isso poderia ser feito sem muito derramamento de sangue".*

Marcel Proust

O romancista francês Marcel Proust (1871-1922) é lembrado quase exclusivamente por apenas uma obra, mas esta foi suficiente para consolidar sua reputação. Seu gigantesco romance *Em busca do tempo perdido* permanece uma das grandes obras literárias do século XX.

Proust teve uma infância rica em Paris e recebeu refinada educação, tanto em literatura quanto em direito. Participou de poderosos círculos sociais, desde a juventude, nos salões da *belle époque* da elite parisiense. Após a publicação de sua primeira coletânea de contos, em 1896, Proust escreveu um romance autobiográfico, *Jean Santeuil*, que serviria de base para a futura obra-prima.

Com a saúde deteriorada e em luto prolongado pela morte dos pais, Proust começou a escrever *Em busca do tempo perdido* em 1909. O romance é efetivamente quilométrico, desenvolvendo-se ao longo de mais de três mil páginas e colocando em cena mais de dois mil personagens. Publicado em sete volumes, entre 1913 e 1927, era diferente de qualquer outro romance que o mundo já vira – aliás, vários editores recusaram as primeiras partes por não saber o que fazer com elas.

Em busca do tempo perdido, essencialmente autobiográfico, acompanha o desenvolvimento de um jovem empenhado em saber o que fez dele o que é. Esse jovem recaptura e revive lembranças da juventude e por fim se prepara para escrever um romance. Trata-se de uma obra tanto filosófica e psicológica quanto literária: ao longo do caminho, o narrador reflete sobre amor, identidade, incerteza sexual, estética, arte, entre outros tópicos. Embora a maioria das pessoas veja o narrador como o próprio Proust, a questão permanece ambígua, não sendo possível saber se autor e narrador são de fato a mesma pessoa.

Como o título indica, o romance está profundamente voltado ao tempo e à memória. Proust concebe o tempo como algo fluido, sem forma, e não como uma progressão ordenada e linear de momentos. Lembranças antes perdidas voltam constantemente à memória do narrador em decorrência de algum indício sensorial. Numa passagem célebre, o narrador recorda-se vividamente de experiências da infância ao saborear uma *madeleine*, bolinho que costumava comer embebido em chá. Essa experimentação permaneceu viva muito tempo após a morte de Proust, já que um número incontável de autores modernistas se valeu desse tipo de exploração de tempo e memória em suas obras.

FATOS ADICIONAIS

1. *Proust publicou o primeiro volume de* Em busca do tempo perdido *por sua conta, usando dinheiro herdado dos pais.*
2. *Durante o infame caso Dreyfus, de 1897-1899, Proust despendeu considerável tempo e dinheiro organizando petições em nome do oficial do exército franco-judeu Alfred Dreyfus, preso injustamente por traição.*

Claude Monet

Claude Monet (1840-1926) foi uma das figuras centrais do movimento impressionista. É conhecido pelas numerosas pinturas que retratam as ninféias de seu jardim em Giverny, na França.

Nascido em Paris, aos 5 anos Monet se mudou para Le Havre, na costa da Normandia. A precoce exposição à natureza e ao mar influenciou profundamente sua carreira artística. Monet não tardou em adquirir reputação local para a caricatura, chamando a atenção do pintor paisagista Eugène Bodin. Em 1862, após dois anos de serviço militar na Argélia, obteve autorização dos pais para seguir carreira de pintor e se mudou para Paris. Lá, estudou no ateliê de Charles Gleyre, onde conheceu os futuros impressionistas Auguste Renoir e Alfred Sisley, assim como o pintor paisagista holandês Johan Barthold.

Em 1865, 1866 e 1868, Monet expôs suas obras no Salão de Paris. No fim da década de 1860, começou a explorar novas técnicas que acabariam por conduzi-lo ao impressionismo. Em 1869, por exemplo, Renoir e Monet pintaram juntos no popular balneário de La Grenouillère. Enquanto trabalhavam lado a lado, ambos utilizavam pinceladas fragmentadas para captar a qualidade efêmera de luz e cor no reflexo da água.

Em 1870, Monet se casou com Camille Doncieux e partiu para Londres a fim de fugir da Guerra Franco-Prussiana. Durante os nove meses que ali passou, fez numerosas pinturas do rio Tâmisa e conheceu seu futuro *marchand*, Paul Durand-Ruel. Em 1872, regressou a Argenteuil, perto de Paris, onde residiu durante os seis anos seguintes. Dois anos depois, o artista era a força maior por trás da primeira mostra impressionista, à qual submeteu o quadro *Impressão, sol nascente* (1872), que deu nome ao movimento.

Em 1883, Monet se mudou para Giverny, a noroeste de Paris, onde projetou seus próprios jardins, famosos pelas inúmeras pinturas nas quais os retratou em seus últimos anos de vida.

Monet continuou a viajar com freqüência – de Giverny a Londres, Veneza e Rouen. Nos anos 1890, começou a trabalhar em diversas séries de quadros que representavam um tema idêntico – um monte de feno, uma catedral, uma vista de álamos – tal como se mostrava em diferentes horas do dia. Quando estava envolvido em uma série, Monet trabalhava em até oito quadros de uma vez, dedicando menos de uma hora a cada um.

Nos anos subseqüentes à sua morte, a influência e a popularidade de Monet cresceram imensamente. Em 2004, um de seus quadros das Casas do Parlamento, em Londres, foi vendido por mais de vinte milhões de dólares. Milhares de turistas se aglomeram anualmente em sua casa, em Giverny. Suas obras estão expostas nos maiores museus do mundo, principalmente no Museu de l'Orangerie e no Museu Marmottan, em Paris.

FATO ADICIONAL

1. *Monet disse certa vez que gostaria de ter nascido cego e então ter adquirido subitamente a visão, para que pudesse ver sem idéias preconcebidas.*

Sol e Fusão Nuclear

O Sol não queima do mesmo modo que a lenha queima numa fogueira. Em vez disso, ele atua como um gigantesco reator nuclear. A energia do Sol provém da fusão nuclear – o processo de combinar dois pequenos núcleos atômicos e convertê-los em um núcleo maior. O Sol converte, sobretudo, átomos de hidrogênio em átomos de hélio para criar energia. Converte também hélio em berílio, e este em lítio.

Devido à imensa massa e gravidade do Sol, seu núcleo é um ambiente de intensa pressão e calor. São essas qualidades que permitem a ocorrência da fusão. Em circunstâncias normais, os prótons do núcleo dos átomos de hidrogênio se repelem, porque são todos positivamente carregados. Mas a pressão no centro do Sol os comprime, superando a força eletromagnética. Quando dois átomos de hidrogênio se combinam para formar hélio, uma quantidade muito pequena da massa dos átomos de hidrogênio se converte em uma grande quantidade de energia. A conversão segue a conhecida fórmula de Einstein: $E = mc^2$. A energia liberada é igual à massa perdida multiplicada pela velocidade da luz ao quadrado. Como a fusão gera quantidades extraordinárias de energia a partir de pequenas quantidades de combustível, cientistas vêm tentando há décadas criar reações de fusão nuclear controladas. Mas a fusão a frio ainda pertence mais ao domínio da ficção científica do que à realidade.

Nos últimos 4,5 bilhões de anos, o Sol gastou cerca de metade de seu estoque de hidrogênio. Quando esse elemento se esgotar, o núcleo solar se contrairá devido à gravidade, aquecendo e expandindo suas camadas externas. O Sol então se transformará em um gigantesco globo vermelho, envolvendo e volatilizando nosso planeta.

FATOS ADICIONAIS

1. *O Sol converte cerca de seiscentos milhões de toneladas de núcleos de hidrogênio em hélio por segundo.*
2. *Nesse processo, o Sol perde cerca de quatro milhões de toneladas de massa, que se convertem em energia.*
3. *A energia solar é conduzida ao nosso planeta na forma de fótons. Cada fóton interage com muitas moléculas de gás na trajetória do núcleo à superfície do Sol. Essa jornada leva de cem mil a duzentos mil anos, aproximadamente.*
4. *São necessários cerca de oito minutos para que um fóton proveniente da superfície solar alcance a Terra.*

Virtuoses da Era Romântica: Franz Liszt e Niccolò Paganini

A noção romântica de excesso, decadência e culto ao gênio é ilustrada de maneira brilhante na carreira de dois virtuoses do início do Romantismo, Niccolò Paganini (1782-1840) e Franz Liszt (1811-1886).

Paganini, mestre violinista italiano de aspecto lúgubre, era tão exímio na execução do violino – principalmente em longas e complicadas passagens técnicas – que muitas vezes foi acusado de ter feito pacto com o Diabo em troca de suas incríveis habilidades. Sua fama começou em um recital realizado em Paris, em 1828, quando o violinista encantou as mulheres da platéia e impressionou os críticos. Todavia, Paganini faleceu em Nice, na França, sem deixar um repertório de grandes composições. Como outros virtuoses, a maior parte de sua obra pretendia exibir suas habilidades, com vertiginosas sessões de solo em ritmo rápido e pouco ou nenhum acompanhamento. Compôs seis concertos para violino, dos quais apenas dois são executados regularmente.

Quando Franz Liszt, pianista húngaro extraordinariamente talentoso, chegou a Paris, em 1824, ficou tão impressionado com o desempenho de Paganini que prometeu se tornar "o Paganini do piano", isolando-se durante dois anos para praticar e aprimorar sua técnica. Quando finalmente alcançou seu objetivo e começou a tocar em público, ficou claro que era um homem nascido para o espetáculo. Com freqüência simulava arroubos histéricos no fim de suas execuções para promover a idéia de que estava completamente absorto na experiência transcendental da música. O comportamento de Liszt funcionou com as damas. Teve várias amantes que pertenciam à embevecida aristocracia parisiense, incluindo a condessa Marie d'Agoult e a princesa russa Carolyne Sayn-Wittgenstein, com quem mais tarde se casou e que o converteu a uma serena devoção católica.

Esses dois compositores e solistas, acima de qualquer outra coisa, colocaram o foco da música romântica na execução em lugar da composição e, ao fazê-lo, a afastaram mais do que nunca da estética clássica.

FATOS ADICIONAIS

1. *O artifício mais famoso de Paganini consistia em tocar tão furiosamente que rompia três cordas do violino, mas ainda assim continuava tocando com apenas uma.*
2. *Quando Paganini era criança, cortou as próprias mãos para aumentar o alcance dos dedos.*
3. *No fim da vida, Liszt confessou seus pecados sexuais ao papa, que interrompeu o compositor no meio da confissão e disse: "Chega, Liszt! Vá contar seus pecados ao piano".*

Livre-Arbítrio

Para ser moralmente responsável por uma ação, você deve praticá-la livremente. Por exemplo, se você vir alguém se afogando em um lago, mas estiver amarrado a uma estaca e não puder se libertar, não é moralmente culpado por não salvar o indivíduo do afogamento. Da mesma forma, se foi submetido a lavagem cerebral e lhe ordenaram que cometesse um crime, você sem dúvida não é responsável por tal delito, porque sua liberdade foi violada.

Segundo algumas teorias científicas, o mundo é determinista. Dada a maneira como ele foi no passado e as leis físicas que o governam, existe apenas um caminho possível para o futuro. Considere que essa teoria se aplica também às suas ações. No exato momento que antecede a prática de um ato, dada a maneira como o mundo foi no passado e as leis físicas do universo, só há um resultado possível. Nesse momento, está determinado fisicamente o que você fará em cada momento no futuro.

O determinismo dessa natureza elimina a responsabilidade moral? Se cometer uma ação moralmente má, você poderá declarar que as leis físicas e a história do universo estavam de tal modo configuradas que não havia outra opção?

Se você acredita que livre-arbítrio e determinismo são incompatíveis, deve negar ou o determinismo ou a responsabilidade moral. Se negar o determinismo, terá que acreditar que existe um indeterminismo causal genuíno no mundo, introduzido por agentes livres como nós. A história futura do mundo é deixada indeterminada pelas leis naturais, e nós a determinamos por meio de nossas ações. Se negar a responsabilidade moral, você deverá afirmar que o mundo é determinista e que, portanto, não temos livre-arbítrio.

FATOS ADICIONAIS

1. *Os filósofos que acreditam que o livre-arbítrio e o determinismo são compatíveis são chamados compatibilistas. Os que negam isso são incompatibilistas.*
2. *Gottfried Wilhelm von Leibniz foi um famoso compatibilista. Ele acreditava que todas as nossas ações são determinadas causalmente, mas que somos, todavia, livres.*

Xiitas e Sunitas

A maior cisão ocorrida no islamismo, entre xiitas e sunitas, deu-se logo após a morte de Maomé. Quando o profeta do islamismo morreu, com 62 anos, em 632 d.C., não designou nenhum sucessor. A disputa em torno de quem deveria ocupar o lugar de Maomé – Ali ou Abu Bakr – acarretou a cisão.

Os xiitas afirmam que Maomé proferiu um discurso em Ghadir Khumm no qual mencionou e elogiou várias vezes Ali, seu primo e genro. Eles interpretam o elogio de Maomé como uma exortação para que Ali liderasse o islamismo. Assim, acreditam que este foi o primeiro líder, ou imã, do islamismo. Afirmam ainda que apenas eles permaneceram fiéis aos ensinamentos iniciais de Maomé e que os sunitas se enganaram. Defendem também que todos os imãs futuros serão descendentes de Maomé, por meio de seu filho Ali e da esposa deste, Fátima.

Os sunitas, por sua vez, afirmam que, embora Maomé tenha mencionado e elogiado Ali em Ghadir Khumm, isso não significa que ele deveria ser o próximo líder do islamismo. O que eles acreditam, depois de algumas disputas internas, é que Abu Bakr emergiu como o primeiro califa. Ele foi um confidente íntimo de Maomé e também seu sogro. Quando Maomé fugiu de Meca para Medina, Abu Bakr foi seu único companheiro. Além disso, quando Maomé estava ausente, Abu Bakr às vezes dirigia as preces, o que leva os sunitas a crer que ele seja o sucessor escolhido por Maomé.

À medida que os dois grupos se desenvolviam separadamente ao longo dos séculos, o desacordo entre eles aumentava. Embora a cisão tenha começado essencialmente como uma questão política entre dois grupos com um único sistema de crenças, esse já não é o caso. Por terem permanecido separados durante tanto tempo, suas crenças, leis e práticas também mudaram em vários aspectos. Uma fonte importante dessas diferenças vem do Hadith, tradições orais que registram e narram os ensinamentos do profeta e de seus companheiros. Os xiitas consideram autêntico somente o Hadith que pode ser remontado a Maomé e a Ali, e não os que provêm de outras fontes. Desse modo, os xiitas desconsideram muitas tradições que para os sunitas permanecem sagradas.

FATOS ADICIONAIS

1. *Apesar de não acreditarem que Ali foi o primeiro califa, os sunitas crêem que ele foi o último dos quatro califas bem guiados, sucedendo a Abu Bakr, Omar ibn al-Khattab e Otman ibn Affan.*

2. *Hoje os sunitas são a maior seita, compreendendo quase 90% do islamismo, com os xiitas formando a segunda maior seita, com aproximadamente 9% do Islã. Todavia, essas estatísticas são suspeitas, porque os xiitas são oprimidos em muitas áreas, e esses números não parecem refletir plenamente sua população total.*

3. *O Hajj, ou peregrinação sagrada a Meca, é um dos poucos acontecimentos que levam populações normalmente segregadas de sunitas e xiitas a se reunir. Durante o Hajj, porém, todos os muçulmanos trajam vestes simples de peregrinos, escondendo assim as diferenças étnicas e sociais.*

Abraham Lincoln

Aclamado como o maior presidente da história dos Estados Unidos, Abraham Lincoln (1809-1865) liderou o país durante a Guerra Civil, que preservou a União e resultou no fim da escravidão. Nascido no Kentucky, Lincoln elegeu-se para a Casa Branca em 1860. Foi tragicamente assassinado em um teatro por um simpatizante desvairado dos sulistas em 1865, apenas alguns dias após a rendição do exército confederado comandado pelo general Robert E. Lee em Appomattox Court House. Sob a liderança de Lincoln, os Estados Unidos venceram a guerra, mas ele não sobreviveu para ver a paz.

Lincoln era um homem desengonçado e sem atrativos, com inclinação para a melancolia. Estudos modernos dão indícios de que ele pode ter sofrido de depressão. Antes de se tornar presidente, sua experiência política se resumia a poucos cargos locais, um mandato na Câmara dos Deputados de 1847 a 1849 e uma fracassada candidatura ao Senado, em 1855.

Mas, apesar desse começo nada promissor, Lincoln se revelou um dos homens mais determinados e certamente um dos mais eloqüentes a assumir a presidência. Ele entendia que a União devia ser preservada a qualquer preço. Sem os Estados Unidos, pensava Lincoln, os ideais republicanos que estes incorporavam "desapareceriam da face da terra". Muito tempo antes dos redatores de discursos presidenciais, Lincoln fez pronunciamentos emocionantes que persuadiram os norte-americanos a suportar as agruras da guerra. Foi reeleito para a Casa Branca em 1864, contra um candidato que prometia pôr fim à guerra – vitória que refletiu a capacidade de Lincoln de manter a população unida em torno da causa da União mesmo ao custo de perdas terríveis.

Tinha pouca experiência militar, mas não hesitou em divergir de seus generais. Somente no general Ulysses S. Grant encontrou um líder confiável para comandar os esforços da União, apesar dos rumores de que Grant era alcoólatra. "Diga-me a marca de uísque que Grant bebe", teria gracejado Lincoln. "Quero enviar um barril dele a meus outros generais."

A idéia de Lincoln era permitir que os estados sulistas se juntassem à União em condições generosas, sem punir os líderes da rebelião. O assassinato dele levou ao poder o vice-presidente, Andrew Johnson. Lincoln "teria se revelado o melhor amigo que o Sul poderia ter", escreveu Grant. "Eu conhecia a bondade de seu coração, sua generosidade, disposição complacente, desejo de ver todo mundo feliz e, acima de tudo, sua vontade de ver o povo dos Estados Unidos readquirir os privilégios da cidadania com igualdade entre todos."

FATO ADICIONAL

1. *O assassino de Lincoln foi John Wilkes Booth, conhecido ator shakespeariano e parente distante do ex-primeiro-ministro inglês Tony Blair. Depois de atirar em Lincoln, Booth fugiu para Maryland, onde foi cercado por soldados da União e morto depois de se recusar a se render.*

Homem Invisível

Uma das aves mais raras da literatura é o romance que consegue associar perspicaz crítica social a técnica literária inovadora. *Homem invisível* (1952), de Ralph Ellison, combina ambas as coisas. Trata-se de uma inquietante investigação da vida afro-americana no século XX e também uma fusão inovadora da língua inglesa com os ritmos do *jazz*. A obra realizou a façanha singular de chocar igualmente leitores brancos e negros: os primeiros ficaram impressionados com a ira do narrador, enquanto os segundos se ressentiram da disposição de Ellison em criticar os negros tanto quanto os brancos. Não é de admirar que *Homem invisível* tenha se tornado um *best-seller* polêmico e recebido o prêmio literário National Book Award.

Nascido em Oklahoma, Ellison (1914-1994) aspirava à carreira de músico de *jazz*, tendo freqüentado o Tuskegee Institute, no Alabama, para obter instrução formal. Depois de abandonar a faculdade, porém, empregou-se no Federal Writers' Project, uma iniciativa literária do governo da época da Grande Depressão. Mudou-se para Nova York em 1936, travando amizade com o poeta Langston Hughes, o romancista Richard Wright e outros expoentes negros.

O protagonista anônimo de *Homem invisível* é um talentoso estudante negro do Sul. Depois de sofrer humilhação pública de um grupo local de brancos a fim de receber uma bolsa de estudos universitária, ele descobre que o reitor negro da faculdade é tão traiçoeiro e calculista quanto qualquer homem branco abertamente racista. O narrador então se dirige ao Harlem, onde se envolve em uma organização política que aprecia suas habilidades de orador. Mas essa experiência também se revela decepcionante, pois ele é atacado tanto por brancos quanto por negros do grupo que se sentem incomodados com sua influência e o vêem como uma ameaça ao poder deles.

Embora pungente em sua descrição do racismo dos brancos, *Homem invisível* é igualmente desabusado em sua crítica à comunidade afro-americana. O narrador se depara com exemplos incontáveis de negros interesseiros que se apunhalam pelas costas e se destroem mutuamente, mais preocupados com politicagem do que com a causa dos direitos civis. Então, ele acaba se dando conta de que é "invisível" – todas as pessoas que conhece, cegadas pelo racismo ou pelo interesse, o vêem ou como um estereótipo negativo ou como um instrumento capaz de servir aos interesses delas. Frustrado com essa negação de sua individualidade, o narrador parte para a clandestinidade e escreve então sua história de vida – a única coisa que pode fazer para que sua voz seja ouvida.

FATOS ADICIONAIS

1. Homem invisível *foi o único romance que Ellison escreveu. As outras obras que publicou foram as coletâneas de ensaios* Shadow and Act *(1964) e* Going to the Territory *(1986).*

2. *Vários personagens de* Homem invisível *são inspirados em líderes políticos negros da vida real, incluindo Booker T. Washington e Marcus Garvey.*

Auguste Renoir

Um dos pintores mais importantes do movimento impressionista, Auguste Renoir (1841-1919) é mais famoso pelas cenas de lazer e pelos retratos sensuais de mulheres e crianças.

Filho de alfaiate, Renoir começou a carreira artística com 13 anos, quando conseguiu um emprego em que decorava leques e pintava flores em porcelana. Aprimorou suas habilidades fazendo cópias no Museu do Louvre e depois, em 1861, ingressou na Escola de Belas-Artes. Um ano depois ingressou no ateliê do pintor acadêmico suíço Charles Gleyre, onde conheceu os futuros impressionistas Claude Monet, Alfred Sisley e Frédéric Bazille. Embora tenha contribuído com várias obras para o Salão de Paris na década de 1860, Renoir se juntou aos impressionistas na primeira exposição rebelde deles, em 1874.

Na década seguinte, os princípios do impressionismo causaram profundo impacto no estilo de Renoir. Em *O baile no Moulin de la Galette* (1876), a composição é interrompida arbitrariamente, fazendo a pintura parecer uma continuação do mundo que a rodeia.

Renoir submeteu essa tela à terceira exposição impressionista, em 1877. No ano seguinte, retornou ao Salão de Paris, onde começou a cultivar o patrocínio de indivíduos ricos e elegantes. Livre de restrições financeiras, Renoir começou a viajar com freqüência – à África do Norte em 1881 e à Itália por um longo período, iniciado em 1882. Na Itália, Renoir estudou o classicismo de Rafael e escultura antiga, o que o levou a questionar os valores subjetivos do impressionismo. A partir de 1883, o antigo interesse dele pela cor transitória, pela luz cambiante e pela pincelada livre foi substituído por uma crescente preocupação com o volume, a forma e o contorno.

Em 1900, Renoir recebeu a Legião de Honra, prova da notória reputação de que gozava nos círculos oficiais. Pouco depois, sua saúde começou a se deteriorar. Após um ataque de artrite reumatóide em 1894, Renoir perdeu gradualmente o controle dos membros. Em 1910, só conseguia pintar amarrando o pincel à mão. Para piorar, começou a ser atormentado por problemas familiares. Em 1915, seu filho Jean, que mais tarde se tornou um renomado cineasta, foi gravemente ferido na Primeira Guerra Mundial. Pouco depois, a esposa de Renoir morreu após visitar o filho no hospital. Renoir continuou trabalhando apesar de todos esses infortúnios. Aos 70 anos, começou a fazer experiências com a escultura, instruindo seu assistente, Richard Guino, de modo que este esculpisse as figuras que o próprio Renoir concebia.

As intenções dele como artista foram bem resumidas em suas próprias palavras: "A terra como o paraíso dos deuses: eis o que desejo pintar".

FATOS ADICIONAIS

1. *Na Itália, Renoir descobriu e foi profundamente influenciado por* O tratado da pintura, *de Cennino Cennini, artista florentino do século XV.*
2. *Georges Charpentier, elegante editor de livros, apresentou Renoir a ricas damas da sociedade, das quais o pintor recebeu muitas encomendas de retratos.*

Arco-Íris

Os arco-íris são o resultado da curvatura da luz solar através das gotas de chuva. Essa curvatura, denominada refração, ocorre quando a luz passa pela água no ar.

As gotículas refratam a luz, dispersando-a em suas cores componentes, que viajam em diferentes freqüências. Embora você provavelmente tenha aprendido que existem sete cores no arco-íris – vermelho, laranja, amarelo, verde, azul, índigo e violeta –, há na verdade tantas cores quantas são as gotas refletindo a luz no céu. Ele possui, portanto, um amplo espectro de cores, cada qual observada de um ângulo diferente.

Os arco-íris primários ocorrem entre 40 e 42 graus acima do horizonte, com o centro do arco diretamente oposto ao sol. Durante o pôr-do-sol, o ângulo da luz solar permite que um observador no chão veja um semicírculo completo, ao passo que ao meio-dia é impossível ver um arco-íris, porque o sol está a pino. De um avião, é possível ver o círculo completo de um arco-íris, porque existem gotas de chuva acima e abaixo do observador.

Os arco-íris secundários, ou duplos, ocorrem quando a luz é refletida duas vezes dentro do arco-íris. O segundo é mais fraco, e, devido ao duplo reflexo, as cores aparecem na ordem inversa. Os arco-íris secundários aparecem por volta de dez graus mais altos no céu do que os primários.

FATOS ADICIONAIS

1. *Têm-se observado arco-íris de terceira e quarta ordem, e teoricamente existem até os de 13ª ordem.*
2. *Às vezes, o luar é suficientemente brilhante para criar um arco-íris. O arco-íris lunar geralmente aparece como um arco branco esmaecido.*
3. *É fisicamente impossível passar debaixo de um arco-íris. Literalmente, eles existem apenas nos olhos de quem vê.*
4. *Na mitologia grega, Íris, a deusa do arco-íris, enviava mensagens do céu à terra.*

Johannes Brahms

Um dos últimos grandes mestres sinfônicos a trabalhar dentro das convenções da forma tradicional, Johannes Brahms (1833-1897) foi em parte clássico e em parte romântico. Foi um mestre da linguagem sinfônica do século XIX, mas também saudou os mestres que o precederam. A música de Brahms adequava-se à sua personalidade – sensível, conservadora, mas de modo algum seca –, e sua morte assinalaria o fim da época romântica.

Nascido em uma família pobre em Hamburgo, na Alemanha, Brahms recebeu lições de piano desde muito jovem, e quando tinha 20 anos viajou pela Europa com Eduard Reményi, jovem e refinado violinista húngaro. Na viagem, conheceu Franz Liszt e Richard Wagner, mas seu maior amigo e defensor por muito tempo de sua música foi Robert Schumann. Compositor mais velho, este escreveu artigos nas páginas de sua revista *Neue Zeitschrift für Musik* que proclamavam Brahms como um gênio. Ele se tornou praticamente parte da complicada família Schumann. Nos últimos dois anos da vida de Schumann, quando sua loucura irritava sua esposa, Clara, Brahms a confortou e por fim se apaixonou loucamente por ela. Mas seu amor, segundo consta, nunca se consumou.

Brahms foi maestro e solista itinerante, viajando constantemente entre as capitais européias. Escreveu seu *Concerto para piano nº 1 em ré menor* (1859) para os Schumann, dedicando o segundo movimento a Clara e evocando, no primeiro, a primeira tentativa malsucedida de suicídio de Robert – que se atirou no rio Reno. Compôs sua primeira sinfonia, que alcançou enorme sucesso, em 1876 e mais três em 1888.

Foram as sinfonias de Brahms, assim como suas danças húngaras e outras peças de música orquestral absoluta – ou seja, não-programáticas ou escritas em termos unicamente musicais –, que o tornaram famoso. Brahms era um devotado estudante do contraponto de Bach e de Palestrina e da forma sinfônica clássica, mas nunca perdeu a propensão a escrever exuberantes melodias ao estilo romântico.

FATOS ADICIONAIS

1. *Quando jovem, Brahms tocou piano em bordéis à beira-mar em Hamburgo, ocasião em que desenvolveu uma afeição por prostitutas que durou a vida inteira.*
2. *Como crítica, Clara Schumann, a quem Brahms certa vez escreveu: "Amo-a mais que qualquer coisa na terra", era muito respeitada pelo compositor, que chegou a mudar a tonalidade de seu quarteto para piano em dó sustenido menor para dó menor por sugestão dela.*
3. *Brahms perdeu a amizade de Liszt porque adormeceu em um dos concertos dele.*

Immanuel Kant

"Duas coisas me enchem de crescente admiração e reverência, quanto mais vezes e mais intensamente meu espírito é atraído por elas: o céu estrelado acima de mim e a lei moral dentro de mim."

– Kant, *Crítica da razão prática*

Immanuel Kant (1724-1804) nasceu em Königsberg, que na época fazia parte da Prússia. Sempre viveu ali, nunca se aventurando longe de sua cidade natal. Filho de um seleiro, tornou-se professor da Universidade de Königsberg e com o tempo foi reconhecido como o maior filósofo da Alemanha.

Até a meia-idade, Kant não havia realizado nada notável. Então, com a idade relativamente avançada de 57 anos, publicou sua obra mais famosa, a *Crítica da razão pura* (1781). Nessa primeira crítica, como se sabe, Kant afirmava que a metafísica só pode ser científica se descrever não o modo como o mundo é em si, mas a maneira como o experimentamos. Jamais saberemos como é o mundo em si, dizia ele. Espaço e tempo, por exemplo, não são aspectos objetivos do mundo em si, mas formas de nossa experiência.

Na *Crítica da razão prática* (1788), ou segunda crítica, Kant afirmava que existe uma lei moral universal que se aplica a todos e nos diz o que devemos fazer, independentemente do que de fato queremos. Ela nos revela que temos livre-arbítrio, e isso nos permite acreditar que existe um Deus benevolente e que há vida após a morte. Obviamente, a primeira crítica demonstrara que nunca podemos saber se somos livres, se existe um Deus ou se existe vida após a morte. Assim, nas palavras de Kant, "tive que suspender o conhecimento para dar lugar à fé".

Outros trabalhos de Kant incluem a *Crítica da faculdade do juízo* (1790) e várias obras e ensaios menores sobre filosofia moral e política, religião, estética, história e ciência natural. O sistema "crítico", como ele o chamava, visa justificar racionalmente a ciência natural, a moralidade e a religião, ao mesmo tempo em que impõe limites às coisas em relação às quais os seres humanos podem ter plena certeza.

FATOS ADICIONAIS

1. *Apesar de ser mais conhecido como filósofo, Kant ministrava palestras sobre variados assuntos – pedagogia, lógica, matemática, ciência natural e geografia – e publicou diversos trabalhos significativos sobre física e ciência natural.*
2. *Conta-se que os hábitos de Kant eram tão metódicos que os cidadãos de Königsberg podiam acertar o relógio pelo horário dos passeios dele.*

Sufismo

O sufismo foi uma reação contra a excessiva ênfase do islamismo tradicional nas palavras do Alcorão. Em vez disso, as pessoas que mais tarde seriam conhecidas como sufistas pregavam a devoção ao espírito do livro sagrado.

Os sufistas acreditam que há duas partes no islamismo. Uma delas se refere ao exterior, como praticar boas ações. A outra, ao interior. Para eles, o islamismo é, na essência, uma fé pessoal. A ênfase é dada mais às boas intenções do que simplesmente ao bom comportamento.

O sufista ideal era Maomé, que levou uma vida devotada e virtuosa. Embora todos tentem seguir os passos dele o máximo possível, alguns sufistas acreditam ter um objetivo ainda mais elevado – alcançar o mesmo estado de paz interior que permitiu ao profeta receber revelações de Deus.

As primeiras ordens sufistas tiveram origem após a morte de Maomé, quando líderes começaram a contar histórias da vida e da interação dele com a família e os amigos. Essas histórias se tornaram fontes de inspiração, e as pessoas que as contavam conquistaram seguidores.

Muitas dessas ordens entoavam cânticos rituais do Alcorão, como se vê ainda hoje. Outras, como os dervixes giradores, praticavam uma dança na qual os adeptos giravam em torno de si mesmos. Cada uma dessas ordens é dirigida por um mestre espiritual, ou xeque. Suas variadas práticas representam os diversos caminhos até Deus, mas todas as ordens têm um propósito semelhante: amar a Deus sem motivação exterior.

Os sufistas contam a história de Rabia, uma escrava do século VIII cuja devoção era tão intensa que inspirou seus proprietários a libertá-la. Conta-se que ela disse a Deus que, se o amasse por temer o inferno, deveria lá queimar e, se o amasse pelo desejo de alcançar o céu, então este deveria lhe ser negado. Os sufistas buscam a pura comunhão com o sagrado.

FATOS ADICIONAIS

1. *A palavra "sufista" vem de* suf, *"lã", e se refere à roupa simples de lã usada por muitos sufistas.*

2. *Alguns sufistas acreditam que Jesus Cristo foi um excelente exemplo de sufista, porque pregava o evangelho do amor.*

3. *O sufismo muitas vezes se chocou com as autoridades religiosas, porque retira a ênfase do texto do Alcorão e de muitos detentores do poder. Um exemplo da divergência entre sufistas e não-sufistas é a história de Mansur al-Hallaj, que proclamou "Eu sou a verdade", ou, talvez mais corretamente, "Eu vejo a verdade". Infelizmente, a palavra que designa "verdade" em árabe é também o nome de Deus. A frase de Mansur al-Hallaj foi interpretada como "Eu sou Deus", e por essa suposta blasfêmia ele foi executado.*

4. *Abd al-Qadir al-Jilani, fundador de uma das maiores ordens sufistas, era criança quando sua caravana foi assaltada. Os ladrões exigiram dinheiro de todos os presentes, mas ignoraram o menino. Como sua mãe havia costurado dinheiro dentro de sua camisa, ele chamou os ladrões para lhes dizer que ali havia mais e, admirados com sua honestidade, ali mesmo os ladrões se converteram ao islamismo.*

Appomattox Court House: Ulysses S. Grant e Robert E. Lee

Na tarde de 9 de abril de 1865, o comandante do exército dos Estados Unidos, Ulysses S. Grant, montou seu cavalo, Cincinnati, e dirigiu-se a uma pequena fazenda perto da cidade de Appomattox Court House, na Virgínia, onde seu adversário, Robert E. Lee, comandante das forças confederadas, o aguardava. Após quatro anos de luta, Lee concluíra que seu exército, várias vezes derrotado, estava liquidado. Cercadas de todos os lados pelos nortistas, as forças do Sul haviam caído numa armadilha. Depois de um cortês aperto de mão, Lee assinou a rendição do exército rebelde. A Guerra Civil havia terminado.

Deflagrado em 1861, esse foi o conflito mais sangrento da história norte-americana. Cerca de 550 mil soldados morreram e outros milhares ficaram feridos. Lee e Grant, os dois generais que comandaram os exércitos adversários, acabaram por personificar o grande heroísmo e a tragédia nos dois lados da guerra.

Grant (1822-1885), filho de um curtidor, nasceu em Ohio e graduou-se, como um dos últimos da turma, na academia militar de West Point. Antes que a Guerra Civil o tornasse grandioso, até seu pai o considerava uma decepção. Deixou o exército após combater na Guerra Mexicana e fracassou em vários empreendimentos antes de voltar a trabalhar no curtume do pai, em 1850. A explosão de hostilidades deu a Grant a oportunidade de retomar a única atividade que conhecia bem: a guerra. Alcoólatra, sua obsessão pela vitória a qualquer custo lhe valeu a confiança de Abraham Lincoln, que o colocou à frente de todas as forças da União em 1864.

Lee (1807-1870), ao contrário, vinha de uma família rica e respeitada da Virgínia. Formou-se como o segundo da turma em West Point, onde notoriamente nunca foi repreendido por indisciplina. Lee obedecia ao código de honra que muitos homens do Sul declaravam respeitar, mas não seguiam. Teve uma carreira bem-sucedida no exército e serviu com Grant na Guerra Mexicana. Opôs-se à secessão do Sul, mas quando seu estado natal, a Virgínia, se separou da União, sentiu-se obrigado, por motivo de honra, a servir à nova Confederação.

Recordando essa tarde fatídica em Appomattox, Grant escreveu mais tarde em suas memórias: "De modo algum me deliciei com a derrota de um inimigo que lutara bravamente e por tanto tempo, e que sofrera tanto por uma causa, embora esta fosse, a meu ver, uma das piores pelas quais um povo já lutou".

FATO ADICIONAL

1. *Figura extremamente popular no Norte, Grant foi eleito presidente dos Estados Unidos em 1868, mas historiadores o consideram um dos piores governantes que o país já teve.*

"Uivo"

Os norte-americanos costumam lembrar os anos 50 com nostalgia, suavizando toda essa década como uma utopia de prosperidade pós-guerra e de uma vida descontraída. Mas, mesmo nesses tempos aparentemente tranqüilos, existia nos Estados Unidos uma corrente de rebelião e insatisfação. Na literatura, a rebeldia tomou forma com a geração *beat*, da qual um dos maiores representantes foi Allen Ginsberg (1926-1997). Seu poema "Uivo", um ataque raivoso mas comovente ao *statu quo* americano, é uma das expressões mais concentradas da sensibilidade *beat.*

Ginsberg era genuinamente nova-iorquino: nascido e criado na região norte de New Jersey, freqüentou a Universidade de Columbia e morou em Manhattan a maior parte da vida. Na faculdade, logo fez amizade com Jack Kerouac e William S. Burroughs, que também se tornariam importantes autores da geração *beat.* Depois de terminar os estudos, Ginsberg viajou muito, mesclando suas raízes judaicas ao zen-budismo, à política esquerdista, ao *jazz* e a um aterrador consumo de drogas.

"Uivo" (1956), primeira obra importante que Ginsberg publicou, é uma crítica exaltada, longa, delirante e cruamente emotiva que contesta o cenário social norte-americano, tido como perfeito, dos anos 50:

"Eu vi os expoentes da minha geração destruídos pela loucura, morrendo de fome, histéricos, nus,
arrastando-se pelas ruas do bairro negro de madrugada em busca de uma dose violenta de qualquer coisa,
hipsters com cabeça de anjo ansiando pelo antigo contato celestial com o dínamo estrelado na maquinaria da noite,
que pobres, esfarrapados e olheiras fundas, viajaram fumando sentados na sobrenatural escuridão dos miseráveis apartamentos sem água quente, flutuando sobre os tetos das cidades contemplando jazz,
que desnudaram seus cérebros ao céu sob o Elevado e viram anjos maometanos cambaleando iluminados nos telhados das casas de cômodos [...]."

O poema se posiciona primeiramente contra o materialismo da vida norte-americana, embora também gire em torno de discussões sobre vício de drogas, censura, homossexualismo e espiritualidade. A obra foi quase imediatamente proibida sob alegação de obscenidade, mas após um rumoroso processo judicial, no qual a União Americana pelas Liberdades Civis apoiou Ginsberg, um juiz da Califórnia reconheceu que "Uivo" possuía "importância social redentora" e devia continuar sendo impresso.

Formalmente, "Uivo" revela a influência de dois poetas americanos anteriores, Walt Whitman e William Carlos Williams. Com seus longos versos livres, aliados a uma linguagem realista e vigorosa, o poema soa como um fluxo espontâneo e incontrolável de sentimento. De fato, seu tom de cólera e desespero era um indício claro da revolta social que sacudiria os Estados Unidos na era Vietnã.

Mary Cassatt

Mary Cassatt (1844-1926), pintora norte-americana que participou das mostras dos impressionistas franceses, é mais conhecida por seus quadros de mulheres e crianças e por seu papel na apresentação do impressionismo ao público dos Estados Unidos.

Nascida numa família abastada em Allegheny City, hoje parte de Pittsburgh, Mary Cassatt passou muitos anos de sua infância na Alemanha. Aos 16 anos começou a estudar pintura na Pennsylvania Academy of Fine Arts, na Filadélfia. Em 1866 viajou para a Europa, onde permaneceu a maior parte da vida. Após algum tempo na Itália, escolheu Paris como residência permanente. Até 1878, ela se especializou em pinturas de mulheres, quase sempre retratadas em interiores parisienses, que exibiu nos Estados Unidos e na França, nos Salões de 1870 e de 1872 a 1876.

Contagiada pelas obras inovadoras de Edgar Degas e Gustave Courbet, Cassatt começou a modificar seu estilo. Convidada por Degas a se juntar aos impressionistas em 1879, participou das mostras deles até a última, em 1886. Degas chegou a retocar uma de suas telas, *Menina pequena em uma poltrona azul*, de 1878. Em 1877, a mãe e a irmã de Cassatt se mudaram para Paris, e dali em diante a pintora renunciou à existência boêmia e independente para viver num lar mais convencional. Isso, porém, não enfraqueceu suas aspirações profissionais. Após 1886, passou a enfatizar mais o desenho. Inspirada pelas gravuras japonesas *ukiyo-e*, produziu uma série de dezoito estampas coloridas na década de 1890. O famoso quadro *O banho* (1892) mostra sua grande habilidade em combinar os desenhos lineares abstratos da arte oriental com os temas ocidentais. Mãe e filho se ligam formalmente pelo uso de cores coordenadas e uma vigorosa forma centralizada. Degas graciosamente chamava a obra de "Menino Jesus com sua ama inglesa".

Ao longo de toda sua carreira, Mary Cassatt defendeu os direitos das mulheres. Em 1892, foi convidada a pintar um mural da mulher moderna no pavilhão feminino da World's Columbian Exposition, em Chicago. Em 1915, contribuiu com dezoito obras para uma exposição na Knoedler Gallery, em Nova York, organizada com o propósito de chamar atenção para o sufrágio feminino.

Contribuiu igualmente para a divulgação do impressionismo nos Estados Unidos. Incentivou patrocinadores ricos a comprar quadros de seus colegas artistas, orientando-os na escolha. Atuou como consultora pessoal de Henry e Louisine Havemeyer, cuja coleção de mestres impressionistas se encontra hoje no Museu Metropolitano de Arte, em Nova York.

Artista bem-sucedida por mérito próprio, Cassatt comprou o Castelo de Beaufresne, nos arredores de Paris. No fim de sua carreira, passou a enfatizar cada vez mais a temática mãe e filho. Em 1900, começou a sofrer de catarata, mas continuou pintando por mais quinze anos.

FATO ADICIONAL

1. *Em 1878, Cassatt se instalou na Espanha para estudar as obras de Diego Velázquez e Bartolomé Murillo e pintou uma série de quadros com temas espanhóis.*

Ondas Sonoras

O som é uma vibração que se move em uma onda de pressão longitudinal através da matéria. Ele possui todas as características clássicas das ondas: freqüência, comprimento, velocidade e amplitude. Mas, ao contrário das ondas eletromagnéticas, como as de rádio, microondas e luz visível, o som não pode se propagar no vácuo espacial. Ele precisa de um meio – gasoso, líquido ou sólido – para se mover.

O som surge quando um objeto vibra, agitando as partículas à sua volta, que por sua vez empurram as partículas que as cercam. Dessa forma, inicia-se uma reação em cadeia de compressão e descompressão a cada movimento vibratório. As ondas de pressão avançam numa linha paralela à vibração inicial, comprimindo-se e distanciando-se. Isso recebe o nome de movimento longitudinal. O número de oscilações de pressão por segundo é chamado de freqüência, e a distância entre os pontos de pressão máxima, de comprimento de onda. As freqüências superiores têm som mais alto; as inferiores, mais baixo.

A velocidade de uma onda sonora é a distância que ela percorre numa dada direção por unidade de tempo. A velocidade do som depende muito do meio pelo qual ele se propaga. Geralmente, as partículas da matéria sólida interagem mais fortemente que as partículas de líquidos e gases, o que permite ao som se mover mais rápido através dos sólidos. É por isso que as pessoas encostam o ouvido nos trilhos para escutar se o trem se aproxima. As vibrações do trem viajam mais rápido pelo metal do que pelo ar.

A amplitude do som é a quantidade de pressão que ele gera. Quanto mais energia for aplicada à vibração inicial, maior será a amplitude, que é percebida por nós como intensidade ou volume do som. À medida que avança, a onda sonora perde amplitude e se torna cada vez mais fraca, até deixar de ser ouvida.

FATOS ADICIONAIS

1. *A unidade típica de freqüência é o hertz (Hz). Um hertz é igual a uma vibração por segundo. O ouvido humano pode captar freqüências entre aproximadamente 20 e 20.000 Hz.*
2. *Cães e golfinhos conseguem captar sons altos produzidos por freqüências superiores. Os cães podem ouvir freqüências até 45.000 Hz, e os golfinhos, até 200.000 Hz.*
3. *Elefantes sintonizam freqüências inferiores. Conseguem ouvir sons tão baixos quanto 5 Hz.*
4. *Nossa capacidade de perceber a amplitude diminui com a idade. Por isso, os mais velhos muitas vezes precisam usar aparelho auditivo.*

Giuseppe Verdi

Giuseppe Verdi (1813-1901) representa uma das duas escolas de ópera, a alemã e a italiana. Ao contrário dos representantes da escola alemã, o italiano Verdi se vale de um estilo e de uma sensibilidade ampla – comovente, personalista e nacionalista – que são a encarnação perfeita da tradição lírica de sua pátria.

Filho de um estalajadeiro analfabeto de Parma, na Itália, Verdi conheceu cedo o sucesso. Aos 26 anos, sua primeira ópera, *Oberto*, foi encenada no La Scala, o mais famoso teatro de Milão e sonho dos cantores e compositores italianos. Depois de um ou dois fracassos, conseguiu reconquistar o coração dos milaneses com *Nabucco* (1842), uma grandiosa história sobre a invasão de Jerusalém por Nabucodonosor. Durante os oito anos seguintes, Verdi escreveu treze óperas e acumulou enorme fortuna. Na década seguinte, diminuiu o ritmo, mas compôs algumas de suas obras mais famosas: *Rigoletto* (1851), *Il trovatore* (1853) e *La traviata* (1853).

Até o aparecimento de Verdi, Gioacchino Rossini havia sido o mais celebrado representante da ópera italiana. Suas obras eram, em grande parte, caprichos despreocupados com muitas passagens que enfatizavam solos vocais. Além de Verdi, o cânone italiano contou com Vincenzo Bellini, Gaetano Donizetti e outros mestres do estilo *bel canto*, que floresceu na década de 1830.

Verdi escreveu óperas repletas de melodias sentimentais e enredos nos quais os personagens lidam com amor, perda e tragédia, mas, ainda assim, são óperas mais leves que as alemãs. Enquanto Richard Wagner e seus imitadores da escola germânica preferiam abstrações e produções espetaculares, Verdi insistia na expressão emocional direta e realista e em personagens humanos que se expressam com a alma.

FATOS ADICIONAIS

1. *Verdi não foi admitido no Conservatório de Milão por "falta de talento musical". Teve então que receber aulas particulares.*
2. *Durante a luta pela independência italiana da Áustria, pichadores escreviam "Viva Verdi!" nas paredes de edifícios públicos, usando o nome do compositor como acrônimo para "Vittorio Emanuele, Rey d'Italia" (Vítor Emanuel, rei da Itália), em uma referência àquele que se tornaria o primeiro monarca do país unificado.*
3. *Uma das maiores contribuições da ópera italiana é o barítono verdiano, a tradição de escrever as árias mais expressivas para a voz de barítono e não para a de tenor, que tradicionalmente servia a tal propósito.*

Imperativo Categórico

Compare estas duas ordens: "Vista um casaco se quiser permanecer aquecido" e "Não matarás". A primeira fornece um motivo para a obediência: diz o que você deve fazer para não sentir frio. Assim, se não desejar permanecer aquecido, você não terá motivo nenhum para seguir a ordem. Por outro lado, quer deseje ou não matar alguém, a maioria das pessoas acredita que o imperativo "Não matarás" se aplica a elas.

O filósofo alemão Immanuel Kant empregou o termo "imperativo categórico" para descrever a relação entre seres humanos e ordens como "Não matarás" e outras leis morais. Para Kant, há uma lei moral *incondicional* que informa o que é permitido fazer e se aplica a nós, independentemente de nossos desejos. Portanto, a lei moral é expressa por um imperativo – uma ordem para realizar ou não alguma coisa, sem levar em conta nossa vontade.

Ele apresentou várias maneiras de identificar essa lei, sendo a fórmula da lei universal a mais famosa delas. O filósofo explicou: "Age sempre de acordo com uma máxima tal que possas querer ao mesmo tempo que se converta em lei universal". A máxima que preside nossos atos é a razão ou o princípio orientador de nosso comportamento. Por exemplo, se você pede dinheiro emprestado a seu amigo e promete saldar a dívida, mas com a intenção de não fazê-lo, sua máxima seria: "Faça uma falsa promessa para conseguir dinheiro". A fórmula da lei universal diz que, se você não pode querer que todas as pessoas ajam de acordo com essa máxima, então o ato viola a lei moral. Se todas as pessoas mentissem para conseguir dinheiro, ninguém o emprestaria com base em promessas. Assim, ao fazer uma promessa falsa, você precisa desejar que ninguém mais a faça, do contrário sua artimanha não funcionará. Portanto, sua promessa mentirosa viola a lei moral.

FATOS ADICIONAIS

1. *Outra maneira de Kant expressar o imperativo categórico é a chamada fórmula da humanidade: "Age de modo a tratar a humanidade, em sua própria pessoa ou na pessoa de outrem, sempre como um fim e não como um meio".*

2. *Kant articulou pela primeira vez sua teoria do imperativo categórico no livro* Fundamentação da metafísica dos costumes *(1785).*

3. *Ele achava que o suicídio viola o imperativo categórico – e a masturbação também!*

Quatro Califas Bem Guiados

Segundo a tradição muçulmana sunita, os quatro califas bem guiados foram os quatro primeiros chefes do islamismo, vistos como seguidores fiéis da doutrina de Maomé.

O primeiro foi Abu Bakr. Apesar da objeção dos xiitas, que apoiavam Ali, Abu Bakr tomou o poder logo após a morte de Maomé. Era aliado confiável e sogro do profeta e muitas vezes dirigiu as preces na ausência deste. Governou de 632 a 634 d.C. Seu califado foi breve, mas, devido ao conflito com Ali e seus seguidores, ganhou importância ao longo dos séculos seguintes.

Pouco antes de morrer – alguns dizem que ele foi envenenado –, Abu Bakr indicou como seu sucessor Omar ibn al-Khattab, que se tornou o segundo califa do Islã em 634 e reinou até 644. De novo os xiitas clamaram, sem êxito, que o verdadeiro califa deveria ser Ali, por isso vêem Omar como outro usurpador. Já os sunitas sempre o consideraram um grande líder. Celebraram-no por resistir ao estabelecimento de uma dinastia, já que impediu o próprio filho de sucedê-lo. Em vez disso, Omar preferiu indicar seis homens, inclusive Ali, que escolheriam entre si o novo califa.

Depois que Omar foi assassinado por um homem que tinha com ele uma rixa pessoal, o grupo escolheu Otman ibn Affan, que reinou de 644 a 656. Otman talvez seja mais conhecido por ter padronizado o texto do Alcorão. Também expandiu significativamente o império islâmico e inaugurou a prática de escolher membros da família para governar seus vastos domínios. Esse costume causou agitação no império do Islã, sobretudo no norte da África. Por fim, soldados à frente de bandos de muçulmanos furiosos incendiaram a residência do califa e o assassinaram.

Após a morte de Otman, Ali, também chamado Ali ibn Abi Talib, finalmente se tornou o califa do Islã. Mas, nessa época, os territórios islâmicos haviam mergulhado no caos. Para evitar a oposição dos sunitas, Ali transferiu a capital para o atual Iraque. Reinou até 661 e também foi assassinado por dissidentes.

A morte de Ali assinalou o fim do período dos quatro califas bem guiados. Seu sucessor, Muawiyah I, instituiu uma dinastia hereditária.

FATOS ADICIONAIS

1. *Os três califas assassinados, Omar, Otman e Ali, teriam morrido em meio a práticas religiosas. Omar orava numa mesquita, Otman lia o Alcorão e Ali fazia a prece matinal.*
2. *Houve califas até a Primeira Guerra Mundial. O último, Abdülmecid II, faleceu em Paris em 1944.*

Ferrovia Transcontinental

Antes de 1869, viajar de Nova York a San Francisco era uma aventura longa e perigosa. Entre as costas leste e oeste dos Estados Unidos, estendia-se uma pradaria inóspita. A viagem, que durava de quatro a seis meses, era tão difícil que muitos preferiam a rota marítima, dobrando a extremidade da América do Sul.

A inauguração da ferrovia transcontinental, na primavera de 1869, revolucionou a economia norte-americana ao ligar as duas metades do país e permitir a fácil movimentação de mercadorias e pessoas a caminho do Oeste. Estradas de ferro, inventadas apenas quarenta anos antes, uniram a América e incrementaram fortemente o comércio. Também levaram novas ondas de colonos brancos para o Oeste e conseqüentemente provocaram o declínio das tribos indígenas na área.

Embora tenha sido construída por duas empresas privadas, a Union Pacific e a Central Pacific, a ferrovia transcontinental foi, desde o início, um projeto governamental. Durante a Guerra Civil, o presidente Abraham Lincoln compreendeu que o país necessitava de melhor ligação com a Califórnia, que se tornara estado em 1850 e onde havia sido descoberto ouro em 1849 – fato que desencadeou a chamada Corrida do Ouro, durante a qual milhares de garimpeiros se dirigiram para o Oeste. O governo ofereceu fortes incentivos às duas companhias para que terminassem logo a obra.

Assentar dois trilhos de aço através de todo o território norte-americano era tarefa árdua. A rota cruzava planícies desoladas, rios volumosos e as nevadas montanhas Rochosas. Equipes de imigrantes chineses e irlandeses chegavam a construir mais de quinze quilômetros por dia. Concluída a obra, após sete anos de construção, a outrora difícil viagem de Leste a Oeste passou a levar apenas seis dias.

FATOS ADICIONAIS

1. *Um dos executivos da Central Pacific era Leland Stanford, que mais tarde usou sua fortuna para fundar a Universidade de Stanford, na Califórnia.*
2. *As duas empresas comemoraram o encerramento da obra no dia 10 de maio de 1869, em Promontory Summit, Utah, fincando uma estaca de ouro no ponto final da linha. A atual Union Pacific, porém, já não serve essa localidade, e os históricos trilhos foram retirados em 1942 e fundidos para ajudar no esforço empreendido durante a Segunda Guerra Mundial.*
3. *O salário dos trabalhadores chineses na Central Pacific era inicialmente de 27 dólares por mês, aumentado depois para trinta dólares. Os irlandeses ganhavam 35 dólares por mês, com transporte incluído.*
4. *O terreno difícil do Oeste freqüentemente forçava a empreiteira a construir os trilhos sobre os obstáculos em vez de contorná-los. No Utah, por exemplo, a rota cruzava o sinuoso rio Weber nada menos do que 31 vezes!*

Tennessee Williams

Se Eugene O'Neill foi o grande escritor de tragédias do teatro norte-americano e Arthur Miller foi o dramaturgo responsável pela consciência social dos palcos, Tennessee Williams (1911-1983) foi o grande lírico e inovador temático, aquele que expandiu as fronteiras da linguagem e do conteúdo. Além disso, suas obras, à semelhança dos romances de William Faulkner, constituem um dos melhores exemplos da literatura sulista americana.

À margem da vida (1944), obra fortemente autobiográfica sobre a problemática família Wingfield, valeu a Williams seu primeiro grande êxito. Na peça, as tendências dominadoras de uma mãe dissimulada alienam o filho apático e a filha inválida, que abandonou a realidade por um mundo ilusório em meio a uma coleção de bichinhos de vidro. Quando a peça estreou em Chicago, os críticos, deslumbrados, praticamente imploraram ao público que fossem vê-la, e logo o pequeno número de espectadores das primeiras sessões se transformou em uma audiência que lotava o teatro.

As encenações de sua próxima grande obra, *Um bonde chamado desejo* (1947), mostraram que as histórias desse autor funcionavam tão bem na tela quanto no palco. A protagonista da peça, a bela e orgulhosa sulista Blanche DuBois, arruína-se em virtude das próprias indiscrições e das brigas que tem com seu rude cunhado, Stanley Kowalski. O Prêmio Pulitzer de 1948, obtido por esse trabalho, consolidou a reputação de Williams. Depois de *Um bonde chamado desejo,* ele escreveu *Gata em teto de zinco quente* (1955), uma denúncia árdua a respeito da hipocrisia que caracteriza as relações sexuais e familiares num clã aparentemente próspero do Sul. Essa peça valeu ao autor outro Prêmio Pulitzer.

Os temas que Tennessee Williams explorou em suas obras – violência, frustração sexual, insanidade, incesto, alcoolismo e homossexualidade – eram escandalosos na época e chocavam o público. A linguagem, por outro lado, foi uma das mais inovadoras no palco norte-americano. Os personagens falam num estranho e eloqüente jargão que confere peso místico a seus conflitos – um mundo bem distante do diálogo intensamente realista que muitos dos contemporâneos de Williams empregavam.

FATOS ADICIONAIS

1. *Tennessee Williams (nascido Thomas Lanier Williams) recebeu o apelido de Tennessee dos colegas de faculdade, numa alusão à longa história de sua família paterna naquele estado.*
2. *Williams não gostou da adaptação cinematográfica da peça* Gata em teto de zinco quente *(com Paul Newman e Elizabeth Taylor) feita em 1958, porque a censura do estúdio eliminou todas as referências ao homossexualismo do protagonista, aspecto fundamental na obra original.*
3. *Na fábrica de sapatos onde seu pai o obrigara a trabalhar, o dramaturgo conheceu um homem chamado Stanley Kowalski, que o inspirou a criar o personagem hoje icônico de* Um bonde chamado desejo.

Pós-Impressionismo

O termo "pós-impressionista" foi criado pelo crítico de arte Roger Fry para uma exposição em Londres, Manet e os Pós-Impressionistas, organizada por ele em 1910. O crítico acreditava que o termo se aplicava, de modo geral, aos artistas modernos posteriores aos impressionistas. A mostra incluía obras de Henri Matisse, Pablo Picasso e Georges Braque.

Hoje, pós-impressionismo encerra um sentido mais específico. É utilizado para designar a arte criada aproximadamente entre 1886 e 1905 por pintores como Paul Gauguin e Paul Cézanne. Esses artistas achavam que os impressionistas haviam enfatizado excessivamente a aparência externa das coisas e não o significado delas. Acreditavam também que seus antecessores eram obcecados por luz e cor. Os pós-impressionistas rejeitavam conscientemente o naturalismo e a arte representacional. Desejavam resgatar o valor do contorno, da estrutura e da composição, preocupando-se mais com o elemento emocional da arte, vendo nela um meio de auto-expressão.

O pós-impressionismo representou uma ponte para muitos estilos artísticos que floresceriam mais tarde, no século XX. A redução, por Cézanne, de objetos a formas geométricas, evidente nas representações do monte Sainte-Victoire e em muitas de suas naturezas-mortas posteriores, foi crucial para a evolução do cubismo. O uso criativo, por Gauguin, da cor intensa, bem como seu interesse pela cultura primitiva, influenciou bastante o fauvismo. A espiritualidade e a abordagem subjetiva dos temas, típicas de Vincent van Gogh, inspiraram os simbolistas. Embora haja pouca unidade no estilo desses três artistas, todos insistiam em expressar sentimentos por intermédio de formas visuais.

FATOS ADICIONAIS

1. *Comparados aos gregários impressionistas, os pós-impressionistas tendiam a ser independentes e solitários. E muitas vezes, como Gauguin e Van Gogh, sofriam de depressão profunda.*

2. *Por se preocuparem mais com a estrutura e a composição do que com as impressões fugazes do mundo físico, os pós-impressionistas trabalhavam com mais afinco, elaborando muitos esboços antes de pintar a obra definitiva.*

Raios X

Em 1895, o físico alemão Wilhelm Röntgen fazia experiências com raios de elétrons num tubo de vácuo. O tubo estava envolto em papelão grosso e preto, para bloquear qualquer luz proveniente dos raios. Mas, estranhamente, uma tela fluorescente do outro lado da sala brilhava toda vez que o físico liberava raios de elétrons. Ele havia acabado de descobrir, acidentalmente, uma forma desconhecida de radiação, que podia atravessar com facilidade certos materiais, mas era bloqueada por outros. Quando Röntgen colocava a mão diante do tubo, a radiação atravessava sua pele, mas era absorvida pelos ossos, deixando uma imagem nítida de seu esqueleto na tela fluorescente. Ele deu a essa radiação o nome de *raio X*, porque era algo misterioso. O nome pegou.

Os raios X são uma forma de radiação eletromagnética, como a luz visível. Tanto esta quanto aqueles se movem em minúsculos pacotes de energia chamados fótons, que são produzidos pela agitação dos elétrons – partículas subatômicas de carga negativa. Os elétrons se movimentam no centro do átomo por caminhos circulares chamados orbitais. Quando passa de um orbital superior para um inferior, o elétron libera energia sob a forma de fótons. A diferença entre a luz visível e os raios X é que estes possuem mais fótons, portanto mais energia.

O tecido macio de nossa pele é constituído de pequenos átomos que absorvem facilmente a luz visível, de baixa energia. Os raios X, de alta energia, a atravessam. Todavia, o cálcio dos ossos, como outras substâncias metálicas, bloqueia e absorve esses raios. O chumbo, formado por átomos grandes, os absorve completamente. Por isso, pessoas que trabalham com raios X usam escudos de chumbo a fim de se proteger da radiação, que pode causar câncer após exposição prolongada.

FATOS ADICIONAIS

1. *Os aparelhos de raios X não podem ser usados para ver através das roupas das pessoas. No início do século XX, os legisladores ficaram tão preocupados com isso que tentaram proibir seu uso.*
2. *Entre médicos e cientistas, os raios X às vezes são chamados de raios Röntgen, em referência a seu descobridor.*
3. *Estrelas, supernovas e buracos negros emitem raios X, mas os cientistas precisam usar telescópios instalados no espaço para avistá-los, uma vez que esses raios não conseguem penetrar a atmosfera terrestre.*
4. *Os raios X podem ser vagamente percebidos pelo olho humano quando este se adapta à escuridão. Possuem cor cinza-azulada.*

La Traviata e *Aida* de Verdi

Parte de uma série de três óperas que consagraram Giuseppe Verdi como mestre italiano do gênero, *La traviata*, composta em 1853, conta a história de uma mulher mundana chamada Violetta, que se apaixona por um homem rico, Alfredo. O pai de Alfredo, Germont, desaprova a união e proíbe o casamento do filho. No final, a cortesã Violetta, que sofre de tuberculose, morre após lenta e trágica agonia, cantando uma longa ária. A ópera, cujo libreto foi escrito por Francesco Maria Piave, é repleta de melodias expressivas e contém algumas das mais conhecidas árias para soprano. E ainda hoje é muito representada.

Aida (1870) é provavelmente a segunda ópera mais famosa de Verdi. Foi encomendada pelo quediva (governante) do Egito em 1869 para coincidir com a abertura do Canal de Suez e com a inauguração de um novo teatro de ópera. Verdi, perfeccionista, acabou não atendendo o prazo, e a peça representada foi *Rigoletto*. Um ano depois, cumpriu sua promessa e produziu essa obra sobre uma jovem escrava etíope, Aida, que se apaixona por um comandante do exército egípcio, Radamés. Trata-se, como *La traviata*, de uma história de amor entre classes, repleta de paixão e tragédia. Sua envolvente e memorável "Marcha triunfal" é um dos trechos mais famosos do repertório verdiano.

Para a estréia, os egípcios gastaram uma fortuna importando trajes da França e contratando mais de trezentos figurantes. O elmo e a espada de Radamés eram de prata pura. Verdi não compareceu à estréia e aparentemente não gostou do que ouviu sobre o espetáculo. Achou que tamanha ostentação reduzia sua ópera a mero entretenimento, e não a obra de arte. Retirou-se para sua casa de campo e lá se estabeleceu durante vários anos, trocando a música pela jardinagem e pelo cuidado de animais. Porém, em 1874, retornou com o famoso *Réquiem* e escreveu mais duas óperas antes de falecer, em 1901.

FATOS ADICIONAIS

1. *O libreto de* La traviata *se baseou na peça* A dama das camélias, *de Alexandre Dumas Filho, que, por sua vez, se inspirou na história real da dançarina Lola Montez, amante de Franz Liszt.*
2. *Na estréia de* La traviata, *a diva que interpretava Violetta, personagem acometida pela tuberculose, era muito gorda. Na cena final, quando ela cai ao chão, uma nuvem de poeira se ergueu do assoalho e escureceu o palco.*
3. *Na estréia de* Aida, *o harém do quediva Ismail era tão grande que ocupou três camarotes inteiros.*

Utilitarismo

O utilitarismo é uma teoria sobre o modo como devemos nos comportar. De acordo com os utilitaristas, devemos sempre fazer aquilo que produz mais prazer no mundo. A teoria foi proposta inicialmente pelo economista e filósofo inglês Jeremy Bentham (1748-1832) e elaborada mais tarde por John Stuart Mill (1806-1873).

Filósofos contemporâneos consideram o utilitarismo uma forma de conseqüencialismo. Este é uma resposta à pergunta: Que atos são moralmente justificáveis? E a resposta é: Aqueles que produzem os melhores resultados. Essa abordagem exige saber que estado do mundo é objetivamente *melhor* que os outros. Alguns filósofos negam que isso seja possível.

Os utilitaristas são conseqüencialistas que possuem uma idéia hedonista do que é bom. Para eles, o único bem objetivo é o prazer. Outros conseqüencialistas acreditam que o bem inclui não apenas o prazer, mas qualidades como o respeito e a igualdade.

Alguns utilitaristas classificam os diferentes tipos de prazer. É famosa esta afirmação de Bentham: "Preconceitos à parte, uma brincadeira de criança possui o mesmo valor que as artes, a ciência, a música e a poesia". Ele acreditava que o prazer deve ser medido pela quantidade, não pela qualidade. Para Mill, ao contrário, a realização de desejos intelectuais é melhor que a de desejos meramente sensuais. Escreveu ele: "Mais vale um Sócrates insatisfeito que um porco satisfeito".

FATOS ADICIONAIS

1. *Bentham concebeu uma prisão, que chamou de panóptico, onde os guardas podiam observar os detentos, mas estes não podiam ver os guardas. Nunca conseguiu que a construíssem.*

2. *Mill era produto de um experimento educacional de seu pai e de Bentham, que queriam formar o utilitarista perfeito. Começou a aprender latim aos 3 anos e grego aos 8. Mais tarde, culparia essa intensa educação por seus problemas emocionais e sua depressão.*

Esposas e Filha de Maomé

Maomé permaneceu solteiro até os 25 anos, quando conheceu Cadija, que tinha 40 anos e era duas vezes viúva. Eles se casaram em Meca e ela se tornou a primeira mulher convertida ao islamismo. Deu total apoio ao marido quando ele declarou estar recebendo freqüentes revelações do anjo Gabriel e quando começou a divulgar a religião muçulmana.

Cadija teve seis filhos com Maomé. O sexto, uma menina chamada Fátima, se casaria mais tarde com Ali, o quarto califa (segundo os sunitas) ou o primeiro imã (de acordo com os xiitas). Fátima morreu pouco depois do pai, em 632 d.C.

Durante o tempo que passou em Meca, Maomé permaneceu monógamo. Entretanto, depois que trocou Meca por Medina a fim de evitar críticas a seus ensinamentos, seus seguidores ousaram ser mais francos. Viam-no como líder e queriam que desposasse várias mulheres. Após a morte de Cadija, Maomé resolveu atender ao desejo dos fiéis. Muitas das esposas que aceitou são tidas como politicamente motivadas. A mais célebre foi Aisha, filha de Abu Bakr, o qual, segundo os sunitas, se tornou mais tarde o primeiro califa do Islã.

Os sunitas acreditam que Aisha foi a esposa preferida de Maomé e contam que o profeta faleceu com a cabeça pousada em seu colo. Aisha apoiou os três califas seguintes, Abu Bakr (seu pai), Omar ibn al-Khattab e Otman ibn Affan. Quando Ali conquistou o poder, todavia, ela se opôs a seu governo e conduziu um exército contra ele no atual Iraque. Ali a derrotou sem dificuldade, mas permitiu que ela regressasse a Medina e ali passasse o resto de sua vida.

Índios Americanos

A princípio, os *nez perce*, tribo nativa americana que vivia na região do Pacífico Noroeste havia milhares de anos, mantiveram um relacionamento amistoso com os brancos que ali chegaram, no século XIX, para colonizar a área. Em 1855, um tratado criou uma reserva para os *nez perce* nos territórios de Washington e Oregon. Mas, em 1863, o governo norte-americano decidiu impor um novo acordo à tribo, reduzindo drasticamente o tamanho da reserva, com o intuito de abrir espaço para novos colonos brancos na terra dos índios.

Indignados com a traição, os *nez perce* se rebelaram em 1877. O exército dos Estados Unidos enviou William Tecumseh Sherman, o terrível general que espalhara destruição no Sul durante a Guerra Civil, para sufocar a revolta. Acuado após alguns meses de luta, o chefe da tribo reuniu seus guerreiros exauridos para anunciar que se renderia aos brancos: "Ouçam-me, comandantes!", disse o chefe Joseph. "A fadiga me dominou. Meu coração está triste e doente. A partir do instante que o sol assinala agora, não lutarei nunca mais."

O eloqüente discurso de rendição do chefe Joseph, que circulou amplamente na época, foi encarado como um louvor não só de sua tribo, mas de toda uma civilização derrotada que outrora existira no Oeste norte-americano. No fim do século, já não havia nenhuma resistência organizada. O massacre da tribo *sioux* em Wounded Knee, Dakota do Sul, em 1890, foi o último confronto armado entre forças do governo e tribos nativas.

Isolados em reservas, os índios norte-americanos pertencem hoje ao grupo dos cidadãos mais pobres do país. Um terço deles vive abaixo da linha da pobreza. A reserva *sioux* de Pine Ridge, no local do massacre de Wounded Knee, é o lugar mais miserável dos Estados Unidos. O governo expulsou os nativos de suas terras em nome do progresso, mas as comunidades indígenas do Oeste ainda tentam se recuperar da devastação.

FATOS ADICIONAIS

1. *O grande guerreiro apache Geronimo foi um dos últimos líderes a resistir aos brancos no Sudoeste. Derrotado, mas famoso no mundo inteiro, compareceu ao desfile de posse do presidente Theodore Roosevelt, em 1905.*

2. *Acredita-se que os ancestrais dos índios norte-americanos tenham passado da Sibéria ao Alasca há cerca de quinze mil anos.*

William Shakespeare

Poucas pessoas negariam que William Shakespeare (1564-1616) foi o maior dramaturgo do mundo em qualquer idioma. É impossível descrever o impacto de sua obra sobre a cultura ocidental nos últimos quatrocentos anos.

Apesar de exaustivas pesquisas, pouco se sabe sobre a vida pessoal de Shakespeare. Nasceu em Stratford-upon-Avon, na Inglaterra, onde provavelmente recebeu breve educação formal. Depois de se casar com uma mulher chamada Anne Hathaway, seguiu carreira de dramaturgo, mudando-se para Londres e trabalhando como ator e diretor no Globe Theatre, do qual era co-proprietário. A genialidade de Shakespeare foi largamente reconhecida durante sua vida, e suas obras eram imensamente populares, tanto entre os aristocratas como entre o público comum.

A fama desse dramaturgo se deve principalmente a suas 38 peças, que os estudiosos tradicionalmente agrupam em várias categorias. As históricas, como *Ricardo II* e *Henrique V*, retratam figuras históricas reais – normalmente reis da Inglaterra – e exploram idéias de liderança e integridade pessoal ou vilania. As tragédias, como *Hamlet*, *Macbeth* e *Rei Lear*, exploram as monumentais ramificações das ações e decisões humanas erradas. As comédias, como *Sonho de uma noite de verão* e *Muito barulho por nada*, apresentam alternadamente situações sentimentais alegres e capciosas, alimentadas por casos de identidade equivocada e geralmente culminando em casamento. Outras, como *Medida por medida* e *A tempestade*, são mais difíceis de categorizar, pois combinam elementos de gêneros diversos. Ao longo dos séculos, esses 38 diferentes enredos se revelaram atemporais – terreno fértil para reinterpretações por parte de diretores e atores, que os utilizam como lentes através das quais é possível explorar questões contemporâneas.

Shakespeare escreveu também um número significativo de poemas, incluindo 154 sonetos sobre amor, arte, beleza e outros temas. Além da influência estilística e formal desses poemas, palavras e expressões inglesas criadas por ele são inumeráveis, indo do vocabulário que hoje se tornou lugar-comum, como *lackluster* (medíocre, em português) e *sanctimonious* (hipócrita, falso beato), a torneios de frase mais poéticos, como "at one fell swoop" (de uma só vez) e "pomp and circumstance" (pompa e circunstância). A Inglaterra reconheceu prontamente essa influência literária e lingüística e, quando Shakespeare morreu, sabia que estava perdendo uma de suas maiores mentes.

FATOS ADICIONAIS

1. *Embora a autoria de algumas peças e poemas de Shakespeare tenha sido contestada, estudiosos descobriram pouca coisa além de provas superficiais que sustentassem esse argumento.*
2. *Na época de Shakespeare, todos os papéis dramáticos, inclusive os femininos, eram interpretados por atores do sexo masculino. Essa convenção acrescentou mais uma camada de complexidade a algumas de suas comédias – por exemplo,* Como gostais –, *que retratam personagens femininos que usam trajes masculinos para ocultar sua identidade.*

Paul Gauguin

Paul Gauguin (1848-1903) foi uma figura de destaque no movimento pós-impressionista. Hoje, é lembrado por suas pinturas do Taiti, seu relacionamento com Vincent van Gogh e sua influência sobre a arte do século XX.

Filho de um jornalista de esquerda, Gauguin nasceu em Paris. Sua avó materna era filha de um aristocrata peruano. Quando o pai do pintor precisou sair de Paris por razões políticas, a família se mudou para Lima, no Peru, onde Gauguin passou quatro anos de sua infância.

Gauguin começou a estudar arte relativamente tarde. A princípio, trabalhou na marinha mercante e depois se tornou corretor da bolsa em Paris. Primeiramente, limitava-se a colecionar obras de arte, mas logo passou a pintar nas horas de folga. Em 1876, expôs no Salão de Paris e, por volta de 1879, aderiu aos impressionistas.

Quando o mercado de ações faliu, em 1882, Gauguin se mudou para Copenhague a fim de trabalhar como vendedor para um fabricante de telas. Pouco depois, passou a se dedicar à arte em tempo integral. Inquieto e impaciente por natureza, Gauguin se mudou de um lugar para outro em busca de um refúgio tranqüilo, não-comercial. Em 1886, residiu em Pont-Aven, cidadezinha provinciana da Bretanha, durante seis meses. Em seguida, viveu em Rouen, Copenhague, Panamá e Martinica. De volta a Pont-Aven em 1888, pintou *A visão após o sermão (Jacó lutando com o anjo)*. Com perspectiva distorcida e imagens mais simbólicas que realistas, Gauguin tentou captar o impacto de um sermão sobre o espírito dos ouvintes. Os contornos firmes e as cores vívidas da tela revelam seu fascínio por gravuras japonesas e por vitrais da Idade Média.

Em 1888, Vincent van Gogh convidou Gauguin a se juntar a ele em Arles, onde desejava estabelecer uma colônia de artistas. Mas, com temperamentos incompatíveis, os dois acabaram brigando. Nos anos seguintes, Gauguin viveu entre a Bretanha e Paris. Ansiando por um modo de vida mais primitivo, partiu em 1891 para o Taiti, onde se desapontou com a ausência de artefatos indígenas. Ainda assim, inspirado pelas esculturas javanesas e pela cerâmica pré-colombiana, começou a pintar cenas da ilha e suas tradições.

Em 1893, Gauguin regressou a Paris, onde escreveu *Noa noa*, relato romantizado de suas experiências nos mares do Sul, que ilustrou com xilogravuras deliberadamente toscas. Permaneceu na França por dois anos, durante os quais conseguiu se indispor com muitos amigos devido a seu pomposo exotismo. Frustrado com a má recepção de suas obras, vendeu seus pertences e partiu definitivamente para os mares do Sul, em 1895.

Três anos depois, tentou suicídio após pintar sua desoladora obra-prima *De onde viemos? Quem somos? Para onde vamos?*. Em 1901, após começar a receber remuneração regular de seu *marchand* em Paris, mudou-se para uma ilha remota das Marquesas, onde viveria até o fim da vida.

Átomo

O átomo é a menor unidade de um elemento que ainda conserva todas as propriedades químicas deste. O conceito de átomo remonta ao ano 430 a.C., quando o filósofo grego Demócrito o definiu como uma partícula de matéria tão minúscula que não pode ser subdividida em partes menores. Já o conceito moderno inclui subcomponentes – sobretudo elétrons, prótons e nêutrons –, mas a idéia continua a mesma. O átomo é o tijolo de toda matéria.

A moderna teoria atômica estabelece que todos os elementos são constituídos de átomos, e que todos os átomos de um elemento são iguais. Elementos como hidrogênio, carbono, oxigênio, sódio, potássio, ouro e urânio se combinam mediante reações químicas para formar compostos. Hidrogênio e oxigênio, por exemplo, se combinam para formar água; sódio e cloro se combinam para formar sal de cozinha.

A estrutura básica do átomo é um núcleo rodeado por elétrons, mas a maior parte dele é formada por espaço vazio. O núcleo é um centro denso constituído por nêutrons e prótons. Nêutrons não possuem carga e pesam pouco mais que prótons, que são dotados de carga positiva. O número de prótons no átomo determina o tipo de elemento. O hidrogênio tem um próton; o urânio, 92. Os elementos ganham e perdem prótons por meio de fusão e fissão, mas não de reações químicas.

Os elétrons são partículas de carga negativa e massa insignificante. Seus movimentos em torno do núcleo constituem até hoje um dos tópicos mais discutidos em química e física. Modelos antigos de átomo mostravam os elétrons orbitando ao redor do núcleo, mais ou menos da maneira como a Terra orbita em torno do Sol. Novos avanços na mecânica quântica levaram os cientistas a supor que os elétrons se movem em ondas complexas chamadas orbitais, rodeando o núcleo em diferentes níveis de energia.

FATOS ADICIONAIS

1. *Modernas teorias sobre a formação do universo sugerem que, após o Big Bang, o cosmos era quente demais para permitir a formação de átomos. Provavelmente eles só apareceram por volta de 379 mil anos após o Big Bang, quando as temperaturas baixaram para algo em torno de 2.700 ºC.*

2. *No universo primitivo, acredita-se que o hidrogênio representava 75% dos átomos, o hélio, 24%, e os outros elementos juntos, 1%.*

3. *Prótons e elétrons são constituídos por partículas menores chamadas* quarks, *podendo o elétron ter partículas menores ainda, os léptons.*

4. *Supunha-se que 92 elementos ocorressem naturalmente na Terra, mas recentemente cientistas descobriram que o plutônio, constituído por 94 prótons, também é natural.*

Richard Wagner

A imensa contribuição de Richard Wagner (1813-1883) à ópera lhe garantiu um posto sempre próximo ao topo em qualquer lista dos homens mais influentes do século XIX. Mais importante ainda, porém, é sua contribuição à arte em geral, incorporada por seu conceito de *Gesamtkunstwerk* – a idéia de uma obra de arte total que unifique música, artes plásticas, dança, teatro, poesia e filosofia. Houve várias gerações de pensadores, artistas e músicos – incluindo T. S. Eliot, Arnold Schoenberg, Ernest Hemingway e Pablo Picasso – que se declararam seguidores de Wagner e foram fortemente influenciados por suas idéias.

Egocêntrico e implacavelmente competitivo, Richard Wagner nasceu em Leipzig, onde cursou a universidade. Em 1833, seu irmão lhe conseguiu um emprego de regente de coral em Würzberg, um dos poucos êxitos de sua frustrante carreira inicial. Em Würzberg escreveu *Rienzi* (1842) e *O holandês voador* (1843), que obtiveram algum sucesso. Mas Wagner vivia de maneira extravagante e chegou a passar algum tempo preso por dívidas. Mudou-se então para a corte saxônica em Dresden, onde alcançou maturidade artística com *Tannhäuser* (1844) e *Lohengrin* (1848). Em 1849, apoiou um movimento político revolucionário, e uma ordem de prisão expedida contra ele o obrigou a fugir para Weimar, onde Franz Liszt o ajudou a obter anistia.

Nos anos seguintes, Wagner compôs seu famoso ciclo *O anel dos nibelungos*, composto de quatro óperas, além de *Tristão e Isolda* (1859), *Os mestres cantores de Nuremberg* (1861) e *Parsifal* (1882). Ele via a si mesmo como a encarnação do espírito musical germânico. Socialista, concebeu com Liszt a idéia de música do futuro, teoria que exaltava a superioridade da música alemã e promovia métodos revolucionários em harmonia, estrutura e composição.

Wagner, como nenhum outro compositor antes dele, inspirava reações contraditórias nos ouvintes. Alguns amavam sua música pelo traço revolucionário que apresentava, mas odiavam o gênio difícil do compositor, enquanto muitos outros ficavam indiferentes aos defeitos de seu caráter, mas não apreciavam a escala e a complexidade de sua música. Em um derradeiro ato de narcisismo, criou em 1872 um festival na cidade bávara de Bayreuth inteiramente dedicado à sua música. Richard Wagner morreu de infarto em Veneza.

FATOS ADICIONAIS

1. *Wagner era um virulento anti-semita. Em* O judaísmo na música, *publicado em 1850, atacou seus contemporâneos judeus, entre eles o compositor Giacomo Meyerbeer, de quem fora amigo.*

2. *Wagner seduziu e desposou Cosima Liszt von Bülow, então mulher de um de seus melhores amigos e filha de Franz Liszt. Depois disso, Liszt se recusou a falar com ele durante anos. Por outro lado, Hans von Bülow, ex-marido de Cosima, continuou mantendo boas relações com Wagner, regendo suas óperas e reconhecendo que este, por seu gênio superior, tinha direito à mulher.*

Georg Wilhelm Friedrich Hegel

G. W. F. Hegel (1770-1831) nasceu em Stuttgart, na Alemanha. Esperava encontrar um trabalho acadêmico na Universidade de Jena, o então centro filosófico da Alemanha, mas seus planos foram interrompidos pela invasão de Napoleão Bonaparte. Hegel fugiu e trabalhou durante muitos anos como editor de jornal e diretor de escola secundária, entre outros ofícios, antes de se tornar professor em Heidelberg e depois em Berlim. No fim da vida, era o filósofo mais famoso da Alemanha, e multidões de estudantes se aglomeravam para assistir a suas palestras.

O sistema filosófico de Hegel é espantosamente complexo, mas alguns de seus traços gerais podem ser examinados.

Em primeiro lugar, Hegel atribui grande importância à história. Para ele, ela é o processo pelo qual o espírito – em alemão, *Geist* – chega a se reconhecer como espírito. Seria difícil dizer o que Hegel entende por isso. Segundo uma interpretação, o espírito é a totalidade de normas que regem a conduta dos seres humanos. A norma prescreve o que devemos fazer ou o que nos é permitido fazer – nossos costumes sociais. Assim, pela sentença "o espírito chega a se reconhecer como espírito", deve-se entender: no curso da história, os seres humanos percebem coletivamente que eles próprios são os autores das normas que lhes governam a vida. Tais normas surgiram por determinadas razões ao longo da história e, também por certas razões, foram aperfeiçoadas ou modificadas.

Hegel tinha uma teoria muito interessante sobre o modo como os sistemas de normas, que às vezes chamava de "formas de consciência", mudam no decorrer da história, dizendo que eles destroem a si próprios. Um sistema de normas se arruína quando começa a parecer injustificável ou irracional segundo seus próprios padrões. Quando isso acontece, argumentava Hegel, um novo sistema de normas surge em seu lugar para resolver exatamente os problemas da forma de consciência anterior. Portanto, ao examinar os sistemas de normas que governaram a vida humana ao longo da história – político, ético, religioso, estético ou filosófico –, encontramos uma sucessão de formas de consciência cuja transição de uma para outra parece racional. Dessa forma, ao examinarmos nosso mundo, vemos que nossas normas são produto de um processo histórico regido pela razão.

FATOS ADICIONAIS

1. *Hegel acreditava que seu sistema filosófico era a forma final de consciência, o conjunto definitivo de normas que jamais seria superado. Por isso achava que a "história", como ele a entendia, havia terminado.*

2. *Hegel chamava de dialética o processo pelo qual as formas de consciência destroem a si mesmas, dando origem a outras.*

3. *Certa vez, Hegel descreveu Napoleão Bonaparte como "a história mundial a cavalo".*

Muawiyah I

Muawiyah ibn Abu Sufyan (c. 602-680), que governou sob o nome de Muawiyah I, sucedeu Ali e foi o primeiro líder do Islã depois dos quatro califas bem guiados.

Muawiyah nasceu em Meca. Seu pai repudiava vigorosamente os ensinamentos de Maomé e, quando ele se tornou muçulmano, teve que esconder sua fé da própria família. Depois de Maomé conquistar Meca e abolir a idolatria, Muawiyah se tornou escriba. Mais tarde, com a expansão do império islâmico, Maomé enviou Muawiyah e o irmão deste à Síria, onde lideraram o exército islâmico contra os bizantinos.

Sob o comando do califa Omar, Muawiyah foi nomeado governante da Síria. Nesse cargo, recrutou um exército local forte o bastante para impedir o avanço bizantino e ainda conquistar Chipre e Rodes.

Os objetivos de Muawiyah foram drasticamente alterados quando Ali, o último dos quatro califas bem guiados, ascendeu ao poder. Ali preferiu não punir os assassinos de Otman, o terceiro califa, e Muawiyah viu nisso um sinal de que o último dos quatro califas havia participado da conspiração. Começou então a reunir um grupo de seguidores que se opunham a Ali. Para sufocar a rebelião, este se defrontou com Muawiyah na Batalha de Siffin. Embora estivesse perdendo a luta, Muawiyah convenceu os soldados de Ali a baixar as armas e aceitar uma arbitragem religiosa para decidir quem era o vencedor. Durante o processo de escolha, Muawiyah conseguiu persuadir muitos dos soldados do quarto califa a se voltar contra seu líder. Esse impasse lhe deu tempo suficiente para enviar tropas consideráveis ao Egito.

Quando Ali morreu, Muawiyah, que tinha em mãos a Síria e o Egito, era o mais poderoso dos muçulmanos e a escolha lógica para sucedê-lo. Governou de 661 a 680.

Ao contrário de seus predecessores, Muawiyah designou seu filho, Yazid I, para substituí-lo. Visando ao mesmo tempo estabelecer a dinastia e preservar as antigas tradições, convocou um conselho de aristocratas leais para escolher o próximo califa. Estes, porém, obedeciam a Muawiyah e designaram o herdeiro por ele indicado. Começou assim uma série de dinastias hereditárias, a primeira das quais foi a dos Omíadas, que governou de 661 a 750.

FATOS ADICIONAIS

1. *Os três primeiros califas tinham sua sede na Península Arábica. Ali transferiu a capital para o Iraque, e Muawiyah se estabeleceu em Damasco, na Síria.*
2. *Segundo a tradição, Muawiyah convenceu as tropas de Ali a se submeter à arbitragem colocando exemplares do Alcorão nas lanças de seus próprios soldados. Os homens de Ali, relutantes em profanar o livro sagrado, baixaram as armas.*

Otto von Bismarck

Otto von Bismarck (1815-1898), político e diplomata, é considerado o fundador da moderna nação alemã. Antes de meados do século XIX, a Alemanha era uma colcha de retalhos de pequenos estados conflitantes. A fragmentação do país fora um legado do Sacro Império Romano-Germânico, que havia se dividido gradualmente em dezenas de pedaços antes de desaparecer, em 1806. Trabalhando em nome do *Kaiser* Guilherme I, Bismarck foi capaz de consolidar esses estados em um império unificado.

Bismarck nasceu na Prússia, um dos mais poderosos estados alemães. Filho de um oficial militar, ingressou na política, na ala conservadora, quando estava na casa dos 30 anos. Apesar de sua apreensão inicial, abraçou sinceramente a causa da unificação do país.

Nomeado chanceler prussiano, lançou mão da diplomacia e do apelo à força para vencer qualquer oposição à unificação. Encorajou também o crescente sentimento de nacionalismo alemão. Em 1870, Bismarck astutamente provocou uma guerra contra a França, o que convenceu muitos outros estados alemães a se unificar à Prússia. O império alemão unido surgiu após a rápida vitória sobre os franceses, em 1871.

Bismarck passou então a contar com a total confiança do *Kaiser* e em grande medida administrou o novo império. Apesar de não ser liberal, empreendeu uma série de reformas visando fortalecer o império. Criou uma moeda comum, decretou várias reformas administrativas e estabeleceu um conjunto único de leis para toda a nação, no esforço para solidificar sua unidade.

Mas o império alemão fundado por Bismarck teve curta duração. Após a morte de Guilherme I, em 1888, seu sucessor, Guilherme II, pouco depois de subir ao trono, obrigou Bismarck a renunciar. Sem a mão firme dele, a política externa alemã mudou para pior. Em 1914, Guilherme II tomou a fatídica decisão de arrastar a Alemanha para a Primeira Guerra Mundial, o que acabaria pondo fim ao império. E os esforços nacionalistas despendidos por Bismarck para unificar os alemães no século XIX tiveram conseqüências desastrosas no século XX.

FATOS ADICIONAIS

1. *Bismarck foi apelidado de Chanceler de Ferro por sua reputação de firmeza e determinação.*
2. *Ele sobreviveu a duas tentativas de assassinato, a primeira por um estudante, em 1849, depois por um fabricante de barris, em 1874.*
3. *Um enorme navio de guerra alemão batizado de* Bismarck *foi afundado pelos britânicos em 1941, em uma batalha naval decisiva travada na Segunda Guerra Mundial.*
4. *A capital do estado de Dakota do Norte, Bismarck, onde vivem muitos descendentes de alemães, recebeu seu nome em homenagem ao chanceler.*

Fiódor Dostoiévski

Fiódor Dostoiévski (1821-1881) foi um mestre incontestável do romance psicológico. Ao longo de uma carreira literária que se estendeu por quatro décadas, Dostoiévski manifestou percepção única – e provavelmente ainda não igualada – da natureza humana, em especial os estados emocionais de culpa, desespero e preocupação com a morte.

O sofrimento e a tragédia com que Dostoiévski se deparou durante a vida só fizeram enriquecer sua ficção. Nascido em Moscou em uma família rigidamente ortodoxa, foi surpreendido pela morte do pai em 1839. Embora tenha obedecido à vontade dele e iniciado a carreira de engenheiro, não gostava do trabalho e decidiu se tornar escritor. Seu primeiro romance, *Gente pobre* (1846), lhe valeu o elogio dos críticos, porém sua carreira foi bruscamente interrompida quando foi preso, em 1849, por participar de uma operação editorial radicalmente esquerdista. Após ser submetido a uma simulação de execução, com suspensão da sentença no último minuto, Dostoiévski passou quatro anos em um campo de trabalhos forçados na Sibéria. Essa experiência traumática deixou uma marca permanente no tom e no conteúdo de suas obras.

Na década de 1860, deu um grande passo em sua trajetória literária com a publicação do romance *Notas do subterrâneo* (1864), sobre um amargo e neurótico eremita incapaz de funcionar socialmente no mundo exterior, e de sua primeira obra-prima, *Crime e castigo* (1866), que disseca o sentimento de culpa e a angústia de um jovem que matou uma idosa. Essa última obra é particularmente notável por sua profundidade psicológica e sua conclusão de que a auto-recriminação interior de um criminoso depois de um delito é muito pior que qualquer castigo que a sociedade possa lhe impor.

À medida que envelhecia, Dostoiévski passou a rejeitar a postura ateísta da juventude e retornou à ortodoxia russa de suas raízes ancestrais. *O idiota* (1868-1869) retrata uma trágica figura de Cristo, e a grande obra-prima do fim de sua carreira, *Os irmãos Karamazov* (1879-1880), foi considerada o mais significativo romance cristão já escrito, impregnado como está da moralidade ortodoxa russa. Nesse romance colossal, três filhos de um pai assassinado enfrentam problemas de bem e mal e da fé cristã de diversas maneiras.

Embora os detratores de Dostoiévski tenham criticado seu estilo denso e muitas vezes desprovido de humor, os exames penetrantes e minuciosos que faz dos personagens são inquestionáveis – especialmente em suas explorações da mente dos criminosos, das pessoas mentalmente instáveis e de outros à margem da sociedade. Para além de seu legado literário, essas caracterizações influenciaram os filósofos niilistas e existencialistas do século XX, de Friedrich Nietzsche a Albert Camus.

FATO ADICIONAL

1. *A vida toda Dostoiévski sofreu de epilepsia, que piorou significativamente durante os anos passados no campo de trabalhos forçados da Sibéria.*

Vincent van Gogh

Vincent van Gogh (1853-1890), um dos maiores artistas holandeses, tornou-se o símbolo do gênio atormentado e incompreendido. Apesar de ter vendido um único quadro em vida, hoje suas obras valem uma fortuna.

Filho de um ministro protestante, Van Gogh nasceu em Zundert, na Holanda. Por volta de 1869, era representante dos negociantes de arte Goupil & Cie., primeiro em Haia, depois em Londres. Malsucedido nos negócios, deixou a companhia em 1875 para se dedicar ao sacerdócio. Trabalhou durante algum tempo pregando para mineiros no sudoeste da Bélgica, mas foi demitido após renunciar a todas as suas posses. Seus superiores temiam que ele aderisse aos princípios cristãos de maneira excessivamente literal. Van Gogh trabalhou como artista durante apenas dez anos, entre 1880 e 1890. Aprendeu sozinho a pintar, copiando gravuras e lendo livros. Foi influenciado pelos pintores realistas, como se vê em *Os comedores de batata* (1885), obra que muito deve ao pintor francês Jean-François Millet no que se refere à temática e à técnica.

Em 1886, Van Gogh trocou a Holanda por Paris, onde morou com o irmão Theo, negociante de arte que o sustentou durante a maior parte de sua vida. Foi por intermédio de Theo que conheceu Claude Monet, Paul Gauguin, Camille Pissarro e Georges Seurat. Como tantos artistas de seu tempo, Van Gogh também se interessou pelas gravuras japonesas. Depois de dois anos de intensa atividade artística, mudou-se para Arles, no sul da França, para realizar sua ambição de pintar camponeses. Em outubro de 1888, convidou Gauguin a se juntar a ele. Na véspera do Natal desse mesmo ano, os dois artistas discutiram, Van Gogh cortou uma de suas orelhas e, segundo o relato de um jornal, a deu de presente a uma prostituta. O incidente foi o primeiro indício de sua doença mental, provavelmente uma forma de epilepsia.

Em maio de 1889, Van Gogh se internou num hospital psiquiátrico em Saint-Rémy. Foi ali que pintou aquela que talvez seja sua obra mais famosa, *A noite estrelada*. Um ano depois, mudou-se para a casa do médico homeopata Paul-Ferdinand Gachet, nos arredores de Paris. Gravemente deprimido, Van Gogh deu um tiro no peito em julho de 1890 e morreu dois dias depois. Após sua morte, a fama do pintor cresceu rapidamente. Uma exposição em 1901 apresentou 71 de suas telas. Em 1987, sua tela *Lírios* foi vendida por 47 libras. Três anos depois, *Retrato do doutor Gachet* foi vendido pelo preço recorde de 82,5 milhões de dólares. Hoje, os 1.250 quadros e mil esboços de Van Gogh estão espalhados pelo mundo todo, e a maior coleção de suas obras encontra-se no Museu Van Gogh, em Amsterdã.

FATOS ADICIONAIS

1. *Conta-se que as últimas palavras de Van Gogh foram: "A tristeza há de durar para sempre".*
2. *Alguns estudiosos acreditam que Van Gogh sofria de transtorno bipolar, enquanto outros afirmam que sua doença mental decorria do consumo excessivo de absinto. Outros dizem ainda que o artista provava com a língua muitas de suas tintas.*

Elementos: Metais, Não-Metais e Metalóides

Um elemento é uma substância que não pode ser convertida em outra substância por meio de reações químicas. Cada elemento se compõe de átomos com um número distinto de prótons – partículas subatômicas positivamente carregadas. Por exemplo, todos os átomos do carbono têm seis prótons, e todos os átomos do ouro possuem 79 prótons. Noventa e três elementos existem naturalmente na Terra, e é possível produzir artificialmente mais vinte. Existem três classificações básicas dos elementos: metais, não-metais e metalóides. Três quartos dos elementos são metais, apesar de os não-metais serem encontrados com mais freqüência na natureza.

Os metais se caracterizam pela facilidade com que compartilham e liberam elétrons – minúsculas partículas subatômicas negativamente carregadas. Quando um átomo de metal cede um elétron, torna-se um íon positivamente carregado chamado cátion. Os metais costumam ser concebidos como cátions nadando num mar de elétrons. Estes, que flutuam livremente, mantêm os átomos unidos, porém flexíveis, conferindo aos metais suas diferentes propriedades: são dúcteis (suscetíveis de ser transformados em fios) e maleáveis (aptos a ser convertidos em lâminas). Pela mesma razão, os metais são também bons condutores de calor e eletricidade e formam prontamente compostos com outros elementos. Tendem a ser sólidos brilhantes à temperatura ambiente.

Muitas vezes, os não-metais ganham elétrons e formam ligações químicas rígidas. São frágeis e quebradiços. Geralmente não refletem a luz e não são bons condutores de eletricidade ou calor, mas são capazes de formar excelentes isolantes. Embora sejam conhecidos apenas treze não-metais, quase toda a vida na Terra é feita de seis deles: hidrogênio, carbono, nitrogênio, oxigênio, fósforo e enxofre. Os outros não-metais são, na maioria, gases inertes que raramente interagem com outros elementos.

Os metalóides possuem algumas características dos metais e algumas dos não-metais. Por exemplo, o silício e o germânio são semicondutores, o que significa que conduzem corrente elétrica sob condições específicas. É por isso que são tão úteis em computadores e calculadoras.

FATOS ADICIONAIS

1. *O mercúrio é o único metal líquido à temperatura ambiente.*
2. *Os óxidos de metais são básicos, ao passo que os óxidos de não-metais são ácidos.*
3. *A maioria dos metais reage rapidamente com o oxigênio no ar, e é isso que faz o ferro enferrujar. O sódio puro explode quando exposto ao oxigênio. O paládio, a platina e o ouro são metais raros que não reagem com o oxigênio, e é por isso que constituem jóias tão belas e caras.*

O anel dos nibelungos de Wagner

A obra-prima de Richard Wagner é o imenso *O anel dos nibelungos* (1874), também conhecido como *Ciclo do anel.* A ópera em quatro partes, composta por *O ouro do Reno*, *A valquíria*, *Siegfried* e *O crepúsculo dos deuses*, dura ao todo quase dezessete horas e foi concebida para ser assistida durante quatro noites consecutivas. É considerada por alguns estudiosos a maior obra lírica de todos os tempos.

Wagner começou a trabalhar na peça em 1848, e sua idéia era criar uma obra capaz de captar a magia do teatro trágico grego – unir arte, música, teatro, poesia e filosofia em uma gigantesca *Gesamtkunstwerk*, ou "obra de arte total".

Ele escreveu os quatro libretos baseados na lenda do mítico herói nórdico-alemão Siegfried. Na história, Wotan, o rei dos deuses, construiu uma fortaleza, Valhalla, com a ajuda de uma raça de gigantes. Para saldar sua dívida com eles, Wotan rouba um poderoso anel do anão Alberich. Este amaldiçoa o anel, mas isso não impede Wotan de continuar a procurá-lo. A maior parte da história gira em torno das aventuras do filho e do neto de Wotan, Siegmund e Siegfried, enquanto várias forças tentam obter o anel, que é guardado por um dragão. Outro personagem que desempenha importante papel é a filha de Wotan, Valquiria Brünnhilde. No fim, a maldição destrói tudo que se encontra em seu caminho, o Valhalla é consumido pelo fogo e uma nova era se prenuncia.

A música é incrivelmente pródiga e complexa, baseada na idéia de *Leitmotiv* – bela e curta melodia que representa um personagem, um objeto ou uma emoção. Cada *Leitmotiv* é recontextualizado para se adaptar a novas cenas. Nenhum teatro lírico aceitaria o desafio de encenar o ciclo, de modo que Wagner o apresentou pela primeira vez em seu próprio Festival de Bayreuth, em 1874.

FATOS ADICIONAIS

1. *A personagem Valquiria no* Ciclo do anel *é a origem da célebre caricatura de uma soprano gorda usando um elmo típico de* vikings *e um sutiã de metal.*
2. *A "Cavalgada das valquírias", de* A valquíria, *é a famosa música que acompanha a cena do ataque dos helicópteros no clássico filme de Francis Ford Coppola* Apocalypse Now *(1979).*
3. *A mitologia nórdica que inspirou o* Ciclo do anel *é também a fonte da trilogia* O senhor dos anéis *(1954-1955), de J. R. R. Tolkien, e da subseqüente e bem-sucedida série cinematográfica nela baseada (2001-2003).*

Karl Marx

"Os filósofos têm interpretado o mundo de várias maneiras, mas o que importa é mudá-lo."

– Karl Marx, *Teses sobre Feuerbach* (1845)

Karl Marx (1818-1883), o pai intelectual do comunismo, exerceu mais impacto sobre o século XX do que qualquer outro filósofo. Nascido em Trier, na Alemanha, em uma família judaica que se convertera ao cristianismo, Marx tentou inicialmente a carreira acadêmica, mas foi recusado por causa de suas inclinações políticas radicais. Trabalhou como jornalista durante vários anos antes de participar da Revolução de 1848, na Alemanha. Quando a revolução fracassou, fugiu para Londres, onde passou o resto da vida.

Na teoria da história marxista, os meios de produção econômica explicam as mudanças históricas e políticas. Numa dada época, a sociedade dispõe de certos meios de produção de bens econômicos, como alimento e formas de abrigo. Os meios de produção determinam uma estrutura econômica particular. Por exemplo, a agricultura requer um grande número de pessoas para lavrar a terra e pouca gente para supervisionar esse trabalho. A estrutura econômica, por sua vez, determina o sistema político. No caso da agricultura, os lavradores trabalhavam para o senhor, que possuía a terra e os protegia, em troca de uma parte das colheitas deles. As revoluções ocorrem quando a estrutura econômica e o sistema político se convertem em obstáculos para as forças produtivas da economia.

Em cada sistema econômico há uma divisão de trabalho, daí a existência da divisão das pessoas em classes. Marx via o capitalismo – que caracterizava como o sistema econômico no qual bens são criados não para ser utilizados, mas para ser trocados – como o produto de um longo desenvolvimento histórico. No capitalismo, a divisão de classes é exagerada até o ponto de ruptura. Um vasto número de trabalhadores – o proletariado – labuta na miséria, enquanto uma minoria ínfima de pessoas que são detentoras dos meios de produção – a burguesia – enriquece. Marx previu que o capitalismo provocaria seu próprio fim. Enquanto estiver prosperando, dizia ele, o capitalismo criará um proletariado cada vez maior, vivendo em condições cada vez piores. Os trabalhadores acabarão por se revoltar e estabelecerão um sistema econômico diferente, cooperativo – no qual cada um dá de acordo com suas habilidades e recebe de acordo com suas necessidades.

FATOS ADICIONAIS

1. *Marx escreveu várias obras com Friedrich Engels, filho de um industrial alemão. A colaboração deles inclui o multivolume* O capital, *que Marx considerava sua obra-prima.*
2. *Marx descreveu o Estado que se seguiria à derrocada do capitalismo e proclamou o verdadeiro comunismo como a "ditadura do proletariado".*

al-Ghazali

Abu Hamid Muhammad ibn Muhammad al-Tusi al-Ghazali (1058-1111), ou simplesmente al-Ghazali, figura entre os mais influentes teólogos e filósofos muçulmanos. Nasceu em Tus, parte do atual Irã.

Al-Ghazali estudou e ensinou a lei Shafi, uma das quatro escolas jurídicas do islamismo sunita. Aos 33 anos, já se estabelecera como um dos líderes desse domínio e foi nomeado dirigente da Faculdade Nizamiyyah, em Bagdá. Exerceu essa função durante quatro anos e permaneceu muito popular ao longo de todo o seu mandato.

Uma de suas principais obras é *A incoerência dos filósofos*, em que sustentava que os acontecimentos do mundo são determinados por um capricho momentâneo de Deus. Isso elimina todas as outras fontes de casualidade na natureza e coloca tudo nas mãos de Deus.

Nessa obra, al-Ghazali criticou filósofos antigos, como Platão e Aristóteles, e os muçulmanos que seguem a linha de pensamento deles. Afirmou que esses filósofos se equivocavam ao aplicar a razão para responder questões religiosas, porque, se a razão pudesse ser utilizada para provar verdades absolutas sobre religião, como a existência de Deus, então todos haveriam de concordar com essas verdades. Por isso, al-Ghazali acreditava que o pensamento racional não pode ser a fonte de respostas religiosas.

Em 1095, passou por uma transformação espiritual. Saiu da faculdade e viajou através da Arábia. Foi a Damasco, Jerusalém, Meca, Medina, Egito, regressou a Bagdá e finalmente à sua cidade natal, Tus. Foi nessa época que começou a seguir uma das muitas ordens sufistas.

Al-Ghazali havia sido durante muito tempo adepto da escola de pensamento asharita, que sustenta ser incognoscível a verdadeira natureza de Deus. Essa escola considera *A incoerência dos filósofos* a obra mais importante dela. Assim, durante suas viagens, ele chegou à conclusão de que o misticismo do sufismo oferecia a melhor maneira de alcançar a união com Deus. Dada sua imensa popularidade, a adesão de al-Ghazali às então emergentes ordens sufistas é vista como a consolidação do sufismo na sociedade da época.

FATOS ADICIONAIS

1. *Filosoficamente, a obra de al-Ghazali equivale ao ceticismo, semelhante à escola de pensamento britânica oriunda de George Berkeley e David Hume – mas a teoria do filósofo muçulmano surgiu setecentos anos antes.*
2. *O maior crítico de al-Ghazali foi Averróis, também conhecido como Ibn Rushd, cuja principal obra crítica se intitula* Incoerência da incoerência.

Elizabeth Cady Stanton e o Movimento Sufragista

"A história da humanidade é uma história de repetidas ofensas e usurpações por parte do homem em relação à mulher."

– Elizabeth Cady Stanton,
"Declaração de sentimentos", Convenção de Seneca Falls, 1848

Elizabeth Cady Stanton (1815-1902) era abolicionista, defensora da temperança e incansável promotora dos direitos das mulheres nos Estados Unidos do século XIX. Nascida no interior de Nova York, passou a carreira fazendo campanhas pelo sufrágio feminino, objetivo que não foi alcançado durante sua vida. Stanton morreu dezessete anos antes que as mulheres enfim obtivessem o direito de voto em seu país.

Em 1848, ano em que o movimento sufragista norte-americano de fato começou, a idéia de mulheres depositando votos nas urnas parecia absurda para muita gente. Apenas a pequena ilha Pitcairn, no oceano Pacífico, permitia o voto feminino. Poucas universidades nos Estados Unidos admitiam o ingresso de mulheres, e os direitos de propriedade femininos eram extremamente limitados. Nesse ano, porém, Stanton e mais algumas mulheres organizaram uma convenção em Seneca Falls, Nova York, para estabelecer um plano de ação em prol dos direitos das mulheres.

Na Convenção de Seneca Falls, Stanton, juntamente com Lucretia Mott, redigiu a "Declaração de sentimentos", assinada pelas delegadas. O documento, conscientemente inspirado na Declaração de Independência, de Thomas Jefferson, declarava que "todos os homens *e mulheres* são criados iguais". Nos cinqüenta anos seguintes, Stanton se empenhou em convencer outros americanos dessa afirmação.

As sufragistas levaram sua causa a sério, numa época em que a sociedade considerava o envolvimento feminino na política algo indigno de uma senhora. Quando Stanton se casou, insistiu em tirar a palavra "obedecer" de seus votos nupciais. Como as mulheres progressistas posteriores, as primeiras feministas tiveram que suportar a frívola zombaria dos reacionários. Muitos homens e mulheres viam as sufragistas, assim como os abolicionistas, apenas como os últimos elementos do cortejo de intoleráveis liberais nortistas empenhados em subverter a sociedade e a tradição.

Stanton não viveu para ver a ratificação da 19ª emenda à Constituição dos Estados Unidos em 1920, que concedia às mulheres o direito de votar. Mas suas companheiras fizeram questão de prestar homenagem à mulher que deflagrara o movimento em Seneca Falls. Sua companheira de luta Susan B. Anthony declarou: "Quero que entendam que eu nunca teria conseguido fazer o trabalho que fiz se não tivesse essa mulher a meu lado".

FATOS ADICIONAIS

1. *O primeiro estado norte-americano a conceder o direito de voto feminino em caráter permanente foi o Wyoming, admitido na União em 1890.*
2. *Muitas das primeiras sufragistas, incluindo Anthony, eram quacres – membros de uma pequena seita de pacifistas cristãos da Grã-Bretanha e dos Estados Unidos que foram também líderes nos movimentos de abolição e temperança.*
3. *Alguns países, como a Arábia Saudita, ainda não permitem o voto feminino.*

Lolita

Lolita (1955), de Vladimir Nabokov, figura entre os romances mais brilhantes e polêmicos do século XX. A princípio, a notoriedade da obra ofuscou seu mérito literário, mas, passado o alvoroço, leitores e críticos compreenderam que *Lolita* inovou não só no conteúdo, mas também na linguagem e na técnica narrativa.

Nascido na Rússia, Nabokov (1899-1977) foi educado na Inglaterra, onde iniciou a carreira de escritor. Após publicar vários romances, mudou-se para os Estados Unidos a fim de se tornar professor universitário. Nesse meio-tempo, desenvolveu uma linguagem estilizada, conscientemente intelectual, que os leitores tendiam a amar ou odiar.

Lolita retrata a angustiante obsessão sexual de um professor de meia-idade, Humbert Humbert, por uma menina de 12 anos. Ele se muda de Paris para os Estados Unidos e aluga um cômodo na casa de uma viúva depois de ver sua jovem filha, Dolores, tomando sol no jardim. O professor chega ao ponto de se casar com a viúva para ficar perto de Dolores, ou "Lolita", mas a mulher logo morre. Embora Humbert e Lolita consumem de fato a relação, a caprichosa menina perde o interesse pelo caso. Ele acaba compreendendo que, pela primeira vez, seu desejo se transformou em amor verdadeiro, mas Lolita o rejeita.

Como narrador, Humbert é hábil e expressivo, porém delirante e nada confiável, distorcendo os fatos com sua linguagem elegante e poética que dissimula a natureza perturbadora de sua obsessão por meninas novas. Pelo seu relato, é Lolita quem o seduz, e sua inquietação em relação a "ninfetas" não passa de conseqüência do trágico romance que conheceu na infância. As famosas linhas iniciais de Humbert estabelecem o tom travesso mas perturbador do romance: "Lolita, luz da minha vida, fogo dos meus quadris. Meu pecado, minha alma. Lo-li-ta: a ponta da língua viajando três passos através do palato para tocar, ao terceiro, os dentes. Lo. Li. Ta".

Quando terminou *Lolita*, em 1955, Nabokov não conseguiu encontrar editor nos Estados Unidos. A obra foi então publicada na França, onde os críticos a consideraram ou brilhante ou totalmente obscena. O romance foi proibido em vários países e só surgiu nos Estados Unidos em 1958, quando se tornou *best-seller*. Hoje, é apreciado como uma perspicaz investigação literária da sexualidade e da repressão e ainda como um excelente exemplo da narração não-confiável que se tornou marca registrada da literatura pós-moderna.

FATO ADICIONAL

1. *Desde a juventude, Nabokov era fluente em russo, inglês e francês. Suas primeiras obras foram escritas basicamente em russo, e as últimas, incluindo* Lolita, *em inglês.*

A Noite Estrelada

O quadro *A noite estrelada (cipreste e aldeia)* é um dos mais conhecidos de Van Gogh. Retrata um tema simples – a paisagem provençal sob um céu estrelado –, mas costuma ser interpretado como uma obra profundamente espiritual.

Van Gogh pintou *A noite estrelada* na noite de 19 de junho de 1889, quando residia no hospital psiquiátrico de Saint-Rémy. O quadro (73 x 92 cm) é dominado por uma vasta extensão de céu repleto de nuvens vertiginosas, estrelas e a lua. Na base figura uma pequena aldeia, ofuscada por uma igreja cujo campanário perfura o céu. A aldeia se aninha em meio a ondulantes colinas azuis. À esquerda, um cipreste, cuja forma se assemelha a chamas, ergue-se em direção ao céu.

Segundo alguns estudiosos, a tela revela a admiração de Van Gogh pelo poeta norte-americano Walt Whitman. Ao comentar a obra deste, Van Gogh escreveu sobre a "grande abóbada celeste iluminada pelas estrelas, coisa que, afinal, só pode ser vista como Deus e a eternidade no seu lugar acima do mundo".

Nesse caso particular, o pintor não trabalhou diretamente do natural, mas a partir de vários esboços preparatórios. Na versão final, modificou a forma da verdadeira igreja de Saint-Rémy acrescentando um campanário, característica arquitetônica mais típica da Holanda, sua terra natal.

Diversos significados foram atribuídos à pintura. Alguns estudiosos acreditam que a porta e as janelas escuras da igreja indicam que a inspiração não deve ser encontrada na religião sistematizada, mas na natureza, simbolizada pelo magnífico cipreste. Outros afirmam que o cipreste retorcido e o céu dinâmico representam a alma atormentada de Van Gogh. Alguns chegaram a dizer que o quadro nada tem de simbólico, representando apenas as constelações tal como apareceram naquela noite de 1889. Observações do telescópio espacial Hubble sugerem que Van Gogh pode ter contemplado a estrela V838 Monocerotis, uma das mais misteriosas da Via Láctea.

FATOS ADICIONAIS

1. *Hoje o quadro está em exposição permanente no Museu de Arte Moderna de Nova York.*
2. *A tinta lançada em pinceladas vertiginosas faz com que as árvores e o céu se assemelhem a forças elementares, como o fogo e a água.*
3. *O uso que Van Gogh fazia da tinta concentrada, para sugerir forte emoção, prenunciou o movimento expressionista do começo do século XX.*

Ligações Químicas

As ligações químicas são responsáveis por reunir dois ou mais átomos para formar compostos como água, sal ou óleo. Os átomos se combinam de modo a formar estruturas mais estáveis de elétrons – partículas minúsculas negativamente carregadas que circundam o núcleo dos átomos. Num composto estável, a energia total do composto é menor que a energia dos átomos individuais. Existem três tipos básicos de ligações químicas: covalentes, iônicas e metálicas.

Nas ligações covalentes, os átomos compartilham um ou mais pares de elétrons. Existem ligações simples, que compartilham apenas um par de elétrons, duplas (dois pares), triplas e mais raramente ligações quádruplas, que tendem a ser explosivamente instáveis. Em geral, as ligações covalentes tendem a ser as mais fortes e estáveis, especialmente as que ocorrem entre não-metais. Existem ligações covalentes de dois tipos: não-polares e polares. Nas ligações não-polares, os elétrons se distribuem uniformemente ao longo da molécula, enquanto nas polares eles tendem a se reunir numa extremidade da molécula. Isso cria nela pólos negativos e positivos. As extremidades opostamente carregadas se atraem para aglutinar estruturalmente as moléculas, como no gelo e na água.

Nas ligações iônicas, os átomos cedem seus elétrons a outros átomos. Com freqüência formam-se ligações iônicas entre metais, que perdem elétrons facilmente, e não-metais, que ganham elétrons com igual facilidade. Quando um átomo de metal perde um elétron, torna-se um íon positivamente carregado denominado cátion. Quando um átomo de não-metal ganha um elétron, torna-se um íon negativamente carregado chamado ânion. Ânions e cátions se juntam em ligações iônicas. O sal de cozinha, cloreto de sódio, é um exemplo de metal (sódio) que se juntou a um não-metal (cloro) por meio de ligação iônica.

Os metais tendem a se associar em ligações metálicas. Como eles perdem elétrons facilmente, são muitas vezes concebidos como cátions flutuando num mar de elétrons. Mesmo quando se combinam em ligas, os diferentes metais compartilham elétrons, que flutuam livremente, o que confere a esses elementos a propriedade de fortes, mas flexíveis.

FATOS ADICIONAIS

1. *Tecnicamente, não existem ligações iônicas puras, pois todas também possuem algum grau de ligação covalente ou metálica.*
2. *O primeiro cientista a descrever as ligações covalentes foi o físico-químico americano Gilbert N. Lewis, em 1917.*
3. *Em alguns compostos de cromo, existem ligações covalentes quíntuplas.*

Nacionalismo do Século XIX

Durante mais de um século, Viena foi o centro mundial da música. Na década de 1840, porém, revoluções na Áustria, Hungria, Alemanha, Itália e França ajudaram a estimular sentimentos nacionalistas que se ergueram contra as potências imperiais em um conflito que cresceu ao longo do século XIX. No mundo musical, compositores expressavam seu apoio aos movimentos nacionalistas voltando-se para a música típica de suas pátrias. O nacionalismo deles acabaria dando lugar ao internacionalismo cosmopolita dos modernistas, mas por algum tempo foi a inspiração dominante para muitos compositores.

Em Paris, Frédéric Chopin escreveu polonesas e mazurcas em homenagem à sua Polônia natal e, em 1831, compôs uma peça para comemorar a malfadada rebelião polonesa contra o czar. O nacionalismo tcheco foi expresso por três compositores: Bedrich Smetana, Antonín Dvorák e Leos Janácek. *Danças eslavas* (1878), a *Sinfonia nº 4* (1874) e a *Sinfonia nº 6* (1880), de Dvorák, empregaram temas e padrões rítmicos típicos de seu país.

Richard Wagner e Richard Strauss acreditavam que a música alemã era a mais avançada e pura do mundo, idéia que seria bem acolhida no país por ocasião dos movimentos políticos do século XX. E Piotr Ilitch Tchaikovsky e Nicolai Rimsky-Korsakov colocaram a música tradicional russa a serviço dos interesses do czar.

A mais famosa obra musical nacionalista é provavelmente a *Abertura 1812* (1880), de Tchaikovsky, peça encomendada pelo governo russo para comemorar a vitória de seu país sobre Napoleão. Consta que Tchaikovsky a escreveu a contragosto, mas o resultado é uma das peças mais populares da história da música clássica. Ele a compôs inspirado nas melodias do hino nacional russo e de vários hinos ortodoxos e empregou canhões de artilharia em sua orquestração.

FATOS ADICIONAIS

1. *Em 1933, Richard Strauss se tornou presidente do* Reichsmusikkammer, *o Ministério da Música do Partido Nazista.*
2. *O nacionalismo ressurgiu muitas vezes durante o século XX, nas composições de Aaron Copland e Dmitri Shostakovich.*
3. *O ápice da música nacionalista coincidiu com dois importantes eventos: a unificação da Itália, em 1861, e da Alemanha, em 1871.*

Friedrich Nietzsche

Provavelmente nenhum filósofo foi tantas vezes ou tão radicalmente mal interpretado quanto Friedrich Nietzsche (1844-1900). Nascido na cidade alemã de Röcken, ainda jovem Nietzsche se consagrou nos estudos de filologia clássica, conquistando o cargo de professor na Universidade da Basiléia, na Suíça, aos 24 anos. Abandonou a carreira acadêmica devido à saúde precária, que se agravou em 1889, tornando-o física e mentalmente inválido. Morreu louco, assistido pela irmã.

Um tema central na filosofia de Nietzsche é o que chamava de "reavaliação de todos os valores", que o levava a encorajar as pessoas a questionar seus valores morais, científicos e estéticos. Acreditava que muitos dos valores que formam a base da cultura européia – especialmente a moralidade cristã – inibiam desnecessariamente a vida e a alegria. Segundo ele, muitos desses valores foram inventados pelos fracos e ressentidos como meio de usurpar o poder dos fortes. O cristianismo, com sua exaltação dos obedientes e humildes, é a vitória da doença sobre a saúde. Para cada sistema de valores e para cada sistema filosófico, indagava Nietzsche, qual é o melhor tipo de vida?

Outra importante teoria nietzschiana é a do "eterno retorno" – idéia de que o mundo voltará a ser exatamente o que foi, por todo o sempre. Devido ao eterno retorno, tornaremos a viver nossa vida exatamente como a vivemos antes, nos mais ínfimos detalhes, repetidamente. Nietzsche propõe a seguinte questão: Que tipo de pessoa gostaria de repetir todos os momentos de sua vida, mesmo os mais insignificantes e humilhantes, por toda a eternidade?

FATOS ADICIONAIS

1. *Muitos especialistas acreditam que Nietzsche sofria de sífilis, contraída de uma prostituta ou na época em que era assistente hospitalar na Guerra Franco-Prussiana.*
2. *A irmã de Nietzsche, Elizabeth Förster-Nietzsche, foi uma protonazista e tentou distorcer a filosofia do irmão para seus próprios fins políticos. Nietzsche era um crítico contundente tanto do nacionalismo alemão quanto do anti-semitismo.*
3. *O conceito nietzschiano de super-homem (*Übermensch*) foi utilizado pelos nazistas para descrever o herói ariano ideal. Nietzsche não disse exatamente como seria o super-homem, mas era evidente que não seria belicoso nem violento.*
4. *Nietzsche tinha estreita amizade com o compositor alemão Richard Wagner. A amizade foi rompida depois que o filósofo começou a criticar o compositor com virulência em seus escritos. Algumas evidências indicam que a causa do rompimento foi o fato de Wagner ter sugerido inoportunamente, ao médico de Nietzsche, a causa dos problemas de visão do jovem – excesso de masturbação.*

Mahdi

Os muçulmanos acreditam que o profeta Maomé ensinou que, antes do fim dos tempos, um homem conhecido como Mahdi vai emergir do Islã. Esse homem será um membro da Ahl al-Bayt ou linhagem de Maomé e transformará o mundo em um lugar puro e pacífico. Existem muitas crenças sobre a natureza do Mahdi e, como sempre, os muçulmanos xiitas e sunitas divergem frontalmente em suas concepções.

De acordo com o islamismo sunita, o Mahdi ainda não nasceu. Seu nascimento ocorrerá em Medina, onde Maomé faleceu, e seus pais se chamarão Abdullah e Aamina, o nome dos pais de Maomé. Os sunitas acreditam também que o Mahdi emergirá com 40 anos, a idade em que Maomé teve sua primeira revelação, e que tanto ele quanto um Jesus ressuscitado habitarão a terra por muitos e muitos anos.

Os xiitas, por outro lado, têm uma concepção radicalmente diversa. Acreditam que, após a morte do profeta Maomé, o islamismo foi dirigido por uma série de imãs, começando com Ali. O 12º e último desses imãs nasceu em 868, mas ainda não morreu. Quando ele tinha 5 anos, seu pai, o 11º imã, faleceu. O tio do menino estava prestes a dirigir o serviço de prece quando o Mahdi de 5 anos declarou que só um imã poderia celebrá-lo e passou ele mesmo a realizá-lo. Depois disso, ocultou-se, ou desapareceu, e nunca mais foi visto. Os xiitas acreditam que ele ainda vive, com o nome de Maomé al-Mahdi, e um dia finalmente ressurgirá.

FATOS ADICIONAIS

1. *Maomé afirmou que, se no dia do juízo o Mahdi não aparecesse, esse dia perduraria para sempre até ele surgir.*
2. *Diz-se que o personagem principal do romance* Duna *(1965), de Frank Herbert, é ninguém menos que o Mahdi.*

Andrew Carnegie

Andrew Carnegie (1835-1919) foi um imigrante escocês que viveu nos Estados Unidos e acumulou uma das maiores fortunas do século XIX. Aposentou-se como o homem mais rico do mundo e passou o resto da vida distribuindo dinheiro. Quando morreu, Carnegie havia doado mais de 350 milhões de dólares a entidades beneficentes, soma inimaginável na época. Ainda hoje, muitas cidades norte-americanas possuem uma Biblioteca Carnegie, construída com dinheiro doado pelo filantropo.

Carnegie devia sua fortuna ao insaciável apetite que os Estados Unidos do século XIX nutriam pelo aço. Após emigrar da Escócia com a família em 1848, quando tinha 13 anos, Carnegie foi trabalhar numa algodoaria, mas percebeu que o aço era uma excelente oportunidade. Em 1865, aos 30 anos, inaugurou a Carnegie Steel Company, em Pittsburgh, a fim de produzir metal para as ferrovias e pontes que cruzavam o continente norte-americano, que na época passava por um intenso processo de industrialização. Carnegie era famoso pelos baixos preços, e sua empresa acabou absorvendo muitos de seus concorrentes.

Em 1901, ele vendeu a empresa e se aposentou. Cultivara a imagem de amigo da classe trabalhadora graças a suas raízes humildes, e em seu livro *The Gospel of Wealth* afirmou que os ricos devem distribuir a riqueza entre os menos afortunados. Depois de se aposentar, foi exatamente isso que fez. Suas doações financiaram a construção de 2.500 bibliotecas no mundo de língua inglesa, incluindo mais de 1.600 nos Estados Unidos. Patrocinou também museus, expedições científicas e a famosa casa de espetáculos que leva seu nome em Nova York.

Nos Estados Unidos, a história de vida de Carnegie, do pobre que ficou rico, sugeria que qualquer pessoa podia realizar o sonho americano e enriquecer. Seu nome permanece como símbolo da oportunidade americana e também das responsabilidades que vêm com a riqueza.

FATOS ADICIONAIS

1. *Entre muitas outras realizações filantrópicas, Carnegie financiou a instalação de mais de sete mil órgãos de igreja em todos os Estados Unidos, alguns dos quais continuam em uso.*

2. *Carnegie, que retornava com freqüência à Escócia depois de acumular fortuna, comprou o Castelo Skibo, nas Highlands escocesas, para usá-lo como casa de campo. O castelo continuou de propriedade de sua família por muitos anos, mas hoje é um* resort. *Madonna e Guy Ritchie se casaram ali em 2000.*

3. *Carnegie foi um fervoroso partidário da causa da União durante a Guerra Civil. Serviu como superintendente das ferrovias e telégrafos militares, coordenando o transporte de tropas para o campo de batalha.*

4. *Um gigantesco dinossauro – o* Diplodocus carnegii *– recebeu seu nome em homenagem a Carnegie, financiador da expedição que descobriu o animal.*

As Aventuras de Huckleberry Finn

As aventuras de Huckleberry Finn (1884), de Mark Twain (1835-1910), permanece uma das obras mais lidas da literatura norte-americana do século XIX. Embora o romance tenha sido proibido por diversas razões, trata-se de uma história divertida e emocionante que atrai tanto leitores mais jovens quanto mais velhos.

Huck Finn é um menino da cidade de St. Petersburg, Missouri. Como o pai de Huck, Pap, é um bêbado violento e quase sempre ausente, o menino vive sob os cuidados de uma velha viúva, cujas tentativas de "sivilizar" Huck só causam grande tristeza ao garoto. De volta à cidade, Pap seqüestra o menino e o leva para uma cabana distante, espancando-o cruelmente. Para escapar, Huck forja a própria morte e vai para uma ilha no meio do rio Mississippi, onde conhece Jim, um escravo fugido que pertence à irmã da tutora do garoto.

Huck e Jim descem o rio numa jangada e encontram uma galeria de criminosos, caçadores de escravos, vigaristas e outros exemplos do que a sociedade tem de pior. Depois de inúmeras atribulações, Jim é capturado, mas acaba sendo resgatado por Huck e o amigo dele, Tom Sawyer. Finalmente, todos voltam para casa sãos e salvos e, no fim do romance, Huck decide partir para explorar o ainda selvagem Oeste americano.

O romance é centrado no desenvolvimento de Huck e em seu esforço para reconciliar os ditames da sociedade com os próprios sentimentos e instintos, especialmente no que se refere à sua relação com Jim. Criado no Sul, Huck aprendeu que é errado ajudar um escravo fugido. Mas Jim – de longe o personagem mais cativante e decente do romance – logo se faz merecedor da confiança de Huck e se torna quase uma figura paternal. No fim, Huck acaba compreendendo que as regras da sociedade nem sempre são corretas e que sua própria noção de certo e errado é muitas vezes um guia mais valioso.

FATOS ADICIONAIS

1. *Ainda hoje,* Huck Finn *é proibido em muitos distritos escolares norte-americanos, devido ao freqüente uso da palavra ofensiva* nigger *ao longo do romance – embora isso só faça aumentar o realismo de uma história que prega a tolerância e condena a estupidez do racismo.*
2. *Twain inventou o termo para o período da história americana entre a Reconstrução e a Primeira Guerra Mundial – a Era Dourada – na novela publicada em 1873* The Gilded Age: A Tale of Today.
3. *No romance anterior de Twain* As aventuras de Tom Sawyer *(1876), Tom e Huck descobrem o tesouro de um criminoso – o mesmo que Pap tenta surrupiar em* As aventuras de Huckleberry Finn.

La Grande Jatte

Tarde de domingo na ilha de La Grande Jatte (1884-1886), de Georges Seurat (1859-1891), é uma das obras mais conhecidas do pós-impressionismo. A pintura, executada na famosa técnica do pontilhismo ou divisionismo de Seurat, capta uma cena tranqüila de pessoas sentadas, caminhando, pescando e velejando ao longo das margens do rio Sena, perto de Paris.

Nos anos que precederam a elaboração de *La Grande Jatte*, Seurat havia estudado óptica e feito experiências nesse domínio. Influenciado pelo tratado sobre a cor *Théorie scientifique des couleurs* (1881), de Ogden Rood, criou um sistema científico para traduzir a luminosidade e a cor natural com pontos e riscos de tinta aplicados de maneira espessa e sobrepostos. Seu *Banhistas em Asnières*, de 1883, ilustra suas primeiras aplicações dessa técnica numa cena ampla, ao ar livre.

Seurat começou a trabalhar na tela de aproximadamente 2,10 m por 3,10 m de *La Grande Jatte* em 1884 e a concluiu a tempo para a exposição de 1885, que acabou sendo cancelada. Depois disso, retrabalhou muitas partes da pintura numa técnica que ele chamou de cromoluminarismo antes de submetê-la à oitava e última mostra do grupo impressionista. Do momento em que concebeu a pintura à sua conclusão, o artista fez 59 esboços em papel, painel e tela, os quais oferecem uma visão fascinante de seu processo criativo.

A pintura é situada na margem noroeste da ilha de La Grande Jatte, que fica em frente à cidade de Courbevoie, do outro lado do rio Sena. A tela retrata 48 pessoas, oito barcos, três cachorros e um macaco. Um casal de pé à direita domina a composição. A mulher segura duas guias, certamente uma para o cachorro e uma para o macaco posicionados aos pés dela. À esquerda, há um grupo de uma mulher e dois homens, um dos quais se veste informalmente e fuma cachimbo, quase completamente deitado sobre a relva. Perto dele – e contrastando com sua descontração –, um cavalheiro elegantemente vestido está sentado com o corpo ereto. Uma criança trajando uma roupa branca reluzente no centro do quadro é a única figura que olha para o espectador. Há ainda pessoas em grupo ou sozinhas mais afastadas. A cena é alternadamente descontraída e formal. As figuras parecem um tanto planas, como se tivessem sido recortadas em papelão e em seguida cuidadosamente distribuídas na paisagem.

De acordo com seu próprio testemunho, Seurat queria que a obra fosse um registro monumental da vida contemporânea, digna de comparação com obras-primas antigas, como o friso do Partenon. Em 1924, Frederick Clay Bartlett comprou *La Grande Jatte* para o Instituto de Arte de Chicago, onde pode ser visto ainda hoje. Um recente musical de Stephen Sondheim, *Domingo no parque com George*, deu nova vida à tela ao transpô-la para o palco.

Estados da Matéria

Os três estados da matéria – sólido, líquido e gasoso – são definidos pela forma e pelo volume da substância em questão. Os sólidos têm volume e forma definidos. Os líquidos têm volume definido, já a forma é determinada pelo recipiente em que se encontram. Os gases não têm forma nem volume definidos e são capazes de se expandir infinitamente se nada os contiver.

A matéria é composta de moléculas, que por sua vez são compostas de átomos. É a natureza dos átomos e das moléculas que determina o estado da matéria. Todas as moléculas possuem energia cinética, ou seja, elas se movem. Quanto mais se movimentam, mais probabilidade têm de se afastar umas das outras. Porém as moléculas, especialmente as do mesmo tipo, tendem a se atrair. A tensão entre a energia cinética e a atração molecular resulta nas diferentes fases da matéria. Essa tensão é muito influenciada pela temperatura e pela pressão. Aumentos na temperatura fazem as moléculas se mover mais depressa, elevando a energia cinética, enquanto aumentos na pressão aproximam as moléculas, aumentando a atração molecular.

Nos sólidos, as moléculas se movem bem devagar, vibrando ou girando, e a atração entre elas é muito forte. Podem se organizar em estruturas rígidas chamadas cristais ou em estruturas amorfas como o vidro. Dependendo da temperatura e da pressão, o mesmo tipo de molécula pode se dispor em muitas estruturas diferentes. Por exemplo, o carbono sólido pode formar grafite e diamante. As diferentes estruturas se denominam fases.

Nos líquidos, a energia cinética é bastante alta e a atração molecular é baixa o suficiente para que as moléculas deslizem facilmente umas nas outras. A maioria das substâncias tem apenas uma fase líquida, mas outras têm mais de uma – existem duas fases de hélio líquido, por exemplo. Nos gases, as moléculas raramente são atraídas umas pelas outras e se movem livremente. Se elas ganharem energia cinética suficiente e não tiverem quase nenhuma pressão, seus elétrons – minúsculas partículas subatômicas negativas – se separam do restante de seus átomos. Essa fase, chamada plasma, ocorre nas estrelas.

FATOS ADICIONAIS

1. *O gelo – água sólida – tem oito fases diferentes.*
2. *Uma fase do hélio líquido é muito estranha. Se for despejada num recipiente, ela se deposita no fundo, sobe pelas laterais, transborda e se deposita ao lado do recipiente.*
3. *Em temperaturas extremamente baixas, as moléculas raramente se movem. Isso conduz a fases esdrúxulas da matéria chamadas superfluidos, supersólidos e condensados de Bose-Einstein.*

Piotr Ilitch Tchaikovsky

Depreciada pelos críticos de sua época, a contribuição de Piotr Ilitch Tchaikovsky (1840-1893) para o cânone da música clássica foi objeto de múltiplas opiniões. Ele era visto ora como charlatão bombástico, excessivamente sentimental, com pouco domínio da forma, ora como nacionalista que compunha com o coração e ousou seguir seus instintos. Seja como for, as obras orquestrais de Tchaikovsky mereceram um lugar na história e são, no mínimo, uma introdução acessível ao mundo da música erudita.

Nascido em uma cidade mineradora novecentos quilômetros a leste de Moscou, Tchaikovsky foi uma criança frágil e doente. Enviado a um internato e depois a um conservatório de São Petersburgo, tornou-se professor de harmonia do Conservatório de Moscou em 1866 e juntou-se a um pequeno círculo de compositores nacionalistas. Em Moscou, escreveu sua *Sinfonia nº 2*, "Pequeno russo" (1872), e várias outras obras com temas de seu país.

A princípio, Tchaikovsky não foi plenamente reconhecido na Rússia. Quando seu *Concerto para piano nº 1* (1875) foi executado pelo grande mestre russo Anton Rubinstein, consideraram essa obra "imprestável e inexecutável". Mas, quando estreou em Boston, a peça foi alvo de ampla aclamação. O compositor só encontrou aceitação na Rússia na fase tardia de sua carreira, a partir de obras como a *Sinfonia nº 4* (1878).

As obras mais famosas de Tchaikovsky são a *Abertura 1812* (1880) e os balés *O lago dos cisnes* (1875) e o constantemente executado *O quebra-nozes* (1892).

FATOS ADICIONAIS

1. *Tchaikovsky atuou pela primeira vez como maestro no Carnegie Hall, em Nova York, em 1891. Mais tarde escreveu que era mais popular nos Estados Unidos do que na Europa.*

2. *Não se sabe se ele morreu de cólera, por beber água não fervida, ou se suicidou por envenenamento, como punição numa disputa entre cavalheiros.*

3. *Tchaikovsky era homossexual, mas, em nome das aparências, casou-se em 1877 com uma entusiástica fã chamada Antonina Miliukova. O casamento durou apenas algumas semanas.*

Modalidade

Você poderia ter sido um pouco mais alto ou um pouco mais baixo. Poderia ter tido mais ou menos irmãos. Todas essas coisas são possíveis, mas não reais. Os aspectos do mundo que poderiam ter sido diferentes são descritos pelos filósofos como contingentes. No entanto, existem aspectos nos quais o mundo não poderia ser diferente. Por exemplo, 2 + 2 não poderia ser outra coisa senão 4. Aspectos do mundo como 2 + 2 = 4 são necessariamente verdadeiros.

O problema da modalidade consiste em verificar quais aspectos do mundo são contingentes, quais são necessários e como diferenciá-los. A questão da modalidade perduraria mesmo se conhecêssemos toda a verdade acerca do mundo. Poderíamos ainda perguntar: Quais dessas verdades são necessárias e quais são contingentes?

Quase todos os filósofos concordam que a lógica é necessariamente verdadeira: se Sócrates é um homem, e todos os homens são mortais, segue-se necessariamente que Sócrates é mortal. É impossível que as duas primeiras proposições sejam verdadeiras, e a terceira, falsa. Da mesma forma, quase todos os filósofos concordam que a matemática é necessária: é impossível que 2 + 2 não seja igual a 4. Todavia, divergem quanto a outras questões, como a de saber se as leis físicas do universo são necessárias. Discordam também quanto à existência de verdades necessárias no que se refere às coisas individuais. Por exemplo, é necessário, ou apenas contingente, que você seja um ser humano? Você poderia existir sem ser um ser humano – digamos, como gato ou marmota? Ou um exemplo religioso: Se há um Deus, ele necessariamente existe?

Os filósofos indagam também: O que é que, no mundo, determina que algumas coisas sejam possíveis e outras impossíveis? Enquanto alguns filósofos têm afirmado que essa questão não pode ser respondida, outros têm dito que determinada coisa é possível sempre que existir um "mundo possível" no qual ela seja verdadeira.

FATOS ADICIONAIS

1. *Baruch Spinoza acreditava que todas as coisas são necessárias e que não existe contingência no mundo.*
2. *René Descartes acreditava que Deus decide o que há de ser necessário e o que há de ser contingente. Se Deus tivesse decidido de outra maneira, seria falso, por exemplo, que 2 + 2 = 4.*

Jihad

O termo árabe *jihad* tem conotações polêmicas. Embora se costume traduzi-lo e entendê-lo como "guerra santa", significa também "empenho no caminho de Deus".

O empenho que o *jihad* descreve é o esforço que se deve despender quando se luta com o islamismo. Esse esforço envolve a luta interior para se tornar um muçulmano melhor ou a luta contra o mal por meio da escrita, dos sermões e do estudo.

Tem-se dado muita ênfase ao aspecto "guerra santa" do *jihad*, não só por causa dos acontecimentos recentes, mas também devido à própria história do islamismo. Após fugir para Medina, Maomé criou um grupo de seguidores e depois atacou e derrotou Meca, de onde passou a propagar o islamismo por toda a Arábia. Tradicionalmente, os muçulmanos dividiam o mundo em duas partes: Dar al-Islam e Dar al-Harb. Dar al-Islam era a terra do islamismo, onde este já predominava. Dar al-Harb, por outro lado, era a terra da guerra, ou a terra que o Islã ainda precisava conquistar.

Segundo alguns estudiosos, isso sugere que, enquanto o mundo não for composto apenas de muçulmanos, estes serão obrigados a empreender a guerra santa. Todavia, esse não é necessariamente o caso. À medida que o império islâmico se espalhava pela Península Arábica e penetrava a África, a Ásia e a Europa, os muçulmanos iam encontrando mais povos que já eram monoteístas. Além disso, sofreram derrotas militares. Por isso, a expansão muçulmana diminuiu o ritmo e se tornou menos violenta. Muitos líderes do Islã começaram a sustentar a visão da coexistência pacífica.

FATOS ADICIONAIS

1. *Entre os místicos muçulmanos, faz-se uma distinção entre* jihad *menor e* jihad *maior. A guerra santa é vista como* jihad *menor, enquanto a luta que o fiel trava com a própria alma é vista como* jihad *maior.*
2. *Maomé costuma ser lembrado como um grande guerreiro, fortalecendo assim o argumento em favor do islamismo militante. Todavia, cabe notar que ele só guerreou durante seus últimos dez anos de vida. Em seus primeiros 52 anos, foi mercador e depois sacerdote.*

Vladimir Lênin

No início do século XX, uma monarquia autocrática lutava para manter o controle da Rússia. De seu imenso palácio de inverno em São Petersburgo, o último czar, Nicolau II, governava um vasto e turbulento reino de fazendeiros ricos, camponeses empobrecidos e operários miseráveis. As pessoas exigiam mais liberdade política, mas o exército czarista reprimia o crescente clamor por reformas, enforcando dissidentes ou mandando-os para a prisão na Sibéria. Aos olhos do povo, a Primeira Guerra Mundial, que começou em 1914, foi a gota d'água. Horrorizado com a carnificina – 1,7 milhão de soldados russos morreram em nome da política de poder européia –, o povo finalmente depôs o czar em 1917.

Inicialmente, os reformadores russos esperavam substituir a monarquia por uma democracia liberal ao estilo da França e da Grã-Bretanha. Mas um político ativista de meia-idade, originário da cidade de Simbirsk, tinha outras idéias. Em menos de um ano após a queda do czar, Vladimir Ilitch Lênin (1870-1924) e seus seguidores comunistas tomaram o poder na Rússia. Eles rejeitavam a democracia liberal e buscavam a construção de um novo tipo de governo, organizado segundo a filosofia política marxista. Com os escombros do velho império czarista, Lênin e seu grupo criaram uma nova nação, a União das Repúblicas Socialistas Soviéticas (URSS).

Sob o domínio do czar, Lênin passara muitos anos no exílio ou na prisão devido a suas atividades subversivas. Durante esse tempo, amadureceu uma série de idéias que seriam conhecidas como leninismo, que tentava aplicar a filosofia de Karl Marx ao governo real de um Estado comunista. Na prática, o leninismo implantado na União Soviética causou enorme sofrimento ao povo russo. O governo de Lênin aboliu a empresa privada, executou milhares de adversários e provocou uma crise de fome que matou milhões de cidadãos soviéticos. No entanto, do ponto de vista da produção industrial, a revolução foi um sucesso. No fim da Segunda Guerra Mundial, em 1945, a União Soviética era uma superpotência militar. Josef Stalin assumiu o governo após a morte de Lênin, em 1924, consolidando o domínio do Partido Comunista durante seu impiedoso comando, que durou trinta anos.

FATOS ADICIONAIS

1. *O corpo de Lênin foi embalsamado e depositado em um mausoléu no centro de Moscou, onde ainda permanece.*
2. *Lênin inspirou o personagem do velho Major no famoso livro* A revolução dos bichos *(1945), do romancista britânico George Orwell.*
3. *O czar deposto e sua família foram executados pelos soviéticos em 1918.*

Madame Bovary

O romance *Madame Bovary* (1857), de Gustave Flaubert, foi uma das primeiras obras-primas do realismo do século XIX. Embora o enredo possa hoje parecer clichê, o retrato cru de uma mulher insatisfeita que comete adultério foi revolucionário na época. Aliás, o enredo provocou a indignação popular, o que levou o autor e o editor a serem processados por obscenidade.

Flaubert (1821-1880) viveu em um período de grandes mudanças sociais na França. Após a Revolução Francesa de 1789, a aristocracia decadente dera lugar a uma próspera classe média de empresários e comerciantes. Flaubert, membro da elite intelectual, desprezava os valores tolos e materialistas dos novos-ricos. Esse sentimento é notório em toda sua obra, particularmente em *Madame Bovary*.

A jovem Emma Bovary cresceu no campo e foi educada por freiras. Após se casar com um médico burguês de não muita fortuna e competência mínima, a tediosa realidade do matrimônio simplesmente não atende a suas expectativas idealizadas. Nem mesmo a maternidade consegue animá-la – ela anseia por um amor romântico, mas seus desejos permanecem inconseqüentes e volúveis. Emma começa dois casos adúlteros – um termina em mágoa e o outro em tédio. Embora o marido de nada suspeite, Emma se torna indiscreta e descuidada em relação ao dinheiro, acumulando enormes dívidas, e por fim recorre à prostituição. Num acesso de desespero, comete suicídio por envenenamento.

O *status* de *Madame Bovary* como clássico literário deve-se ao tema e ao estilo inovador. Enquanto romancistas e poetas do movimento romântico viam com otimismo o espírito humano, Flaubert, mais pessimista, mostrou-se analítico e frio em sua abordagem da situação de Emma Bovary. Também manipulou a prosa de maneira inovadora, alterando sutilmente a linguagem em diferentes partes da narrativa para realçar as mudanças de tom no decorrer da história. Após a morte de Flaubert, outros mestres do realismo, de Leon Tolstói a Thomas Hardy, criaram obras-primas que muito devem ao escritor francês.

FATOS ADICIONAIS

1. *Flaubert ficou conhecido por seu trabalho incansável na escolha lexical, para achar "le seul mot juste" – "a única palavra exata" – para cada descrição e situação.*
2. Madame Bovary *exigiu de Flaubert um esforço de mais de cinco anos. Os amigos o aconselharam a deixar o projeto de lado, mas ele se dedicou exclusivamente ao livro até terminá-lo.*
3. *O subtítulo de Flaubert para* Madame Bovary *era* Mœurs de province, *"Costumes de província" – indício de seu desdém pela burguesia.*

Expressionismo

O movimento expressionista foi iniciado por artistas que rejeitavam propositalmente o naturalismo na arte. Em vez de tentar captar o mundo visível com objetividade, os expressionistas o transformavam de acordo com suas próprias necessidades. Embora não compartilhassem um estilo único, favoreciam o uso de cores dissonantes, composição desequilibrada e técnicas toscas, infantis ou primitivas. Dando as costas ao refinado classicismo de pintores renascentistas e acadêmicos, buscavam inspiração nas obras emocionalmente carregadas de mestres alemães do século XVI, como Albrecht Dürer e Matthias Grünewald.

Embora Vincent van Gogh e Paul Gauguin tenham contribuído muito para o desenvolvimento do expressionismo, o início do movimento costuma ser datado em 1905 – ano em que um grupo de artistas liderados por Henri Matisse apresentou pela primeira vez seus trabalhos em Paris. Esses homens passaram a ser chamados de *fauves*, "feras", devido ao uso que faziam de cores berrantes e figuras distorcidas.

Enquanto os *fauves* suscitavam controvérsias em Paris, o expressionismo alemão lançava raízes em Dresden. Foi lá que Ernst Kirchner inaugurou o grupo conhecido como *Die Brücke*, "A Ponte", que ele encarava como uma ligação entre os mundos antigo e moderno. Inspirados pelos pós-impressionistas, pelos *fauves* e pelas esculturas de madeira africanas, os membros da Ponte desenvolveram um estilo rude e provocativo para pintar temas como cenas urbanas de ruas. Um dos membros mais importantes do grupo foi Emil Nolde, cujo quadro *Máscaras vivas* caracterizava as preferências artísticas da associação. Depois de 1905, o expressionismo se espalhou quase que simultaneamente por toda a Europa. Entre os grandes representantes do movimento, estão Oscar Kokoschka e Egon Schiele na Áustria, Chaim Soutine e Georges Rouault na França, Edvard Munch na Noruega e James Ensor na Bélgica. Em 1911, Wassily Kandinsky e Franz Marc organizaram a *Der Blaue Reiter*, "O Cavaleiro Azul", uma associação de curta duração de artistas instalados em Munique que fundiam os princípios expressionistas, simbolistas e cubistas, abrindo caminho para a abstração.

Muitas vezes, "expressionismo" é utilizado como termo genérico para todos os movimentos (por exemplo, cubismo, futurismo, dadaísmo e surrealismo) que rejeitaram o modelo clássico na primeira metade do século XX. O expressionismo começou a declinar em meados da década de 30, quando as autoridades nazistas o proclamaram decadente. Então, muitos de seus representantes buscaram refúgio nos Estados Unidos e em outros locais seguros.

FATOS ADICIONAIS

1. *Embora sejam freqüentemente considerados os primeiros expressionistas, os fauvistas procuravam evocar emoções positivas, ao passo que seus pares de outros países tendiam a retratar medo, raiva, frustração e miséria.*

2. *Os expressionistas trabalhavam muitas vezes com xilogravura, meio que apreciavam porque resultava em contornos toscos e contrastes fortes de preto e branco.*

Fotoquímica

Toda luz chega ao nosso planeta em pacotes de energia chamados fótons. A luz visível é apenas uma pequena parte da gama total de luz, chamada espectro eletromagnético, que engloba ondas de rádio, microondas, luz infravermelha, luz ultravioleta, raios X e raios gama. Cada tipo de luz possui comprimento de onda, freqüência e nível de energia característicos. As ondas de rádio, por exemplo, são tão longas e possuem nível de energia tão baixo que atravessam facilmente quase todos os tipos de matéria sem afetá-los. A luz ultravioleta, por outro lado, possui energia suficiente para provocar reações químicas que queimam nossa pele. A luz provoca também reações químicas que nos permitem captar imagens em filme.

O filme em preto-e-branco é constituído por uma fina camada protetora de plástico, uma emulsão de gelatina e grânulos de cristal de sal de prata, também conhecidos como haletos de prata. Estes são sensíveis ao comprimento de onda, à freqüência e ao nível de energia da luz visível. Uma vez expostos, absorvem raios luminosos e se transformam em prata. Quanto mais luz houver, mais escuros se tornarão os cristais de sal de prata. É por isso que os negativos são mais escuros nos lugares que são mais claros na vida real. Quando a luz brilha através do negativo até o papel fotográfico, também coberto por emulsão de haletos de prata, os lugares escuros do negativo deixam passar o mínimo de raios. Os lugares claros, ao contrário, permitem a passagem de muitos raios. Desse modo, a imagem no papel fotográfico é o oposto da imagem do negativo.

No filme colorido, a emulsão é constituída por camadas sensíveis às freqüências separadas da luz vermelha, verde e azul. Quando o filme é revelado, a superposição dessas cores cria a gama total de cores que vemos no cotidiano.

FATOS ADICIONAIS

1. *A gelatina usada na emulsão é uma forma purificada da gelatina comestível.*
2. *A primeira fotografia foi tirada por Joseph Niépce em 1827. Ele expôs à luz solar uma placa metálica coberta por um fotoquímico chamado betume. Oito horas depois, obteve uma imagem permanente.*
3. *Os daguerreótipos foram o primeiro tipo de fotografia comercialmente bem-sucedido. Eram revelados em vapores de mercúrio venenosos, o que abreviou a vida de muitos fotógrafos descuidados.*
4. *A fotografia mais cara da história foi vendida por quatrocentos mil dólares. É a imagem das mãos da pintora Georgia O'Keeffe, fotografada por seu marido, Alfred Stieglitz.*

Antonín Dvorák

Antonín Dvorák (1841-1904), o mais talentoso compositor tcheco internacionalmente reconhecido, nasceu na Boêmia e tocava viola na Orquestra Nacional de Praga. Em 1874, sua *Sinfonia nº 3* lhe rendeu um prêmio nacional em Viena, bem como a atenção de Johannes Brahms, que se tornou um ardoroso fã. Em 1891, Dvorák conquistou o posto de professor de composição na Universidade de Praga, onde permaneceu apenas um ano. Em seguida, aceitou o cargo de diretor do Conservatório Nacional de Música de Nova York, com o salário, na época altíssimo, de quinze mil dólares.

Após uma turnê de despedida de cinco meses pela Boêmia, Dvorák embarcou para os Estados Unidos. A permanência nesse país foi um dos períodos mais infelizes, mas também um dos mais produtivos da vida do compositor. Escreveu a *Sinfonia nº 9*, "Sinfonia do novo mundo"(1893), e o *Concerto para violino* (1893).

A "Sinfonia do novo mundo" foi composta durante as férias que Dvorák passou na cidadezinha de fala tcheca Spillville, Iowa. No trem, atravessando a pradaria, inspirou-se na paisagem para compor sua própria interpretação dos Estados Unidos. A obra resultante sugere tanto a energia quanto os vastos espaços do país. Curiosamente, os tons e ritmos folclóricos que Dvorák incorporou à peça sugerem a alguns ouvintes a saudade de um viajante de sua própria terra natal.

Nessa sinfonia, como na maior parte da obra orquestral do compositor, vemos um artista de sensibilidade fundamentalmente romântica, mas ainda enraizado na abordagem clássica da forma. O que distingue Dvorák é sua devoção às melodias folclóricas. A *Sinfonia nº 5* (1875) apresenta melodias da Boêmia, e a *Sinfonia nº 6* utiliza um tipo de dança tcheca chamado *furiant*. Mais tarde os trabalhos do compositor se aproximaram do gênero lírico e livre do poema sinfônico.

FATOS ADICIONAIS

1. *Dvorák também é célebre por seus brilhantes quartetos de cordas.*
2. *Depois de quase três anos nos Estados Unidos, Dvorák regressou a Praga e viveu satisfeito compondo óperas e poemas sinfônicos.*

Pragmatismo

O pragmatismo é uma tradição filosófica que teve origem nos Estados Unidos com as obras de Charles Sanders Peirce (1839-1914), William James (1842-1910) e John Dewey (1859-1952). Muitos estudiosos consideram o pragmatismo a contribuição mais original dos norte-americanos à filosofia.

Peirce, James e Dewey discordavam em suas crenças específicas, mas partilhavam a mesma abordagem geral dos problemas filosóficos. Antes dos pragmatistas, vários pensadores acreditavam na teoria da correspondência da verdade. Segundo essa teoria, a verdade de uma crença ou sentença depende de sua concordância com uma realidade abstrata, independente da mente e da linguagem. Os adeptos dessa teoria alegam ser possível que todas as nossas melhores evidências sejam incorretas, que todas as nossas crenças a respeito do mundo, sustentadas pela experimentação mais exata, sejam equivocadas. Os pragmatistas rejeitaram essa abordagem. Para os três, a verdade era uma proposição bem mais fácil, já que, em certo sentido, o verdadeiro é simplesmente aquilo em que acreditamos com base nas melhores provas.

Eles acreditavam também que crenças e sentenças devem ser avaliadas à luz de seu papel no modo como encaramos os problemas práticos da existência. Para os pragmatistas, o termo "prático" incluía a vida moral, religiosa e política. A metafísica era aceita, desde que nos auxiliasse em nossa jornada pelo mundo.

Tanto James quanto Dewey fizeram importantes contribuições também fora do campo filosófico. James foi pioneiro da psicologia empírica nos Estados Unidos e autor da consagrada obra *Principles of Psychology* (1890). Dewey escreveu intensamente sobre educação, propondo que as escolas fossem mais flexíveis e levassem em conta a criatividade e a individualidade das crianças. Ele associava seu pragmatismo à política progressista, da qual foi um dos mais renomados defensores no início do século XX.

FATOS ADICIONAIS

1. *Dewey preferia chamar sua teoria de "instrumentalista".*
2. *Peirce foi um dos pioneiros da semiótica, o estudo dos signos.*
3. *William James era irmão do grande escritor norte-americano Henry James. Seu pai, Henry James Senior, foi um filósofo respeitado em sua época e educou os filhos com o objetivo explícito de torná-los gênios.*

Gabriel

O anjo Gabriel desempenha um papel essencial no islamismo, no cristianismo e no judaísmo, pois é freqüentemente convocado para transmitir mensagens importantes de Deus.

Gabriel é o anjo de maior destaque na tradição muçulmana. Segundo o islamismo, ele apareceu diante de Maomé enquanto este meditava numa caverna. Gabriel então recitou o Alcorão, versículo por versículo, ordenando que Maomé memorizasse cada linha e as transmitisse. Acredita-se que o Alcorão seja uma série de citações feitas por Deus diretamente a Gabriel e depois a Maomé. Dá-se muita atenção ao modo exato como as palavras ressoaram pela caverna, o que explica a insistência dos muçulmanos na pronúncia correta dos versículos e o motivo de as preces serem sempre ditas no árabe original.

No cristianismo, Gabriel é um dos arcanjos de Deus. Segundo alguns escritos, há três desses anjos de ordem superior, sendo os outros dois Miguel e Rafael. Em outras versões são sete. Gabriel aparece diversas vezes na tradição cristã para transmitir mensagens de Deus. Apresenta-se a Zacarias e diz a ele que João Batista, predecessor de Cristo, nascerá do ventre de Isabel. Também se apresenta à Virgem Maria para comunicar que ela dará à luz Jesus. Esse diálogo com Maria é conhecido como Anunciação.

No judaísmo, Gabriel se encontra duas vezes com Daniel. Na primeira vez, depois de Daniel ter uma visão divina que não consegue interpretar, Deus envia o anjo para instruí-lo. Depois, Gabriel prediz a Daniel o fim do exílio dos judeus na Babilônia.

FATOS ADICIONAIS

1. *O nome Gabriel significa "homem de Deus".*
2. *Os mórmons acreditam que Gabriel e Noé, que construiu a arca, são a mesma pessoa.*
3. *Diversas tradições religiosas relacionam uma série de atributos a Gabriel: a cor azul, o elemento água, a direção oeste e a lua. Em alguns lugares, é conhecido também como o anjo da morte, da vingança, da ressurreição, da revelação, da misericórdia e da anunciação.*

Tratado de Versalhes

O Tratado de Versalhes encerrou oficialmente a Primeira Guerra Mundial. Assinado em Paris em 1919, após meses de negociações, o tratado rearranjou o mapa do mundo. Do lado dos vencidos, a Alemanha perdeu boa parte de seu território na Europa e todo seu império colonial. Foi forçada a aceitar a responsabilidade por deflagrar a guerra e a pagar indenização financeira aos Aliados vitoriosos. Duas das potências vencedoras, França e Grã-Bretanha, ocuparam os antigos territórios otomanos no Oriente Médio.

Já naquela época, vários críticos consideraram o tratado uma grande oportunidade perdida. O presidente norte-americano Woodrow Wilson viajara a Paris com o plano idealista de eliminar de vez o imperialismo e estimular a cooperação internacional por meio de uma nova Liga das Nações. Mas a Grã-Bretanha e principalmente a França não tinham interesse em idealismos. Após perder milhões de soldados na guerra, tudo que desejavam era retaliação. O resultado foi um pacto que humilhava os alemães.

Durante os quatro anos de sua duração, de 1914 a 1918, a guerra gerara distúrbios sem precedentes no Velho Mundo. Quatro grandes potências – o *Reich* alemão, o Império Austro-Húngaro, a monarquia russa e o sultanato otomano – desapareceram da história.

Nesse quadro tumultuado, o Tratado de Versalhes não conseguiu implantar a paz duradoura. No fim, os Estados Unidos se recusaram a ratificá-lo, porque o Senado, sob o domínio dos republicanos separatistas, não apoiava a Liga das Nações de Wilson. O presidente americano entrara na guerra prometendo transformar o mundo em um lugar "seguro para a democracia", mas a ordem internacional que emergiu em Versalhes não era nem democrática nem segura. De fato, alguns historiadores acreditam que a humilhação da Alemanha induziu o ressentimento popular contra as potências ocidentais, que Adolf Hitler soube aproveitar nos anos 30 para impor a ditadura.

FATOS ADICIONAIS

1. *O tratado foi assinado na famosa Galeria dos Espelhos, construída por Luís XIV no Palácio de Versalhes, nos arredores de Paris. A escolha foi altamente simbólica: naquele mesmo recinto, os franceses haviam se rendido à Alemanha no fim da Guerra Franco-Prussiana, em 1871.*

2. *Armas químicas foram utilizadas pela primeira vez na Primeira Guerra Mundial, pelos alemães, em 1915, e depois pelos Aliados. Horrorizadas pela longa agonia que o gás venenoso provocava nas vítimas, em 1925 as nações européias concordaram em proibir o emprego de armas químicas nos campos de batalha das guerras futuras.*

3. *Woodrow Wilson ganhou o Prêmio Nobel da Paz em 1919 por fundar a Liga das Nações. Dois outros presidentes norte-americanos, Theodore Roosevelt, em 1906, e Jimmy Carter, em 2002, também receberam o prêmio.*

4. *O tratado fragmentou o velho Império Austro-Húngaro em vários países novos, no esforço de dar estabilidade à Europa central. Não funcionou. Duas das novas nações, a Tchecoslováquia e a Iugoslávia, não chegariam ao fim do século XX.*

Esperando Godot

Esperando Godot (1952) é a obra mais conhecida do escritor e dramaturgo franco-irlandês Samuel Beckett. Uma das primeiras peças do teatro do absurdo, inaugurou uma nova era de possibilidades para o palco e dividiu violentamente a opinião dos críticos: alguns a consideraram uma articulação brilhante entre a monotonia e a falta de sentido da vida moderna, enquanto outros a descartaram como lixo tedioso. A primeira postura certamente prevaleceu, pois o comunicado da concessão do Prêmio Nobel de Literatura de 1969 a Samuel Beckett citava *Esperando Godot* como uma de suas maiores realizações.

Beckett (1906-1989) nasceu nas imediações de Dublin. Após estudar línguas românicas na universidade, viajou bastante pela Europa e se instalou em Paris. Como escritor se interessou por diversos gêneros, produzindo romances, contos, poemas e ensaios. Mas foi por suas peças que se tornou famoso – entre elas, *Esperando Godot* é sem dúvida a mais conhecida.

Pouca coisa acontece na peça. Uma tarde, dois homens, Vladimir e Estragon, conversam e discutem à margem de uma estrada enquanto esperam por alguém chamado Godot. Em pouco tempo, um homem aparece arrastando seu criado por uma corda. O criado executa uma dança e profere um estranho discurso improvisado. Logo depois surge um menino, que diz aos homens que Godot está atrasado, mas chegará no dia seguinte. Vladimir e Estragon voltam na tarde do próximo dia e reencontram o senhor do criado. Agora inexplicavelmente cego, ele não se lembra de tê-los visto no dia anterior. O mesmo menino aparece e informa que Godot não virá. Como o senhor, o garoto não se recorda de ter visto os dois homens antes. Eles então decidem voltar para casa, mas, quando a cortina desce, ainda estão esperando.

O teatro do absurdo, do qual faz parte *Esperando Godot*, floresceu na Europa durante os anos 50 e 60. As peças desse gênero são na maioria das vezes ilógicas ou sem sentido, com cenários vagos, mínimos e diálogos estranhos, sem seqüência. Na verdade, o lugar onde se passa *Esperando Godot* é indefinido, e o texto nunca especifica quem é Godot ou por que os dois homens o esperam. Os críticos viram na obra a representação da crise existencial do mundo moderno, uma estagnação exasperante em que a humanidade espera por algo significativo, mas não faz idéia do que seja ou de quando virá – se é que virá.

FATOS ADICIONAIS

1. *Embora* Esperando Godot *possa parecer estranha, muitas das outras obras de Beckett o são ainda mais. Em* Dias felizes *(1961), a protagonista é enterrada na areia até a cintura e mais tarde até o pescoço. As duas partes de* Ato sem palavras *(1956) são pantomimas. E* Fôlego *(1969) dura apenas 35 segundos.*

2. *Beckett raras vezes concedeu entrevistas ou apareceu em público. Quando ganhou o Prêmio Nobel, em 1969, o recebeu a distância, em vez de comparecer à cerimônia de entrega em Estocolmo.*

O Grito

O grito (1893), pintado pelo expressionista norueguês Edvard Munch (1863-1944), tornou-se o símbolo moderno da angústia existencial.

Munch pintou *O grito* para uma série maior intitulada *O friso da vida* – "um poema sobre a vida, o amor e a morte". A obra pretendia demonstrar a teoria moderna da sinestesia, segundo a qual os impulsos de luz e cor podem produzir a impressão de som e vice-versa. A primeira versão da pintura de Munch incluía uma legenda que relatava a experiência que inspirara a impressionante imagem: "Passeava eu com dois amigos, ao pôr-do-sol, quando de súbito o céu se tingiu de vermelho-sangue. Parei, sentindo-me exausto, e apoiei-me na cerca. Viam-se manchas de sangue e línguas de fogo acima do fiorde azul-escuro e da cidade. Meus amigos foram adiante e eu fiquei ali, trêmulo de ansiedade – e senti um grito infinito perpassando a natureza".

A figura central é, portanto, o próprio Munch. O homem não está gritando, mas tapando os ouvidos, tentando protegê-los do barulho. Por trás dele ergue-se o Oslofjord, tal como é visto do monte Ekeberg. A perspectiva distorcida e as assustadoras e vertiginosas linhas dão forma visual ao som inescapável do grito.

Apesar de Munch ter pintado mais de cinqüenta versões do quadro, duas delas são particularmente notáveis. A primeira – em guache sobre papelão – foi roubada do Museu Munch, em Oslo, em 2004. A segunda, em óleo, têmpera e pastel, encontra-se no Museu Nacional de Oslo. Munch fez também uma litografia da imagem em 1895.

FATO ADICIONAL

1. *Um estudo meteorológico realizado em 2003 sugeriu que a fonte de inspiração de Munch pode ter sido um crepúsculo inusitadamente intenso causado pela erupção do vulcão Krakatoa em 1883.*

Isaac Newton

Provavelmente ninguém contribuiu mais para os campos da matemática, física e astronomia que Sir Isaac Newton (1642-1727). Considerado o maior gênio de sua época, Newton foi o primeiro cientista a receber o título de Sir. Suas teorias do movimento e da gravidade permaneceram insuperáveis por séculos.

Entretanto, os primeiros anos do cientista não foram nada promissores. Nascido num solar inglês três meses antes da morte do pai, era tão prematuro e pequeno que sua mãe dizia, gracejando, poder aconchegá-lo dentro de um jarro. Newton sobreviveu miraculosamente à infância, mas foi abandonado pela mãe com 2 anos. Criado pelos avós, que nunca o amaram, saiu-se mal na escola elementar. Os professores o descreviam como "preguiçoso" e "desatento". Mas, como não demonstrou interesse algum pelos negócios agrícolas da família, o avô o enviou à universidade.

Em Cambridge, Newton estudou as obras de Descartes, Boyle, Galileu, Kepler, Copérnico e Euclides. Quando a universidade fechou por causa da peste, em 1665, Newton regressou ao lar com a mente bem formada e inspirada. Nos dois anos seguintes, começou a revolucionar a matemática e a ciência. Inventou o cálculo concomitantemente a Gottfried Wilhelm von Leibniz. Newton imprimiu grandes avanços à óptica, propondo que a luz branca é na verdade uma combinação de todas as diferentes cores da luz visível. E, talvez mais importante ainda, nesse mesmo período elaborou as três leis do movimento: 1) um objeto em movimento permanece em movimento até sofrer a ação de uma força externa; 2) a força que atua sobre um corpo é diretamente proporcional à sua aceleração; e 3) para cada ação existe uma reação igual, mas oposta.

As leis newtonianas do movimento só foram divulgadas em 1687, com a publicação de *Principia*, que incluía também a lei da gravitação universal: "Todos os objetos no universo atraem todos os outros objetos com força proporcional ao produto de suas massas e inversamente proporcional ao quadrado da distância que os separa".

FATOS ADICIONAIS

1. *A lei da gravidade de Newton sustentou-se até Albert Einstein elaborar sua teoria geral da relatividade, em 1905.*
2. *Certa vez, Newton ameaçou atear fogo na casa da mãe e do padrasto. Mais tarde se desculpou.*
3. *Newton e Leibniz disputaram por décadas a primazia da invenção do cálculo.*
4. *Os últimos anos de Newton foram obscurecidos pela instabilidade mental. Após sua morte, foram encontradas grandes quantidades de mercúrio em seu corpo, provavelmente devido aos anos de experimentos infrutíferos em alquimia. O mercúrio pode ter sido responsável por seu estranho comportamento.*

Gustav Mahler

Somente quarenta anos após sua morte Gustav Mahler (1860-1911) foi reconhecido como o grande compositor que era. Apenas depois das calamidades da Segunda Guerra Mundial sua obra pareceu importante aos olhos dos críticos e do público em geral.

Mahler nasceu num lar problemático da Boêmia, foi o segundo de catorze filhos. Seu pai era um violento fabricante de bebidas alcoólicas, e, ainda garoto, o compositor buscava consolo na natureza, realizando longas caminhadas pelos campos e colinas próximos de sua casa. Aos 15 anos, foi aceito no Conservatório de Viena, onde se ocupou da obra de Ludwig van Beethoven e Richard Wagner. Mahler adotou algumas das teorias de vida de Wagner, inclusive a prática do vegetarianismo. Infelizmente, por toda sua vida, alguns o acusaram de ser um imitador de segunda classe de Wagner e de outros compositores.

Alguns críticos viam a obra de Mahler como uma verdadeira colcha de retalhos das mais variadas formas – vigorosos movimentos sinfônicos à Johannes Brahms ou Beethoven, partes de corais ressonantes e preciosas canções folclóricas de sonoridade inconseqüente, tudo na mesma peça, como em sua *Sinfonia nº 9* (1909). As técnicas composicionais de Mahler causaram controvérsias durante sua vida. Foi também acusado de empregar truques baratos de orquestra para impressionar os ouvintes.

O compositor foi, porém, um dos primeiros maestros realmente famosos, e essa condição ajudou muito a desenvolver a tradição de honrar e respeitar os diretores orquestrais. Em 1907, foi nomeado diretor da Ópera Metropolitana de Nova York e, no ano seguinte, passou a reger a Filarmônica de Nova York. As composições de Mahler, negligenciadas após sua morte, só voltaram a ser populares após anos de insistência de outros maestros famosos, como Bruno Walter, Otto Klemperer e Leonard Bernstein.

FATOS ADICIONAIS

1. *Mahler se casou com Alma Schindler, provavelmente a mais elegante esposa de uma celebridade no início do século XX. Depois da morte de Mahler, ela se casou com o arquiteto Walter Gropius e mais tarde com o escritor Franz Werfel.*

2. *Supersticioso, Mahler temia morrer após sua nona sinfonia, como Beethoven. Para evitar a maldição, escreveu* A canção da terra, *um ciclo de canções para tenor, soprano e orquestra, imediatamente após sua oitava sinfonia e, um ano mais tarde, escreveu a verdadeira nona sinfonia. Não deu certo. Pouco tempo depois, Mahler faleceu devido a uma infecção na garganta.*

3. *Todas as orquestras dirigidas por Mahler, inclusive a Ópera de Viena e a Filarmônica de Nova York, adquiriram fama mundial após poucos anos sob sua direção.*

Fenomenologia

A fenomenologia é uma escola filosófica fundada pelo pensador alemão Edmund Husserl (1859-1938). Husserl desejava explorar nossas experiências conscientes e colocou de lado a questão do que existe além delas, se é que existe alguma coisa. Entendia a fenomenologia como uma tentativa de descrever nossas experiências conscientes de maneira sistemática e acreditava que esse esforço deveria ser a base do pensamento filosófico.

Um dos principais objetivos desse filósofo era o estudo da *intencionalidade* da experiência – ou seja, o fato de as experiências se referirem a coisas e não a si mesmas. Por exemplo, se alguém tem a experiência de ser perseguido por um leão – num pesadelo ou na realidade –, sua experiência *se refere* ao leão. Por outro lado, muitas coisas além da experiência – por exemplo, mesas, pedras ou, nesse caso, os próprios leões – não *se referem* a nada mais. Para Husserl, a intencionalidade das experiências constitui o tema principal da fenomenologia.

Ele acreditava ainda que o objetivo da fenomenologia não é a mera descrição detalhada de uma experiência particular. Ele queria definir as estruturas necessárias e as inter-relações entre diferentes tipos de experiência consciente. Assim, a fenomenologia distingue-se da psicologia, que, segundo Husserl, apenas descreve a maneira como pensamos.

Muitos filósofos posteriores foram bastante influenciados por essa escola filosófica. Martin Heidegger, por exemplo, discípulo de Husserl, incorporou inúmeras idéias fenomenológicas à sua filosofia. Os pensadores franceses Jean-Paul Sartre e Maurice Merleau-Ponty também foram influenciados pela fenomenologia de Husserl.

FATOS ADICIONAIS

1. *Pela influência que exerceu em Heidegger e Sartre, a fenomenologia desempenhou importante papel na evolução do existencialismo.*

2. *Husserl dava à experiência consciente e intencionalmente dirigida o nome de* noesis. *E de* noema *ao conteúdo do ato.*

3. *O termo "fenomenologia" deriva do verbo grego que significa "aparecer". Na filosofia contemporânea, costuma ser utilizado para descrever a essência de uma coisa ou o caráter de uma experiência.*

Buda/Gautama

Buda, que significa "o iluminado", nasceu no século VI a.C. como príncipe Sidarta Gautama. Seu pai era o chefe da Sakya, tribo de guerreiros da Índia.

Segundo alguns relatos, antes de Gautama nascer, um vidente apareceu e declarou que o menino seria ou um grande rei ou um grande líder religioso. O pai desejava que o filho se tornasse rei e, por isso, tentou afastá-lo da religião e do sofrimento do mundo. Com 29 anos, porém, o jovem se aventurou fora dos muros protetores da casa paterna e teve as Quatro Visões, que mudaram para sempre sua vida. Viu um ancião, um doente, um cadáver e um asceta (homem santo). Após constatar que existe sofrimento no mundo, mas também fé, Gautama renunciou a seu modo de vida e retirou-se para o nordeste da Índia, onde se tornou monge.

Depois de muito meditar em companhia de monges e experimentar vários métodos, como o jejum, para alcançar a paz interior, Gautama estava insatisfeito. Foi então que descobriu o "caminho do meio" entre a auto-indulgência e a autopenitência. Passando a meditar dessa maneira, experimentou a iluminação e viu a verdade.

Ele ensinava que existem Quatro Nobres Verdades. A primeira é que há sofrimento no mundo. A segunda, que a causa desse sofrimento é o desejo. A terceira, que há um estado em que não há sofrimento, chamado nirvana. E a quarta é que há um caminho para atingir esse estado.

A princípio, Gautama não sabia se devia transmitir essa revelação aos outros. Mas um espírito apareceu e ordenou que o fizesse. Ele então começou a pregar na região do rio Ganges, na Índia. Dizia ser apenas mais um na linhagem dos Budas, cuja tarefa é ensinar ao próximo o caminho para a iluminação.

Gautama continuou a pregar até sua morte, que, segundo se acredita, ocorreu quando tinha 80 anos.

FATOS ADICIONAIS

1. *Muitas fontes acreditam que Buda morreu após ingerir cogumelos venenosos.*
2. *Além de Buda, Gautama é conhecido também como Sakyamuni, ou Sábio da Tribo Sakya.*
3. *Embora o budismo tenha se originado na Índia, por volta do século XIII desapareceu quase completamente do país, após várias conquistas estrangeiras. Mas, nessa época, já havia se espalhado pelo oeste e pelo sul da Ásia, bem como pela região do Himalaia, onde continua em prática ainda hoje.*

Winston Churchill

Winston Churchill (1874-1965) foi o político britânico que levou seu país à vitória na Segunda Guerra Mundial. Antes do conflito, ele era considerado um fracasso pela maioria. Sua carreira praticamente terminara depois de ter sido responsabilizado por alguns insucessos das forças inglesas na Primeira Guerra Mundial. Integrou o Conselho de Ministros durante a década de 20, mas, na época em que Adolf Hitler e o Partido Nazista tomaram o poder na Alemanha, Churchill amargava o esquecimento numa das últimas filas do plenário. Suas advertências sobre a ascensão do ditador foram ignoradas pelos colegas, que o consideravam um alarmista excêntrico.

A Grã-Bretanha apelou para Churchill em um dos momentos mais sombrios. No começo da Segunda Guerra Mundial, Neville Chamberlain, líder do Partido Conservador, era o primeiro-ministro. Renunciou em 1940, quando ficou claro que não era suficientemente competente para comandar o país na desesperada luta pela sobrevivência. Churchill o substituiu na Rua Downing, número 10, a tradicional residência do primeiro-ministro britânico.

Os meses iniciais da Segunda Guerra Mundial foram um desastre para os Aliados. Em 1939 e no início de 1940, o exército da Alemanha nazista já invadira a Polônia, Dinamarca, Noruega, Bélgica, Holanda, França e Luxemburgo. As forças britânicas enviadas para auxiliar na defesa da França acabaram sitiadas pelos alemães e precisaram deixar o continente em 1940. Com os Estados Unidos e a União Soviética ainda imparciais, a Grã-Bretanha era a única potência militar de primeira linha que continuava resistindo ao avanço dos nazistas.

Mas Churchill, como primeiro-ministro, realizou o impossível. Por dezoito meses a Grã-Bretanha enfrentou os alemães praticamente sozinha. A União Soviética entrou na guerra em junho de 1941, depois que Hitler invadiu seu território, e foi seguida pelos Estados Unidos nesse mesmo ano. Em contínuos e eloqüentes discursos, Churchill conclamava os britânicos e os cidadãos da Europa ocupada a combater o inimigo. Os Aliados conseguiram enfim barrar a investida alemã e, no Dia D, em 1944, a maré se voltou decisivamente contra a força nazista.

FATOS ADICIONAIS

1. *Além de seus feitos políticos, Churchill era um talentoso jornalista e escritor. Após a guerra, publicou uma volumosa história do conflito,* Memórias da Segunda Guerra Mundial, *que o ajudou a ganhar o Prêmio Nobel de Literatura em 1953.*
2. *Churchill era um líder militar bem-sucedido, mas a política interna de seu Partido Conservador não gozava de popularidade entre os eleitores. Poucos meses depois da derrota dos nazistas em 1945, os cidadãos escolheram Clement Attlee, líder da oposição, para substituí-lo.*
3. *Em reconhecimento a sua liderança durante a guerra, Churchill recebeu o título de primeiro Cidadão Honorário dos Estados Unidos em 1963.*

Oscar Wilde

Ensaísta e dramaturgo irlandês, Oscar Wilde (1854-1900) foi um dos mais afiados talentos da literatura ocidental e certamente uma de suas personalidades mais exuberantes. Embora seja conhecido principalmente pela denúncia impiedosa das hipocrisias da sociedade vitoriana, ele também deu importantes contribuições à filosofia da arte e à estética. Sua agitada vida pessoal era tão fascinante quanto suas obras, e suas atitudes excêntricas fizeram dele uma celebridade na época.

Nascido em Dublin, de pais cultos, Wilde estudou no Trinity College e em Oxford, especializando-se em clássicos e poesia. Na escola, logo fez nome como escritor e adotou as maneiras afetadas que, juntamente com as roupas extravagantes, se tornariam sua marca registrada. Já nessa época era fascinado pelo conceito de arte: o que ela é, qual é sua importância e como influencia a vida e a sociedade. Wilde acabou por se identificar com o movimento estético que varreu a Europa no fim do século XIX, acreditando firmemente na idéia de "arte pela arte", segundo a qual a arte não precisa de justificativa nem tem propósito algum além de si mesma.

Wilde escreveu a maior parte de suas principais obras durante um surto de produtividade nos anos 1890. A primeira foi o romance *O retrato de Dorian Gray* (1890), no qual o retrato de um jovem libertino se transforma ao longo do tempo para refletir a corrupção e o envelhecimento do homem. Ainda mais famosas são suas peças – comédias de salão, cujo humor arguto destrincha as atitudes e hábitos da sociedade britânica abastada. *O leque de Lady Windermere* (1892) fala de uma mulher que chantageia seu enteado; *Um marido ideal* (1895) retoma o tema da chantagem, dessa vez contra um funcionário público.

A obra-prima de Wilde é sem dúvida *A importância de ser prudente* (1895), uma comédia de erros envolvendo dois jovens esquivos, duas moças e uma aristocrata ridiculamente condescendente. Obra típica de Wilde, a peça é pontilhada de segredos e equívocos, atingindo o alvo antes com uma sátira requintada do que com zombarias ou insultos. Seus personagens são extraordinariamente citáveis, sempre articulando uma enormidade de ditados ao mesmo tempo engraçados e consistentes.

A ascensão meteórica de Wilde nos anos 1890 foi seguida de um declínio igualmente rápido. Embora tivesse esposa e filhos, era homossexual assumido e, em 1895, foi levado ao tribunal devido a um relacionamento "indecente" com o filho de um nobre. Após cumprir sentença de dois anos de trabalhos forçados, que lhe arruinaram a saúde, Wilde morreu pobre em 1900.

FATOS ADICIONAIS

1. *Depois de uma turnê muito festejada pelos Estados Unidos em 1882, Wilde concluiu: "A América é o único país que passou da barbárie à decadência sem ter a civilização de permeio".*

2. *Ao desembarcar em Nova York para iniciar uma série de conferências, Wilde informou aos funcionários da alfândega que não tinha nada a declarar, exceto seu gênio.*

Henri Matisse

Henri Matisse (1869-1954) foi um dos fundadores do fauvismo, movimento que se opunha ao naturalismo e celebrava a beleza e o poder psicológico da cor. Ele é conhecido principalmente pelos murais com figuras dançantes e pelos enormes desenhos feitos com recortes de papel que criou no fim de sua carreira.

Matisse nasceu na região da Picardia, na França; filho de pais prósperos da classe média. Em 1889, formou-se advogado. Sem nenhuma experiência anterior em arte, descobriu seu talento para o desenho quando se recuperava de uma crise de apendicite. Determinado a seguir carreira na pintura, se transferiu para Paris e se matriculou na Academia Julian, onde estudou sob a orientação do pintor acadêmico William-Adolphe Bouguereau. No ano seguinte, foi convidado a fazer parte do ateliê do simbolista Gustave Moreau e também ingressou na Escola de Belas-Artes, onde aprendeu a pintar copiando velhos mestres.

Após breve permanência na Córsega no fim dos anos 1890, Matisse regressou a Paris e colocou-se à frente de um grupo de jovens artistas ansiosos por romper com as antigas tradições. Em 1905, esse grupo causou enorme polêmica no Salão de Paris, com seus quadros radicalmente inovadores. Um crítico avesso ao uso de cores berrantes e às composições infantis desses artistas chamou-os de *fauves*, ou "feras". Uma pintura característica desse período da carreira de Matisse é *A alegria de viver* (1906), que retrata mulheres nuas dançando e tocando música numa paisagem singela. Explicando seu objetivo, Matisse declarou: "A composição é a arte de coordenar, de maneira decorativa, os vários elementos à disposição do pintor para expressar seus sentimentos". Em vários aspectos, a meta de Matisse era idêntica à dos expressionistas, mas ele desaprovava a tendência destes de repisar emoções negativas. Queria que sua arte suscitasse prazer e fosse como "uma poltrona confortável, onde se possa repousar do cansaço físico".

Nos anos 20, Matisse se mudou para Nice, na Riviera Francesa, e ali viveu por quase todo o resto da vida. Em 1930, foi para o Taiti, passando pelos Estados Unidos, onde recebeu uma encomenda da Fundação Barnes, da Pensilvânia, para o mural *A dança*. Ainda na década de 30, devotou-se à ilustração de livros, fornecendo gravuras para as edições de *Poesias*, de Mallarmé, e de *Ulisses*, de James Joyce. Em 1944, foi convidado a produzir um álbum ilustrado com suas reflexões sobre o *jazz*. Decorou-o com recortes de papel, trabalho que fez, segundo ele, "desenhando com tesouras".

Após se submeter a uma cirurgia no olho para extrair um tumor em 1941, Matisse voltou-se cada vez mais para o desenho e os recortes. Trabalhou até 1951. Entre suas últimas obras, estão os vitrais, os murais e outras decorações para a Capela do Rosário na cidade de Vence, no sul da França. Os grandes recortes que elaborou no começo dos anos 50 mostram que permaneceu um artista revolucionário mesmo em idade avançada.

FATO ADICIONAL

1. *Em 1920, Matisse se encarregou do figurino e do cenário da produção feita por Sergei Diaghilev da ópera* O canto do rouxinol, *de Igor Stravinsky.*

Números Reais

Os números reais são aqueles que costumamos encontrar no dia-a-dia. Seu conjunto compreende todos os números que podem ser representados na série numérica. Englobam os números naturais, inteiros, racionais e irracionais.

Os números naturais, os mais antigos conhecidos pelo homem, são os que se contam a partir do 1. Podemos imaginar o habitante das cavernas descobrindo-os pelos dedos (1, 2, 3, 4, 5...). Muitas culturas, na primitiva história da humanidade, inventaram o conceito de zero. O zero não é um número natural, mas um número inteiro.

À medida que a matemática foi se tornando mais sofisticada, os homens começaram a indagar o que aconteceria se subtraíssem um número maior de um menor. Nasceu, então, a idéia dos números negativos, mas por muito tempo os matemáticos se recusaram a aceitálos como solução para as equações. No entanto, sem os números negativos não calcularíamos nossas dívidas. Todos os números negativos e todos os números positivos formam o conjunto dos números inteiros.

Depois dos inteiros, surgiu o conceito de frações, ou números racionais. É possível expressar todos os números racionais sob a forma de razões de inteiros, como 5/3, 1/8 ou -5/3. Todos os inteiros são também racionais.

Os pitagóricos, membros de um antigo culto grego que reverenciava os números, ficaram surpresos ao descobrir que alguns números não podiam ser expressos sob a forma de razões de inteiros, como o π ou a raiz quadrada de 2. Mas tais números existem e são utilizados para solucionar problemas como o da circunferência de um círculo e o comprimento da hipotenusa de um triângulo. São os chamados números irracionais. As representações decimais dos números irracionais desdobram-se ao infinito, sem nunca se repetir num dado padrão.

FATOS ADICIONAIS

1. *Os números negativos foram inventados por matemáticos indianos por volta de 600 d.C., mas só foram adotados na Europa a partir de 1600.*
2. *Os egípcios começaram a utilizar frações por volta do ano 1000 a.C.*

Impressionistas
Claude Debussy e Maurice Ravel

Os impressionistas das artes visuais não tentavam retratar um objeto ou uma cena, mas simplesmente *sugerir* uma representação. A música de Claude Debussy (1862-1918) e Maurice Ravel (1875-1937) também diferia bastante da música "programática" tradicional, que remonta ao barroco. Em vez de representar diretamente uma cena ou idéia, a música desses compositores procurava evocá-las de maneira indireta. Além disso, Debussy e, em menor escala, Ravel evitavam as estruturas formais que caracterizaram boa parte da música alemã até aquela época.

Claude Debussy nasceu nos subúrbios de Paris e entrou para o conservatório da cidade quando tinha 11 anos. Após ganhar uma bolsa para estudar em Roma, voltou à cidade natal e mergulhou numa vida totalmente boêmia no bairro da moda, Montmartre. Convivia com artistas, escritores e músicos e passou a freqüentar as reuniões de um grupo, conhecido como simbolistas, que incluía os poetas Charles Baudelaire, Paul Verlaine, Arthur Rimbaud e Stéphane Mallarmé. A teoria desse grupo sobre poesia envolvia a sugestão de um objeto ou idéia com o emprego de palavras que aludiam às coisas, em vez de utilizar o próprio nome delas.

Debussy traduziu esse conceito em música e chegou a utilizar libretos simbolistas. Suas obras são freqüentemente descritas como embriagadoras, ricas, intoxicantes. Embora tenha utilizado harmonias novas e revolucionárias em trabalhos como *Clair de lune* (1890) e *Prélude à l'après-midi d'un faune* (1894), sua bela música sempre foi mais acessível aos ouvintes do que a música revolucionária geralmente o é.

O outro grande impressionista foi Maurice Ravel, que, como Debussy, estudou no Conservatório de Paris e conviveu com os boêmios locais. Seu grupo era o dos Apaches, gíria francesa para "gatunos". Entre as obras mais famosas de Ravel estão a evocativa *Rapsódia espanhola* (1908) e o balé em miniatura *Bolero* (1928), envolvente composição que é, no fundo, apenas um longo e lento crescendo sobre um motivo rítmico repetitivo.

FATOS ADICIONAIS

1. *O professor de Debussy, Ernest Guiraud, disse-lhe certa vez: "Não digo que o que você faz não seja bonito, mas que é teoricamente absurdo, isso é".*
2. *Ravel estudou no conservatório com o famoso compositor Gabriel Fauré.*
3. *Debussy acusou Ravel de plágio diversas vezes, insinuando que o quarteto de cordas deste não passava de imitação de sua obra. Semelhantes acusações envenenaram para sempre o relacionamento entre ambos.*

Martin Heidegger

Nascido em Messkirch, na Alemanha, Martin Heidegger (1889-1976) a princípio planejava ser padre católico. Em vez disso, tornou-se filósofo e acabou por se afastar completamente da Igreja. Estudante da Universidade de Friburgo, adotou as idéias de Husserl, fundador da fenomenologia.

De 1933 a 1934, Heidegger foi reitor da Universidade de Friburgo e aderiu ao Partido Nazista. Embora Husserl e muitos colegas de Heidegger fossem judeus, este nunca se desculpou pelo envolvimento com o nazismo. Desde então, tornou-se contraditório o vínculo entre sua filosofia e as idéias do partido.

O pensamento de Heidegger evoluiu ao longo de sua vida, mas seu enfoque principal sempre foi aquilo que ele chamava de "questão do ser" – O que é ser? O que é existir? Segundo o filósofo, esse era o problema fundamental que a metafísica pusera de lado. Os filósofos, dizia ele, confundiram o ser com "os seres", fossem estes homens ou o próprio Deus. Contra essa tendência, enfatizava a diferença entre *ser* – existir – e *seres* – entidades particulares.

Heidegger discutiu pela primeira vez essa concepção em sua famosa obra *Ser e tempo* (1927), na qual investigou a questão do ser tomando por base o único ser que compreende o ser – os seres humanos. Em trabalhos posteriores, deixou de enfatizar a análise da existência humana para estudar o ser diretamente. Passou também a se interessar cada vez mais pelo que chamava de "tecnologia". Para ele, esse termo não significava máquinas e computadores, mas uma visão segundo a qual enxergamos o mundo como mero recurso à nossa disposição. Heidegger condenava vivamente essa atitude.

FATOS ADICIONAIS

1. *Em escritos posteriores, Heidegger descreveu o que fazia como "pensar", e não "filosofar". O pensar está mais estreitamente relacionado com o fazer poético.*
2. *Os trabalhos de Heidegger sobre "tecnologia" exerceram influência pioneira no movimento ambientalista.*
3. *Embora casado, Heidegger teve um relacionamento amoroso com a jovem Hannah Arendt, que na época era sua aluna e depois, por mérito próprio, se tornou uma importante filósofa. Arendt era judia e ficou profundamente desapontada ao saber do envolvimento de Heidegger com o nazismo nos anos 30.*

Quatro Nobres Verdades e Nobre Caminho Óctuplo

No âmago da iluminação de Buda estavam as Quatro Nobres Verdades, que foram o primeiro ensinamento transmitido por ele a seus colegas monges, após alcançar a iluminação.

Primeira verdade: contrariamente à infância protegida que ele teve, há sofrimento no mundo. Segunda verdade: o sofrimento tem uma causa, e essa causa é o desejo. Terceira verdade: existe um estado de ser, chamado nirvana, em que não há sofrimento (para alcançar esse estado, é necessário eliminar o desejo). Quarta e última verdade: o caminho que leva do desejo ao nirvana é o Nobre Caminho Óctuplo.

O Nobre Caminho Óctuplo é um conjunto de regras que se deve seguir a fim de alcançar o nirvana e a iluminação. As regras são as seguintes:

- A reta visão proporciona o conhecimento das Quatro Nobres Verdades, ao mesmo tempo em que elimina os preconceitos e as ilusões.
- O reto pensar significa a abolição da vontade perversa.
- A reta fala nos ensina a não mentir.
- A reta ação pede que sejamos pacíficos e não pratiquemos atos como roubar ou matar.
- O reto viver significa ganhar o pão de cada dia de maneira honesta.
- O reto esforço preceitua que lutemos sempre contra a ignorância alheia e nossos próprios desejos.
- A reta percepção nos incita a permanecer conscientes de nossos sentimentos e de nosso estado mental.
- A reta concentração recomenda que vislumbremos o "estado búdico" em todos os seres.

As Quatro Nobres Verdades e o Nobre Caminho Óctuplo são o núcleo dos ensinamentos budistas. As verdades podem ser vistas como o sistema básico de crenças, enquanto o caminho serve de guia para a prática da fé.

FATOS ADICIONAIS

1. *Após se desiludir do poder dos deuses e deusas hindus de amenizar o sofrimento da humanidade, Buda elaborou sua doutrina e disciplina isentas de figuras divinas.*
2. *Embora se atribua a Jesus Cristo o mérito de ter sido o primeiro a enfatizar os bons pensamentos – no Sermão da Montanha, ele ensinou que pensar no crime é a mesma coisa que cometê-lo –, Buda pregou uma doutrina parecida, com seu conceito de reto pensar, quinhentos anos antes.*

Guerra Civil Espanhola

A Guerra Civil Espanhola foi um conflito sangrento que durou de 1936 a 1939, dizimando centenas de milhares de soldados e civis. Ambos os lados da batalha – os socialistas de esquerda, leais ao governo, e os rebeldes nacionalistas, sob o comando do general Francisco Franco, que acabaram vitoriosos – cometeram atos da mais espantosa brutalidade. As mortes foram estimadas em um milhão.

Por sua crueldade, a Guerra Civil Espanhola foi uma aterradora amostra do que viria a ser a Segunda Guerra Mundial. A Itália fascista e a Alemanha nazista aliaram-se a Franco. Essas duas potências do Eixo utilizaram a Espanha como laboratório para testar as armas e táticas que logo empregariam contra o restante da Europa. Em 1937, a força aérea alemã bombardeou a cidade espanhola de Guernica, matando centenas de civis e inspirando a célebre pintura antibelicista *Guernica* (1937), de Pablo Picasso.

Enquanto a Itália e a Alemanha auxiliavam os rebeldes de Franco, a União Soviética fornecia armas aos legalistas. Preservar o governo espanhol democraticamente eleito se tornou um ideal romântico para comunistas e intelectuais de esquerda dos países ocidentais. Muitos norte-americanos e europeus se alistaram nas fileiras legalistas. Escritores famosos, como George Orwell e Ernest Hemingway, concentraram-se na Espanha.

Depois que suas tropas finalmente tomaram Madri, em março de 1939, o general Franco governou o país como ditador fascista até sua morte, em 1975.

No Ocidente – sobretudo entre os intelectuais –, as atrocidades da Guerra Civil Espanhola consolidaram a oposição à ideologia fascista, abalaram o isolacionismo e levaram muitos a concluir que as nações ocidentais logo teriam que enfrentar militarmente o Eixo. Ao mesmo tempo, diversos escritores de esquerda se desiludiram com a União Soviética ao constatar seu apoio interesseiro e, ao cabo, ineficaz à Espanha legalista.

FATOS ADICIONAIS

1. *O romance de Ernest Hemingway* Por quem os sinos dobram *(1940), sobre um voluntário norte-americano que luta nas fileiras legalistas, baseou-se em sua experiência pessoal na Espanha assolada pela guerra.*

2. *Rick Blaine, o cínico personagem de Humphrey Bogart no filme* Casablanca *(1942), havia fornecido ilegalmente armas à Espanha legalista antes de se estabelecer na África.*

3. *Apesar da imensa ajuda recebida de Hitler e Mussolini para conquistar o poder na Espanha, Franco decidiu permanecer imparcial durante a Segunda Guerra Mundial.*

Metaficção

Os escritores, acadêmicos ou populares, utilizam irrefletidamente a partícula "meta". Sozinha ou com função de prefixo, tornou-se a palavra intelectual da moda, e assim, inevitavelmente, o termo acabou por se banalizar. Entretanto, esse modismo recente camufla o fato de o gênero literário da metaficção ser concreto e bem estabelecido – e uma das áreas mais fascinantes e fecundas da literatura do século XX.

Do prefixo grego *meta* ("depois", "além"), metaficção significa a ficção que versa sobre si mesma – sua criação, seus recursos e resultados. Muitas obras desse tipo revisitam trabalhos antigos a partir de pontos de vista novos, introduzindo novos temas e lançando nova luz sobre o material já existente. Outras enfocam o processo da escrita, esclarecendo a relação entre o autor e o texto criado. Em conseqüência, a metaficção tende, por natureza, a ser auto-referencial e irônica, chamando a atenção para seu próprio artifício e irrealidade.

O romance *Ulisses* (1922), de James Joyce, talvez a maior obra de metaficção do século XX, retoma o herói da *Odisséia*, de Homero, na roupagem de um vendedor da Dublin de 1904. Desse modo, o romance investiga a definição de heroísmo no mundo moderno. Enquanto mescla gêneros e linguagens nos diversos capítulos da obra, Joyce explora o processo autoral e o vínculo entre forma e conteúdo.

Muitos escritores pós-modernos seguiram a orientação desse autor de remanejar obras antigas. *Vasto mar de sargaços* (1966), de Jean Rhys, narra a história secreta de Bertha Mason, a estrangeira louca que permanece trancada em um sótão no romance *Jane Eyre*, de Charlotte Brontë. *Grendel* (1971), de John Gardner, retoma o épico anglo-saxônico *Beowulf* na perspectiva do monstro, recriando Grendel como uma criatura filosófica e solitária aparentemente mais humana que o próprio Beowulf. *Rosencrantz and Guildenstern Are Dead* (1967), de Tom Stoppard, explora a vida de dois personagens menores de *Hamlet*, de Shakespeare.

Outras obras de metaficção examinam o processo de escrita e leitura ficcionais. *Imortalidade* (1990), de Milan Kundera, insere o próprio autor como personagem em sua obra, comentando sua criação. *As horas* (1998), de Michael Cunningham, explora *Mrs. Dalloway*, de Virginia Woolf, por meio de três histórias diferentes: a própria Woolf escrevendo o romance em 1923, uma dona de casa lendo-o na Los Angeles de 1949 e uma mulher revivendo, sem saber, os acontecimentos da obra em Nova York no fim dos anos 90.

FATO ADICIONAL

1. *A metaficção provavelmente nasceu no século XVII, com* Dom Quixote, *de Cervantes, em que os personagens principais têm consciência tanto do relato de suas aventuras por Cervantes quanto de uma seqüência falsa publicada por outro autor.*

Museu Guggenheim

O Museu Guggenheim de Nova York é uma das estruturas mais revolucionárias do século XX. Concebido como uma rampa gigantesca e fechada em espiral, rompe completamente com os projetos tradicionais de museus.

O prédio foi construído pelo arquiteto norte-americano Frank Lloyd Wright (1867-1959) para abrigar a coleção de arte moderna da Fundação Solomon R. Guggenheim. Em 1943, Guggenheim, que já abrira o Museu de Pintura Não-Objetiva, encomendou um espaço permanente para seu acervo. Deixou a tarefa de escolher o arquiteto para sua consultora artística, a baronesa Hilla von Rebay. Ela, por sua vez, procurou Wright, que já era célebre por suas estruturas inovadoras, principalmente a Fallingwater, casa edificada sobre uma cachoeira do rio Bear Run, na Pensilvânia. Na carta a Wright, Von Rebay esclarecia: "Quero um guerreiro, um amante do espaço, um agitador, um experimentador e um sábio [...]. Quero um templo do espírito, um monumento!"

Em 1951, a fundação adquiriu um vasto terreno entre as ruas 88 e 89 de Nova York. O museu ficou pronto em 1959. Uma torre de dez andares foi acrescentada em 1991 para alojar as novas aquisições do acervo.

No Guggenheim, Wright fundiu a geometria da arquitetura moderna com formas orgânicas naturais. A estrutura foi comparada à concha de um molusco ou a um zigurate (templo mesopotâmico de forma espiralada) invertido. A rampa de concreto em espiral que serpenteia pelo átrio de quase trinta metros de altura domina o interior. Embora o principal espaço de exposição se situe ao longo da rampa, galerias separadas se ramificam a partir da artéria principal em cada andar. A luz do sol se filtra pelo teto de vidro. Os visitantes geralmente sobem de elevador até o último andar e depois vão contemplando as obras enquanto descem a pé.

Quando foi aberto ao público, em 1959, o prédio recebeu tanto elogios veementes quanto críticas afiadas. Algumas pessoas acharam que Wright atrapalhara a vista do Central Park, do outro lado da rua, ao projetar a espiral fechada. Outras reclamaram que a rampa dificultava a contemplação de quadros grandes a distância e que seu declive gerava uma sensação de instabilidade. Embora o arquiteto alegasse que a luz natural vinda da cúpula de vidro bastaria para iluminar o interior, o museu se mostrou escuro demais para uma apreciação confortável das obras, tornando necessária a instalação de lâmpadas elétricas.

Apesar dos problemas do museu como espaço para exposições, ele continua sendo uma das atrações turísticas mais populares de Nova York, acolhendo milhares de visitantes todas as semanas.

FATOS ADICIONAIS

1. *O Museu Guggenheim está localizado no Upper East Side, em Nova York, na área conhecida como Museum Mile. Há cinco museus entre as Ruas 82 e 105, na Quinta Avenida.*
2. *Filiais do Museu Guggenheim existem hoje em Veneza, Bilbao, Berlim e Las Vegas. Planos para um novo Guggenheim em Nova York (projetado por Frank Gehry) e outros no Rio de Janeiro e em Tóquio estão em andamento.*

Números Primos

Um número primo é um número inteiro maior que 1 que só pode ser dividido por ele mesmo e por 1.

O 2 é o menor número primo e o único par. Os números 3, 5 e 7 também são primos, assim como 89, 2.521 e 1.299.007. O teorema fundamental da matemática estabelece que todo número inteiro maior que 1 pode ser escrito como produto de números primos. Desse modo, estes são os constituintes básicos de todos os números positivos. Por exemplo, 209.328 também pode ser escrito como produto de seus fatores primos: $209.328 = 2^4 \times 3 \times 7^2 \times 89$. Todo número que seja produto de dois ou mais primos é chamado de número composto. Seis é um número composto (2 x 3), como também 209.328.

Os números primos são infinitos. Euclides de Alexandria foi o primeiro a provar esse fato, no século III a.C. Sua demonstração é simples e elegante. Ele nos pede para supor o contrário: que haja um conjunto finito de números primos. Devemos multiplicar todos esses números juntos: 2 x 3 x 5 x 7 ... x o maior número do conjunto e acrescentar 1. Se dividirmos o novo número por qualquer número primo, sempre obteremos um resto de 1. O acréscimo de 1 cria um novo número primo. Assim, sempre há mais números primos a descobrir.

A busca de padrões para os números primos constitui um dos maiores desafios da matemática atualmente. Os matemáticos ainda não encontraram uma fórmula abrangente que possa gerar todos os números primos, embora estejam o tempo todo descobrindo números primos cada vez maiores.

FATOS ADICIONAIS

1. *Em dezembro de 2005, o maior número primo conhecido era* $2^{30402457} - 1$. *Tem 9.152.052 algarismos.*
2. *Ainda estão em aberto muitas questões a respeito dos números primos. Por exemplo, haverá um número infinito de primos gêmeos, números primos com uma diferença de dois, como 3 e 5, 101 e 103 ou 2.141 e 2.143? Ninguém sabe.*
3. *No filme* Contato *(1997), os alienígenas que se comunicam com a personagem de Jodie Foster transmitem uma lista de números primos para mostrar sua inteligência e conhecimento da matemática como linguagem universal.*

Tonalidade e Atonalidade

Toda música do século XVII ao início do século XX geralmente se encaixa na categoria de música tonal. Esta se baseia na idéia de que, em cada peça musical, um dos doze tons da música ocidental (dó-dó#-ré-ré#-mi-fá-fá#-sol-sol#-lá-lá#-si) é mais enfatizado que os outros e tomado como ponto de referência. Esse tom especial se chama centro tonal, ou tonalidade, e na maioria das músicas é ouvido como o "centro" da peça.

Esse conceito se reflete nos nomes das obras clássicas. Se a peça é chamada *Sinfonia em sol menor*, provavelmente se baseia na escala de sol menor, com sol como centro tonal.

Richard Wagner foi um dos compositores que começaram a transformar a música graças ao uso freqüente do cromatismo. Ele compôs utilizando tons intermediários de uma escala. Por exemplo, ao compor em dó maior, que se baseia na escala em dó maior de dó-ré-mi-fá-sol-lá-si-dó, empregava amplamente tons de dó#, ré#, fá#, sol# e lá#.

Depois de Wagner, os compositores levaram ainda mais longe a roupagem tonal. O resultado foi a atonalidade, na qual cada uma das notas tem o mesmo peso e a música não se baseia em um centro tonal. Nem toda melodia tem necessariamente que girar em torno de um centro tonal. Os compositores atonais afirmam que a eliminação da tônica abre novas possibilidades criativas, do mesmo modo que o expressionismo abstrato, nas artes visuais.

Isso pode parecer excessivamente técnico, mas a tonalidade abrange muitas músicas familiares e agradáveis à audição humana. Quase todas as composições populares e folclóricas estão no campo da música tonal. Quando essa convenção é desafiada, seja nas peças clássicas, no *jazz* ou na música *pop*, o resultado parece áspero e estranho para muita gente. Mesmo hoje, após quase cem anos de sua criação, a música atonal parece surpreendente e "moderna".

FATOS ADICIONAIS

1. *Uma peça notável dos primórdios da música atonal foi* Pierrot lunaire *(1914), de Arnold Schoenberg.*
2. *Muitos compositores, como Charles Ives e Igor Stravinsky, fizeram experimentos com a politonalidade – prática de inserir mais de um centro tonal simultaneamente em uma peça.*
3. *A rejeição da tonalidade na música coincidiu filosófica e cronologicamente com o repúdio ao tema tangível na arte abstrata.*

Estética

A estética é a filosofia da arte.

A primeira pergunta importante é: O que é arte? Uma mesa de cozinha comum não seria uma obra de arte, mas a *Mona Lisa*, de Leonardo da Vinci, sim. A isso os filósofos chamam de problema da ontologia da arte – o que faz de um objeto uma obra de arte?

Uma resposta possível é que a arte é bela. Entretanto, nem tudo que é belo é arte. Crepúsculos, paisagens e alguns seres humanos são bonitos, mas não são obras artísticas. Outra resposta possível é que a arte representa algo ou transmite uma mensagem. A filmagem de uma câmera de segurança, porém, representa algo – as pessoas que registra – e nem por isso é arte. Do mesmo modo, as frases transmitem uma mensagem, o que não quer dizer que todas as frases sejam obras de arte, embora algumas possam ser.

Outra pergunta importante da estética filosófica: O que estamos querendo dizer quando, ao avaliar um quadro, por exemplo, afirmamos que é "belo" ou é "uma obra de arte"? Queremos dizer que gostamos do quadro ou que ele nos agrada? Se é assim, um observador pode dizer que um quadro é belo, enquanto outro diz que é feio, sem discordarem. A primeira sentença significa apenas que o quadro agradou a um observador; a segunda, que desagradou a outro. Nenhuma das duas estabelece uma verdade geral a respeito do quadro. A dificuldade dessa abordagem é que não parece deixar espaço para discussão ou reflexão sobre o valor da arte. Também não permite considerar o conceito de gosto, idéia segundo a qual certas pessoas são mais capazes que outras de determinar o que é arte de qualidade e por quê.

Outras perguntas desse campo da filosofia: O que é gênero? O que faz de uma obra um romance, e não um poema? Também consideram: Qual é a finalidade da arte? O que tem valor na arte, e por que devemos no ocupar disso?

FATOS ADICIONAIS

1. *A palavra "estética" foi cunhada pelo filósofo alemão Alexander Gottlieb Baumgarten (1714-1762). Vem de um termo grego que significa "percepção" ou "sensação".*

2. *Platão (427-347 a.C.) acreditava que os artistas estão duplamente afastados da realidade, porque produzem imitações de objetos comuns como mesas e camas, os quais, por sua vez, são meras imitações das formas ideais.*

Zen

O zen-budismo, tido como religião, filosofia, modo de vida e forma de arte, foi criado por Bodhidharma em 520 d.C. Segundo os adeptos, Bodhidharma fez uma longa viagem da Índia ao reino chinês de Luoyang, onde se apresentou ao imperador Wu e declarou que o egoísmo é inútil. Em seguida, dirigiu-se a um mosteiro, se sentou e meditou diante de uma parede por nove anos, antes de aceitar discípulos.

O zen, que significa "meditação", enfatiza a importância da meditação para acalmar ou libertar a mente e, assim, alcançar um dia o nirvana. A versão mais conhecida do zen é o zazen, ou "meditação na posição sentada", quase sempre na posição de lótus. Os zen-budistas recomendam principalmente a meditação em grupo.

Ramificação do budismo, o zen foi muito influenciado pelo taoísmo e pelo confucionismo da China. Entretanto, o que mais o distingue de outras formas de budismo é a abordagem dos textos e dos mestres. O zen não estimula a leitura dos clássicos budistas, pois considera a prática da meditação muito mais importante que o estudo.

Além disso, enfatiza bastante a linhagem de seus mestres. A começar por Bodhidharma e seus discípulos, estabeleceu-se uma linha direta de sabedoria. O mestre é prestigiado por sua herança sapiencial.

Após chegar à China, o zen-budismo alcançou o Japão, a Coréia e o Vietnã. Nos últimos 1.500 anos, porém, cada ramo rompeu com as origens, de modo que o zen japonês já não é o mesmo que seu ancestral chinês ou seus primos coreano e vietnamita.

FATOS ADICIONAIS

1. *Outro tipo de meditação, chamado kinhin ou "zazen em movimento", recomenda que um grupo medite enquanto percorre um ambiente em sentido horário, com o ombro direito sempre voltado para o centro.*
2. *A palavra sânscrita original para "meditação" foi transliterada em chinês como* chan, *que se tornou* zen *em japonês,* seon *em coreano e* thien *em vietnamita.*

Adolf Hitler

Adolf Hitler (1889-1945) foi o ditador alemão que, ao invadir a Polônia em 1939, deflagrou a Segunda Guerra Mundial. O conflito, que se espalhou por praticamente todas as partes do globo, provocou cinqüenta milhões de mortes, além de destruição e miséria humana sem precedentes. Apesar da ajuda dos outros países do Eixo, Itália e Japão, a maré acabou por se voltar contra a Alemanha em 1943. Em 1945, Hitler se suicidou com um tiro na cabeça, quando as forças vitoriosas dos Aliados já se aproximavam de seu abrigo subterrâneo no centro de Berlim.

Ao contrário de muitos ditadores, Hitler desfrutou de imenso apoio popular durante seu governo. Seu Partido Nazista havia obtido uma quantidade considerável de votos nas eleições democráticas alemãs no início dos anos 30. Ele era um orador impressionante, e seu carisma convenceu muitos alemães de que os nazistas poderiam reverter a decadência da nação após a humilhante derrota sofrida na Primeira Guerra Mundial. Mas depois, com a derrota da Alemanha, a maioria dos compatriotas de Hitler se apressou em repudiar o *Führer* (chefe) que levara o país à ruína.

O ditador nasceu na Áustria, então uma província de fala alemã pertencente ao Império Austro-Húngaro. Queria ser pintor, mas não foi aceito pelas escolas de arte de Viena. Mudou-se então para a Alemanha e lutou na Primeira Guerra Mundial, onde foi levemente ferido. Antes da guerra, Hitler não tinha nenhuma ideologia política sólida. Depois da derrota da Alemanha, porém, adotou a teoria popular de que uma conspiração judaica fora de certo modo responsável pela humilhação do país. Aderiu a um partido político anti-semita quase completamente obscuro, o Nacional Socialista, e logo se tornou seu líder.

Embora o anti-semitismo fosse amplamente difundido na Alemanha antes e após a Primeira Guerra Mundial, foi a personalidade de Hitler que atraiu muitos cidadãos para o Partido Nazista. Albert Speer, um arquiteto que dirigiu as fábricas de armamentos alemãs no tempo da guerra, falou da "onda de entusiasmo que [...] quase se podia sentir na pele" quando ouviu Hitler discursar pela primeira vez: "Suas palavras dissipavam prontamente qualquer ceticismo, qualquer dúvida".

FATOS ADICIONAIS

1. *Após o suicídio de Hitler, as forças soviéticas invasoras tomaram seu cadáver. O crânio permanece guardado numa repartição pública em Moscou.*

2. *Os nazistas conquistaram amplo apoio inclusive nos países ocidentais que depois combateriam a Alemanha na Segunda Guerra Mundial. Antes do conflito, os admiradores de Hitler nos Estados Unidos incluíam o famoso piloto Charles Lindbergh e o fabricante de automóveis Henry Ford.*

3. *O ditador alemão desejava provar sua teoria da superioridade da raça ariana nas Olimpíadas de 1936, que aconteceram em Berlim. Mas um corredor norte-americano negro, Jesse Owens, contrariou essa expectativa, ganhando quatro medalhas de ouro, um dos mais célebres triunfos na história dos Jogos Olímpicos.*

"Esta É a Minha Carta ao Mundo"

"Esta é a minha carta ao Mundo,
Que jamais escreveu a Mim –
As Notícias singelas que a Natureza transmitiu –
Com suave Majestade.

Sua Mensagem foi confiada
A Mãos que não posso ver –
Pelo amor de Seus – Doces – concidadãos –
Julguem ternamente – a Mim."

Embora tenha permanecido praticamente desconhecida durante a vida, a partir de sua morte Emily Dickinson (1830-1886) passou a ser considerada um dos grandes nomes da poesia. Seus poemas curtos e epigramáticos, revolucionários tanto no estilo quanto na técnica, revelam uma rica vida interior.

Dickinson nasceu e foi criada na cidade de sua família, Amherst, Massachusetts. Após concluir a educação secundária, no fim da década de 1840, empreendeu as primeiras incursões na escrita poética. Esses trabalhos são mais convencionais e utilizam o ritmo de baladas, hinos e outras formas consagradas. Nos anos 1860, porém, ela começou a se afastar das formas convencionais e a testar de maneira ousada novos ritmos, rimas, vocabulário e pontuação. O resultado foi um conjunto de poemas que geram tensão entre o familiar e o inesperado, além de apresentar uma aparência inconfundível na página impressa.

"Esta é a minha carta ao Mundo" (c. 1862) exemplifica o estilo, a forma e o tom de Dickinson. Como todos os seus outros poemas, não possui título e é identificado simplesmente pelo primeiro verso. Composto de duas estrofes de quatro versos, é escrito em tetrâmetros e trímetros iâmbicos com rima alternada – forma-padrão da balada, em que cada verso tem seis ou oito sílabas dentro de um esquema de tensão e distensão. Dickinson, entretanto, brinca com essa forma-padrão: no primeiro verso, não começa com o pé iâmbico, mas com seu oposto, o trocaico (tenso-distendido), enfatizando a palavra "Esta". Elemento característico de seu estilo, ela entremeia o poema com travessões que interrompem o fluxo dos versos e dão proeminência a certas palavras.

O poema exemplifica os temas introspectivos de sua obra – nesse caso, a criatividade artística. Ela revela sua insegurança em entregar ao público o produto de suas energias criativas, no jogo que consiste em confiar a "Mensagem" a "Mãos que não posso ver". O último verso, "Julguem ternamente – a Mim", engloba a ansiedade que provavelmente aflige todos os artistas do mundo.

FATOS ADICIONAIS

1. *Dos mais de 1.700 poemas que compôs, Emily Dickinson só publicou sete em vida.*

2. *Ela era também uma missivista prolífica, tendo escrito centenas de cartas, cuja maioria se preservou. Os estudiosos atribuem alto valor a essa correspondência, pois sua linguagem é freqüentemente tão rica quanto a dos poemas.*

3. *Nas duas últimas décadas de vida, Dickinson jamais deixou os limites da propriedade da família em Amherst.*

Cubismo

O cubismo provavelmente foi o mais importante movimento artístico do início do século XX. Reduziu as formas de pessoas e coisas a figuras geométricas básicas, desprezando as normas da perspectiva matemática. Assim, desafiava o modo como o espectador compreendia o espaço e o volume numa superfície bidimensional.

As origens do cubismo podem ser remontadas às obras tardias de Paul Cézanne, que deu contornos sólidos e angulares a formas naturais, além de pintá-las de diversos pontos de vista simultaneamente. Em 1907, Pablo Picasso ampliou a abordagem de Cézanne em *Les demoiselles d'Avignon*, em que aparecem quatro prostitutas em um bordel, voltadas para um espectador masculino fora do quadro. As mulheres apresentam o corpo geometrizado, que complementa os ângulos agudos ao fundo. As sombras incidem arbitrariamente, e o corpo das prostitutas não diminui com regularidade à medida que se distancia. Fazendo com que o primeiro plano se dilua no plano de fundo, Picasso torna o observador totalmente consciente do achatamento da pintura.

Com a ajuda do amigo Georges Braque, Picasso aperfeiçoou os princípios do cubismo. O nome do movimento foi cunhado por Henri Matisse, ao dizer ao crítico de arte Louis Vauxcelles que Braque criara peças artísticas "com cubinhos". O crítico, por sua vez, se referiu às obras de Braque como "bizarreries cubiques", "bizarrices cúbicas".

A primeira fase do cubismo, de cerca de 1910 a 1912, denomina-se cubismo analítico. Nessa fase, os dois artistas se ocuparam fundamentalmente da fragmentação das formas, jogando com as regras da perspectiva, pintando sombras arbitrárias e eliminando a maior parte das cores. Embora as imagens pareçam abstratas, ainda se correlacionam com alguma coisa concreta, geralmente uma figura humana ou uma natureza-morta. Uma composição típica desse período é o quadro *O português* (1911), de Braque.

Em 1912, Braque começou a colar recortes de jornais e de papéis de parede em suas telas. Assim surgiu a última fase do movimento – o cubismo sintético –, na qual se aplicavam materiais sintéticos às pinturas. Por exemplo, em *Natureza-morta com cadeira de palha* (1911-1912), de Picasso, um pedaço de oleado impresso com o padrão de uma cadeira de palha serve de fundo para a pintura, e uma corda real enquadra a composição inteira.

No início da Primeira Guerra Mundial, em 1914, o movimento cubista já se encerrara, mas sua rejeição radical aos princípios tradicionais da pintura permaneceu como inspiração para os artistas modernos subseqüentes.

FATOS ADICIONAIS

1. *As formas posteriores de cubismo incluem o cubo-futurismo, o purismo, o orfismo e o precisionismo.*
2. *Os artistas norte-americanos Stuart Davis e Aaron Douglas foram fortemente influenciados pelo cubismo.*
3. *Braque e Picasso pintaram os mesmos motivos várias vezes durante sua fase cubista. Os mais comuns eram instrumentos musicais, garrafas, jarros, copos, jornais e letras de forma.*

Pi

O diâmetro de um círculo é a distância de um de seus lados ao outro, passando pelo meio. A circunferência de um círculo é a distância de toda a borda externa do círculo. A relação entre o diâmetro e a circunferência nunca muda. Não importa o tamanho do círculo – um botão ou a linha do equador –, o diâmetro cabe 3,14 vezes na circunferência. Mas 3,14 é uma aproximação. O verdadeiro número se chama π, ou pi.

O pi é um número extremamente útil. Se você souber a distância de um lado a outro de um círculo, ou mesmo metade dessa distância (o raio, r), poderá utilizar pi para descobrir a circunferência sem precisar medi-la. Ele também pode nos ajudar a encontrar a área de um círculo (área $=\pi r^2$) e resolver a maioria dos problemas geométricos que envolvam círculos, esferas e arcos. Mas o pi é igualmente útil fora da geometria. Ele entra no princípio da incerteza de Werner Heisenberg, na equação de campo da relatividade geral de Einstein, no princípio fundamental da eletricidade de Charles Augustin de Coulomb e em muitas outras áreas da física, da estatística e da teoria dos números.

O pi é fascinante também porque, embora represente um conceito muito simples, ninguém pode calculá-lo com exatidão. Às vezes é grafado como 3,14159265... porque não tem fim. Os números após a vírgula decimal se estendem ao infinito sem jamais se repetir. É, pois, um número irracional, que não pode ser expresso pela razão de dois inteiros. Os antigos babilônios e egípcios conheciam o pi e tentaram aproximá-lo, o que ainda procuramos fazer. Calcularam-no como 3,125 (babilônios) e 3,16 (egípcios), estimativas nada ruins. Os supercomputadores de hoje, que podem fazer dois trilhões de operações por segundo, conseguiram determinar com precisão os primeiros 1.241.100.000.000 algarismos de pi.

FATOS ADICIONAIS

1. *Arquimedes de Siracusa (287-212 a.C.) utilizou uma antiga forma de cálculo para obter uma estimativa bastante exata de pi. Disse que o número se situava entre 223/71 e 22/7. A média entre esses dois limites é 3,1418, estimativa muito precisa.*
2. *O matemático alemão Ludolph van Ceulen (1540-1610) calculou com grande precisão os primeiros 35 algarismos de pi. Ficou tão orgulhoso disso que mandou gravá-los em seu túmulo.*
3. *A pifilologia é um campo de estudo cujo objetivo é criar recursos mnemônicos para lembrar os algarismos de pi.*
4. *Em 2 de julho de 2005, um japonês especialista em saúde mental de 59 anos conseguiu recitar os primeiros 83.431 decimais de pi.*

Segunda Escola Vienense

O compositor modernista Arnold Schoenberg (1874-1951) e seus discípulos Alban Berg (1885-1935) e Anton Webern (1883-1945) são conhecidos como a Segunda Escola Vienense, porque sua carreira se concentrou em Viena, a exemplo do que ocorrera com os mestres clássicos vienenses do século XVIII, Franz Joseph Haydn, Wolfgang Amadeus Mozart e Ludwig van Beethoven. Eles introduziram concertos atonais e obras seriais dodecafônicas no mundo musical, causando grande alvoroço.

Schoenberg, criado como judeu ortodoxo na Áustria anti-semita, teve que lutar para se sustentar com trabalhos de transcrição musical depois da morte de seu pai. Tornou-se professor de composição no Conservatório Stern, em Berlim, em 1901, e em 1904 aceitou Berg e Webern como alunos. A primeira música de Schoenberg imita o cromatismo de Richard Wagner, mas aos poucos, entre 1905 e 1907, ele foi se afastando dos sistemas tonais. As obras escritas em 1912, *Pierrot lunaire* e *Cinco peças para orquestra*, surpreenderam o mundo com o uso da atonalidade; assim nascia uma nova era da composição. A princípio, ambas as obras foram criticadas pela aparente falta de esquema lógico, e em resposta Schoenberg articulou um sistema racional para a atonalidade: o serialismo dodecafônico.

Berg e Webern aprimoraram a técnica do mestre. Webern aplicou o serialismo às mudanças dinâmicas e ao ritmo, bem como à altura, criando o chamado serialismo total. Ficou conhecido também por juntar modernismo e romantismo, encaixando assomos de expressão emocional em espaços minúsculos, matemáticos e eficientes. Berg utilizou a atonalidade em algumas das mais apaixonantes peças para cordas, incluindo o *Concerto para violino* (1935) e a ópera *Wozzeck*.

Os três escreveram música embriagadora, passional e intrigante, o que refletia o pensamento artístico e político da época. Apesar do estreito relacionamento que tinham, quando Schoenberg fugiu dos nazistas, em 1933, Webern, simpatizante de Hitler, permaneceu no país e foi acidentalmente alvejado por um soldado norte-americano, em 1945. Berg morreu aos 50 anos, em decorrência de complicações causadas pela picada de um inseto, ao passo que Schoenberg, depois professor da Universidade da Califórnia do Sul, sobreviveu a ambos.

FATOS ADICIONAIS

1. *Schoenberg odiava o termo "atonal", porque parecia significar "sem tom". Sugeriu então "pantonal", para enfatizar a abrangência de seu estilo.*
2. *Com Berg e Webern, Schoenberg fundou a Sociedade de Execuções Musicais Privadas em Viena, em 1916. Apenas membros eram admitidos em uma série de estréias de músicos vanguardistas, e não eram permitidos aplausos. As séries afastaram do público os três músicos, mas estimularam o livre diálogo entre os artistas envolvidos.*
3. *Webern escreveu apenas 31 peças catalogadas, muitas delas com menos de dez minutos de duração.*

Existencialismo

"Existencialismo" é um termo utilizado para descrever o pensamento de alguns filósofos franceses do século XX, como Jean-Paul Sartre (1905-1980) e Albert Camus (1913-1960). Não há uma visão existencialista única sobre nenhum tópico. O que une os existencialistas é a ênfase na liberdade humana, na autenticidade e em experiências como o medo e a ansiedade.

Os existencialistas do século XX tiveram várias influências, entre elas a do pensador dinamarquês Søren Kierkegaard (1813-1855). Ele escreveu em defesa da fé religiosa. Dizia que a fé exige um salto voluntário e irracional no absurdo, mas acreditava que a fé religiosa era o único antídoto contra o desespero, condição espiritual que descreveu no livro *Desespero humano* (1849).

Sartre e Camus escreveram tanto ficção quanto filosofia. No romance *A náusea* (1938), Sartre examina o sentimento doentio de que o mundo é absurdo e carente de significado. Nas obras mais propriamente filosóficas, como *O ser e o nada* (1943), declara que o homem é livre para escolher seu próprio destino e que a única coisa fora de seu alcance é evitar a escolha. Ele achava, entretanto, que na maioria das vezes tentamos fugir da liberdade, nos apegando a um fato inquestionável, como um sistema de crenças religiosas. Chamava essa tendência de "má-fé".

Camus é mais conhecido por seus romances, especialmente *O estrangeiro* (1942) e *A peste* (1947). Em *O estrangeiro*, o personagem principal, Meursault, mata um jovem árabe sem nenhuma razão aparente e é condenado à morte. Aproximando-se a hora da execução, reflete sobre sua vida e sobre sua responsabilidade pelo crime. Temas existencialistas como autenticidade, responsabilidade pela própria vida e liberdade de escolha pontuam os livros de Camus.

FATOS ADICIONAIS

1. *Kierkegaard escreveu muitas de suas obras sob uma variedade de pseudônimos.*
2. *Na peça* Entre quatro paredes, *de Sartre, três estrangeiros se encontram num sinistro quarto de hotel, de onde não podem sair. À medida que cresce o ódio entre eles, descobrem que estão no inferno. A peça contém a célebre frase "O inferno são os outros".*
3. *Friedrich Nietzsche (1844-1900) também exerceu grande influência sobre o existencialismo.*

Carma

Carma é o ciclo de causa e efeito moral que está no centro da fé hindu.

As tradições do hinduísmo remontam a 3000 a.C., e essa fé não tem fundador conhecido. Os hindus acreditam em um ciclo de nascimento, vida, morte e reencarnação. Em vida, as boas e as más ações afetam o carma do indivíduo. Esse conceito se expressa muitas vezes pela afirmação "Colherás aquilo que semeares". Boas ações propiciam um bom futuro; más ações acarretam um futuro ruim. Como um guia para fazer o bem, os hindus seguem o darma, ou "o que é certo", segundo suas antigas escrituras.

Há três aspectos no carma. O primeiro é o *prarabdha*, sobre o qual não temos controle. Este determina as circunstâncias fundamentais de nossa vida, como a identidade de nossos pais, a casta em que nascemos e a localização de nossa casa. Essas circunstâncias não podem ser mudadas e são impostas por nosso comportamento na vida anterior.

O segundo aspecto é o *sanchita*, que descreve como nossos atos em vidas anteriores produziram nossos interesses, tendências e personalidade. O carma *sanchita* explica por que duas crianças nascidas no mesmo ambiente podem apresentar diferentes inclinações. Ele pode mudar ao longo de nossa existência atual em decorrência de muito esforço e reflexão. Os maus hábitos com os quais nascemos podem ser melhorados. Por outro lado, hábitos bons podem se deteriorar.

Finalmente, o terceiro aspecto do carma, *agami*, consiste nas ações e atitudes em nossa vida atual que nos afetam imediatamente. Por exemplo, tratar bem ou mal um vizinho determina o modo como seremos tratados um dia. O carma *agami* é aquele sobre o qual temos mais controle.

Embora a noção de carma também exista no budismo, o carma hindu é significativamente diferente, porque prevê a intervenção de um deus. Os hindus acreditam que, quando alguém morre, um ser sobrenatural chamado Brahman avalia o bem e o mal praticados, assinalando o próximo local de reencarnação do indivíduo. Além disso, se poucas ações más forem seguidas de várias boas ações, crê-se que Brahman pode suavizar o efeito negativo dessas faltas. Os budistas, por outro lado, vêem o carma como uma lei natural absoluta.

FATO ADICIONAL

1. *O carma é um meio de explicar por que o mal coexiste no mundo com Deus. As más ações das pessoas criam o carma negativo, que atrai mais sofrimento nas vidas futuras.*

Holocausto

Próximo ao fim da Segunda Guerra Mundial, a 42ª Divisão de Infantaria do exército dos Estados Unidos recebeu ordens para tomar uma pequena cidade ao sul da Alemanha. O tenente-coronel Felix Sparks, comandante da divisão, entrou na cidade e enviou um destacamento de suas tropas pesadas a um campo de concentração nazista próximo, situado ao longo da estrada de ferro. O nome do campo, e da cidade, era Dachau.

O que Sparks testemunhou nessa manhã em Dachau não tardaria a assombrar a consciência do mundo. Na agradável floresta bávara, milhares de pessoas inocentes jaziam mortas ou moribundas. O que restava de soldados alemães nas imediações de Dachau ofereceu pouca resistência. Enquanto os homens horrorizados da 42ª Divisão entravam no campo, o cheiro de carne humana pairava no ar da floresta. "A cena perto da entrada da área de confinamento entorpeceu meus sentidos", disse mais tarde o tenente-coronel a historiadores. "O inferno de Dante parecia insignificante, comparado ao inferno real de Dachau."

Dachau fora um protótipo pavoroso: o primeiro campo de concentração aberto por Hitler, pouco depois de tomar o poder na Alemanha, em 1933. A princípio, o campo recebeu oponentes do regime nazista, mas durante a guerra os nazistas começaram a aprisionar cidadãos alemães pelo simples fato de serem judeus. Mais de trinta mil prisioneiros foram sistematicamente assassinados em Dachau – um total horripilante, mas uma simples fração dos seis milhões de judeus mortos em toda a Europa, durante o Holocausto nazista. As câmaras de gás de Auschwitz, um campo de concentração da Polônia ocupada pelos nazistas, foram responsáveis por mais de um milhão de mortes.

Apenas quando os exércitos britânico, soviético e americano começaram a libertar os campos de concentração nazistas, na primavera de 1945, é que a plena extensão da brutalidade alemã começou a emergir. Em nome da pureza étnica, Hitler e seus seguidores ordenaram o extermínio de toda a população judaica da Alemanha e da Europa ocupada pelos nazistas. Nos campos de concentração, pereceram também milhares de ciganos, poloneses, homossexuais e oponentes políticos. Após a guerra, os Aliados capturaram e executaram uma série de oficiais alemães considerados responsáveis pelo imenso genocídio levado a cabo na Europa.

FATOS ADICIONAIS

1. *Alguns soldados de Sparks ficaram tão indignados que minutos depois de entrarem em Dachau começaram a executar sumariamente os guardas do campo nazista. Os soldados norte-americanos foram julgados em corte marcial, mas o general George S. Patton ordenou o arquivamento do processo.*

2. *O arquiteto e planejador logístico do Holocausto, Adolf Eichmann, conseguiu fugir da Europa em meio ao caos da Alemanha pós-guerra e só foi capturado em 1960, na Argentina. Julgado em Israel por crimes contra a humanidade, foi condenado e enforcado em 1962.*

3. *Apesar dos esforços dos Aliados, a maioria dos participantes do Holocausto nunca foi punida. Por exemplo, dos sete mil soldados que serviram em Auschwitz, apenas oitocentos foram levados a julgamento, segundo estimativas.*

Romantismo

O romantismo foi um amplo movimento intelectual e artístico que varreu a Europa e os Estados Unidos durante a primeira metade do século XIX. Foi uma reação direta contra o racionalismo, a precisão e a restrição que dominaram o pensamento ocidental durante o Iluminismo, no século XVIII. Tão logo se enraizou, o romantismo encontrou seu lugar em muitas áreas, da literatura à arte e à música.

Enquanto os pensadores iluministas valorizavam o pensamento empírico e racional, os românticos sustentavam que a emoção e a paixão humanas eram guias mais verdadeiros do que a razão ou o intelecto. A literatura romântica celebra, assim, a criatividade, a imaginação, os sentidos e a rejeição da convenção em favor da visão individual – perspectiva que o poeta romântico inglês William Blake resumiu na famosa declaração: "Ou eu crio um sistema, ou serei escravizado pelo de outro homem". Não surpreende que muitas obras da literatura romântica exibam fascínio pelos personagens incomuns ou incompreendidos, como gênios ou loucos. Essas figuras podem ser grotescas, como o monstro de *Frankenstein* (1818), de Mary Shelley, ou simplesmente marginalizadas pela sociedade, como Edmond Dantès, o homem injustamente encarcerado do romance *O conde de Monte Cristo* (1844-1845), de Alexandre Dumas (pai).

O início do período romântico na literatura é geralmente identificado em 1798, quando os poetas ingleses William Wordsworth e Samuel Taylor Coleridge publicaram juntos uma coletânea de poemas intitulada *Baladas líricas*. Em 1800, Wordsworth acrescentou um influente prefácio ao livro que definiu a poesia como um "transbordamento espontâneo de poderosos sentimentos". Essa evidente rejeição da razão se tornou um chamado ao movimento romântico.

Os primeiros representantes da literatura romântica foram os poetas ingleses William Blake, William Wordsworth e Samuel Taylor Coleridge, juntamente com John Keats, Percy Bysshe Shelley e Lord Byron. Antes disso, o romantismo havia se infiltrado na prosa e se difundido por outras partes da Europa, influenciando romances como *O corcunda de Notre-Dame* (1831), de Victor Hugo. Mais tarde, atravessou o Atlântico e chegou aos Estados Unidos, onde os escritores transcendentalistas criaram sob a visão que os românticos tinham da natureza. De fato, a maioria das grandes figuras da literatura norte-americana de meados do século XIX – Edgar Allan Poe, Nathaniel Hawthorne, Herman Melville e outros – pertence à tradição romântica.

No final do século XIX, o romantismo deu lugar ao realismo, já prenunciado por obras como *Madame Bovary* (1857), de Gustave Flaubert. Sua influência, porém, permaneceu significativa, e as obras dos poetas e romancistas românticos continuam figurando entre as mais populares do cânone ocidental.

FATO ADICIONAL

1. *Com suas raízes nas obras apaixonadas e emocionais de Ludwig van Beethoven, o romantismo floresceu na música ao longo de todo o século XIX. Os maiores compositores incluíram Chopin, Richard Wagner e Piotr Ilitch Tchaikovsky.*

Pablo Picasso

Pablo Picasso (1881-1973) foi um dos mais famosos e influentes artistas do século XX. Fundou e dominou uma série tão grande de estilos ao longo de sua carreira de oitenta anos que pode ser considerado o pintor mais prolífico e versátil de todos os tempos.

Nascido em Málaga, na Espanha, Picasso foi um menino-prodígio. Seu pai, professor de arte, reconheceu e incentivou o talento do filho. Na virada do século XIX para o XX, Picasso foi para Paris, o centro da arte de vanguarda na época. Após o suicídio de seu melhor amigo em 1901, Picasso entrou no que desde então ficou conhecido como seu Período Azul – pintou composições em vários matizes de azul a fim de transmitir a tristeza e a pobreza de seus temas. Em 1904, mudou para tonalidades mais quentes e iniciou o Período Rosa, quando começou a se concentrar em imagens de artistas de circo e arlequins.

Em 1907, pintou seu primeiro quadro cubista, *Les demoiselles d'Avignon*. Distanciando-se dos cânones ocidentais da beleza feminina, utilizou esculturas polinésias, ibéricas e africanas como modelos para as figuras. Rejeitando as regras da perspectiva de um ponto de fuga – técnica predominante desde o Renascimento –, Picasso e seu colega cubista Georges Braque mudaram para sempre o curso da arte.

Picasso revisava constantemente seus estilos e sua abordagem da pintura. Em 1917, por exemplo, começou a restaurar a cor em seus quadros cubistas monocromáticos. Mais tarde, em *Os três músicos* (1921), combinou elementos cubistas com cores vívidas e padrões animados para captar o ritmo dinâmico das figuras. No final dos anos 20, aderiu ao movimento surrealista. Intrigado com o conceito de metamorfose, pintou criaturas metade homem, metade bicho, durante toda a década de 30. Nessa fase, também escreveu poesia e uma peça surrealista intitulada *O desejo pego pelo rabo* (1941).

A obra de Picasso tornou-se mais política em meados da década de 30, após o início da Guerra Civil Espanhola. Seu quadro mais conhecido dessa fase, *Guernica* (1937), retrata a aniquilação de uma cidadezinha basca por bombardeiros alemães comandados pelo general fascista Francisco Franco. Durante a Segunda Guerra Mundial, Picasso viveu na Paris ocupada pelos nazistas, onde a fama o protegeu da perseguição. Sua energia criadora não esmoreceu com a idade. Continuou a produzir pinturas, litografias e desenhos até morrer. Em 1973, quando Picasso faleceu sem deixar testamento, o governo francês desapropriou grande parte de sua propriedade para fundar o Museu Picasso, em Paris.

FATOS ADICIONAIS

1. *Além do Museu Picasso em Paris, existem importantes coleções de obras do pintor no Museu Picasso de Málaga e no Museu Picasso de Barcelona, assim como no Museu de Arte Moderna e no Museu Metropolitano de Arte, em Nova York.*
2. *Um dos primeiros quadros de Picasso,* Rapaz com cachimbo, *foi vendido por 104 milhões de dólares em 2004, o maior preço já alcançado por um quadro.*

Teorema de Pitágoras

Pitágoras foi um filósofo grego do século VI a.C. e líder de um culto que adorava números. O objeto de seu culto eram os *tetraktys*, os primeiros quatro dígitos. *Um* representava a razão, *dois* o argumento, *três* a harmonia e *quatro* a justiça. Dessa religião matemática surgiram algumas das melhores proposições geométricas na história da humanidade, incluindo aquela que leva o nome do filósofo, o teorema de Pitágoras. Este declara simplesmente que, para todos os triângulos retângulos (com um ângulo de 90 graus), $a^2 + b^2 = c^2$, em que *a* e *b* são os lados menores, catetos, e *c* é o lado maior, hipotenusa. Reza a lenda que Pitágoras ficou tão emocionado quando formulou o teorema que sacrificou um touro.

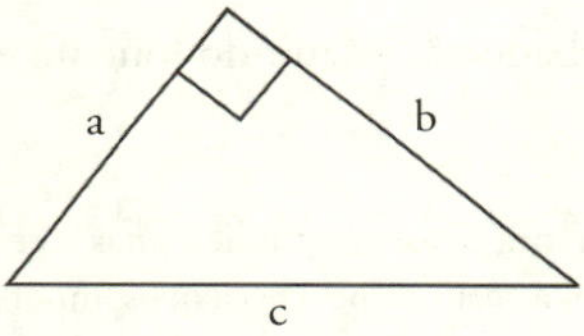

$a^2 + b^2 = c^2$

Evidentemente, muitas culturas conheciam o teorema antes de Pitágoras prová-lo. Os babilônios sabiam que $a^2 + b^2 = c^2$ pelo menos mil anos antes da época de Pitágoras, e os egípcios antigos provavelmente utilizaram a fórmula para construir as pirâmides cerca de 2550 a.C. Por volta de 600 a.C., isso era conhecido na China, na Índia e na maior parte da Mesopotâmia. Pitágoras recebeu o crédito por esse teorema simplesmente por ter sido o primeiro a formulá-lo na cultura ocidental. Existem hoje centenas de provas do teorema de Pitágoras. Aqui está apenas uma delas.

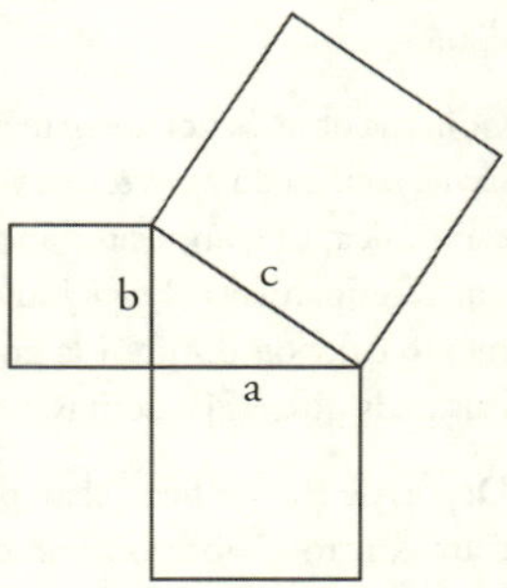

FATOS ADICIONAIS

1. *Um triplo pitagórico é um conjunto de três números inteiros* a, b *e* c *tais que* $a^2 + b^2 = c^2$. *Dois exemplos bem conhecidos são (3, 4, 5) e (5, 12, 13).*
2. *O ex-presidente norte-americano James Garfield fez sua própria formulação do teorema de Pitágoras em 1876.*
3. *Na China, o teorema é chamado de teorema de Gougu e apareceu originalmente num tratado matemático redigido entre 500 a.C. e 200 d.C.*

Pierrot Lunaire de Schoenberg

A peça *Pierrot lunaire*, do compositor modernista Arnold Schoenberg, cujo título significa "Pierrô lunático", abriu caminho para a atonalidade e a composição de vanguarda no século XX. É uma série de 21 peças em miniatura para soprano e pequena formação de câmara. O texto, extraído da poesia do simbolista belga Albert Giraud, descreve em episódios doentios e por vezes assustadores o amor do protagonista pela lua, "febrilmente inchada" no negro céu noturno, além de apresentar outras imagens perturbadoras, incluindo loucura e decapitação.

Pierrot lunaire estreou em Berlim em 1912 em meio a grande alvoroço público, mas recebeu uma resposta crítica altamente positiva. Muitos críticos a vêem como a peça mais importante do movimento expressionista. O expressionismo, tanto na arte visual como na música, representou uma sensibilidade introspectiva que coincidiu com a aceitação mundial da psicologia freudiana. Pintores expressionistas como Oskar Kokoschka procuraram explorar regiões inferiores da mente, trazendo à luz seus estados oníricos e desejos inconscientes freudianos.

Com sua obra, Schoenberg tentou fazer o mesmo. Foi uma das primeiras peças musicais a utilizar a técnica do *Sprechstimme*, método de vocalização que fica a meio caminho entre a fala e a música. O compositor anotou tons aproximados com um *X* na pauta. Um manuscrito que acompanhava *Pierrot* indicava que o intérprete deveria tocar a nota apenas por um momento e depois diminuí-la gradualmente, evitando tons sustentados. É uma das peças vocais mais difíceis já escritas, porém foi mais importante por suas inovações teóricas.

Depois de *Pierrot*, ficou claro para o mundo musical que a melodia e a tonalidade já não exerciam controle sobre as aspirações dos compositores. Compositores posteriores, incluindo John Cage, aluno de Schoenberg, eliminaram cada vez mais quaisquer vestígios de música tonal, mas a mensagem de *Pierrot lunaire*, em 1912, foi bem clara. Pode ser vista como um ponto de ruptura definitivo na música ocidental.

FATOS ADICIONAIS

1. *Igor Stravinsky, que, ainda jovem, se encontrava na estréia de* Pierrot, *mais tarde descreveu a peça como uma experiência que mudou sua vida.*

2. *O personagem Pierrô vem do gênero teatral italiano da* commedia dell'arte, *e nessa tradição era um arlequim desajeitado e cômico. Em algumas apresentações de* Pierrot lunaire, *o solista se veste de arlequim.*

3. *Schoenberg foi também pintor expressionista e assim entendeu os vínculos que a arte visual tinha em comum com as composições musicais modernistas.*

Filosofia Analítica

A filosofia analítica é a tradição que domina a filosofia acadêmica nos países de língua inglesa e na Escandinávia. O que une os filósofos analíticos é uma herança intelectual compartilhada, com ampla concordância quanto à natureza dos problemas filosóficos e ênfase na clareza de expressão e no argumento rigoroso.

A filosofia analítica surgiu na Inglaterra no começo do século XX. G. E. Moore (1873-1958) e Bertrand Russell (1872-1970) foram muito influenciados pelos avanços da lógica, especialmente dos fundamentos da matemática. Isso resultou, em sua filosofia, numa forte ênfase na lógica e na linguagem. Eles abordaram de fato muitos problemas filosóficos por meio da análise lógica da linguagem. Ludwig Wittgenstein (1889-1951), discípulo de Russell, desenvolveu essas idéias em seu livro *Tractatus logico-philosophicus* (1921), no qual descreveu a estrutura lógica da linguagem e do mundo.

Outra influência importante na filosofia analítica foi o positivismo lógico, desenvolvido pelo Círculo de Viena, grupo de filósofos e cientistas que viviam em Viena na década de 20. Os positivistas acreditavam que o papel da filosofia não era outro senão o de analisar a estrutura lógica das teorias científicas. O filósofo britânico A. J. Ayer (1910-1989), que não era membro do Círculo de Viena, popularizou muitas idéias positivistas no Reino Unido e nos Estados Unidos por meio do livro *Linguagem, verdade e lógica.*

A filosofia analítica costuma ser comparada com a filosofia continental praticada na Europa. Esta tende a se concentrar mais na história da filosofia e em seu papel na cultura e na história.

FATOS ADICIONAIS

1. *Russell apontou uma contradição no sistema lógico de seu colega filósofo Gottlob Frege, que mergulhou em desespero diante do fracasso da obra de sua vida.*
2. *Conta-se que, no fim da vida, A. J. Ayer se encontrou com o boxeador Mike Tyson numa festa em Nova York. Ayer achou inconveniente o comportamento de Tyson e lhe disse isso. Tyson respondeu: "Sabe com quem está falando? Eu sou o campeão mundial dos pesos pesados!" Ayer replicou: "Sim, e eu sou o ex-professor de lógica de Oxford. Cada um de nós se destacou em seu campo. Vamos discutir isso como homens racionais".*

Epopéias Hindus

Existem na tradição hindu duas importantes epopéias: o *Mahabharata* e o *Ramayana*.

O *Mahabharata*, que significa "grande épico da dinastia Bharata", é o segundo épico mais longo que existe, contendo mais de cem mil versos. É possível remontar suas origens a 3000 a.C., mas provavelmente sua forma atual foi compilada entre 300 e 400 d.C.

O *Mahabharata* relata uma antiga batalha travada milhares de anos atrás entre dois clãs aparentados: os Pandavas e os Kauravas. Originalmente eles dividiam um reino, mas, após perderem um jogo de dados, os Pandavas foram banidos por doze anos. Quando tentaram retornar, os Kauravas se recusaram a ceder metade da terra. Seguiu-se uma terrível batalha na qual parentes e amigos eram forçados a lutar uns contra os outros, e finalmente os Pandavas saíram vitoriosos.

Dentro da trama geral, muitas histórias menores representam ideais e lições hindus. Um desses episódios é o *Bhagavad Gita*, sermão pronunciado pelo deus Krishna a Arjuna, quando este hesitava em tomar parte na batalha. Os ensinamentos do *Bhagavad Gita* estabeleceram grande parte das doutrinas centrais da fé hindu.

Krishna disse a Arjuna que, apesar de seus temores, ele não devia esquivar-se à batalha. A única maneira de alcançar a salvação é enfrentar os deveres da vida. Krishna ensina que este mundo material é uma ilusão e que a alma é eterna. Passando por este mundo e nos mantendo fiéis a Deus, podemos nos libertar do interminável ciclo de morte e renascimento e nos tornar unos com Deus. Assim, Krishna disse a Arjuna para não temer a morte no campo de batalha, porque se desprender do próprio corpo pode levar à união com Deus.

A outra epopéia hindu, o *Ramayana*, é muito mais curta que o *Mahabharata*. Tem 24 mil versos e narra a história de Rama, que foi expulso com sua esposa, Sita, depois de não conseguir suceder a seu pai no trono. No exílio, Sita é capturada por outro rei, e Rama parte para salvá-la. Ele finalmente consegue, mas fica preocupado com a pureza sexual da esposa, depois que ela viveu na casa de outro homem. Rama testa Sita, colocando-a numa fogueira. Ela sobrevive, e o marido então acredita que sua esposa ainda é pura. Todavia, os rumores de sua infidelidade continuam, e Rama é forçado a expulsá-la. Sita, então, dá à luz dois filhos dele, que passam a contar a história de Rama, o *Ramayana*, em todos os lugares aonde vão. Essa epopéia contém lições importantes referentes à devoção, à lealdade familiar e ao respeito pelos mais velhos.

FATO ADICIONAL

1. *Diz-se a propósito do* Mahabharata*: "O que se encontra aqui pode também encontrar-se em outras fontes. O que não se encontra aqui não tem importância".*

Batalha de Midway

A Batalha de Midway, gigantesco combate naval travado entre os Estados Unidos e o Japão, assinalou o momento decisivo da Segunda Guerra Mundial no Pacífico. Durante os três dias de duração da batalha, os japoneses perderam quatro dos dez porta-aviões que compunham sua frota, o que constituiu um golpe irreparável para sua força naval. Os Estados Unidos perderam um porta-aviões, o USS Yorktown. A conseqüência da vitória norte-americana em Midway foi enorme. Seis meses após o ataque surpresa japonês a Pearl Harbor, os Estados Unidos estavam prontos para deter o controle no Pacífico.

Japão e Estados Unidos haviam se preparado para a guerra durante todo o final da década de 30 e início da de 40. De reino isolado no século XIX, o Japão se transformara em uma grande potência industrial. A derrota da Rússia na Guerra Russo-Japonesa de 1904-1905 assinalara a irrupção do Japão como força militar significativa. Pouco depois, o país começou a invadir e a saquear países vizinhos. Em 1910, a Coréia e a ilha de Taiwan já pertenciam ao Japão. Nos anos 30, as forças japonesas imperiais invadiram a China continental, deflagrando uma guerra que matou dezenas de milhões de chineses. Os estrategistas militares japoneses viam os Estados Unidos como o principal obstáculo ao controle total da região asiática do Pacífico.

Os Estados Unidos, única potência que podia conter a expansão japonesa, tinha pouco interesse nisso na década de 30. Após os horrores da Primeira Guerra Mundial, os norte-americanos isolacionistas não queriam participação alguma nas complicações estrangeiras. Quando a Alemanha declarou guerra à Grã-Bretanha, os Estados Unidos se mostraram bastante solidários com seu tradicional aliado britânico, mas permaneceram oficialmente imparciais. Somente o bombardeio de Pearl Harbor, em 7 de dezembro de 1941, forçou o presidente Franklin D. Roosevelt a solicitar ao Congresso uma declaração de guerra contra o Japão.

FATOS ADICIONAIS

1. *A batalha deve seu nome ao Atol Midway, minúsculo grupo de ilhas desabitadas do Pacífico descoberto por um capitão de navio norte-americano em 1859 e transformado em base militar durante a guerra. As ilhas, que continuam como propriedade dos Estados Unidos, são hoje uma reserva nacional para animais selvagens.*

2. *Numa manobra para desviar a atenção dos norte-americanos, os japoneses enviaram forças para tomar as ilhas Aleutas, no Alasca, esperando que os americanos despendessem recursos para defendê-las. A artimanha não funcionou, mas as Aleutas foram a única porção de terra americana que os japoneses conquistaram durante a guerra.*

"Soneto XVIII" de William Shakespeare

"Como hei de comparar-te a um dia de verão?
És mais equilibrado, és muito mais amável:
Em maio os vendavais ternos botões fustigam,
Em brevíssimo tempo o verão se consome;
Às vezes muito ardente o olho do céu refulge,
Às vezes se esvaece a sua tez dourada;
E toda formosura há de um dia murchar,
Desfeita pelo acaso ou pela natureza;
Mas teu verão é eterno e não se esvairá,
Nem a tua beleza hás de perder jamais;
E a Morte em sua sombra não verá teu fim,
Pois neste versos eternos ao tempo te equiparas:
Enquanto homens houver, e olhos puderem ver,
Meu verso há de viver, e vida te dará."

As majestosas peças teatrais de William Shakespeare quase sempre ofuscam o fato de ele ter escrito 154 sonetos, muitos dos quais grandes feitos da literatura inglesa. Publicados inicialmente como uma coletânea em 1609, constituem uma profunda meditação coligida sobre o amor, a poesia e a morte. Entre eles, o XVIII é o mais conhecido e o mais freqüentemente citado.

Muitas vezes os leitores imaginam que o "Soneto XVIII" é dirigido a uma jovem, a um objeto do amor romântico do poeta. Mas, apesar de ser efetivamente um poema de amor, o soneto é na verdade uma expressão de amor por um amigo – o mesmo jovem cavalheiro anônimo a quem os primeiros 126 sonetos de Shakespeare se endereçam. Os primeiros sonetos da coletânea são reservados, aconselhando o jovem sobre lições de vida e casamento. Os últimos, porém, tornam-se cada vez mais apaixonados em termos de emoção, demonstrando alegria, decepção e ciúme com uma intensidade mais típica de relacionamento romântico que de amizade. Embora estudiosos venham debatendo há muito tempo a identidade do jovem e a natureza de seu relacionamento com o eu lírico, a questão está coberta de incertezas. Não se sabe sequer se Shakespeare é o narrador.

O "Soneto XVIII" é uma meditação sobre a beleza, a efemeridade e o poder duradouro da arte. O eu lírico observa que a formosura da natureza, e até a do próprio sol, declina com o tempo e a passagem das estações. Mas, como a beleza do jovem está registrada na forma desse soneto, seu "verão é eterno e não se esvairá". A própria morte é impotente contra a duração do soneto, pois o poema, em seus "versos eternos", dará vida ao jovem "enquanto homens houver, e olhos puderem ver".

A forma soneto que Shakespeare popularizou surgiu originalmente na Itália no século XIV e foi promovida por Dante Alighieri e Petrarca. Na maioria dos sonetos italianos, os primeiros oito versos, ou oitava, expõem uma questão, ou dilema, que depois é resolvida ou comentada nos últimos seis versos, ou sexteto. A forma mudou ligeiramente na Inglaterra: em vez de se dividir em oitava e sexteto, a maioria dos sonetistas ingleses preferiu utilizar três quadras, seguidas por um dístico final que traz uma mudança ou desenvolvimento inesperados. Tal foi a forma utilizada por Shakespeare.

Guernica

Guernica, de Pablo Picasso – imagem chocante e vigorosa da guerra moderna –, retrata o caos provocado pelo bombardeio alemão de uma cidadezinha durante a Guerra Civil Espanhola (1936-1939).

Em janeiro de 1937, o governo republicano da Espanha encomendou uma pintura a Picasso (1881-1973), o mais renomado pintor espanhol da época, para seu pavilhão na Exposição Internacional de Paris.

Em 26 de abril, bombardeiros alemães, comandados por autoridades fascistas, destruíram a cidade basca de Guernica, no norte da Espanha. Foi esse o primeiro ataque aéreo a um alvo estritamente civil na história humana. Picasso, indignado com o acontecimento e simpatizante dos republicanos, fez do ataque o tema de um enorme mural (3,5 x 7,8 m), com o objetivo de chamar a atenção internacional para os horrores da guerra. Dora Maar, amante de Picasso na época, documentou sua progressão em uma série de fotografias.

A composição de *Guernica* consiste em um triângulo central flanqueado por dois retângulos. No vértice do triângulo, a cabeça perfeitamente iluminada de um cavalo ferido expressa o sofrimento de todas as vítimas inocentes. À sua esquerda, há um touro que, segundo Picasso, representa a brutalidade e as trevas. Embaixo do touro, uma mulher lamurienta segura o filho morto em uma pose que evoca as imagens cristãs da Virgem segurando o filho crucificado. Na base da pintura jaz um aldeão agarrado a uma espada quebrada com a qual esperava os aviões. À direita, vêem-se mais quatros figuras agonizando. A pintura é feita em um estilo reminiscente do cubismo sintético. Embora Picasso não tenha usado colagem, algumas das figuras parecem ter sido recortadas de uma revista e coladas na tela.

Depois de exibida na exposição parisiense, a pintura foi enviada à Escandinávia e depois a Londres. Quando os fascistas triunfaram na Espanha, Picasso solicitou que *Guernica* fosse enviada ao Museu de Arte Moderna de Nova York, especificando que a obra só poderia voltar à Espanha quando o país tivesse se libertado do fascismo. Após a morte do general Franco, em 1981, a pintura foi enviada a Madri, onde pode ser vista no Museu Reina Sofia.

FATOS ADICIONAIS

1. *Uma tapeçaria com uma reprodução de* Guernica *foi encomendada por Nelson Rockefeller para as Nações Unidas.*
2. *O nacionalismo basco solicitou a transferência da pintura para o novo Museu Guggenheim, em Bilbao, 48 quilômetros a oeste de Guernica.*

Proporção Áurea

Os braços de uma estrela-do-mar, a espiral de uma concha e as pétalas de uma rosa têm algo em comum com o Partenon de Atenas e as Pirâmides de Gizé. Todos se estruturam ao redor de um número conhecido como número áureo ou proporção áurea, também conhecido como *fi*, em homenagem ao escultor grego Fídias, que o utilizou habilmente em suas obras. Na notação matemática, se escreve ρ e é aproximadamente igual a 1,618, mas é um número irracional, ou seja, os decimais continuam infinitamente sem se repetir em um padrão.

$$\phi = \frac{1 + \sqrt{5}}{2} \approx 1{,}618033988...$$

Aqui está como encontramos o *fi*. Diz-se que dois segmentos lineares estão em proporção áurea se a proporção da linha mais curta (S) em relação à linha mais longa (L) é igual à proporção da linha mais longa em relação à soma das duas linhas.

$$\frac{S}{L} = \frac{L}{L + S}$$

Se calcularmos L utilizando uma equação quadrática, teremos:

$$L = \left(\frac{1 + \sqrt{5}}{2}\right) S = \phi S \approx 1{,}618S$$

Os objetos construídos em uma proporção áurea são agradáveis ao olho humano. Eles aparecem repetidamente na arte e na natureza. Examine as três formas comuns abaixo:

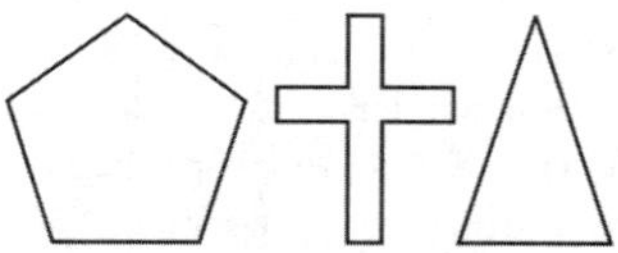

No pentagrama regular, todos os cinco lados têm comprimentos iguais. Isso faz com que os lados estejam em proporção áurea em relação às cinco diagonais que unem os pontos. O filósofo grego Pitágoras ficou tão impressionado com o pentagrama regular que o escolheu como símbolo secreto para sua seita religiosa que cultuava os números.

A cruz é uma cruz comum de cemitério, que foi examinada pela primeira vez pelo psicólogo alemão Gustav Fechner. Ele notou que as partes superior e inferior da haste principal se encontram numa perfeita proporção áurea.

No triângulo, os lados maiores estão em proporção áurea com relação ao lado menor.

FATOS ADICIONAIS

1. *O comprimento e a largura do rosto de Mona Lisa estão em proporção áurea.*
2. *O corpo humano está crivado de proporções áureas.*
3. *Michelangelo dispôs sua pintura* Sagrada família *num pentagrama regular.*

Serialismo Dodecafônico

Com obras como *Pierrot lunaire*, Arnold Schoenberg (1874-1951) desafiou os ouvidos do mundo, mas seu novo sistema de atonalidade ainda era uma "atonalidade livre", pois a gramática dessa nova linguagem musical ainda não havia sido formalmente desenvolvida. A solução foi a codificação por Schoenberg, em seus escritos teóricos e suas composições posteriores, de um sistema denominado serialismo dodecafônico.

O serialismo dodecafônico é um modo de garantir que cada um dos doze tons cromáticos da música ocidental (dó-dó#-ré-ré#-mi-fá-fá#-sol-sol#-lá-lá#-si) tenha igual importância. Isso rendeu a Schoenberg a maior crítica de sua carreira. Ele foi acusado de fazer música muito técnica e árida ao misturá-la com a matemática. E, no fim das contas, o ataque dos modernistas à tonalidade e a outras convenções foi provavelmente mais importante para a música do que o sistema dodecafônico. Poucos compositores contemporâneos ainda o utilizam como guia.

O serialismo funciona da seguinte maneira: Schoenberg dispôs os doze tons em uma sucessão, que chamou de série. Esta serve como guia melódico para a peça, e a regra básica é que nenhuma nota pode se repetir enquanto a série inteira não for tocada. Além disso, o compositor pode manipular a série, anotando-a retroativamente (retroação), virando-a de cabeça para baixo (inversão), transpondo-a ou utilizando qualquer combinação dessas técnicas.

Em sua escrita, Schoenberg evitou os intervalos que via como tonais, ou harmonias aprazíveis como oitavas e terças, que sugeriam um centro tonal. Apesar da aridez e do som dissonante, a música dodecafônica continuou sendo o principal estilo dos compositores "sérios" surgidos entre o fim da Segunda Guerra Mundial (1945) e a década de 70, quando cedeu lugar à música eletrônica, ao minimalismo, à nova tonalidade e a outros estilos musicais novos.

FATOS ADICIONAIS

1. *Alban Berg, discípulo de Schoenberg, desenvolveu seu próprio estilo. Ele incorporou intervalos tonais e outros elementos, mas permaneceu fiel às técnicas serialistas.*
2. *Anton Webern escreveu composições celulares na tradição dodecafônica. Dentro de uma série, ele criou modelos de ritmos, harmonia e intervalos repetidos.*

Verdade

No uso comum, dizemos que muitas coisas são verdadeiras: existem amigos verdadeiros, idéias verdadeiras e conhecimento verdadeiro. Entretanto, a filosofia se concentra na verdade tal como ela se aplica aos enunciados. Alguns enunciados são verdadeiros, enquanto outros são falsos. Qual é exatamente a diferença? Esse é o problema filosófico da verdade.

De acordo com uma concepção filosófica popular, a verdade consiste na correspondência entre o enunciado e o mundo – um enunciado verdadeiro é aquele que corresponde a um fato. Os filósofos partidários dessa concepção têm de explicar o que é essa relação de correspondência e sob que condições ela existe. Também precisam definir os fatos. O aspecto notável dessa teoria é a afirmação de que a verdade é uma relação entre linguagem (enunciados) e partes do mundo (fatos) que não são, elas próprias, parte da linguagem. Assim, a verdade é uma relação entre enunciados e a realidade objetiva e independente da linguagem.

Outros filósofos pensam que a verdade de um enunciado depende de sua coerência com outro conjunto de enunciados. Segundo essa teoria, dizer que um enunciado é verdadeiro significa dizer que se ajusta bem a outras coisas que consideramos verdadeiras. As teorias da coerência precisam explicar o que é essa relação de coerência, sob que condições ela existe e em comparação com qual grupo de enunciados devemos julgar a verdade de outros enunciados. Essa teoria nega que possamos estar errados a respeito de *tudo*. Podemos estar errados em relação a algumas de nossas crenças, mas o conjunto de enunciados privilegiados que julgamos em comparação a outros é, por definição, verdadeiro (desde que seja consistente).

Uma terceira concepção é a teoria deflacionária da verdade. Segundo essa perspectiva, dizer que um enunciado é verdadeiro é apenas uma maneira conveniente de endossá-lo. Por exemplo, imagine que Jane e Bill estão participando de uma longa reunião. Jane diz: "Estamos cansados. Devemos fazer uma pausa". Bill também gostaria de parar um instante, por isso, em vez de repetir as palavras da colega, simplesmente diz: "É verdade". De acordo com a teoria deflacionária da verdade, dizer que um enunciado é verdadeiro é apenas outra forma de enunciá-lo. Nessa concepção, não existe nenhuma propriedade da verdade que todo enunciado verdadeiro compartilhe.

FATOS ADICIONAIS

1. *Alguns filósofos consideram a teoria da correspondência da verdade tão óbvia a ponto de não requerer argumento.*
2. *Considere o seguinte enunciado: "Este enunciado é falso". Se essa sentença for verdadeira, então ela é falsa. Mas, se for falsa, então ela é verdadeira. Isso se chama paradoxo do mentiroso.*

Sistema de Castas

O sistema de castas da Índia é uma estrutura de segregação social profundamente arraigada tanto na história política indiana quanto no hinduísmo.

De acordo com a tradição hindu, o deus Brahma criou um homem a partir do barro, e quatro castas nasceram das partes de seu corpo. Os brâmames (sacerdotes) nasceram da boca; os xátrias (governantes e guerreiros), dos braços; os vaixás (proprietários de terras e mercadores), das coxas; e os sudras (artesãos e servos), dos pés. Anos depois surgiu uma quinta casta, conhecida como párias, encarregados, entre outras coisas, de limpar excrementos humanos.

O pertencimento às castas é determinado pelo nascimento e se baseia no conceito de carma. Se o indivíduo pratica boas ações durante a vida, reencarnará numa casta superior. Por outro lado, as más ações conduzem às castas inferiores. Uma vez em uma casta, o indivíduo não poderá mudar, e as penúrias pelas quais terá de passar são vistas como divinamente ordenadas.

Existe também uma vaga relação entre a casta e a cor da pele. Tradicionalmente, acreditava-se que os indianos de pele mais clara faziam parte de uma casta superior à dos indianos de pele mais escura. Todavia, isso já não é muito aceito hoje em dia. Além dessas cinco castas abrangentes, existem centenas de subcastas na Índia, que são divididas com base em ocupação, localização física e genealogia mais específicas. Embora muitas dividam o mesmo território e, no aspecto econômico, sejam reciprocamente dependentes para sobreviver, algumas das castas mais remotamente localizadas são mais ou menos equivalentes a grupos étnicos isolados. Sejam quais forem as distinções, o casamento entre indivíduos de castas diferentes é tradicionalmente raro, apesar de ter aumentado nos últimos anos.

Esse sistema tem inúmeras implicações sociais e religiosas. Enquanto as quatro primeiras são consideradas "limpas", os párias são "sujos". Essa visão acarretou certas regras, como a que obriga os párias a tocar um sino aonde quer que vão, avisando os outros de sua aproximação.

As castas superiores – brâmames, xátrias e vaixás – são vistas como renascidas. Entre 8 e 12 anos de idade, dependendo da casta, os membros alcançam a maturidade, e considera-se que têm um novo nascimento. Esse renascimento lhes permite praticar plenamente a religião hindu.

Para compensar as desigualdades do passado, o governo indiano instituiu um programa conhecido como reservas. Trata-se de algo muito semelhante a uma ação afirmativa, mas é explicitamente muito mais sistematizado. Os empregos reservados requerem certa cota de cada casta para preencher as vagas.

FATOS ADICIONAIS

1. *O Nepal, único país cuja religião oficial é o hinduísmo, também possui sistema de castas. Esse sistema surgiu em 1854, com o Muluki Ain, documento que o autoriza.*
2. *A quinta casta, a dos párias, é mais conhecida no Ocidente como intocáveis. Esse termo, no entanto, é considerado depreciativo na Índia atual.*

Dia D

No dia 6 de junho de 1944 – o Dia D – as forças aliadas invadiram a Europa controlada pelos nazistas. A dimensão da invasão foi sem precedentes. Num único dia, mais de 150 mil soldados americanos, britânicos e canadenses atravessaram o canal da Mancha e desembarcaram na costa da França. Mais de cinco mil navios e onze mil aviões de doze países participaram da invasão, que estava planejada praticamente desde a rendição da França, em 1940. Com o Dia D começou, enfim, a libertação da Europa pelos Aliados. A queda da Alemanha foi rápida. Menos de um ano depois, Hitler estava morto, a Alemanha se encontrava em ruínas e a guerra na Europa terminava.

A carnificina humana do Dia D foi imensa. Mais de quatro mil soldados aliados e milhares de alemães morreram durante a invasão. As tropas norte-americanas que chegaram à praia de Omaha, na Normandia, um dos principais locais de desembarque, sofreram perdas enormes. "Para cada americano que eu via tombar, surgiam mil em seu lugar", disse um soldado alemão a um historiador anos depois. Hitler sabia que uma invasão era iminente, porém os Aliados conseguiram enganá-lo, fazendo-o crer que desembarcariam em outra parte da França.

O impacto do Dia D foi colossal. Antes dos desembarques, o general Dwight D. Eisenhower enviou uma mensagem aos soldados, exortando-os à vitória. "Os olhos do mundo estão voltados para vocês", escreveu Eisenhower, comandante supremo dos Aliados na Europa. "As esperanças e as preces de todos os povos amantes da liberdade marcham com vocês." De fato, os franceses saudaram os Aliados com alegria. Alguns meses após a invasão, Paris foi libertada. As tropas soviéticas acorreram do leste, expulsando os nazistas do Leste Europeu. A Alemanha não podia lutar nas duas frentes, e, na primavera de 1945, o regime nazista chegava ao fim, permitindo que os Aliados se concentrassem em derrotar a potência remanescente do Eixo, o Japão.

FATOS ADICIONAIS

1. *Contrariamente à crença geral, o D do Dia D não significa rigorosamente nada. Dia D é um termo militar genérico para o dia em que alguma coisa tem início – nesse caso, a Operação Overlord, codinome usado para designar a invasão da Normandia.*

2. *O simples planejamento do Dia D custou extremamente caro para os Aliados. Nas operações práticas de abril e maio de 1944, eles perderam doze mil homens – mortos ou feridos – e dois mil aviões.*

3. *Os pombos desempenharam um papel importante no Dia D. Antes da invasão, membros da clandestina Resistência Francesa espionavam as tropas alemãs e enviavam informações a Londres atadas à pata de pombos-correios.*

Leon Tolstói

Embora a história tenha produzido muitos grandes romancistas, quase nenhum é mais apreciado que Leon Tolstói (1828-1910). O *status* que esse mestre russo desfruta entre leitores e críticos só é excedido pela veneração ainda maior que lhe prestam os escritores, que há muito o vêem como um gênio praticamente inigualável. Tolstói escreveu prolificamente, mas sua reputação repousa, sobretudo, em duas grandes obras, *Guerra e paz* (1865-1869) e *Ana Karênina* (1875-1877), que serviram de arquétipo para o romance moderno. Essas obras-primas do realismo combinam profunda e inédita caracterização e aguda observação com um grande interesse pelos fundamentos filosóficos da vida diária.

Nascido numa família proeminente da nobreza russa, Tolstói iniciou estudos universitários, mas logo se entediou e os abandonou antes de obter o diploma. Durante os inquietos anos que se seguiram, serviu no exército, abriu uma escola e viajou por toda a Europa, incapaz de encontrar um rumo. Em 1862, Tolstói se estabeleceu em um casamento que se revelaria extremamente infeliz, mas que, não obstante, lhe rendeu treze filhos.

Durante a segunda metade da década de 1860, Tolstói escreveu sua primeira obra-prima, *Guerra e paz*. Esse vasto romance, cujo enredo se passa durante as Guerras Napoleônicas, culmina com a invasão da Rússia em 1812 – o célebre e malfadado ataque que fracassou em virtude do terrível inverno russo. O romance mistura fato e ficção, com um grande elenco de personagens inventados dividindo a cena com Napoleão, o czar Alexandre I e outras figuras reais. Apesar da extensão, a obra pode ser lida rapidamente, devido ao hábil entrelaçamento de narrativas individuais com o âmbito mais vasto da história. No fim, o autor conclui que a grande força modeladora da história é a imprevisibilidade e a irracionalidade do comportamento humano.

O enfoque íntimo da segunda obra-prima de Tolstói, *Ana Karênina*, se evidencia já em sua lendária abertura: "Todas as famílias felizes se parecem; cada família infeliz o é à sua maneira". A personagem-título é uma mulher inteligente e sedutora em busca do amor romântico que seu marido, um dedicado mas enfadonho funcionário público, não consegue lhe dar. Após se apaixonar por um elegante oficial militar, Ana renuncia ao casamento e ao filho para concretizar seu amor, só para receber o desprezo da sociedade pelo adultério. A descrição dos momentos que antecedem o trágico suicídio final de Ana, uma obra-prima do realismo, é considerada uma das cenas mais perfeitas da literatura.

FATOS ADICIONAIS

1. *Em seus últimos anos, Tolstói defendeu o pacifismo, a anarquia e o cristianismo sincero. Acabou renunciando totalmente às posses materiais, precipitando uma ruptura irreconciliável com sua mulher.*
2. *Tolstói detinha o título oficial de conde e provinha de uma longa linhagem de aristocratas russos.*

Marc Chagall

Marc Chagall (1887-1985) é mais conhecido por seus vitrais, murais e tapeçarias com temas bíblicos. Também executou pinturas que evocam a pequena aldeia bielo-russa onde nasceu.

Originalmente chamado Moishe Zakharovich Shagalov, Chagall nasceu em Vitebsk, então parte do Império Russo. Era o mais velho de nove filhos de uma família hassídica. Após estudar arte perto de casa, se mudou para São Petersburgo, onde estudou sob a orientação de Leon Bakst.

Em 1911, Chagall se mudou para Paris, onde conheceu os artistas Amedeo Modigliani, Chaim Soutine e Robert Delaunay. Suas composições luminosamente coloridas desse período refletem a influência do fauvismo e do cubismo, embora nunca tenha se associado a nenhum movimento modernista. Típica de seu trabalho nessa fase é a pintura *Eu e a aldeia* (1911), que retrata em estilo cubista a vida em Vitebsk, apesar de ainda evocar o espírito dos contos populares russos e dos provérbios judaicos.

Chagall visitava sua terra natal, em 1914, quando eclodiu a Primeira Guerra Mundial, o que impediu seu regresso a Paris. Em 1915, casou-se com Bella Rosenfeld, que mais tarde se tornaria um de seus temas favoritos. Após a Revolução Russa, foi nomeado comissário das artes de Vitebsk. Quando foi substituído por Vera Yermolayeva em 1919, saiu de Moscou, onde projetava cenários para o Novo Teatro Estatal de Kamerny.

De 1922 a 1923, dirigiu-se a Berlim e dali a Paris, onde fez ilustrações para *Almas mortas*, de Nicolai Gogol, para *Fábulas* de La Fontaine e para a Bíblia. Em 1941, fugindo da perseguição nazista, Chagall buscou asilo nos Estados Unidos. Profundamente afetado pela morte de sua esposa, em 1944, pintou quadros nos quais ele próprio aparecia em contato com o espírito dela.

Após a Segunda Guerra Mundial, regressou a Paris, em 1948. Dois anos depois, se mudou para Vence, onde trabalhou em dezessete grandes pinturas para a Capela do Calvário. No fim da carreira, projetou vitrais para a Catedral de Metz, para o Instituto de Arte de Chicago, para as Nações Unidas e para a Universidade Hebraica. Em 1973, foi inaugurado, em Nice, o Museu da Mensagem Bíblica Marc Chagall. Hoje, suas obras podem ser vistas nos principais museus do mundo.

FATOS ADICIONAIS

1. *Em 2005, a cantora popular Tori Amos lançou* Garlands, *álbum com composições inspiradas em uma série de litografias de Chagall.*
2. *Chagall declarou: "Todas as cores são amigas de suas vizinhas e amantes de suas opostas".*

Último Teorema de Fermat

Em 1637, o matemático Pierre de Fermat fez uma misteriosa anotação à margem de seu exemplar de *Aritmética*. Escreveu que não existem números inteiros positivos x, y e z tais que $x^n + y^n = z^n$, em que n é um número inteiro maior que 2. Ele tinha uma "prova realmente maravilhosa" dessa declaração, porém não havia espaço suficiente na margem para registrá-la.

Pelo que se sabe, Fermat nunca registrou sua prova em parte alguma. Durante centenas de anos, os matemáticos tentaram reiteradamente recriar o que poderia ter sido. Outros procuraram resolver o teorema por si mesmos, duvidando, em primeiro lugar, que alguma vez Fermat o tenha demonstrado. Alguns desistiram da tentativa, persuadidos de que tal tarefa era impossível. O teorema ficou conhecido como último teorema de Fermat, não por ter sido o último que ele formulou, mas porque foi o único que nunca foi verificado.

Sabe-se que existem números inteiros positivos x, y e z tais que $x^2 + y^2 = z^2$. São conhecidos como triplos pitagóricos, e há uma quantidade infinita deles.

> Por exemplo, considerem-se 3, 4 e 5.
> $3^2 + 4^2 = 5^2$
> $9 + 16 = 25$

Nunca ocorrem, porém, casos como $x^3 + y^3 = z^3$ ($n = 3$) ou $x^4 + y^4 = z^4$ ($n = 4$). Embora esses casos especiais de n tenham sido demonstrados diversas vezes, foram necessários 357 anos para que alguém provasse que n podia ser igual a qualquer número maior que 2.

A resposta veio do professor Andrew Wiles, da Universidade de Princeton, em 1995. Combinando ramos da matemática aparentemente não relacionados, notadamente as curvas elípticas e as formas modulares, formulou uma demonstração de 150 páginas resolvendo o problema que, durante gerações, tanto intrigou os matemáticos. Wiles usou várias técnicas do século XX que Fermat desconhecia. Isso levou o professor a acreditar que Fermat jamais demonstrou o teorema.

FATOS ADICIONAIS

1. *Wiles começou a ficar obcecado com o último teorema de Fermat quando tinha 10 anos. Sempre acreditou que era seu destino demonstrá-lo.*
2. *No fim da vida, Fermat formulou uma demonstração para o caso especial em que* n = 4. *Muitos matemáticos especulam que, se tivesse realmente provado o caso geral para todos os* n *maiores que 2, ele jamais teria se dado ao trabalho de formular o caso especial para* n = 4. *Isso é considerado mais uma prova de que Fermat nunca demonstrou seu teorema.*

Igor Stravinsky

Inspirado por Arnold Schoenberg, pelos ritmos da dança, pelas formas musicais russas e pela sabedoria dos compositores clássicos, Igor Stravinsky (1882-1971) foi o último símbolo do movimento modernista. Era um homem inteligente, sério e perspicaz – um artista meticuloso que levava a sério sua arte e por isso nunca deixou de ser revolucionário.

Stravinsky nasceu em São Petersburgo, onde conheceu o compositor nacionalista russo Nikolai Rimsky-Korsakov e com ele estudou. Em 1909, conheceu Sergei Diaghilev, o principal bailarino da Rússia, empresário e diretor da companhia de dança Ballets Russes, sediada em Paris. Os dois colaborariam para produzir três dos balés mais revolucionários de todos os tempos. O primeiro foi *Pássaro de fogo* (1910), um conto de fadas colorido pelo cromatismo da última fase da era romântica. Seguiu-se *Petrushka* (1911), história ritmicamente original e encantadora de uma boneca, inspirada em temas folclóricos e burlescos. O mais surpreendente deles é *A sagração da primavera* (1913), peça baseada em uma idéia que Stravinsky teve numa tarde, enquanto compunha *Pássaro de fogo*. Ele imaginou uma jovem forçada a se sacrificar a um deus da fertilidade, diante de um grupo de anciãos, dançando até a morte.

A sagração da primavera começa com um solo de fagote obsessivo, visceral, cuja melodia foi retirada de uma canção folclórica européia, e passa a um exercício violentamente dissonante, mas implacavelmente preciso, que inspira, se não a cena imaginada por Stravinsky, ao menos uma imagem mórbida, caótica. Os ritmos insistentes e os motivos melódicos repetidos dessa obra marcaram uma nova era na história da música. Mais tarde, Stravinsky trabalhou tanto no estilo neoclássico quanto no dodecafônico, desenvolvendo constantemente sua arte de novas e variadas maneiras. Em 1939, cansado da vida européia, foi para os Estados Unidos e se estabeleceu em Hollywood, trabalhando, sob encomenda, na *Sinfonia dos salmos*. Suas últimas obras incluem a ópera *The Rake's Progress* e o balé *Agon*.

FATOS ADICIONAIS

1. *Na estréia de* A sagração da primavera, *assobios e vaias eclodiram no primeiro minuto da apresentação, e logo depois se seguiu um tumulto, com os membros da platéia brigando e gritando tão alto que os dançarinos não conseguiam ouvir a música e foram obrigados a parar.*

2. *Entre os presentes à estréia de* A sagração da primavera *estavam os compositores Claude Debussy e Maurice Ravel. Enquanto Debussy tentava acalmar a platéia, Ravel, tomado de admiração, gritava: "Gênio! Gênio!"*

3. *O libreto da ópera* The Rake's Progress *foi escrito pelo poeta e romancista W. H. Auden.*

Justiça

A questão da justiça constitui um dos mais importantes problemas da filosofia, com aplicações significativas no mundo real. O que vem a ser um modo justo de se comportar? Que tipos de instituições políticas são justas? E o que significa ser justo?

A república, de Platão, foi uma das primeiras obras filosóficas a tratar dessa questão. Platão concluiu que uma sociedade justa é aquela rigidamente organizada e governada por reis sábios, que compreendem a verdadeira natureza do mundo.

Os filósofos modernos chegaram a conclusões muito diferentes. John Stuart Mill (1806-1873) propôs uma teoria utilitária da justiça. Segundo ele, um conjunto de instituições justas, ou uma sociedade justa, maximiza o bem-estar dos cidadãos. Por exemplo, uma defesa utilitária da punição dos criminosos seria: Punir os criminosos é justo porque torna os outros menos inclinados a fazer o mal, levando assim a menos delitos.

John Rawls (1921-2002) foi outro filósofo que formulou uma célebre teoria sobre a maneira de medir a justiça. Rawls nos pede para imaginar uma situação hipotética na qual os seres humanos ainda não possuem um governo e estão escolhendo seu próprio sistema político. Para assegurar que o sistema escolhido seja justo, eles precisam tomar suas decisões a partir de um véu de ignorância. Isso significa que devem concordar com um conjunto de instituições e leis sem saber que porção de riqueza, talento e *status* terão sob o novo sistema. Esse procedimento garantirá que as instituições sejam racionalmente aceitáveis para alguém consciente de que poderá se tornar a pessoa menos poderosa do sistema. Rawls afirmava que um arranjo político verdadeiramente justo é aquele que poderia ter sido escolhido por agentes racionais a partir desse véu de ignorância.

FATO ADICIONAL

1. *A crítica mais famosa à teoria de Rawls foi talvez a de Robert Nozick, seu colega de Harvard. No livro* Anarquia, Estado e utopia, *Nozick observou que teorias como a de Rawls levariam a violações sistemáticas dos direitos individuais.*

Taoísmo

O taoísmo é uma das tradições espirituais da China. Hoje, é visto tanto como filosofia quanto como religião. As pessoas que vêem o taoísmo como religião consideram seu mais notável representante, Lao Tsé, um deus.

O taoísmo surgiu durante um período filosoficamente fértil, conhecido na China como a época das Cem Escolas de Pensamento, que durou aproximadamente de 700 a 200 a.C. A tradição ganhou impulso durante a dinastia Han e se consolidou na forma atual durante o século V d.C.

Diz-se que Lao Tsé, fundador do taoísmo, foi contemporâneo de Confúcio e serviu a um imperador chinês como encarregado da Biblioteca Imperial. Reza a lenda que, no fim da vida, Lao Tsé abandonou a corte chinesa e viajou para o oeste. Quando alcançou a última porta do Império Chinês, se deparou com um guarda já familiarizado com seus grandes ensinamentos. O guarda pediu que Lao Tsé registrasse os pensamentos antes de sair da China. Atendendo ao pedido, escreveu o *Tao Te Ching* – o Livro do Caminho e da Virtude.

Além de Lao Tsé, o taoísmo remonta suas raízes ao Imperador Amarelo, Huang-Di, e às vezes é conhecido como filosofia de Huang-Lao. O taoísmo também considera um dos discípulos de Lao Tsé, Chuang Tse, um mestre muito influente.

O *Tao Te Ching* é um livro pequeno, compreendendo apenas cinco mil palavras. Todavia, expõe toda a filosofia taoísta. Acredita-se que o *Tao*, ou "o caminho", está presente em tudo que existe no mundo. É visto como a continuidade que está por trás das forças sempre mutáveis da vida.

O taoísmo preconiza a união com o Tao. Os taoístas acreditam que o mundo está repleto de conflitos e que, nos unindo ao Tao, poderemos alcançar a harmonia, e defendem tanto o autoaprimoramento quanto a transformação social.

Para o eu, o taoísmo sugere a espontaneidade, um estilo de vida sadio, que inclui exercícios de respiração, e a minimização dos desejos. Os taoístas não acreditam em vida após a morte, enfatizando, antes, a importância de sermos pacíficos e harmoniosos nesta vida. Socialmente, essa tradição religiosa sugere um mínimo de intervenção do governo e de guerra. Ao contrário do confucionismo, que depende da sociedade, declara que a vida solitária é uma existência suficiente.

FATOS ADICIONAIS

1. *O taoísmo foi oficialmente suprimido na China durante o governo comunista de Mao Tsé-Tung, e hoje a maior concentração de taoístas se encontra em Taiwan.*
2. *Tanto o* feng shui *quanto o* tai chi chuan *são práticas taoístas.*

Projeto Manhattan

Em agosto de 1939, o célebre cientista Albert Einstein escreveu uma breve carta a Franklin D. Roosevelt, então presidente dos Estados Unidos, expressando seu mais profundo temor de que a Alemanha nazista viesse a desenvolver uma bomba atômica a partir do urânio. Os efeitos de tal arma nas mãos dos nazistas, observou Einstein, seriam inimagináveis. "Uma única bomba desse tipo, transportada por barco e detonada num porto", escreveu, "poderia destruir o porto inteiro e uma parte do território vizinho." Enquanto as notícias vindas da Europa tornavam aquele verão, às vésperas da Segunda Guerra Mundial, cada vez mais nefasto, Einstein se tornava extremamente apreensivo em seu lar adotivo na viçosa Princeton, em New Jersey.

A carta do cientista tinha por objetivo alertar Roosevelt, mas teve uma conseqüência inesperada. O então presidente concluiu que, se a Alemanha poderia desenvolver uma arma tão aterradora, o melhor seria seu país se antecipar aos nazistas. Mesmo antes da entrada dos Estados Unidos na guerra, em 1941, o governo norte-americano já havia iniciado um programa com o objetivo de estudar o potencial militar do urânio. Depois de Pearl Harbor, esse programa se transformou no Projeto Manhattan. Após anos de estudos em um local remoto do Novo México, uma equipe de cientistas aliados finalmente produziu uma arma atômica em 1945.

Em seu momento mais ativo durante a guerra, o Projeto Manhattan reuniu centenas dos melhores cientistas do mundo. Nunca mais houve um encontro de grandes mentes científicas como esse. Assim como Einstein, muitos dos cientistas eram refugiados da ocupação nazista da Europa. Ao todo, o governo norte-americano gastou o equivalente a vinte bilhões de dólares com a produção da bomba atômica.

O uso dessa arma contra as cidades japonesas de Hiroshima e Nagasaki em 1945 provocou a destruição de dois centros industriais imprescindíveis para a operação de guerra japonesa e matou mais de duzentos mil civis. A bomba teve por objetivo forçar os japoneses a se render, o que efetivamente aconteceu. Dias após o bombardeio em Nagasaki, o Japão decidiu capitular. O uso da bomba em 1945 permanece controverso. Na época, muitos generais norte-americanos, inclusive Dwight D. Eisenhower, achavam que o uso dessa arma era desnecessário e mancharia a reputação dos Estados Unidos. Outros pensavam que o lançamento da bomba apressaria o fim da guerra. O próprio Einstein, o homem cujas descobertas possibilitaram a produção da bomba atômica, ficou horrorizado. Após a guerra, ele afirmou estar arrependido de ter informado Roosevelt sobre os poderes terríveis do átomo.

FATOS ADICIONAIS

1. *A primeira reação nuclear em cadeia bem-sucedida ocorreu no centro de Chicago em 1942, em uma quadra de* squash *sob as arquibancadas do estádio de futebol da Universidade de Chicago.*
2. *Um dos cientistas britânicos que trabalharam no Projeto Manhattan no Novo México, Klaus Fuchs, admitiu depois que atuou como espião para a União Soviética. Parcialmente ajudados por detalhes roubados por Fuchs e outros espiões, os soviéticos testaram sua primeira arma atômica em 1949.*

"Eu Também Canto a América"

"Eu também canto a América.

Eu sou o irmão escuro.
Eles me mandam comer na cozinha
Quando chega o pessoal.
Mas eu rio,
E como bem,
E cresço forte.

Amanhã
Eu estarei à mesa
Quando o pessoal chegar.
Ninguém ousará
Dizer-me
'Vá comer na cozinha',
Então.

Além disso,
Eles verão como sou bonito
E se envergonharão –

Eu também sou a América."

"Eu também canto a América" (1926), de Langston Hughes, é um dos grandes poemas do Renascimento do Harlem, o ressurgimento da consciência cultural e da produção artística afro-americana ocorrida durante a década de 20 nos Estados Unidos. Em algumas linhas de versos livres, o poeta expressa tanto a triste realidade da condição de segunda classe dos negros na sociedade norte-americana quanto seu confiante otimismo em relação ao futuro.

"Eu também canto a América" é uma resposta direta ao poema de Walt Whitman "Eu ouço a América cantando" (1881). Whitman escrevera sobre a gloriosa cacofonia das diferentes vozes que compõem a América – o mecânico, o carpinteiro, a mãe, entre outros. Hughes, em seu poema, declara que uma voz importante foi esquecida e que a canção de Whitman é, portanto, incompleta.

A força do poema de Hughes decorre de sua linguagem direta, mínima. O eu lírico começa com uma declaração ousada: "Eu também canto a América", que antecede a primeira estrofe para efeito de ênfase, seguida por uma direta e orgulhosa afirmação de sua identidade – "Eu sou o irmão escuro". O poeta mostra como lhe negam um lugar à "mesa" americana, uma metáfora ampla, na qual "comer na cozinha" representa todos os tipos de segregação e oportunidades desiguais.

Mas o eu lírico não manifesta praticamente nenhum ressentimento ou indignação. Na verdade, limita-se a rir do desprezo que lhe dedicam e, em uma demonstração de autoconfiança, diz que é forte e belo apesar da segregação de que é vítima. Além disso, tem certeza de que sua força e seus feitos levarão inevitavelmente a América a cair em si. O último verso fecha o círculo do poema, repetindo o início com uma ligeira, mas importante mudança: "Eu também sou a América", convencido de que um dia ele será considerado uma verdadeira parte da nação onde vive, um parceiro igual tanto na liberdade quanto nas responsabilidades.

FATO ADICIONAL

1. *Hughes tornou-se famoso em 1921, quando seu primeiro grande poema, "O negro fala dos rios", foi publicado na revista* Crisis, *da NAACP (Associação Nacional para o Progresso das Pessoas de Cor).*

Gótico Americano

Gótico americano, de Grant Wood (1891-1942), é uma das mais conhecidas obras de arte norte-americanas. Embora seja vista quase sempre como uma sátira ao interior dos Estados Unidos, a pintura não foi concebida como tal por seu criador.

Wood viveu os primeiros dez anos de sua vida em uma fazenda em Iowa. Após estudar arte em Minneapolis, Chicago e Paris, regressou à sua terra natal e concentrou seu talento na pintura do mundo que vira na juventude.

Em agosto de 1930, Wood se deparou com uma casa do século XIX em Eldon, Iowa, construída em um estilo conhecido como gótico rural. Imaginando um fazendeiro e sua filha diante da casa, fez um rápido esboço em papel pardo e tirou algumas fotos.

Wood trabalhou a composição em casa, utilizando sua irmã Nan como modelo para a mulher e um dentista de Cedar Rapids, dr. Byron McKeeby, para o fazendeiro. Inspirando-se em fotografias vitorianas e retratos do século XIX, transformou o dentista em um pai superprotetor e sua irmã na simplória filha solteira do velho. Ambos vestem roupas austeras, típicas da era vitoriana. Wood cuidou para que o fazendeiro carregasse um forcado, a fim de sugerir um período anterior, quando esses implementos agrícolas ainda eram utilizados. Os três dentes do forcado complementam a moldura das janelas da casa, enquanto a base arredondada do instrumento repete o oval dos dois rostos. As expressões imóveis, rígidas dos personagens lembram as que são vistas em fotografias antigas, quando o longo tempo de exposição forçava as pessoas que seriam fotografadas a permanecer imóveis por até cinco minutos.

O artista terminou o quadro a tempo de participar de uma competição no Instituto de Arte de Chicago. Para sua grande surpresa, a pintura ganhou medalha de bronze e um prêmio de trezentos dólares. Hoje o quadro está exposto permanentemente no Instituto de Arte.

FATOS ADICIONAIS

1. *O forcado tem sido interpretado como símbolo da masculinidade, do demônio e da agricultura.*
2. *A casa da pintura está com as cortinas e as janelas fechadas, detalhe que parece enfatizar a hostilidade e a atitude fóbica do casal.*
3. *Em 1934, Wood foi nomeado diretor estadual do Public Works of Art Project do New Deal. Mais tarde, juntou-se ao corpo docente da Universidade de Iowa.*

Dilema do Prisioneiro

Dois criminosos estão presos por roubo, mas a polícia não tem provas suficientes para condená-los. Então separam os dois suspeitos e fazem a mesma oferta aos dois. Se ambos confessarem, ambos cumprirão apenas dois anos. Se um deles confessar, mas o outro permanecer calado, o confessor sairá livre e o parceiro que permaneceu em silêncio passará dez anos na prisão. Todavia, se nenhum dos dois disser uma palavra – se confiarem um no outro –, cumprirão apenas seis meses. Nenhum dos dois sabe o que o outro vai fazer. É melhor segurar a língua ou confessar? Essa situação hipotética é conhecida como o dilema do prisioneiro e foi proposta pela primeira vez pelo matemático Albert W. Tucker. Tem importantes implicações para a teoria dos jogos, a economia, a evolução e a psicologia.

O DILEMA DO PRISIONEIRO	Prisioneiro B fica calado	Prisioneiro B confessa
Prisioneiro A fica calado	Ambos servem seis meses.	B sai livre; A cumpre dez anos.
Prisioneiro A confessa	A sai livre; B cumpre dez anos.	Ambos servem dois anos.

A escolha racional para o prisioneiro A parece ser a de trair o colega e confessar. Os resultados são melhores. Mas ele sabe que o prisioneiro B provavelmente pensará da mesma forma. Nenhum dos dois quer servir dois anos. Naturalmente, se pudessem confiar um no outro, ambos serviriam apenas seis meses.

Em 1980, o cientista político Robert Axelrod fez uma experiência que chamou de dilema do prisioneiro iterado. Essencialmente, os participantes se submeteram repetidamente ao dilema do prisioneiro, às vezes com os mesmos parceiros, às vezes com parceiros diferentes. Eles estavam autorizados a utilizar informações de encontros anteriores. Alguns desenvolveram estratégias egoístas que tendiam à traição, outros desenvolveram estratégias altruístas inclinadas à lealdade. Durante longos períodos, os participantes altruístas se saíram melhor que os egoístas.

FATOS ADICIONAIS

1. *Dois países em uma corrida armamentista são vistos como participantes do dilema do prisioneiro. Ambos podem despender muito tempo e dinheiro aumentando seu arsenal a fim de acompanhar os passos do outro, ou podem concordar em se desarmar. Mas como podem ter certeza de que o outro não está secretamente aumentando seu arsenal?*

2. *Os machos do reino animal exibem com freqüência um comportamento que se ajusta ao padrão do dilema do prisioneiro. Você se exibe com ostentação, recua ou entra na briga? As melhores estratégias no reino animal parecem abranger um pouco de cada abordagem.*

Aaron Copland

Um dos fatos que evidenciam o baixo conceito de que goza a música clássica norte-americana entre os europeus é que seu primeiro compositor, por quase quarenta anos, foi levado a sério apenas nos Estados Unidos. Nascido na cidade de Nova York, Aaron Copland (1900-1990) foi estudar em Paris quando tinha 21 anos. Estudou harmonia e composição para instrumentos de teclado com a brilhante Nadia Boulanger e, quatro anos depois, regressou a Nova York para assistir à estréia de sua *Sinfonia para órgão e orquestra* (1925) no Carnegie Hall.

Após a estréia, Copland imediatamente começou a compor peças fortemente influenciadas pelo *jazz* – o *Concerto para piano,* de 1926, e as *Variações para piano,* de 1930 –, estilo que estava entrando na moda, mas que ainda era considerado um pouco perigoso. Copland estudou também as obras de Igor Stravinsky, mas assimilou mais as tendências neoclássicas do russo do que suas idéias mais revolucionárias.

Mais tarde, voltou-se para a música norte-americana tradicional, incluindo o *bluegrass* e a música apalache que era executada por grupos de cordas. Combinou esses estilos com as sensibilidades *pop* dominantes na época, tal como as incorporavam a Tin Pan Alley e a Broadway, e com histórias extraídas do folclore norte-americano para produzir vários balés encantadores, como *Billy the Kid* (1938) e *Rodeo* (1942). Sua ópera de 1954, *A terra suave,* é um belo e colorido tratamento da música folclórica americana, e sua *Primavera apalache* (1944), com a qual ganhou o Prêmio Pulitzer, é uma das peças mais duradouras da música clássica norte-americana.

No fim da vida, Copland foi atraído pelo serialismo dodecafônico, mas pouquíssimas de suas obras se tornaram populares, salvo *Conotações,* encomendada para a inauguração do Lincoln Center em 1962. Permaneceu ativo como compositor, professor e regente durante toda a década de 80, até seu falecimento no fim de 1990, em Westchester County, Nova York.

FATOS ADICIONAIS

1. *Enquanto compunha* A terra suave, *Copland foi intimado a comparecer perante o Subcomitê de Investigação norte-americano e obrigado a depor com centenas de artistas acusados pelo senador Joseph McCarthy de fazer propaganda comunista.*
2. *Copland compôs também partituras para filmes, incluindo* Ratos e homens *(1938),* Nossa cidade *(1940) e* Tarde demais *(1948).*

Filosofia da Linguagem

A filosofia da linguagem tenta compreender como a linguagem – sons enunciados por falantes e sinais escritos – pode ser utilizada para fazer declarações significativas sobre o mundo. Essa filosofia tem muito em comum com o campo da lingüística.

Na filosofia contemporânea, o problema mais importante da filosofia da linguagem tem sido o da referência: Como nomes identificam objetos do mundo e, com isso, possuem significado?

Considere estes dois enunciados:

O Super-Homem é o Super-Homem.
Clark Kent é o Super-Homem.

Se o significado do nome é simplesmente a coisa a que ele se refere, então ambos os enunciados significam a mesma coisa. Entretanto, podemos acreditar que o primeiro enunciado é verdadeiro e não necessariamente o segundo. Assim, o significado do nome "Super-Homem" não é meramente a coisa a que ele se refere (Super-Homem). De acordo com esse argumento, o significado ou "conteúdo semântico" de um nome tem duas partes: um referente, a coisa a que ele se refere, e um *sentido*, uma descrição do objeto. Portanto, o sentido de *Super-Homem* poderia ser "super-herói capaz de voar sobre altos edifícios", enquanto o sentido de *Clark Kent* poderia ser "o repórter mais mal pago do *Daily Planet*". Nesse exemplo, o significado dos nomes "Clark Kent" e "Super-Homem" é diferente, porque eles têm *sentidos* diferentes. Portanto, o segundo enunciado não nos parece necessariamente verdadeiro.

Alguns filósofos discordam dessa análise. Dizem que o significado de um nome não pode conter uma descrição. Por exemplo, considere este enunciado: "É possível que Clark Kent não seja o repórter mais mal pago do *Daily Planet*". Esse enunciado é verdadeiro, porque afinal Clark/Super-Homem poderia ter escolhido um emprego diferente quando se mudou para Metropolis. Todavia, de acordo com nossa primeira teoria, o significado do nome "Clark Kent" é a descrição "o repórter mais mal pago do *Daily Planet*". Assim, o que dissemos foi: "É possível que o repórter mais mal pago do *Daily Planet* não seja o repórter mais mal pago do *Daily Planet*". Isso é obviamente absurdo, e essa é a razão pela qual o debate em torno do significado dos nomes continua.

FATO ADICIONAL

1. *A distinção entre sentido e referência foi feita pela primeira vez por Gottlob Frege, matemático alemão cujos trabalhos sobre linguagem e lógica exercem grande influência sobre a filosofia contemporânea.*

Confucionismo

Kung-Fu-Tzu, mais conhecido como Confúcio, viveu por volta de 551 a 479 a.C. Sua filosofia é uma parte tão integrante de algumas culturas da Ásia oriental que costuma ser vista mais como um modo de vida do que como uma religião baseada em uma divindade.

Embora o legado de Confúcio seja hoje reverenciado, durante sua vida poucos de seus ensinamentos foram respeitados. Ele viajou de reino em reino à procura de emprego, em geral sem sucesso.

Confúcio acreditava que o Tao é a força subjacente do universo e dá origem às forças opostas mas complementares de *yin* e *yang*, que são a fonte das mudanças intermináveis pelas quais o mundo passa.

O objetivo do pensador era criar uma sociedade harmoniosa que pudesse suportar essa constante mudança. Ele acreditava que, apesar de os seres humanos serem inerentemente bons, as pessoas não esclarecidas, juntamente com as sociedades desorganizadas, causavam a existência do mal.

Confúcio acreditava que cada pessoa possui seu lugar no mundo e que, por meio do cultivo dos indivíduos, ele poderia melhorar a sociedade. Acreditava que o primeiro passo é a piedade filial. Esse conceito prega que o filho deve amar seus pais e ancestrais.

Da piedade filial, Confúcio deduziu cinco relacionamentos, cada um compreendendo uma parte superior e uma inferior, que devia servir de modelo para qualquer sociedade. O primeiro e mais importante relacionamento era entre pai e filho, seguido pelos relacionamentos governante-súdito, marido-mulher, irmão mais velho-irmão caçula e amigo-amigo. Segundo Confúcio, se esses relacionamentos fossem adequadamente respeitados – isto é, se o subordinado sempre respeitasse o superior –, a sociedade poderia atingir o estado harmonioso outrora alcançado pelos reis antigos.

Os ensinamentos de Confúcio são amplamente retirados de sua obra *Os analectos*. Entretanto, grande parte de seus ensinamentos originais é desconhecida, porque a dinastia Qin (221-207 a.C.) empenhou-se em uma campanha de supressão das obras confucianas. Boa parte do confucionismo hoje existente é na verdade o neoconfucionismo – corrente influenciada pelo pensamento taoísta e budista.

FATOS ADICIONAIS

1. *Os cinco relacionamentos de Confúcio foram incorporados historicamente ao sistema legal chinês. Se um crime infringisse a inviolabilidade de um dos relacionamentos – um filho roubar algo do pai, por exemplo –, o castigo era mais severo.*
2. *Confúcio achava que os líderes devem ser escolhidos por sua inteligência e habilidade. Isso levou ao primeiro sistema de prestação de exames para o serviço civil, implementado na China em 165 a.C.*

Mao Tsé-Tung

Mao Tsé-Tung (1893-1976) governou a China comunista desde 1949 até sua morte. Mao modernizou seu empobrecido país, mas isso custou um enorme número de vidas. De acordo com a maioria das estimativas, dezenas de milhões de chineses morreram de fome ou foram executados durante o turbulento governo de Mao. Líderes chineses contemporâneos têm repudiado a maior parte da filosofia de Mao Tsé-Tung, mas ele continua sendo uma figura venerada como o homem que conseguiu unir o país mais populoso do planeta e pôr fim a séculos de humilhação nas mãos do Ocidente.

Filho de um agricultor da China rural, Mao aderiu ao comunismo, a exemplo de muitos outros jovens intelectuais chineses, na década de 20. Nessa época, a China estava sob a ameaça do Japão imperial, mas encontrava-se dividida demais para resistir aos invasores. Mao foi professor, mas logo passou a dedicar todas as suas energias à política. Do final da década de 20 até a deflagração da Segunda Guerra Mundial, o Exército Vermelho comunista combateu tanto japoneses quanto outras facções da própria China. Como líder guerrilheiro nesse período, ele formulou a filosofia política radical que se tornaria conhecida como maoísmo.

O Exército Vermelho saiu vitorioso, e a República Popular da China, tendo Mao como líder, foi proclamada em 1949. Governar ofereceu um novo conjunto de desafios aos comunistas. Os resultados foram quase sempre catastróficos. A fracassada tentativa de Mao de aumentar a produção industrial da China em 1958, por exemplo, acarretou nada menos que trinta milhões de mortes. Em 1966, Mao empreendeu a chamada Revolução Cultural, para extirpar influências capitalistas e religiosas, o que provocou centenas de milhares de mortes e destruiu grande parte da herança da China antiga. O próprio Mao, porém – apelidado Presidente Mao, o Grande Timoneiro –, era adorado por seus seguidores.

No Ocidente, ele atraiu muitos partidários de esquerda, e o maoísmo influenciou vários outros movimentos guerrilheiros, mas a maioria das pessoas ficou horrorizada com a brutalidade e a destruição ocorridas durante seu governo. Só depois da morte desse líder a China começou a abandonar as práticas comunistas. Um país capitalista em tudo menos no nome, a China se aproveitou da unidade forjada por Mao para se tornar uma emergente superpotência mundial.

FATOS ADICIONAIS

1. *Durante a Guerra Fria, a China tomou o partido de seus colegas comunistas da União Soviética contra os Estados Unidos. Todavia, Mao acabou perdendo a confiança na URSS. Visando estabelecer vínculos mais estreitos com os Estados Unidos, o líder comunista convidou o então presidente Richard Nixon a fazer sua famosa viagem a Pequim em 1972.*

2. *Durante a Revolução Cultural, os chineses eram obrigados a ler uma coletânea de citações de Mao conhecida como* O livro vermelho. *A obra era distribuída no mundo inteiro. Embora a vasta maioria dos leitores a tenha lido a contragosto,* O livro vermelho *é uma das obras mais populares do mundo.*

3. *O cadáver de Mao, como o de Lênin, foi embalsamado e exibido em público. Seu mausoléu de mármore na Praça Tiananmen, em Pequim, continua a atrair anualmente milhares de visitantes.*

"O Segundo Advento"

"Rodando e rodando no giro que se alarga
O falcão não pode ouvir o falcoeiro;
Tudo se desagrega; o centro não consegue
se sustentar;
Pura anarquia está solta pelo mundo,
A maré manchada de sangue está solta,
e por toda parte
A cerimônia da inocência é afogada;
Aos melhores falta qualquer convicção,
enquanto os piores
Estão cheios de ímpeto apaixonado.

Com certeza alguma revelação é iminente;
Com certeza o Segundo Advento é iminente.
O Segundo Advento! Tão logo emergem
essas palavras
Uma gigantesca imagem do Spiritus Mundi
Turva minha visão: em algum lugar nas areias
do deserto
Uma forma com corpo de leão e cabeça de
homem,
Olhar fixo e vazio e implacável como o Sol,
Move lentamente suas coxas, enquanto por
todo o seu redor
Rodopiam as sombras dos violentos pássaros
do deserto.
Cai de novo a escuridão; mas agora eu sei
Que vinte séculos de sono pétreo
Foram perturbados até o pesadelo por um berço
embalador,
E que a rude fera, chegando afinal a sua hora,
Se arrasta rumo a Belém para nascer?"

"O Segundo Advento" (1920), de William Butler Yeats, contém algumas das mais vívidas imagens encontradas na poesia do século XX. A obra é completamente atípica para Yeats, mais conhecido por suas contribuições para o movimento do Renascimento Celta – uma tentativa de preservar a cultura de sua Irlanda natal contra a influência inglesa. Mas, embora grande parte dos escritos de Yeats seja fortemente influenciada pelo folclore e pela mitologia celtas, "O Segundo Advento" está repleto de seu fascínio pelo oculto.

Yeats tinha uma visão única da história, que ele acreditava ter recebido em revelações de espíritos. Concebia a história como uma série de ciclos de dois mil anos de ascensão e declínio, a que se referia como giros. De acordo com sua visão, o último giro ascendente do mundo principiou com o nascimento de Jesus, o que significa que o giro declinante correspondente, ou antitético, alcançaria o nível mais baixo a certa altura do século XX. Tendo acabado de testemunhar os horrores da Primeira Guerra Mundial, Yeats acreditava em 1920 que o giro cristão estava perdendo sua influência sobre o mundo, e o fim não poderia estar longe.

"O Segundo Advento" está repleto de imagens de caos e maldade. Começa com uma atordoante visão de um falcão "rodando e rodando" em espiral, incapaz de ouvir o chamado de seu adestrador. Visões sinistras se acumulam diante do leitor, culminando com o aparecimento de um animal semelhante a uma esfinge no deserto. Em uma perversa inversão da mitologia cristã, o bicho "se arrasta rumo a Belém para nascer". Embora a intenção precisa de Yeats seja desconhecida, os críticos costumam ver no animal a representação dos sistemas totalitários do comunismo e do fascismo que surgiram na Europa após a Primeira Guerra Mundial.

FATOS ADICIONAIS

1. *Os títulos* Quando tudo se desmorona *(1958), de Chinua Achebe, e* Slouching Towards Bethlehem *(1968), de Joan Didion, foram retirados do poema de Yeats.*
2. *Vários versos do poema se referem indiretamente à peça de Percy Bysshe Shelley* Prometeu libertado *(1820), muito admirada por Yeats.*

Salvador Dalí

Salvador Dalí (1904-1989) combinou técnica acadêmica requintada com vôos extravagantes de fantasia surrealista para produzir algumas das obras mais provocativas e chocantes do século XX.

Dalí nasceu na Catalunha, Espanha. Em 1921, matriculou-se na Real Academia de Belas-Artes de San Fernando, em Madri, onde conheceu o poeta García Lorca e o cineasta Luis Buñuel. Dois anos depois, foi expulso da academia por incitar alunos à rebelião e afirmar que os professores não estavam qualificados para julgar suas obras.

Em 1929, mudou-se para Paris, onde se juntou ao movimento surrealista. Fascinado com o potencial criativo da paranóia, desenvolveu o que chamou de método crítico-paranóico. De acordo com a filosofia surrealista, a paranóia se caracteriza pela capacidade de compreender as coisas em perspectivas múltiplas, sendo, portanto, um meio de desestabilizar o mundo. Induzindo-a em si mesmo, Dalí acreditava poder criar uma arte mais poderosa.

Uma de suas obras clássicas é *A persistência da memória* (1931), paisagem rígida na qual um relógio de bolso escorre sobre uma cabeça distorcida. Ao lado, há outros dois relógios derretidos, enquanto um terceiro está coberto de formigas rastejantes. A assustadora cena alude à distorção do tempo em um estado onírico.

Em 1929, Dalí trabalhou no filme surrealista *Um cão andaluz*, um dos dois que fez com Buñuel. Nesse mesmo ano, conheceu Gala, que se tornou sua esposa e musa durante mais de cinqüenta anos. Um ano depois, Buñuel e ele escreveram e filmaram *A idade do ouro*.

Ao longo dos anos, Dalí continuou a chocar e a fascinar o público. Foi capa da revista *Time* em 1936 e, no ano seguinte, escreveu um roteiro nunca produzido para os Irmãos Marx. No final da década de 30, foi repudiado pelos surrealistas por suas opiniões políticas de direita e sua busca ávida pelo sucesso comercial. Em 1940, mudou-se para os Estados Unidos, onde morou até 1955. Durante sua temporada norte-americana, foi convidado por Walt Disney para esboçar um desenho animado para o filme *Fantasia*. Sua contribuição foi divulgada apenas em 2003, quando foi lançada uma versão revisada do clássico de 1940. Dalí criou também uma seqüência de sonhos para o clássico filme de Alfred Hitchcock *Quando fala o coração* (1945). Sempre desejando chamar atenção, apareceu duas vezes como o convidado misterioso do popular programa televisivo dos anos 50 *What's My Line?* (no Brasil, *Advinha o que ele faz?*).

Dalí passou seus últimos anos de vida na Espanha. Em 1984, ficou seriamente queimado em um incêndio misterioso. Morreu cinco anos depois, deixando toda sua fortuna e suas obras de arte para o Estado espanhol. Atualmente, existem vários museus dedicados exclusivamente a suas obras, incluindo um em St. Petersburg, Flórida, e três na Espanha.

FATO ADICIONAL

1. *Em maio de 1955, Dalí pintou uma versão paranóico-crítica de* A rendeira, *de Vermeer, sentado na jaula do rinoceronte no Zoológico Vincennes, perto de Paris.*

Fatoriais!

O símbolo "!" em matemática é tão divertido quanto parece. É um fatorial. Se você escreve n!, pronuncia-se "n fatorial". O fatorial de um número é o produto de todos os números inteiros maiores que zero e menores que o próprio número ou iguais a ele. Por exemplo, o fatorial de 6 é:

$$6! = 6 \times 5 \times 4 \times 3 \times 2 \times 1 = 720$$

E o fatorial de 12 é:

$$12! = 12 \times 11 \times 10 \times 9 \times 8 \times 7 \times 6 \times 5 \times 4 \times 3 \times 2 \times 1 = 479.001.600$$

Os fatoriais são muito importantes na teoria dos números, na probabilidade e na ciência da computação. Na vida cotidiana, podem ser utilizados para descobrir de quantas diferentes maneiras um grupo de objetos pode ser disposto em seqüência. Imagine, por exemplo, que você quer descobrir de quantas maneiras diferentes pode dispor seis livros em uma prateleira. Para o primeiro espaço, você teria seis livros para escolher. Para o segundo, cinco. Para o terceiro, quatro. Para o quarto, três. Para o quinto, dois. E, para o último, um. Para calcular o número de maneiras como poderia arranjar os livros, você multiplicaria:

$$6 \times 5 \times 4 \times 3 \times 2 \times 1 = 6! = 720$$

Curiosamente, o fatorial de zero é igual a 1.

$$0! = 1$$

Por quê? Imagine por um momento que você está tentando arrumar zero objeto em uma prateleira. De quantas maneiras diferentes poderia fazê-lo? A resposta é uma.

FATOS ADICIONAIS

1. *O matemático Christian Kramp introduziu a notação n! em 1808.*
2. *Os fatoriais podem ser utilizados também para encontrar números primos extremamente grandes.*
3. *Existem outros tipos de fatoriais em matemática. Existem multifatoriais, hiperfatoriais e superfatoriais.*

Primavera apalache de Copland

A obra mais conhecida do compositor Aaron Copland pertence à sua fase denominada "pastoral americana" – que também inclui *Rodeo* (1942) e *A terra suave* (1954). *Primavera apalache* (1944) começou como um balé escrito para a ilustre coreógrafa Martha Graham, mas depois evoluiu para uma suíte orquestral, forma na qual costuma ser executada ainda hoje.

Em 1943, Copland estava em Hollywood trabalhando na partitura para o filme *A estrela do norte* (1943), baseado em uma história de Lillian Hellman. Nesse meio-tempo, recebeu uma encomenda da Fundação Elizabeth Sprague Coolidge, da Biblioteca do Congresso, para um novo balé a ser encenado pela companhia de dança de Martha Graham. A peça que Copland escreveu destinava-se originalmente a uma pequena formação camerística. Mais tarde, porém, ele a orquestrou como suíte para uma orquestra completa. A obra está impregnada do espírito da música folclórica norte-americana, embora a única melodia realmente utilizada seja o hino *shaker* "Simple Gifts". Na seção baseada nessa música, Copland apreende uma melodia que expressa muito adequadamente a natureza simples e sincera do estilo de vida dos *shakers* (seita protestante) e a utiliza como base para a variação. O resultado é um estilo claro e acessível, que platéias e críticos consideraram totalmente americana. A peça logo se tornou um clássico, para surpresa do compositor.

A história original do balé gira em torno de um casal recém-casado na fronteira próxima à Pensilvânia ocidental. Os jovens celebram seu amor e, juntos, constroem sua casa. Ao mesmo tempo, um pregador e sua congregação gritam em júbilo, e uma exploradora segue seu sonho em direção à terra prometida. O balé é repleto de imagens bíblicas e temas relacionados à fartura de alimentos.

FATOS ADICIONAIS

1. *A princípio, Copland chamou a peça de* Balé para Martha, *nome genérico que ele só mudou algumas semanas antes da estréia. O título* Primavera apalache *vem de um poema de Hart Crane.*
2. *Martha Graham também colaborou com o outro compositor "mais americano" do século, George Gershwin.*
3. *Embora a maior parte do balé tenha sido escrita na Califórnia e no México, Copland só o concluiu quando se mudou para Cambridge, Massachusetts, para lecionar na Universidade de Harvard.*

Bertrand Russell

Bertrand Russell (1872-1970) foi um dos fundadores da filosofia analítica. Nascido em uma família de aristocratas ingleses, ficou órfão aos 10 anos. Com a morte de seu irmão, em 1931, tornou-se o terceiro conde Russell, razão pela qual costuma ser referido como lorde Russell.

A partir de 1890, esteve ligado ao Trinity College, na Universidade de Cambridge, primeiro como aluno, depois como professor. Rompeu com a faculdade em 1916 por seu envolvimento em protestos contra a Primeira Guerra Mundial, atividade que o levou à prisão por cinco meses, em 1918. Enquanto esteve no Trinity, Russell produziu algumas de suas mais importantes obras filosóficas e foi mentor de Ludwig Wittgenstein e do poeta norte-americano T. S. Eliot. A expulsão do filósofo do Trinity pôs fim à sua carreira acadêmica, e nas décadas seguintes ele passou a ganhar a vida escrevendo, o que fez de maneira abundante. Algumas de suas obras mais famosas são *Por que não sou cristão* (1927), *O casamento e a moral* (1929), uma crítica a respeito da instituição do casamento, *Os problemas da filosofia* (1912) e *História da filosofia ocidental* (1946).

Russell, que desenvolveu a filosofia analítica com G. E. Moore, foi um importante defensor do logicismo – visão segundo a qual todos os conceitos matemáticos podem ser definidos por meio do vocabulário da lógica e todas as verdades matemáticas podem ser extraídas dessas definições usando-se as leis da lógica. Os trabalhos de Russell nos campos da lógica e da matemática culminaram no livro que escreveu em co-autoria com Alfred North Whitehead, *Principia mathematica*.

Forneceu igualmente importantes contribuições à metafísica, à análise filosófica, à filosofia da linguagem, à epistemologia e à filosofia da ciência. Ganhou o Prêmio Nobel de Literatura em 1950, tendo sido um dos poucos filósofos a receber essa distinção.

FATOS ADICIONAIS

1. *Uma das contribuições mais duradouras de Russell para a filosofia da linguagem é sua teoria das descrições definidas. Uma descrição definida é um termo como "o rei da França" em enunciados como "O rei da França é calvo". Em seu clássico ensaio "Sobre a denotação", Russell mostrou como analisar nomes próprios como descrições definidas.*

2. *Russell detectou uma inconsistência formal no sistema lógico de Gottlob Frege, conhecida como paradoxo de Russell. Ao tomar conhecimento dessa inconsistência, Frege achou, equivocadamente, que o trabalho de toda sua vida fora reduzido a nada.*

3. *Russell foi um crítico declarado da Guerra do Vietnã.*

Xintoísmo

O xintoísmo é a religião nativa do Japão e está inextricavelmente arraigado na cultura do país.

Surgido entre 300 e 600 d.C., o xintoísmo sustenta que a divindade mais importante é Amaterasu, geralmente traduzido como deusa do sol, cujos descendentes unificaram o Japão. De acordo com a lenda, os pais dessa deusa, Izanagi e Izanami, deram origem às ilhas do país. Acredita-se que todas as pessoas descendem deles, mas o imperador era descendente da própria Amaterasu. Acredita-se ainda que foi por intermédio da deusa do sol que o imperador recebeu seu poder e o direito de governar.

Além dessa divindade, os adeptos do xintoísmo crêem em muitas outras, conhecidas como *kami*, que, segundo eles, residem na natureza. Por isso, esta e sua preservação são de extrema importância nessa religião. Além disso, o respeito pela família e a celebração de rituais de purificação são essenciais para essa prática religiosa.

Existiram quatro linhas do xintoísmo no Japão. A primeira é o xintoísmo dos santuários, o tipo mais comum encontrado ainda hoje, no qual os fiéis se congregam e oram nos santuários.

O xintoísmo das seitas descreve treze grupos que celebram o culto em salas de encontros. Essas diferentes seitas se formaram durante o século XIX e incorporam outros sistemas de crença, como a adoração das montanhas, que se concentra no monte Fuji, e o confucionismo.

O xintoísmo doméstico incorpora muitas crenças populares, como a adivinhação e a cura xamanista. É muito menos organizada que as demais tradições.

O xintoísmo imperial, que já não existe, era a religião oficial do Japão antes da Segunda Guerra Mundial. Exigia a completa devoção ao imperador durante a dinastia Meiji e tentou eliminar as influências confucionista e budista.

FATOS ADICIONAIS

1. *Hoje, a maioria dos japoneses segue uma combinação de zen-budismo e xintoísmo dos santuários.*
2. *A ênfase do xintoísmo imperial na lealdade ao imperador levou aos ataques suicidas dos japoneses, conhecidos como* kamikaze, *durante a Segunda Guerra Mundial.*

Brown *vs.* Conselho de Educação

A decisão fundamental da Suprema Corte dos Estados Unidos, em 1954, no processo Brown *vs.* Conselho de Educação pôs fim à segregação racial nas escolas públicas norte-americanas e ajudou a desencadear o movimento civil que estabeleceu plenos direitos legais aos afro-descendentes. Historiadores consideram o resultado do julgamento, que envolveu o sistema escolar de Topeka, Kansas, e várias outras cidades, uma das mais importantes decisões já tomadas pela Suprema Corte.

Antes da decisão do caso Brown, negava-se aos americanos negros do Sul e de outras partes dos Estados Unidos a plena igualdade com os brancos. Não apenas as crianças negras freqüentavam escolas separadas como era exigido que os negros viajassem na parte de trás dos ônibus, comessem em balcões diferentes nas lanchonetes e até usassem banheiros separados. Esse sistema de discriminação oficial era conhecido como Leis de Jim Crow. A Suprema Corte mantivera a segregação no processo Plessy *vs.* Ferguson, de 1896. Nessa decisão, a corte estabeleceu que, desde que as instalações reservadas aos negros não fossem notoriamente inferiores, a segregação era permitida na vigência da constituição.

Os pleiteantes no processo Brown, porém, argumentaram que "separados" queria dizer inerentemente desiguais. A corte favoreceu as famílias negras, derrubando por unanimidade sua própria decisão de 1896 no caso Plessy. O presidente do tribunal, Earl Warren, que redigiu o histórico parecer, afirmou que "no campo da educação pública a doutrina do 'separados, mas iguais' não tem lugar".

A decisão, que obrigou as escolas públicas do Sul a se integrar, deparou com forte resistência por parte de muitos brancos. Em 1957, o presidente Dwight D. Eisenhower foi forçado a enviar o exército a Arkansas para proteger os primeiros nove estudantes negros que passaram a freqüentar o colégio de brancos em Little Rock.

No entanto, a decisão também reanimou o apoio ao nascente movimento pelos direitos civis. Depois de Brown, líderes dos direitos civis afro-americanos, como Rosa Parks e Martin Luther King Jr., empreenderam uma campanha vitoriosa para derrubar o que restava das Leis Jim Crow no Sul. O movimento pelos direitos civis culminou com a Lei dos Direitos Civis, de 1964, e a Lei dos Direitos de Voto, de 1965 – legislação federal assinada pelo então presidente Lyndon Johnson que proibia a discriminação trabalhista contra negros e declarava ilegais as práticas que haviam sido utilizadas no Sul durante gerações para impedir que os negros votassem.

FATOS ADICIONAIS

1. *O advogado da NAACP (Associação Nacional para o Progresso das Pessoas de Cor) no processo Brown foi Thurgood Marshall, que se tornaria o primeiro juiz negro da Suprema Corte, em 1967.*
2. *O processo deve seu nome a Oliver Brown, um dos treze pais negros que processaram o sistema escolar de Topeka, em 1951, porque sua filha de 8 anos fora obrigada a freqüentar uma escola elementar separada. Essa escola, a Monroe School, acabou sendo fechada em 1975 e foi declarada patrimônio histórico nacional em 1992, pelo presidente George Bush.*
3. *O presidente Harry Truman integrou o exército norte-americano em 1948 – contra a intensa oposição de muitos colegas democratas do Sul – em um dos primeiros esforços federais contra a segregação.*

Realismo Mágico

Apesar de uma longa tradição tanto na literatura ocidental como na oriental, foi só no século passado que o realismo mágico passou a ser considerado um gênero autônomo. Embora o termo "realismo mágico" costume ser associado exclusivamente à literatura latino-americana – talvez por ter sido popularizado pela primeira vez, em contexto literário, pelo romancista cubano Alejo Carpentier –, é possível também encontrar suas características em obras de autores de outras regiões.

O artista alemão Franz Roh foi quem primeiro usou o termo, em 1925, para descrever um emergente movimento de arte visual que representava o mundo de maneira realista, mas lhe acrescentava ao mesmo tempo qualidades surreais ou oníricas. O termo tem quase o mesmo sentido quando utilizado com referência à literatura – as obras literárias do realismo mágico retratam o mundo de maneira detalhada e autêntica, mas mesclam acontecimentos e situações sobrenaturais ou mágicos com uma narrativa que no mais é realista. Uma característica importante do gênero é o fato de os personagens não perceberem esses acontecimentos sobrenaturais como extraordinários ou fora do comum, testemunhando-os de maneira desapaixonada, sem espanto ou terror.

O autor que mais chamou a atenção do mundo para o realismo mágico é o romancista colombiano Gabriel García Márquez. Obras como *Cem anos de solidão* (1967) e *O amor nos tempos do cólera* (1985) exemplificam o gênero, mesclando acontecimentos sobrenaturais vívidos, carnais e freqüentemente sangrentos na existência diária dos personagens. Muitas vezes, os acontecimentos sobrenaturais estão impregnados de elementos do folclore local. Muitos deles ocorrem na forma de sinais da natureza, como uma inundação torrencial que acontece no dia do funeral de um personagem.

Outras obras destacadas do realismo mágico latino-americano são *A casa dos espíritos* (1982), de Isabel Allende, *Como água para chocolate* (1989), de Laura Esquivel, e *O sumiço da santa* (1988), de Jorge Amado, além de alguns contos de Jorge Luis Borges. Mas muitos autores fora da América Latina exibiram elementos de realismo mágico em seus contos e romances, desde *Os filhos da meia-noite* (1981), de Salman Rushdie, até *Amada* (1987), de Toni Morrison, e *Crônica do pássaro de corda* (1995), de Haruki Murakami.

FATOS ADICIONAIS

1. *García Márquez declarou que sua tarefa mais importante como escritor era "destruir as linhas de demarcação que separam o que parece real do que parece fantástico".*
2. *O realismo mágico costuma ser visto como uma manifestação do pós-modernismo, a sensibilidade literária que emergiu a partir da década de 40.*
3. *Realismo mágico não é a mesma coisa que fantasia ou ficção científica. As obras desses últimos dois gêneros ocorrem em realidades, mundos ou futuros alternativos, enquanto as do realismo mágico estão profundamente enraizadas no mundo real.*

Jackson Pollock

Jackson Pollock (1912-1956) é mais conhecido por suas pinturas na técnica *dripping*. Ele as produzia respingando, borrifando ou gotejando tinta sobre telas imensas – método que rotulou de pintura de ação. Afirmando que obras de arte devem ser apreciadas como objetos independentes por si mesmos, e não como representações de algum tema externo, Pollock insistia que seus quadros não retratavam nada – eram pinturas em sua forma mais pura, mais autônoma.

Nascido em Cody, Wyoming, era o quinto e mais novo filho de Stella May McClure e LeRoy Pollock. Passou a infância na Califórnia e no Arizona e foi apresentado à arte moderna quando freqüentava o Colégio de Artes Manuais, em Los Angeles.

Em 1929, Pollock se mudou para Nova York, onde se matriculou na Liga de Estudantes de Arte e estudou com o pintor regionalista Thomas Hart Benton. As primeiras obras de Pollock mostram a influência de Albert Pinkham Ryder e dos muralistas mexicanos José Clemente Orozco e David Alfaro Siqueiros. Durante a Grande Depressão, viveu na pobreza até 1935, quando foi contratado pelo projeto de arte federal WPA. Em 1937, passou por tratamento psiquiátrico contra o alcoolismo. Durante a terapia, seus desenhos foram analisados por profissionais, que introduziram o paciente na psicologia junguiana. A partir de então, o pintor ficou obcecado pelo simbolismo onírico e o inconsciente.

Em 1945, Pollock se casou com a artista Lee Krasner. O casal se mudou para East Hampton, Long Island, onde, dois anos depois, ele criou sua primeira pintura *dripping*, *Full Fathom Five*. Embora aparentemente aleatórias, as pinturas *dripping* eram criadas com grande cuidado e deliberação. Após estender no chão uma tela não recortada, Pollock respingava tinta sobre ela com varetas ou pincéis encharcados. Levantando cuidadosamente a tela, deixava que a tinta escorresse até obter uma composição equilibrada. Quando a tinta secava, ele recortava a tela e a emoldurava.

Na pintura de ação, o artista descobriu um método pelo qual podia criar uma pintura pura, sem nenhuma referência a algo exterior. Para deixar clara sua intenção, começava dando números às obras, em vez de títulos, para que os espectadores se concentrassem na pintura e não no tema. Para Pollock, o ato de pintar em si era tão importante quanto o produto acabado. Em relação a isso, foi um importante precursor dos artistas que se engajaram na arte performática e nos *happenings* das décadas de 50 e 60.

Em 1951, Pollock voltou a beber. Enquanto sua saúde e resistência iam de mal a pior, ele lutava para manter seu ponto de apoio no mundo da arte. No verão de 1956, o carro dele se chocou com uma árvore e Pollock morreu na hora.

Curva Normal

A curva normal descreve o modelo de distribuição para certos conjuntos de estatística. Escores de testes de altura e inteligência, por exemplo, geralmente se ajustam bem a uma curva normal. A curva tem forma de sino, por isso também é conhecida como curva de sino.

Em uma curva normal, os valores centrais – a média, a mediana e a moda – são todos os mesmos. Isso significa que o escore da média equivale ao da mediana e também ao escore mais comum (moda). Na distribuição normal da altura para as mulheres norte-americanas, por exemplo, a altura média é de aproximadamente 1,65 m. Existe quase o mesmo número de mulheres com mais de 1,65 m quanto de mulheres com menos de 1,65 m. E a altura mais comum para as norte-americanas é 1,65 m.

As curvas normais incluem informações sobre variância e desvio-padrão, que descrevem o modo como os valores se dispersam em torno de um valor central, mais próximos ou mais distantes. Digamos, por exemplo, que um grupo de crianças se submeta a um teste. Algumas delas são reprovadas, outras recebem notas D, C, B e A, embora o escore médio seja C. Em um segundo teste, a maioria recebe nota C, e o escore médio é C. Diz-se que o primeiro teste tem variância alta, enquanto o segundo tem variância baixa.

Os desvios-padrão são uma medida de variância. Na curva normal, 68% dos valores estão dentro de um desvio-padrão da média, 95% dentro de dois desvios-padrão da média e 99,7% dentro de três desvios-padrão. Isso é conhecido pelo nome de regra empírica. Essa informação é também enunciada simplesmente por 68-95-99,7. Nos escores de QI, um escore de 100 é o valor central – média, mediana e moda. Um escore de 145 constitui três desvios-padrão da média, assim como um escore de 65. Isso significa que, para cada duas mil pessoas, três têm escore superior a 145, e três têm escore inferior a 65.

FATOS ADICIONAIS

1. *A curva normal foi concebida pela primeira vez por Abraham de Moivre em 1733.*
2. *A curva normal também costuma ser chamada de curva gaussiana, em homenagem a Carl Friedrich Gauss. Ele não a inventou, mas descobriu muitas de suas propriedades. Seu rosto estampa a nota de dez marcos alemães.*
3. *A pressão sanguínea dos adultos também se distribui ao longo da trajetória da curva de sino.*
4. *A variação da intensidade da luz emanada de um ponto qualquer também se distribui normalmente.*

Ponte entre o Clássico e o *Pop*: George Gershwin e Leonard Bernstein

Os dois compositores responsáveis pelo enlace da música clássica com o *jazz* e o *pop* foram eternos nova-iorquinos e heróis dos palcos da Broadway.

George Gershwin (1898-1937), do Brooklyn, começou como compositor da Tin Pan Alley ao estilo de Irving Berlin, escrevendo e vendendo canções cômicas, jazzísticas e populares. Em 1924, juntou-se ao irmão Ira para compor *Lady Be Good!*, e assim teve início uma das mais fecundas parcerias, que produziu *Strike Up the Band* (1927) e a ópera *Porgy and Bess* (1935), entre muitas outras. Gershwin escreveu também diversas obras orquestrais notáveis, incluindo as jazzísticas e coloridas *tours de force Rhapsody in Blue* (1924) e *Concerto in F* (1925). Gershwin morreu jovem, de câncer no cérebro.

Criado em uma rigorosa dieta musical desde a infância em Lawrence, Massachusetts, Leonard Bernstein (1918-1990) foi discípulo do famoso maestro Fritz Reiner no prestigioso Curtis Institute of Music, na Filadélfia. Depois de trabalhar para várias orquestras, tornou-se maestro da Filarmônica de Nova York em 1958, posto que ocupou por onze anos.

Bernstein era inegavelmente versátil. Grande parte de sua obra é intensamente apaixonada, como a *Sinfonia nº 1*, "Jeremiah" (1941), inspirada em sua herança judaica, e o solene *Chichester Psalms* (1965), acompanhamento musical de versículos dos salmos em hebraico escrito para a reconsagração da Catedral de Chichester, na Inglaterra, destruída durante a guerra. Também compôs obras inspiradas na música *pop*, como a trilha sonora para o filme *Sindicato de ladrões* (1954), o musical da Broadway *Um dia em Nova York* (1944) e sua brilhante adaptação de *Cândido* (1956), de Voltaire.

A peça mais famosa de Bernstein é o musical da Broadway *Amor, sublime amor* (1957), uma adaptação de *Romeu e Julieta* ambientada na Nova York dos anos 50. A obra é muito influenciada pelos ritmos jazzísticos do mambo, da rumba e de outras danças latino-americanas que o compositor ouviu nos subúrbios de Nova York.

FATOS ADICIONAIS

1. *Bernstein tornou-se diretor assistente da Filarmônica de Nova York depois de ter substituído o maestro Bruno Walter em 14 de novembro de 1943. A apresentação foi transmitida em rede nacional e por isso causou uma impressão duradoura.*
2. *Gershwin nunca teve tempo de escrever partes para piano e orquestra para sua mais famosa peça,* Rhapsody in Blue. *A obra foi orquestrada pelo compositor Fred Grofé.*
3. *Figura carimbada no cenário musical nova-iorquino e americano, Bernstein foi um ativo promotor do jovem Aaron Copland e do negligenciado Gustav Mahler.*

Ludwig Wittgenstein

Ludwig Wittgenstein (1889-1951) nasceu em Viena, na Áustria, no seio de uma família próspera. A conselho de Gottlob Frege, foi estudar na Universidade de Cambridge, onde aprendeu os fundamentos da matemática com Bertrand Russell. Quando eclodiu a Primeira Guerra Mundial, em 1914, Wittgenstein voltou à Áustria para se alistar. Nas trincheiras e, mais tarde, em um campo de prisioneiros, escreveu seu primeiro livro, o *Tractatus logico-philosophicus* (1921). Após o cessar-fogo, Wittgenstein regressou à Inglaterra, onde lecionou filosofia em Cambridge e redigiu manuscritos que se tornariam seu segundo e último livro, *Investigações filosóficas* (1953), publicado postumamente.

Seu primeiro livro, *Tractatus logico-philosophicus*, apresenta uma série de proposições numeradas. Ele declara que a linguagem tem certa estrutura lógica que espelha a estrutura do mundo. Wittgenstein faz uma distinção entre o que diz uma proposição e aquilo que ela mostra. As proposições, em sua forma, dizem como o mundo é; mas, em sua organização, mostram o que é a estrutura do mundo. A lógica trata da estrutura das proposições. Ela não diz nada, apenas revela a estrutura da linguagem e do mundo. Wittgenstein concluiu que a maioria dos problemas filosóficos provém da tentativa equivocada de dizer o que pode apenas ser mostrado. Argumenta que os filósofos se deparam com problemas quando procuram dizer que o mundo tem determinada estrutura, em vez de apenas tornar essa estrutura visível por intermédio da lógica.

Em sua obra posterior, *Investigações filosóficas*, ele tentou explicar por que, a seu ver, a filosofia era mal orientada. Acreditava que problemas filosóficos surgem da confusão a respeito da linguagem. As dificuldades aparecem quando empregamos as palavras de maneira não padronizada ou ignoramos a variedade de modos como podemos utilizá-las. Escreveu: "A filosofia é uma batalha contra o esforço da linguagem para enfeitiçar nossa inteligência". Portanto, Wittgenstein defendia uma concepção terapêutica de filosofia, na qual o ponto-chave é esclarecer o significado da linguagem.

FATOS ADICIONAIS

1. *Wittgenstein conclui o* Tractatus *com esta observação misteriosa: "Se não pudermos falar sobre uma coisa, calemo-nos".*

2. *Ludwig Wittgenstein, Martin Heidegger e Adolf Hitler nasceram no mesmo ano: 1889.*

Sikhismo

O sikhismo foi fundado na Índia, no século XV, pelo Guru Nanak, que aos 38 anos teve a revelação de que só existe um Deus eternamente consciente. Essa divindade foi chamada de Ek Onkar. Guru Nanak pregava que as pessoas devem mostrar seu amor a Ek Onkar nos atos da vida cotidiana, não por meio de superstições e rituais.

No centro da fé *sikh*, está a crença profunda de que todas as pessoas são iguais. Portanto, ela repelia o sistema de castas então vigente. Isso era exemplificado pela bondade com que os fiéis tratavam os leprosos, que eram vistos como pecadores sofrendo punição divina. Os *sikhs*, que não acreditam que Deus seja vingativo, demarcaram uma área onde esses doentes pudessem receber tratamento.

Nanak foi sucedido por uma linhagem de nove gurus que implantaram o sikhismo em diversas regiões da Índia e da Arábia. Apesar de sua importância, eles se recusaram a ser adorados como divindades, insistindo que apenas repetiam a palavra de Deus. O último, Guru Gobind Singh, morreu em 1708. Foi substituído por um texto, que hoje é reconhecido como o guru eterno e aceito como a escritura do sikhismo.

Essa escritura é chamada Guru Granth Sahib. Contém não apenas os ensinamentos dos dez gurus, mas também hinos das religiões muçulmana e hindu. Foi redigida em sânscrito, persa, híndi e punjabi. Durante o culto, passagens dessa escritura são usualmente cantadas ou salmodiadas.

Para os *sikhs*, o tempo é cíclico, e a alma está presa a um esquema de nascimento, morte e renascimento. O ciclo é fomentado pelo egoísmo dos seres humanos – o ego, a cólera, a inveja, o apego e a cobiça. Se conseguirem se livrar do egoísmo e alcançar a iluminação, o ciclo será interrompido. Mas a iluminação é dada pela graça de Deus e não necessariamente em conseqüência dos atos da pessoa.

É proibido a eles consumir tabaco e álcool, cometer adultério e aparar qualquer pêlo do corpo. Também devem usar os cinco símbolos do sikhismo: turbante, pente, bracelete de aço, espada curta e calções (usualmente como roupa íntima).

FATOS ADICIONAIS

1. *Existem atualmente 21 milhões de* sikhs *no mundo.*
2. *Entre os* sikhs, *quase todos os homens têm o sobrenome Singh – que significa "leão" – e quase todas as mulheres têm o sobrenome Kaur – que significa "princesa". Isso ajudou a eliminar as distinções de classe, que na cultura hindu ficavam evidentes pelos sobrenomes.*

Nelson Mandela

"Lutei contra o domínio dos brancos e lutei contra o domínio dos negros. Tenho alimentado o ideal de uma sociedade livre e democrática, na qual todas as pessoas vivam juntas, em harmonia e com oportunidades iguais. É um ideal pelo qual pretendo viver e que tenciono alcançar. E, se preciso for, é um ideal pelo qual estou disposto a morrer."

– Nelson Mandela, em seu julgamento por traição, em 1964

Em 1964, Nelson Mandela (1918-) foi condenado por traição a seu país, a África do Sul. Ao escapar por pouco da pena de morte, o advogado, então com 46 anos, acabou sendo condenado à prisão perpétua em uma ilha perto da Cidade do Cabo. Seu crime fora organizar a resistência contra as leis racistas da África do Sul, conhecidas coletivamente como *apartheid*. O *apartheid*, que significa "separação", negava aos negros sul-africanos – três quartos da população do país – diversos direitos políticos, mantendo-os legalmente inferiores à minoria branca.

A prisão visava subjugar o espírito de Mandela. Ele foi forçado a trabalhar arduamente em uma pedreira, recebia apenas uma visita por ano e não podia apagar a luz de sua minúscula cela. Como seu partido político, o Congresso Nacional Africano (CNA), apoiara a violência para resistir ao *apartheid*, o governo sul-africano considerou Mandela um terrorista. Os governantes brancos, descendentes de colonizadores holandeses e britânicos que haviam chegado ao país no século XVII, impunham o *apartheid* com o fim de se manter no poder.

Mandela, porém, não cedeu. Continuou a liderar o CNA de dentro dos muros do presídio, e sua firme determinação conquistou o respeito dos próprios guardas. Fora da prisão, tornou-se um herói para milhões de negros da África do Sul e de outras partes, chamando a atenção do mundo para as injustiças do *apartheid*. Em 1990, sob pressão internacional, o governo sul-africano dominado pelos brancos finalmente aboliu o *apartheid* e libertou Mandela, que ganhou o Prêmio Nobel da Paz em 1993 e foi eleito presidente da África do Sul nas primeiras eleições multirraciais do país, em 1994.

Após eleito, Mandela convidou um ex-carcereiro branco do presídio da ilha para sua festa de aniversário. O velho guarda declarou a um repórter da PBS: "Fiquei muito orgulhoso por ver um de meus prisioneiros [...] se tornar meu líder". Um dos estadistas mais respeitados do mundo, Mandela deixou a presidência em 1999.

FATOS ADICIONAIS

1. *Na vigência do* apartheid, *sistema semelhante à segregação no sul dos Estados Unidos até a década de 60, a raça era fator determinante no dia-a-dia dos sul-africanos. O casamento e o sexo inter-raciais eram proibidos, e em todos os lugares, de praias a hospitais, havia segregação.*
2. *Em protesto contra o* apartheid, *o Comitê Olímpico Internacional excluiu a África do Sul dos jogos de 1964. Os atletas do país só voltaram a competir nas Olimpíadas de Barcelona, em 1992.*

"Ode sobre uma Urna Grega"

"Inviolada noiva de quietude e paz,
Filha do tempo lento e da muda harmonia,
Silvestre historiadora que em silêncio dás
Uma lição floral mais doce que a poesia:
Que lenda flor-franjada envolve tua imagem
De homens ou divindades, para sempre errantes.
Na Arcádia a percorrer o vale extenso e ermo?
Que deuses ou mortais? Que virgens vacilantes?
Que louca fuga? Que perseguição sem termo?
Que flautas ou tambores? Que êxtase selvagem?

Ática forma! Altivo porte! em tua trama
Homens de mármore e mulheres emolduras
Como galhos de floresta e palmilhada grama:
Tu, forma silenciosa, a mente nos torturas
Tal como a eternidade: Fria Pastoral!
Quando a idade apagar toda a atual grandeza,
Tu ficarás, em meio às dores dos demais,
Amiga, a redizer o dístico imortal:
'A beleza é a verdade, a verdade a beleza'
– É tudo o que há para saber, e nada mais."

Entre os poetas ingleses românticos do início do século XIX, John Keats (1795-1821) é um dos eternos favoritos. Seu poema mais famoso, "Ode sobre uma urna grega" (1819), continua sendo objeto de fascínio tanto para leitores quanto para críticos, que ainda discutem os significados sutis das principais passagens do texto. De certa maneira, esse contínuo debate se ajusta bem ao poema, que exprime, ele próprio, o encantamento perante as histórias congeladas pelo tempo em um vaso grego.

Em "Ode sobre uma urna grega", as palavras do poeta se dirigem ao próprio vaso. Essa técnica de falar diretamente a um conceito ou objeto inanimado, chamada apóstrofe, é característica da poesia de Keats em geral, em particular de suas odes. O poeta está cativado pelo vaso tanto como peça de beleza estética quanto como símbolo intrigante, um fragmento de permanência em um mundo de transitoriedade e mudança.

Na primeira das cinco estrofes do poema (das quais apenas a primeira e a última foram reproduzidas acima), o poeta caracteriza a urna como encarnação das próprias eras, chamando-a de "noiva de quietude" e "filha do tempo lento e da muda harmonia". Ele se assombra diante das imagens pintadas no vaso e quer a todo custo conhecer as histórias que encerram: "Que deuses ou mortais? Que virgens vacilantes?/ Que louca fuga? Que perseguição sem termo?" Mas o mistério e a incerteza só fazem aumentar o fascínio das imagens, como diz o poeta na segunda estrofe: "A música seduz. Mas ainda é mais cara/ Se não se ouve". De igual modo, ele inveja os dois amantes do vaso, cujas imagens se congelaram para sempre na iminência do abraço: "Se não chegas ao fim, ela também não muda,/ É sempre jovem e a amarás eternamente".

Poucos versos foram tão analisados quanto os dois últimos de "Ode sobre uma urna grega". Está claro que a própria urna se dirige ao poeta com as palavras "A beleza é a verdade, a verdade a beleza", que são por si sós um criptograma. Mas, devido à incerteza quanto à pontuação no manuscrito original de Keats, não se percebe bem se as últimas dez palavras do poema são proferidas pela urna ou pelo eu lírico – um mistério eterno para um poema sobre a eternidade do mistério.

FATO ADICIONAL

1. *Embora muitos se perguntem se o poema de Keats foi inspirado em um vaso específico, os estudiosos em geral concluíram que não.*

Pop Art

O termo *pop art* foi cunhado pelo crítico de arte britânico Lawrence Alloway para descrever a obra do Independent Group – uma associação de artistas que combatiam a pretensão e a afetação do mundo artístico. Criando obras modeladas a partir de anúncios populares, histórias em quadrinhos, produtos baratos e meios de comunicação de massa, procuravam exaltar e parodiar a cultura consumista.

Alloway definia a *pop art* como popular, passageira, descartável, barata, massificada e direcionada a jovens e a grandes empresas. Esses termos caracterizam os trabalhos de Richard Hamilton, cuja obra *Just What Is It that Makes Today's Homes so Different, so Appealing?* retrata um homem musculoso carregando um gigantesco Tootsie Pop – pirulito inventado por Tom Medric em 1931 e muito popular nos Estados Unidos.

As origens do movimento remontam aos anos 20, quando um grupo de artistas auto-intitulados dadaístas ironizava a pompa da cultura acadêmica. Seu líder, Marcel Duchamp, ganhou notoriedade pintando a Mona Lisa de bigodes e transformando um urinol produzido em larga escala em uma escultura, invertendo-o.

A *pop art* se desenvolveu independentemente nos Estados Unidos, representada por grandes artistas como Jasper Johns, Robert Rauschenberg e Larry Rivers. Muitos adotaram estilos facilmente identificáveis – marcas registradas que garantiram valor comercial a seus trabalhos. Roy Lichtenstein, por exemplo, produziu pinturas que lembravam histórias em quadrinhos gigantes, imitando os pontos que caracterizam essa forma de expressão. Claes Oldenburg criou esculturas enormes com objetos domésticos comuns, como cabides, batons e corretores de máquina de escrever. Duane Hanson fez esculturas tão realistas que, quando colocadas em museus, podiam ser confundidas com visitantes. Andy Warhol produziu mecanicamente imagens banalizadas de celebridades como Marilyn Monroe e o presidente Mao, além de latas das sopas Campbell – reduzindo seres humanos ao mesmo nível de produtos de consumo.

Enquanto os artistas *pop* ingleses tendiam a denegrir ou enobrecer a cultura popular, os norte-americanos preferiam imagens mais ambíguas. As serigrafias de Warhol que retratam acidentes de carro e o assassinato de Kennedy são ao mesmo tempo trágicas e comerciais. O principal objetivo dos dois grupos, porém, era mostrar que o capitalismo banalizou a arte, transformando-a em apenas mais um objeto de consumo.

FATO ADICIONAL

1. *O movimento da* pop art *é às vezes chamado de novo realismo ou neodadaísmo.*

Fissão Nuclear

Na fissão nuclear, o núcleo do átomo – o centro denso constituído por prótons e nêutrons – se divide em fragmentos. A massa combinada desses fragmentos é menor que o átomo original. A massa, porém, não se perde – converte-se em energia de acordo com a equação de Einstein $E = mc^2$. Isso significa que a energia liberada é igual à massa "perdida" multiplicada pela velocidade da luz ao quadrado. Embora somente cerca de um milésimo da massa seja convertida, a energia obtida é imensa. A quantidade de energia existente no combustível nuclear é algo em torno de um milhão de vezes maior que a quantidade de energia contida em um volume igual de combustível químico, como gasolina.

A fissão pode ocorrer espontaneamente ou quando um nêutron livre se choca com o núcleo de um átomo pesado. Após a colisão com o núcleo, o nêutron se fragmenta em dois ou três átomos menores e em dois ou três outros nêutrons. Em seguida, esses nêutrons bombardeiam outros átomos, provocando uma reação nuclear em cadeia. É necessário apenas um milésimo de segundo para a fissão ocorrer. Isso significa que, se começarmos com um nêutron livre, após dez milésimos de segundo teremos cerca de dez mil nêutrons e dez mil reações. A chamada reação descontrolada é a base da bomba atômica. As usinas nucleares controlam essa reação e impedem que ela aconteça.

O urânio-235 é o tipo mais comum de combustível nuclear. Trata-se de uma forma rara de urânio, com 92 prótons e 143 nêutrons (92 + 143 = 235). O urânio natural tem 0,72% de U-235 e 99,27% de U-238, uma forma mais estável de urânio, com 92 prótons e 146 nêutrons, que não sofre fissão. O urânio natural possui muito pouco U-235 para ser utilizado em usinas nucleares. Mesmo se for bombardeado com nêutrons, estes terão dificuldade em achar os núcleos sensíveis do U-235, que são muito espalhados. Além do mais, ainda que tenhamos sorte bastante para atingir uns poucos núcleos sensíveis sujeitos a fissão, haverá pouquíssimos nêutrons liberados para iniciar uma reação em cadeia. Para ser utilizado em uma usina nuclear, o urânio natural precisa ser enriquecido, por meios muito complexos, com 2,5% a 3,5% de U-235. A fim de ser usado em uma bomba, deve ser enriquecido com até 90% de U-235.

FATOS ADICIONAIS

1. *A energia gerada por mais de quatrocentas usinas nucleares em todo o mundo fornece 17% da quantidade utilizada pelo homem. Os Estados Unidos possuem mais de cem usinas, e a França obtém delas 75% de sua energia.*

2. *Na natureza, o urânio é encontrado sob a forma de óxido de urânio. Depois de purificado, apresenta uma cor amarelada brilhante, por isso é chamado de "bolo amarelo".*

3. *As duas bombas de fissão que os Estados Unidos lançaram sobre o Japão em agosto de 1945 foram apelidadas de Garotinho e Homem Gordo.*

Música do Século XX

Em meados do século XX, surgiram vários compositores cujas obras desafiavam a própria essência da arte musical do Ocidente. Uma das formas desenvolvidas foi a música eletrônica, produzida por meio de gravadores, sintetizadores e computadores.

O parisiense Edgard Varèse (1883-1965) chegou aos Estados Unidos em 1915 e revolucionou a música moderna. Estudante de ciências e matemática, é considerado o pai da música eletrônica. Suas primeiras obras revelam grande fascínio pela percussão, mas apenas começam a fugir das convenções da música orquestral européia. Mais tarde, após anos de frustração, Varèse fez experimentos com mistura e criação de sons sintéticos em laboratórios oferecidos pela Philips Company. Infelizmente, as limitações tecnológicas o impediram de explorar seu pleno potencial.

John Cage (1912-1992), aluno de Arnold Schoenberg, principiou como compositor atonal experimental e, mais tarde, começou a fundir os limites entre música e arte conceitual. Inventou instrumentos como o piano preparado – um grande piano com diversos objetos percussivos entre as cordas. Incorporou o zen e outras filosofias orientais à sua música. Na peça *Music of Changes* (1951), Cage jogou cara ou coroa para determinar os tipos de variações que tocaria.

Steve Reich (1936-) é descendente de Varèse por seu fascínio pela percussão e pelos aparelhos eletrônicos. Em *Drumming* (1971), trabalha sobre um ritmo de percussão simples durante mais de uma hora. Mais recentemente, começou a utilizar melodia e harmonia. A peça *Different Trains* (1988), para fita magnética e quarteto de cordas, ganhou o Grammy de melhor composição nova.

FATOS ADICIONAIS

1. *A peça de Varèse* Ionisation *(1931) foi escrita para 37 instrumentos de percussão e uma sirene aguda.*
2. *O álbum de 1969 da banda de* rock *progressivo Pink Floyd,* Ummagumma, *contém supostamente uma voz que articula as palavras "Can you dig it, Varèse?", em uma alusão ao compositor que os integrantes idolatravam.*
3. *Cage escreveu certa vez uma peça intitulada* 4'33, *em que ele ficava sentado ao piano tocando "notas silenciosas", ou melhor, não tocando nada. Explicou a peça dizendo: "Se algo entedia ao fim de dois minutos, estenda para quatro. Se continuar entediando, para oito. Depois para dezesseis. Para 32. No fim, descobre-se que não entedia coisa nenhuma".*

Relativismo Moral

Diferentes culturas possuem padrões éticos amplamente distintos e, por vezes, até visões contrastantes sobre o que é moralmente admissível. Isso significa que não existem padrões morais objetivos?

O relativismo moral preceitua que não há nenhuma verdade objetiva em relação ao que é certo ou errado. Tudo o que podemos fazer é julgar se uma ação é boa ou má de acordo com um entre vários padrões. O fato de haver diversidade de opinião moral não significa necessariamente que o relativismo moral seja uma visão correta. Pode haver, por exemplo, diversidade de opinião sobre as características físicas do mundo, mas isso não quer dizer que todos os sistemas científicos sejam igualmente válidos. Os métodos científicos de algumas culturas podem, pura e simplesmente, não ser exatos.

Para defender sua posição, os relativistas morais lançam mão de duas estratégias. A primeira é alegar que o relativismo moral explica melhor a diversidade moral. Dado o fato de existir padrões morais diferentes, eles podem perguntar como se explica que uma pessoa dotada da visão moral correta alimente crenças corretas, enquanto uma pessoa apegada a falsas crenças age mal.

A segunda defesa do relativismo moral consiste em declarar francamente que o fato moral objetivo não existe. Fatos morais objetivos exigiriam propriedades morais objetivas – "bondade" e "maldade". No entanto, ser bom não é uma propriedade física, porque muitas vezes atos moralmente bons não compartilham nenhuma propriedade física. Assim, conclui o relativista moral, não existem propriedades morais objetivas, ao contrário do que costumamos pensar.

FATOS ADICIONAIS

1. *O relativismo moral encontra poucos partidários entre os filósofos contemporâneos.*

2. *O filósofo Gilbert Harman é o relativista moral mais influente da atualidade.*

Zoroastrismo

O zoroastrismo, fundado entre os séculos XVIII e XV a.C., é a religião monoteísta mais antiga do mundo. Seu fundador foi Zoroastro, conhecido também como Zaratustra, um homem rico que viveu na Pérsia, atual Irã.

Zoroastro era sacerdote da religião politeísta local quando, com 30 anos, teve uma revelação. Um anjo lhe apareceu dizendo que só havia um Deus, Ahura Mazda, responsável pelo bem e pelo mal. (O zoroastrismo é igualmente conhecido como masdeísmo, do nome dessa divindade.) Dizia-se que Ahura Mazda era nove vezes maior que um homem normal. Ele tentava organizar um mundo perfeito e designou tanto anjos quanto seres humanos para essa tarefa. Enfatizava a importância de preservar o mundo natural – ar, água e terra – em toda sua pureza.

Após a revelação, Zoroastro passou a divulgar os ensinamentos de Ahura Mazda. Escreveu cinco *gathas*, canções e poemas hoje considerados a principal parte das escrituras zoroastristas. As escrituras completas, o Avesta, contêm os cinco *gathas*, além do Hapatan Haiti, escrito pelos discípulos do fundador.

Embora essa religião permaneça universal, ninguém seguiu Zoroastro nos dez primeiros anos que seguiram sua revelação. A prática nunca atraiu muitos adeptos. Por isso, o zoroastrismo sempre foi tolerante com as outras religiões e promoveu a compreensão de outras fés.

Além de ser a primeira religião monoteísta, foi a primeira a acreditar em céu, inferno e juízo final, quando então Ahura Mazda determinará o destino de cada pessoa.

FATOS ADICIONAIS

1. *Hoje, o maior grupo de zoroastristas, os parses, vive na Índia e no Paquistão e conta com aproximadamente sessenta mil adeptos. Cerca de 28 mil permanecem no Irã, e há algo em torno de 37 mil na Europa e nos Estados Unidos.*

2. *A descrição que Zoroastro faz do inferno é assustadora. Segundo a lenda, existe ali um poço dentro de uma fenda escura e estreita. O cheiro é horrível, e o sentimento de solidão é tamanho que três dias parecem nove mil anos.*

3. *Os zoroastristas praticam seu culto em templos onde sempre há fogo. Isso pode ser mal interpretado, porque eles não adoram propriamente o fogo, mas o vêem como símbolo de pureza.*

PARABÉNS por ter completado sua longa jornada ao longo de *O livro do sabe-tudo*. Esperamos que este volume tenha sido para você fonte de crescimento e renovação – e que seja apenas o começo.

Continue reservando uma parte de seu dia à leitura e à contemplação serena. Não há melhor forma de estimular a mente e revigorar o espírito.

– David S. Kidder e Noah D. Oppenheim

Índice remissivo

I

J

K

L

M